Reisen in der Toscana

Florenz und Umgebung

Zwischen Florenz und dem Meer

Die toscanische Küste, Pisa und Livorno

Der Toscanische Archipel

Von der Küsten-Maremma
nach Osten

Die südliche Toscana

Valdichiana und Casentino, die ›Toscana Minore‹

Serviceteil

Verzeichnis der Karten und Pläne

Kultur-
landschaft
Toscana

Kunstzentren und liebliche Landschaften, Urbanität und Unberührtheit

Das Sehnsuchtsland Toscana ist wie kaum eine andere italienische Region eine Kulturlandschaft im doppelten Sinne: eine Fundgrube für Kunstinteressierte, aber auch eine stark von Menschenhand geformte Landschaft. Beinahe alles, was jährlich Millionen Reisende in die Toscana zieht, wurde im Laufe der Jahrhunderte von seinen Bewohnern gestaltet: die Baudenkmäler und Kunstwerke von bildenden Künstlern, Architekten und Städteplanern, die Landschaft mit ihrer geometrischen Strenge und Klarheit von Bauern und Winzern. Dennoch gilt ein Großteil der Toscana als naturbelassenes, nicht bebautes oder beackertes Land. Selbst die klassische Toscana-Landschaft, das so stark durch Weinberge und Ölbaumpflanzungen strukturierte Gebiet des Chianti Classico zwischen Florenz und Siena, ist zur Hälfte mit Wald bedeckt.

Die sprichwörtliche Toscana-Sehnsucht mag gerade aus der Mischung von städtischer Kultur und lieblicher Landschaft resultieren. Die Toscana ist eine Region, die vielerorts stärkste Urbanität, aber auch Unberührtheit vorgaukelt und beides doch nie so ganz erfüllt. Sogar die Metropole Florenz besitzt ihre dörflichen Seiten, und das kleine Dorf Montalcino seine städtischen. Stadt und Land sind vielleicht nirgendwo so stark ineinander verwoben wie hier.

Die Toscana, ein Land, das zu mehr einlädt als *nur* zu einer Kulturreise. Ein *nur* freilich, das sei betont, das allein schon in einem Menschen-, sprich Reise-Leben kaum zu bewältigen sein dürfte. Die fünftgrößte Region Italiens besteht ja nicht allein aus den Kunstzentren – Florenz, Siena, Lucca, Pisa – und dem sanftgewellten, harmonischen Hügelland des Chianti. Das Land ist weitaus vielfältiger. Da mögen manche Reisende, die das Zentrum der Toscana verlassen, überrascht sein: Dem bis zu 2000 m hohen Monte-Amiata-Massiv im Südosten kann man eine gewisse Monumentalität nicht absprechen. Die toscanische Küste bietet im Norden schöne breite, von Pinien beschattete Sandstrände, im Süden im Wechsel mit engen, felsigen Buchten an steilen Küstenabschnitten, die herrliches Badevergnügen versprechen. In den Flußmündungen werden im Frühjahr, wenn die Saison beginnt, die Netze zum Fang der *anguile,* der winzigen, schmackhaften Aale, ins Wasser gelassen.

Die Apuanischen Alpen im Nordwesten errangen bereits in der Antike Weltruhm: Carrara – kein Marmor der Welt soll weißer sein! Hier ließen schon die Römer Marmor abbrechen, um daraus Skulpturen zum Schmuck ihrer Tempel und Paläste herzustellen. Im Mittelalter wohnte Michelangelo zeitweise in Carrara, um selber den *statuario,* den weißesten, tadellosesten Stein, für seinen »David« zu bestimmen. Auch in späteren Zeiten kamen viele Künstler (etwa Henry Moore), die alle das Rohmaterial für ihre Werke an Ort und Stelle auswählen wollten... Noch heute tun es ihnen meist junge Talente nach, wenn sie es sich finanziell leisten können, viele Amerikaner und Japaner, die für die Internationalität der Marmorküste sorgen.

Mittelalterliche Städte und kleine, um trutzige Burgen entstandene Dörfer, oft in romantischer Hügellage, prägen

Die schönsten Städte der Toscana

Florenz – die Renaissance- und Regionalhauptstadt der Toscana (s. S. 58 ff.)
Pistoia – die bescheidene Schönheit westlich von Florenz (s. S. 110 ff.)
Pisa – kaum bekannt, aber für seinen schiefen Turm berühmt (s. S. 165 ff.)
Lucca – ruhige Handelsstadt mit dem schönsten Mauergürtel (s. S. 133 ff.)
Arezzo – etruskischen Ursprungs mit herrlicher Piazza Grande (s. S. 267 ff.)
Volterra – die Stadt des Alabasters und der hohen Paläste (s. S. 314 ff.)

Siena – die gotische ›Gegenspielerin‹ von Florenz (s. S. 286 ff.)
Montepulciano – Renaissanceperle mit modernem Musikfestival (s. S. 235 ff.)
Montalcino – mittelalterliches Städtchen mit dem besten Wein der Toscana (s. S. 242 f.)
Cortona – etruskische Stadt in herrlicher Hanglage (s. S. 259 ff.)
Portoferraio – trutziger Hauptort und bedeutender Hafen der Insel Elba (s. S. 199 ff.)

das Hinterland der Toscana. Weiterhin die Paläste und Villen der Medici und anderer Familien, die in der Renaissance Städte und Land beherrschten, und sich gar ein ganzes Städtchen im reinsten Renaissancestil leisten konnten wie Papst Pius II. sich *sein* Pienza.

Die Toscana der Renaissance war es auch, die ganz Europa so reich beschenken sollte: mit dem Sinn für das Maßvolle und Rationale, für die Schönheit der einfachen Formen. Die Toscana als Ursprungsland, als Heimat der Seele des modernen Menschen und damit der Humanität eines Petrarca. Die Keimzelle dieser Ideen war Florenz, das dem Land auch seine klassische Sprache, die Dantes, gab. Bis heute gilt das Toscanische als das Hochitalienisch, was bei manchen Italienern einen starken Unwillen hervorruft. Florenz wußte sich schon immer durchzusetzen.

Auch heute ist die Stadt am Arno das kulturelle, wirtschaftliche und politische Zentrum der Toscana, mit der bedeu-

tendsten und größten Universität der Region, im Wettstreit mit Pisa und Siena. Ebenso zahlreich sind die Kunstakademien, Sprach- und Malschulen, sowohl in Florenz als auch in den kleinen Städten und auf dem Land, verstreut an den schönsten Punkten. Sogar an der Küste (in Livorno und Viareggio) locken Kunst- und Sprachschulen vor allem junge Menschen während der Sommersaison stundenweise vom Strand weg. Zahlreich sind die Kulturfestivals in der Toscana, ob international wie in Montepulciano oder eben lokal wie in Monticchiello. Ob Musik, Theater oder bildende Kunst – in allen Bereichen zeigt sich die Toscana fortschrittlich.

Wen einmal die Toscana-Sehnsucht gepackt hat, den läßt sie nicht mehr los. Und – das beweisen die jährlichen Statistiken – reicht es wegen knapper Reisekasse nicht mehr zum Vier-Wochen-Ferienhaus-Urlaub, werden eben drei daraus, denn ganz darauf verzichten möchte niemand.

Landschaftsbilder:
Durchaus ›untoscanische‹ Gipfel

Die mittelitalienische Region Toscana zwischen der Emilia Romagna im Norden, Umbrien im Osten, Latium im Süden und Ligurien im Nordwesten bedeckt zusammen mit ihrem Archipel eine Fläche von insgesamt 22 992 km^2 (7,6 % der gesamtitalienischen Fläche). Von Nord nach Süd erstreckt sie sich über eine Länge von 215 km, von Ost nach West über 235 km. Aufgrund der Schräglage und der unruhigen Küstenlinie am Thyrrhenischen Meer beträgt die gesamte Küstenlänge 328 km, mit den Inseln Elba, Pianosa, Montecristo, Giglio und Giannutri gar 580 km.

Die Toscana gilt als das Land der sanftgewellten Hügel. Wohl weil viele sie mit dem – nicht durchgängig – lieblichen Chianti gleichsetzen. Doch zur Toscana gehören auch die schroffen Bergketten des Tosco-Emilianischen Apennin (im Norden), der immerhin einige knappe Zweitausender aufweist. Gar nicht weit von Florenz entfernt, wenige Kilometer nördlich von Fiesole, erhebt sich der Montebello mit 934 m Höhe, südöstlich, bei der Sommerfrische Vallombrosa, der 1592 m hohe Pratomagno. Im Süden der Toscana gar der 1738 m hohe Monte Amiata, ein Wintersportgebiet, schneebedeckt bis ins Frühjahr hinein und landschaftbestimmend für den gesamten Südosten der Region.

Natürlich bleibt es nicht bei den ›untoscanischen‹ Gipfeln. Auch zahlreiche Flüsse und Bäche prägen das Landschaftsbild der Toscana: der Arno, leider schlamm- und industrieverseucht, auch wenn er neuerdings in manchen Abschnitten gereinigt wird. Reizvoller ist sein Zufluß Chiana, der im Chiusi-See

seinen Lauf beginnt, und der Ombrone, der dem Land südlich von Siena bis über Grosseto hinaus (in schlangenförmigem Lauf) seinen Stempel aufdrückt. Nicht zu vergessen der Tiber, der auf seinem Weg nach Rom nicht nur die Region Umbrien gestaltend durchfließt, sondern in seinem Oberlauf auch den Nordosten der Toscana prägt, das Casentino.

Die ›toscanische‹ Toscana, dies bleibt unumstritten, gibt es noch heute fast wie in der Frührenaissance, in der absoluten Hochphase der toscanischen Kunst und Kultur. Und zwar im sanftgewellten Hügelland mit den akzentsetzenden Zypressen zwischen Florenz und Siena, im berühmten und vielbesungenen Chianti, dem Inbegriff einer Weinlandschaft. Was andererseits auch bedeutet: Mehr formen, mehr zerstören läßt sich eine Landschaft kaum! Und dennoch: 35 000 Hektar des 70 000 Hektar großen Gebietes des Chianti Classico sind noch immer – und sollen es per Gesetz auch bleiben – Wald.

Die landwirtschaftliche Nutzfläche der Toscana macht nur etwa ein Viertel der Gesamtfläche aus, aber 37 % sind mit dichtem Wald bedeckt. Ob mit Kastanienwäldern wie im Norden von der Garfagnana bis zu den Apuanischen Alpen an der Grenze zu Ligurien oder mit undurchdringlicher Macchia (Sekundärwald) aus Lorbeer und Erdbeerbäumen, Origano und Salbei, Wacholder, Zistrosen und Kamille, aus der hohe Steineichen und Akazien herausragen.

In den Wäldern gedeihen köstlich feste Steinpilze, die zu einem wichtigen

In der Nähe von Pienza ▷

Ausgewählte Naturschutzgebiete

Parco Naturale Alpi Apuane: ein Naturpark zwischen Lucca und Carrara, erst 1992 entstanden (nach einem Volksbegehren 1985!): 100 km Wanderwege hat hier der CAI (Club Alpino Italiano) bereits ausgeschildert.

Parco dell' Orecchiella: Naturpark in der Garfagnana nördlich von Lucca; im Zentrum liegt der Ort Castelnuovo Garfagnana. In diesem Naturschutzgebiet leben wieder Fischotter, Wolf und – in Einzelexemplaren – Königsadler. Mehr als 100 km vom CAI markierte Wanderwege mit einigen Hütten zwischen den Apuanischen Alpen und dem Apennin. Ohne Platzreservierung dürfen Reisende Fahrräder mit der Bahn auf der Strecke Lucca – Aulla mitnehmen.

Parco Nazionale delle Foreste Casentinesi: in den Wäldern von Vallombrosa nordwestlich von Arezzo, die vom Kartäuserkloster verwaltet werden. Zahlreiche CAI-Wanderwege und Rastplätze des CT (Casentino Trekking); Kanufahrten auf Wildwassern sind ebenso möglich wie im Winter Skifahren.

Montagna Pistoiese: zwischen Pistoia und Abetone/Apennin. Außer Reiten und Wandern bestehen Skilaufmöglichkeiten, Free Climbing, Segelflug und Paragleiten.

Parco Nazionale dell' Archipelago Toscano: Teile Elbas und der kleineren Inseln des Archipels. Strenges Naturreservat ist die Insel Montecristo (eingeschränkte Besuchserlaubnis).

Parco Migliarino, San Rossore, Massaciúccoli bilden seit 1979 kleine Naturschutzgebiete im nördlichen Mündungsbereich des Arno mit einer ausgedehnten, meernahen *pineta* (Pinienwälder) und dem See (Lago di Massaciúccoli), der durch Puccini berühmt wurde (s. S. 163 f.).

Parco Naturale della Maremma: besteht aus dem Parco dell' Uccellina und den beiden WWF-Vogel-Naturschutzparks in der Lagune von Orbetello und in Capalbio am Lago di Burano (an der Küste von Grosseto). Zu betreten nur mit Genehmigung an bestimmten Wochentagen (s. S. 190 f.).

Monte Amiata: ein Naturschutzgebiet um den alten Vulkan herum mit kleinen Thermalorten.

Wirtschaftsfaktor der Toscana geworden sind. Dort leben Wildschweine, deren Fleisch (zu Schinken oder kleinen Hartwürsten verarbeitet) ebenso wie die Steinpilze und die *Bistecca Fiorentina* aus dem weißen Chianina-Rind zu den besonderen, aber auch teuren Delikatessen der Toscana gehört. Zu wichtigen Exportartikeln haben sich aber speziell Wein und Olivenöl entwickelt, die hier tatsächlich in großer Vielfalt und bester Qualität zu finden sind.

Das toscanische Klima ist generell angenehm-subtropisch, also im Sommer warm und trocken, aber in den Flußniederungen häufig unerträglich schwül. Angenehm ist dann der Aufenthalt in den Küstengebieten (wegen der ständigen Meeresbrise) und in den höher gelegenen Hügel- und Bergregionen. Frühjahr und Herbst, eigentlich die schönste Reisezeit, können wie der Winter wundervoll mild und sonnig, aber auch recht regnerisch sein. So fallen die meisten Niederschläge zwischen Oktober und März. Die Tagestemperaturen liegen im Durchschnitt in Florenz zwischen 8°C im Januar und 31°C im Juli.

Kulturgeschichte

Steinerne Zeugen der Etrusker

Von den ersten Bewohnern der Toscana, den Menschen aus der sogenannten Villanova-Kultur (ca. 950–450 v. Chr.), weiß man recht wenig. Von den Etruskern, deren Kernland später die Region Toscana bilden sollte, ist schon mehr bekannt. Sie hinterließen zahlreiche Nekropolen.

Aus den wichtigsten Ansiedlungen der Etrusker, die sie bewußt auf Hügeln anlegten, um vor feindlichen Angriffen sowie Überschwemmungen und dem Sumpffieber geschützt zu sein, entwickelten sich die Städte Arezzo und Cortona (mit sehr interessanten Nekropolen), Chiusi (mit berühmten Felsengräbern) und Fiesole als ›die Mutter von Florenz‹ sowie Populonia, wo das Eisenerz von der vorgelagerten Insel Elba verarbeitet wurde und sich heute eine der schönsten Nekropolen der Toscana befindet. In Sovana und Umgebung findet man verschiedenartige etruskische Grabformen, in Vetulonia außerdem eine wundervolle zyklopische Mauer, in Cosa-Ansedonia die Tagliata Etrusca, einen raffinierten Kanal, mit dem die Etrusker ihren Hafen vor der Versandung schützten. Lediglich einige Ruinen der etruskischen Kultur sind in Roselle übriggeblieben sowie bei Castellina, wo die leere Tomba Monte Calvario häufig unter Wasser steht.

Sehr empfehlenswert ist ein Besuch der archäologischen Museen mit etruskischen Sammlungen: in Florenz, Arezzo, Cortona, Siena, Volterra, Grosseto, Massa Marittima und Populonia.

Über Einzelpersönlichkeiten der Etrusker weiß man ebenso wie über ihre Sprache (nicht die Schrift) und Religion (außer einer ausgeprägten Jenseitsvorstellung) recht wenig. Sicher aber ist, daß sie regen Handel trieben und gute Seefahrer waren sowie kunsthandwerklich und technisch sehr begabt. Ihr Zwölferbund, ein Zusammenschluß von zwölf Stadtstaaten, jeder für sich unabhängig, beherrschte eine Region, die ins

Etruskische Urne in Form einer Statuengruppe (gelagerter Verstorbener mit Diadem, neben ihm der weibliche Dämon Vanth), Chianciano, Anfang des 4. Jh. v. Chr.

heutige Latium und nach Umbrien hineinreichte. Auf toscanischem Gebiet gehörten folgende Städte dazu: Arretium (Arezzo), Curtuns (Cortona), Chamars (Chiusi), Rusellae (Roselle), Vatluna (Vetulonia) und Velathri (Volterra).

Unter römischer, langobardischer und fränkischer Herrschaft

Ab dem 4. Jahrhundert v. Chr. drangen die Römer nach Norden vor und schufen durch die Ausbreitung des Christentums und der Stadtkultur die geistige Basis für die weitere kulturelle Entwicklung der Region. Sie gründeten zahlreiche Städte wie Florenz, Lucca und Pisa, deren schachbrettartige Bebauungsstruktur noch heute das ursprünglich römische Stadtbild erkennen läßt. Die

Städte erhielten Theater (Fiesole, Lucca, Volterra), Tempel und Thermen und wurden durch wichtige Verkehrsadern miteinander verbunden (Via Aurelia, Via Cassia).

Nach dem Niedergang des Römischen Reiches 476 fielen während der Völkerwanderungszeit immer wieder germanische Stämme aus dem Norden in das Land ein. Von 568 bis 774 übernahmen die Langobarden die Macht. Sie machten Lucca zu ihrer Hauptstadt und Pisa – damals noch am Meer gelegen – zu einer bedeutenden Hafenstadt.

Um 800 v. Chr. eroberte Karl der Große das Langobardenreich und gründete die Markgrafschaft Tuszien. Die Franken legten – die noch heute bestehende – Frankenstraße als Verbindung zwischen dem Norden und Rom an und schufen neue Klöster und Bischofssitze. Fränkische Adlige herrschten über die wirtschaftlichen und künstlerischen

Zentren (etwa San Gimignano und Colle Val d' Elsa). Leider sind nur wenige Zeugnisse dieser Zeit erhalten (Kapitele der Abtei Sant' Antimo).

Die Anfänge der Demokratie: Erste freie Kommunen

Vom 7. bis 10. Jahrhundert führte die rege Entfaltung des Handels und des städtischen Lebens zum Erstarken der einzelnen Kommunen. Handwerker und Kaufleute bemühten sich um politischen Einfluß, indem sie sich etwa zu Zünften *(arti)* zusammenschlossen. Bereits Ende der achtziger Jahre des 11. Jahrhunderts bildeten sich die ersten freien Landkommunen mit recht demokratischen Verhältnissen heraus; bald darauf wurden auch die ersten Städte autonom: 1080 Pisa und Lucca, 1096 Arezzo.

Relativ spät, erst um 1250, erhielt auch Florenz eine Volksregierung: Der Adel und große Teile des Mittelstandes übten die politische Macht aus. Oberstes Verfassungsorgan war die *signoria,* die sich aus acht Prioren und dem sogenannten *gonfaloniere di giustizia,* dem Bannerträger der Gerechtigkeit, zusammensetzte. Wer mindestens 30 Jahre alt war, über ein gewisses Vermögen verfügte und keine Steuerschulden hatte, konnte zum *priore* gewählt werden. Um Bestechungsversuchen und anderen schlechten Einflüssen zu entgehen, mußten die *priori* während ihrer Amtszeit im Palazzo della Signoria, dem heutigen Palazzo Vecchio, bleiben.

Gesetzgebende Organe waren der Rat des Volkes *(consiglio del popolo,* 300 Mitglieder) und der Rat der Gemeinde *(consiglio del comune,* 200 Mitglieder), die von der *signoria* für jeweils vier Monate gewählt wurden. So richtig demo-

kratisch, wie es nun klingen mag, ging es im politischen Geschehen allerdings nicht zu, denn die Gewählten durften nicht etwa selber die Initiative ergreifen, sondern lediglich über die Vorschläge der *signoria* urteilen.

Der Kanzler des Stadtstaates wurde auf Lebenszeit gewählt. Er stand den zahlreichen Juristen der Bürokratie – übrigens ein Modeberuf der damaligen Zeit – vor. Seine Kanzlei war die wichtigste Behörde. Allerdings mußte der Kanzler praktisch mit jeder Regierung zurechtkommen – oder gehen, wie Machiavelli 1512, als die Medici nach ihrer Vertreibung wieder in die Stadt und zu ihrer einstigen Macht zurückgekehrt waren.

Aus den ständigen Auseinandersetzungen zwischen den Ansprüchen der Kaiser (951–1268 herrschten die deutschen Kaiser in der Toscana) und den Päpsten, die für die Autonomie der Städte eintraten, hatten sich mit der Zeit zwei Parteien herausgebildet: Ghibellinen (Anhänger des Kaisers) und Guelfen (Anhänger des Papstes). Als einzig legitime Partei galt in Florenz seit dem 14. Jahrhundert die der Guelfen. Wer einer ghibellinischen, also kaisertreuen Gesinnung überführt wurde und damit gegen die Freiheit der Kommunen war, wurde aus der Stadt verjagt und sein Haus dem Erdboden gleichgemacht – so geschehen im Fall Dante! Und so verfuhr man auch in den kleineren Gemeinden der Toscana. Von den ewigen Streitigkeiten zwischen Guelfen und Ghibellinen zeugen noch heute die Reste der hohen Wohntürme *(casatorri),* am eindrucksvollsten sicher in San Gimignano. Sie waren vorrangig ein Statussymbol der herrschenden Familien, konnten bei Zwistigkeiten aber auch als Wehrtürme dienen.

Auch zwischen Adel und Bürgertum kam es immer wieder zu sozialen Span-

Die Ciompi: Aufmüpfige Wollarbeiter

»Der Name Ciompi«, schreibt ein Autor des 14. Jahrhunderts, »kommt von den Leuten her, die am allerschlechtesten gestellt sind. Wir nennen so diejenigen, die in den Werkstätten der *arte della lana* arbeiten und das Kämmen, Kratzen und Reinigen der Wolle besorgen, damit sie gesponnen werden kann. Da sie während der Arbeit fast nackt in bestimmten Räumen eingeschlossen sind, sind sie völlig mit den Farben der Wolle verschmiert und besudelt. *Ciompi* will also nichts anderes sagen als ganz und gar schmierig, schmutzig und schlecht gekleidet.«

Von den etwa 60 000 Florentinern, die im 14. Jahrhundert die Stadt bevölkerten, gehörten immerhin 14 000 zu den Ciompi! Sie arbeiteten nicht selten bis zu 16 Stunden am Tag. 1378 erhoben sie sich gegen das fette, handelstüchtige Florenz, das ihnen letztlich seinen Wohlstand verdankte, aber sie daran nicht teilhaben lassen wollte. Sie organisierten den ersten Aufstand von Lohnarbeitern in der Geschichte. Ihre Forderungen: Selbstorganisation in Zünften, höhere Löhne, ein gerechteres Steuersystem, bessere Verwaltung der öffentlichen Finanzen, Abschaffung drakonischer Strafen wie etwa das Abhacken einer Hand – und die Kürzung der Arbeitszeit.

Von April bis September 1378 brodelte es in Florenz, die Aufständischen brannten Häuser nieder, zettelten Verschwörungen an und gründeten drei neue Zünfte, darunter die *arte del popolo minuto,* die Zunft des niederen Volkes. Zwar wurde der Aufstand niedergeworfen und ihre neugegründete Zunft wieder aufgelöst, doch erst im Januar 1382 gaben sich die Ciompi endgültig geschlagen.

Die Toscana hat ihre Wollweber übrigens nicht vergessen: 600 Jahre später fand in Florenz ein Kongreß statt, in dem über die Folgen des blutigen Aufstands debattiert wurde. Und die Stadt gedenkt ihrer mit Erinnerungstafeln an den wichtigsten Punkten des Aufstands sowie mit einer kleinen Piazza dei Ciompi zwischen Piazza della Repubblica und Piazza della Signoria, die allerdings leicht zu übersehen ist.

nungen, die im 14. Jahrhundert im Aufstand der Ciompi gipfelten (s. o.). Doch der Adel behielt die Oberhand, und zusehends rückte die vermögende Familie der Medici in den Vordergrund (s. S. 23 ff.).

Fließender Übergang: Handwerk und Kunst

Bereits im 12. Jahrhundert besaßen die Handwerker großen Einfluß auf die Politik der Gemeinden, speziell in Florenz, wo sich bald Zünfte *(arti)* mit festen Statuten herausbildeten, die im 13. Jahrhundert praktisch die Stadtregierung kontrollierten. 21 Hauptzünfte gab es, aufgeteilt in höhere *(arti maggiori)* und niedere Zünfte *(arti minori)*. Ausschlaggebend für den Rang einer Zunft war ihre Bedeutung für die Wirtschaft der Stadt.

Die Zünfte sorgten dafür, daß keine ruinöse Konkurrenz aufkam, bestimmten Betriebsgröße und -zulassungen und erlaubten keinen Zusammenschluß verschiedener Handwerke. Auch achteten sie darauf, daß alle Betriebe in der Stadt blieben – eine Verlegung aufs Land hätte bedeutet, sich in den Einflußbereich der Ghibellinen zu begeben. Die Zünfte richteten zudem eine Art Sozialkasse für Witwen und Waisen ein, kümmerten sich um das Gesundheitswesen und besaßen eigene Krankenhäuser.

Bis ins 15. Jahrhundert hinein kannte man keinen Unterschied zwischen Künstlern und Handwerkern; eigentlich galten sie alle im besten Sinne als Kunsthandwerker. Die Künstler waren verschiedenen Unterabteilungen der Zünfte zugeordnet: Die Maler gehörten zur hohen Zunft der Apotheker, weil sie die Farben mischten, die Bildhauer und Architekten zur niederen Zunft der Maurer. Die Goldschmiede allerdings bildeten bereits eine eigene, wenn auch niedere Zunft ebenso wie die Steinmetzen und einfachen Schmiede.

Da die Zünfte der Handwerker und Künstler ein beträchtliches Einkommen hatten, konnten sie sich auch kulturell engagieren, Feste veranstalten sowie Kirchen und Paläste erbauen oder ausschmücken. Das schönste architektonische Beispiel dürfte die Kirche Orsanmichele gegenüber dem ebenfalls eindrucksvollen Zunftgebäude der Wollweber in Florenz sein (s. S. 67 f.).

Romanik, Gotik und Renaissance: Von Künstlerpersönlichkeiten bestimmt

Im Auf und Ab der folgenden Jahrhunderte ging es nie nur um Politik und Wirtschaft, immer spielten auch die Künste eine wichtige Rolle. Die herrschenden Familien – allen voran die Medici – bestimmten nicht nur das politische Geschehen, sondern befaßten sich auch mit Fragen der Ästhetik, der Geometrie, der Proportionen und Perspektive, und unterstützten Architekten und Künstler oder ließen sich gar ganze Städte von ihnen schaffen.

Baumeister, Bildhauer und Maler

Die Toscaner waren von jeher offen für Neuerungen, so konnten sich in ihrem Land auch neue Kunstformen relativ unproblematisch durchsetzen. Eine echt toscanische Form der Fassadenausschmückung beispielsweise hat sich bereits in der **Romanik** entwickelt: der Inkrustationsstil: Der meist aus Backstein gemauerten Wand wird vom 11. bis ins 13. Jahrhundert und dann wieder in der Renaissance eine farbige Marmorfassade vorgesetzt (bestes frühes Beispiel: San Miniato al Monte in Florenz).

Auch in der Bildhauerei zeigen sich die toscanischen Künstler fortschrittlich: Sie verlassen die byzantinisch strengen Formen schon 1180 mit der Bronzetür des Bonanno am Pisaner Dom. Als erste große Künstlerpersönlichkeit des Mittelalters gilt jedoch Nicola Pisano (1225–1278). Er benutzt antike Vorbilder und versteht es meisterlich, mit dieser Idee die romanische Skulptur zum vollendeten Kunstwerk zu entwickeln (Marmorkanzeln im Sieneser Dom und im Pisaner Baptisterium).

In der Malerei galt das Vorbild Byzanz noch etwas länger, erst Ende des 13. Jahrhunderts löst sich Giovanni Cimabue in seinen monumentalen Kruzifixen (Santa Maria Novella und Santa Croce in Florenz, San Domenico in Arezzo) und in seiner »Thronenden Madonna mit Engeln« (Uffizien) aus der strengen, steifen Überlieferung.

Duccio di Buoninsegna ist allerdings schon ein rein **gotischer** Maler, dessen Bilder – vor allem seine »Maestà« für den Dom von Siena (im Dombaumuseum) – stellvertretend für die gotische Malerei der Toscana stehen. Nach Simone Martini, Pietro und Ambrogio Lorenzetti mit ihren zartfarbenen Altarbildern (u. a. im Camposanto von Pisa) folgt schließlich Giotto (ca. 1267–1337), der erste, der in der Malerei die byzantinische Steifheit endgültig ablegte und mit seinen wirklichkeitsnahen Darstellungen (vorrangig Heiligenlegenden) bezaubert. Nach Vasari ist Giotto nur bei der Natur und niemand sonst in die Lehre gegangen ... Moderne Kunsthistoriker bescheinigen ihm den gleichen Rang als Begründer der italienischen Malerei wie Dante in Sprache und Literatur.

Hand in Hand mit dem Humanismus, dessen Grundpfeiler die Wiederaufnahme und Umsetzung antiken Gedankengutes waren, entwickelte sich in der darstellenden Kunst, in der Architektur, in der Musik, ja – als Spiegelbild der Zeit – in der höfischen Garderobe die **Renaissance,** die ›Wiedergeburt‹ der Antike in neuem Kleid – eine Art Klassik in Architektur, Malerei und Skulptur und auch im Denken gegen die verinnerlichte, eher religiös bestimmte Haltung der Gotik. Runde Formen lösten in Anlehnung an die Antike die emporstrebenden,

Eigentlich waren sie römische Bankiers und in Florenz erst seit 1397 zu Hause, als Giovanni de' Medici sein erstes Bankhaus in der Arnostadt eröffnet hatte. Da er die Geldgeschäfte des Papstes verwalten durfte, bedeutete dies freilich die Verwaltung sämtlicher Kirchengelder. Als Angehöriger der Stadtregierung *(signoria)* übernahm er 1421 deren Vorsitz als Bannerträger des Rechts *(gonfaloniere di giustizia)* und hinterließ seinem Sohn Cosimo (1389–1464) nach heutigen Maßstäben ein Millionenvermögen.

Zum Glück war Cosimo, später Il Vecchio, der Alte, genannt, ein sehr gebildeter Mann, der sein Geld auch zur Förderung der Künste und der Wissenschaften einsetzte und damit den Ruhm der Medici als Mäzene von Florenz begründete. Viele von Cosimos Stiftungen existieren noch heute, so die Biblioteca Laurenziana und die Platonische Akademie, seinerzeit Zentrum der bedeutendsten Humanisten (im Sommersitz Cosimos, der Villa Careggi nördlich von Florenz). Careggi wie die beiden anderen Medici-Villen Cafaggiolo und Il Trebbio ließ Cosimo von Michelozzo ausbauen, beide aus früheren Festungen entstanden, beide im lieblichen Mugello nördlich von Florenz.

Cosimo behielt die Führung der Geschicke von Florenz bis zu seinem Tode 30 Jahre lang in seinen Händen. Seine finanziellen Möglichkeiten machten seine Macht über Fremde für Florenz geradezu unbezahlbar. Er war ein reicher Kaufmann, der Sinn für das Schöne hatte, verbunden mit einer geradezu unglaublichen Sicherheit im Urteil über Kunstwerke. Diese Eigenschaft sollte er unter anderen seinen Nachfahren vererben. Florenz wurde mit ihm die Medici-Stadt.

Die Medici: Bankiers und Fürsten

Sein Sohn Piero (1416–1469), der schwer Gichtkranke, der ihn nur um fünf Jahre überleben sollte, errang uneingeschränkte menschliche und politische Anerkennung – nicht so sehr von seinen Florentinern, vielmehr durch den französischen König Ludwig XI., der ihm 1465 in einem Diplom erlaubte, in seinem Wappen auf der obersten der sechs Kugeln die französische Lilie zu führen. Sein Sohn Lorenzo (1449–1492) wiederum, an dessen Seite der jüngere Giuliano (1453–1478) durch Schönheit und Liebenswürdigkeit glänzte, war ein absolut häßlicher Mann. Sein Beiname ›Il Magnifico‹ kann der Prächtige oder

Cosimo de´ Medici, Il Vecchio (der Ältere), Gemälde von Jacopo Pontormo

auch der Prachtliebende heißen, was im Falle Lorenzo nicht falsch gedeutet wäre. Er verstand es schon in jungen Jahren, die Autorität mit der demokratischen Regierungsform zu verbinden, wie sie in Florenz verlangt wurde: Mit 16 Jahren half Lorenzo bereits seinem kranken Vater bei den politischen Geschäften, mit 20 übernahm er die volle Macht und Verantwortung.

Lorenzo liebte das prachtvolle Leben nicht nur im engen Kreis. Er veranlaßte Turniere und Konzerte für das Volk, Fackelzüge und Feuerwerk. Für kaufmännische Details zeigte er wenig Sinn. Der allgemeine wirtschaftliche Rückgang tat ein übriges: Der Abstieg der Medici-Bank begann. Als musische Menschen und Mäzene aber blieben die Medici groß. Lorenzos Begabung lag speziell im Lyrischen, aber auch im Philosophischen, daher die Förderung der Platonischen Akademie. Hier trafen sich die bedeutendsten Humanisten, um durch Diskussionen und Schriften das Gedankengut des Mittelalters zu verdrängen und das Pendant zum Geiste der Renaissance in der bildenden Kunst, den Humanismus, durchzusetzen.

Lorenzo als Förderer der Künste

Als Mäzen schuf Lorenzo die Mediceischen Gärten bei San Marco in Florenz, ein Freilicht-Museum antiker Statuen, die Bildhauern seiner Zeit zur Vervollkommnung ihrer Anschauung von der Schönheit des Figürlichen dienten. Kein Geringerer als Michelangelo war unter ihnen, dessen »David« zur ersten Monumentalstatue der Hochrenaissance werden sollte, ein Stück heroischer Größe im Geist antiker Plastik – für Florenz ein Symbol der Freiheit des Bürgertums. Als Lorenzo die Begabung des nur Fünfzehnjährigen erkannte, nahm er ihn bei sich auf.

Durch zahlreiche Aufträge förderte Lorenzo drei weitere hervorragende Künstler seiner Zeit: Der Bildhauer Andrea del Verrocchio schuf für ihn die Brunnenfigur des Knaben mit dem Delphin, der für die Villa di Careggi zwar gedacht war, von Großherzog Cosimo I. de' Medici allerdings in den Palazzo Vecchio gebracht wurde, wo er noch heute zur Freude zahlreicher Besucher zu bewundern ist. Der Maler Domenico Ghirlandaio schuf sechs große Fresken für die Kirche Santa Trinità mit Porträts von Lorenzo, seinen Söhnen und Freunden. Weitere Medici verewigte er in dem Fresko »Vornehme Florentinerinnen beim Wochenbesuch« in Santa Maria Novella, die Damen Lucrezia und Clarissa de' Medici.

Auch der vielleicht zartfühlendste Maler der Renaissance, nämlich Sandro Botticelli, stand unter den Fittichen des großen Förderers Lorenzo. Er war mit ihm sogar persönlich befreundet. Wer kennt nicht die beiden 1477 entstandenen Werke »Der Frühling« und »Die Geburt der Venus«? Zählen sie doch zu den Hauptwerken der Uffizien. Gemalt wurden sie für die mediceische Villa in Castello. Botticellis Venus zeigt die Züge der damals »schönsten und lieb-

Lorenzo de' Medici, Il Magnifico (der Prächtige), Gemälde von Giorgio Vasari

reizendsten Frau von Florenz«, der nur 16jährigen Simonetta Vespucci, die zwei Jahre später an Schwindsucht sterben sollte. Sie und der nur 25 Jahre alt gewordene Giuliano (der bei einem vom Papst veranlaßten Attentat auf beide Medici-Brüder ums Leben kam) kehren in so manchen allegorischen Darstellungen Botticellis wieder. Von den beiden mit natürlicher Schönheit so reich beschenkten, vom Schicksal aber so wenig verwöhnten jungen Menschen, sprach man in Florenz wie von einem klassischen Paar.

Der unaufhaltsame Verfall

Noch bevor Lorenzo erst 43jährig 1499 starb, wuchs in Florenz der Dominikanermönch Savonarola zu einem gefährlichen Feind heran. Lorenzo, ein immer weitblickender Politiker, versuchte noch auf dem Totenbett sich mit ihm zu versöhnen.

Nicht aus Überzeugung, wie es heißt, sondern eben aus staatspolitischer Klugheit. Sein Sohn Piero de' Medici hat zwei Jahre lang vergeblich versucht, die Stadt zu beherrschen, dann mußte er im November 1494 aus Florenz fliehen. 1503 starb er im Exil, erst 1512 konnten die Medici mit spanischer Hilfe nach Florenz zurückkehren – wieder als Herren. Sie wurden sogar zu Herzögen erhoben. Obwohl sich Machiavelli, damals Kanzler der Republik, sehr um die Gunst der Medici bemühte, er schrieb sogar speziell für sie, wie es heißt, »Il Principe«, wurde er in Unehren entlassen, ja für einige Zeit sogar in den Kerker geworfen.

Der Verfall der Medici war unaufhaltsam, wenn er auch nur stufenweise vor sich ging. Es kam zu Spaltungen in der großen Familie durch die Söhne Lorenzos, denn ausgerechnet derjenige, den er selber ›töricht‹ nannte, Piero, sein Ältester, war an die Macht gekommen. Man nannte ihn, was wohl alles sagen dürfte, Lo Sfortunato, den Glücklosen. In jeder Hinsicht, wirtschaftlich und politisch, ein aufbrausendes Temperament ohne diplomatisches Vermögen, trifft der Beiname den Nagel auf den Kopf. Als er, wegen seines diplomatischen Unvermögens, vor dem französischen König Karl VIII. kapitulieren mußte, empfingen ihn die Florentiner mit Schimpf und Schande, sie stürmten und plünderten seinen Palast, die unermeßlichen Schätze des Palazzo Medici wurden in alle Winde zerstreut. Alle, die die Freiheit der Bürger von Florenz bedrohten, sollten zur Warnung auf die Statue »Judith und Holofernes« blicken, die das Volk damals aus dem Palazzo Medici vor den Palazzo della Signoria brachte ...

Die nachfolgenden Generationen der Medici brauchten Jahrzehnte und horrende Summen, um wenigstens einen Teil der Schätze wieder in den Familienbesitz zu bringen.

Der zweite Sohn Lorenzos, Giovanni, ging später als Papst Leo X. in die Geschichte ein. An dem Blutbad, das die Spanier in seinem Gefolge 1512 im zurückeroberten Prato anrichteten, soll Giovanni nicht beteiligt gewesen sein; aber die Florentiner hatten Furcht und öffneten dem jungen Medici die Tore. Die *palle*, die sechs Kugeln im Wappen der Medici, von den Gegnern überall abgeschlagen, wurden wieder Symbol für die Macht der Florentiner Familie. Als Giovanni ein halbes Jahr später, 1513, zum Papst gewählt wurde, sahen es die Florentiner als eine ihnen selber erwiesene Ehre an. Die Persönlichkeit dieses Papstes erkennt man deutlich an Raffaels Porträt Leos X.: Dieser genießerische Stellvertreter Gottes, für den Gelage zum besonderen Ergötzen dienten, hatte es verstanden, alles zu vergeuden, was ihm seine Ahnen hinterlassen hatten. Aus seiner roten Samtschatulle sollen die Goldmünzen nur so herausgerollt sein ...

Papst Leo starb im November 1521 an einer Lungenentzündung, die er sich bei einem rauschenden Fest geholt hatte. Ihm folgte nach komplizierten Intrigen Giulio, den der Papst großgezogen hatte, als Papst Clemens VII., eine der unheilvollsten Gestalten der kirchlichen Geschichte. In Rom wurde der Tod Leos von niemandem beweint, Florenz hatte er zu einer Diktatur unter mediceischer Herrschaft gemacht. Ihm war jedes Mittel recht, eine päpstliche Schatulle zu füllen: In Florenz ersann er die erste Zahlenlotterie.

Letztes Aufbäumen einer Dynastie

Noch einmal sollten sich die Medici aufbäumen und zu Bedeutung und Macht gelangen: mit Cosimo I. (1519–1574) aus der jüngeren Linie der Familie. Nach Lorenzo dem Prächtigen wird er als der wichtigste Regent mit dem Namen Medici angesehen. Ein genialer, wenn auch zwielichtiger Mann, dessen zahlreiche Erfolge durch düstere Tragik beendet wurden. Unter seiner Herrschaft konnte Siena erobert und damit ein toscanischer Staat geschaffen werden. Cosimo I. strebte nach der Königswürde, die er nicht erreichen sollte, aber immerhin wurde er 1569 vom Papst zum Großherzog der Toscana ernannt.

Sein klares, politisch perfektes Konzept – seit Jahrzehnten gab es dies in Florenz nicht – imponierte, auch wenn es ein diktatorisches war. Bevor er seine Fähigkeiten als großartiger Verwaltungsmann entfalten konnte, setzte er alle ab, die ihm unbequem werden konnten und dafür alle ein, die subaltern genug waren, sich seiner Politik zu unterwerfen, ihr in seinem Sinne zu dienen. Das Land, das durch die lange Mißwirtschaft vor ihm verödet war, brachte er wieder zur vollen Blüte, er legte Sümpfe trocken und Obstplantagen an; Straßen, Häfen und Kanalisationen wurden neu geschaffen, Silberbergwerke und Marmorbrüche erschlossen. Das Gebiet der Toscana, inzwischen ein echter Musterstaat, verdoppelte er, es war etwa so groß wie die heutige Toscana. Im Gegensatz zu seinen Vorgängern brach er mit Frankreich und zeigte ergebenste Kaisertreue – den Kaiser wußte er sogar durch finanzielle und militärische Hilfe an sich zu binden, ihn zu verpflichten.

Cosimo I. hielt Kunst für nützlich, weil Kunst politisches Prestige brachte. Er ist es, der im Palazzo Pitti in Florenz bereits die großartige Galerie einrichten ließ, es gelang ihm, einen großen Teil der mediceischen Kunstwerke wiederzufinden und zu erwerben. Auch die Etruskischen Sammlungen hat Florenz ihm zu verdanken. Cosimo ließ die Uffizien von Giorgio Vasari erbauen. Hier wollte er die vielen Ämter der Stadt und des Großherzogtums vereinen, Florenz damit zur wirklichen Verwaltungshauptstadt der Toscana und zugleich zum kulturellen Zentrum machen. Er sollte diesen Wunsch nicht voll in Erfüllung gehen sehen, denn er mußte bereits Jahre vor seinem Tod auf die eigentlichen Staatsgeschäfte zugunsten seines Sohnes Francesco verzichten, von schwerer Krankheit gezeichnet und nicht mehr ganz bei Verstand. Aber Francesco baute bis 1580 an den Uffizien, den Ostflügel bestimmte er zur Unterbringung der großherzoglichen Kunstsammlung. Aus ihr wird später die berühmteste aller Gemäldegalerien der Welt. Aber auch die Antiken- und Skulpturensammlungen des Archäologischen Museums, die heute im zauberhaften Bargello untergebracht sind, gehen auf die Sammlung der Medici zurück.

Wichtig zu erwähnen bliebe noch, daß die letzte Medici, Anna Maria Ludovica, die Kunstschätze der größten Mäzenatenfamilie der Geschichte der Stadt Florenz vermachte. Nach ihrem Tode (1743) fiel der gesamte Medici-Schatz der Stadt in den Schoß, aus deren Blut und Geist er zeitweise gezogen worden war.

schmalen auf, Architekten wurden zu Meisterleistungen, man möchte meinen gar zur Überwindung der Schwerkraft aufgerufen, betrachtet man die geniale Konstruktion der Domkuppel von Florenz. Filippo Brunelleschi (1377–1446), ihr Baumeister, gilt nicht zu Unrecht als Bahnbrecher der Frührenaissance-Architektur. Er war auch der erste, der sein Werk auf Papier plante und sich nicht auf die Erfahrungen seiner Vorgänger verließ.

Zum Hauptmeister der Frührenaissance haben Kunsthistoriker aber Donato de' Bardi, genannt Donatello (ca. 1384–1466) auserkoren. Eines seiner Hauptwerke ist der zauberhaft jugendliche, bronzene »David« (im Bargello zu

Glasiertes Terrakottarelief von Luca della Robbia

bewundern) und die vielleicht erste freistehende Figurengruppe der Neuzeit, »Judith und Holofernes« (vor dem Palazzo Vecchio).

Unzählige Architekten bauten in dieser Zeit für die Medici, auch zum eigenen Ruhm: Michelozzo (1396/7–1472) zeichnete verantwortlich für den Palazzo Medici in Florenz und durfte das Kloster San Marco umgestalten, aber auch in Volterra, Montepulciano und Pistoia arbeiten. Den Palazzo Pitti mit seinen mächtigen Buckelquadern plante Benedetto da Maiano (1442–1497), der auch die wundervoll plastischen Reliefs an der Marmorkanzel von Santa Croce schuf. Leon Battista Alberti (1404–1472) entwarf den Palazzo Rucellai und die zart inkrustierte Fassade von Santa Maria Novella. Bernardo Rosselino durfte sich gar einen Architektentraum erfüllen, indem er für den ruhmbesessenen Papst Pius II. aus der Piccolomini-Familie auf dem Reißbrett eine ganze Idealstadt der Renaissance entwarf: Pienza, die ›Stadt des Pius‹.

Majolikaplastiken von sonniger Farbigkeit schufen die Familienmitglieder Della Robbia, sozusagen eine Erfindung des Frührenaissancekünstlers Luca della Robbia (1399–1482), der die glasierte Terrakottatechnik auf die Großplastik übertrug.

In der Malerei gilt der jung verstorbene Masaccio, eigentlich Tommaso di Simone Guidi (1401–1428) als Vorreiter der Frührenaissance, weil seine religiösen Freskenbilder eine weltliche Nuance erhielten. Übersteigert mit durchscheinenden Engelgestalten sind die Fresken Fra Angelicos (Fra Giovanni da Fiesole, 1387–1455) im Kloster San Marco. Sein Schüler Benozzo Gozzoli (ca. 1420–

»Zug der Heiligen Drei Könige«, Gemälde von Benozzo Gozzoli ▷

1497) hatte wohl große Freude am Verzieren, auch am Erzählen von Geschichten, wie man in der Kapelle des Palazzo Medici-Riccardi sehr schön erkennen kann (»Zug der Könige«, in prachtvollen Kostümen und mit den Gesichtszügen einiger Medici seiner Zeit).

Das Stadium des reinen Experimentierens mit der Perspektive beendete Piero della Francesca (ca. 1420–1492) aus Sansepolcro bei Arezzo. Seinen Madonnen verlieh er klare, weltliche Gesichtszüge und wagte es sogar, eine schwangere Madonna (»Madonna del parto«) darzustellen, eines der schönsten Freskenbilder seiner Zeit. Sie soll die jungen Züge seiner Mutter tragen, die auf dem Friedhof neben der kleinen Kapelle ruhte, für die er das Bild schuf. Wegen seiner meisterhaften Ausmalung des Chores von San Francesco in Arezzo (»Kreuzeslegende«) erhielt Piero erst später den Beinamen *della Francesca*.

Von mythologischer Melancholie sind die Mädchengestalten des Florentiners Sandro Botticelli (1444–1510), wie etwa die beiden weltberühmten Bilder »Der Frühling« und »Die Geburt der Venus« in den Uffizien zeigen. Der Karmelitermönch Fra Filippo Lippi (1406–1469) dagegen verlieh seinen religiösen Bildern recht weltliche, anmutige Züge (»Muttergottes mit Kind und Engeln« sowie »Marienkrönung« in den Uffizien).

Der Erfindung des Kopfputzes Florentiner Mädchen, behauptet Vasari, verdanke Domenico di Tommaso (1449–1494) seinen Künstlernamen Ghirlandaio, der Girlandenmaler. Nachzuvollziehen etwa im Chiostro Verde von Santa Maria Novella in Florenz.

Bei so vielen Künstlerpersönlichkeiten in der Frührenaissance kommen die Hochrenaissancekünstler, zumindest an ihrer Anzahl gemessen, relativ schlecht weg. Aber dafür sind die Namen groß: Allen voran der in Caprese geborene Michelangelo Buonarroti (1475–1564, der sich zu einem der größten Universalgenies seiner Zeit entwickeln sollte, als Maler, Architekt und Bildhauer, aber auch als Dichter von Sonetten. Er wirkte hauptsächlich in Florenz und Rom. Rom verdankt ihm die »Pietà« und das Grabmal von Papst Julius II., an dem er mit Unterbrechungen vier Jahrzehnte arbeitete, die unaussprechlich schönen Fresken der Sixtinischen Kapelle und die kraftvolle Gestalt des Moses aus weißem Marmor. 1547 übernahm Michelangelo schließlich die Bauleitung für die freitragende Kuppel des Petersdomes. In Florenz hatte er bereits 1520 den Bau der Medici-Kapelle in San Lorenzo begonnen und 1523 die Biblioteca Laurenziana.

Ein weiteres Genie dieser Zeit war Leonardo da Vinci (1452–1519), nicht nur Maler (»Mona Lisa« im Louvre), Bildhauer (»Pietà« in San Pietro und »Moses« in San Pietro in Vincoli, Rom) und Baumeister (Hafen von Cesenatico an der Adriaküste), sondern auch begabter Forscher, speziell auf dem Gebiet der Naturwissenschaften: Er gilt als Wegbereiter der medizinischen Sezierkunst – von der Neugierde getrieben, herauszufinden, wie der menschliche Körper gebaut ist, um ihn präzise darstellen zu können …

Dichter und Gelehrte

Im 23. Kapitel des »Inferno« sagt Dante zwei genußfreudigen ›Lebebrüdern‹, die seine Sprache als das Toscanische erkannten und ihn nach seiner Herkunft fragten: »Ich ward geboren und bin aufgewachsen / am schönen Arno in der großen Stadt …« Und im 33. Kapitel wird er noch deutlicher, als er sich von

Graf Ugolino bestätigen läßt: »Ich weiß nicht, wer du bist und nicht, / wie du hierherkommst, aber Florentiner, / hör ich dich sprechen, scheinst du mir zu sein.«

Seine Taufkirche San Giovanni, eine der schönsten Italiens, preist der Dichter gleich mehrmals, etwa im 25. Paradiesgesang. Was er sich jedoch sehnsüchtig wünschte und auch später niederschrieb, nämlich in dieser seiner Taufkirche den Dichterkranz zu empfangen, blieb ihm verwehrt. Nicht einmal seine Gebeine ruhen in Florenz; sein Grabmal in Santa Croce, das 1829 errichtet wurde, ist nur ein Scheingrab, ein Monument verspäteter Wiedergutmachung für den 1321 im Exil in Ravenna verstorbenen großen Sohn der Stadt Florenz, die ihn verschmähte und fortjagte im Zuge der ewigen Brüderstreitigkeiten zwischen Ghibellinen und Guelfen.

Daß er 1265 geboren wurde, läßt uns Dante in seiner »Commedia«, die erst 1555 durch Boccaccio den Zusatz »Divina« erhielt, errechnen. Wo genau sein Geburtshaus in Florenz stand, vermutet man nur, denn es wurde 1302 zerstört – jedenfalls sicher im mittelalterlichen Stadtviertel San Martino (auch Dante-Viertel genannt), in dem heute die 1911 wiederaufgebaute Casa di Dante (Museum) steht. Hier soll der Dichter übrigens auch seiner Muse, der vielbesungenen Beatrice, begegnet sein.

Dantes Schilderungen von seiner Wanderung durch die drei Reiche des Jenseits, durch Hölle, Fegefeuer und Paradies, sind so handfest und realistisch, daß man sich bei genauer Kenntnis des epischen Gedichtes, etwas salopp ausgedrückt, wie auf einem Osterspaziergang fühlen mag, an dem man statt seinen Nachbarn eben den Seelen verstorbener Berühmtheiten aus Dantes Zeit begegnet. Fast 600 Personen nennt der Dichter beim Namen, und mit den meisten ihrer Träger geht er ganz und gar nicht sanft um. Die Brille, durch die er seine Zeitgenossen sieht, ist stark ghibellinisch gefärbt, also kaisertreu. Denn aus dem früheren guelfischen Ritter von Campaldino war allmählich ein ›Weißer‹, ein Abtrünniger geworden, dessen Gedanken stark ghibellinische Züge annahmen und der daher – später fühlte er sich wieder mehr zu den ›Schwarzen‹ hingezogen – von seiner Heimatstadt Florenz an die oberitalienischen Höfe verbannt wurde. Dort entstand in den beiden letzten Jahrzehnten seines Lebens (1307–1321) die »Commedia«.

Dantes Werk, das am Anfang der italienischen Literatur steht, blieb auch ihr Hauptwerk über all die Jahrhunderte hinweg. Die Kraft und Schönheit des dichterischen Ausdrucks, seine Harmonie und Geschlossenheit, die Würde und Tiefe seiner Gedanken machten aus diesem Epos ein zeitloses Beispiel abendländischer Dichtkunst.

Während man in Deutschland die »Göttliche Komödie« erst zu Beginn des 19. Jahrhunderts wiederentdeckte, befaßte man sich in Italien – nicht zuletzt in Dantes Heimatstadt Florenz – in zahllosen bildlichen Darstellungen ständig mit dem großen Dichter und seinem Werk. Botticelli etwa verewigte sich und Dante u. a. in seinen zauberhaften zarten Zeichnungen, auch Raffael tat dies in seinen Bildern. Und natürlich Giotto, der Dante in seinen Fresken von San Francesco in Assisi festhielt. Michelangelo hat über Dante sogar ein Gedicht verfaßt: »... Von Dante red ich, dessen Sang, den echten, / hat jenes undankbare Volk verkannt, / das nimmer läßt gedeihen den Gerechten. / O wär ich er: zu solchem Los erwählt, / mit seinem edlen Sinn elend verbannt! / Ich gäbe drum das höchste Glück der Welt.«

Machtprophet und religiöser Fanatiker: Machiavelli und Savonarola

D as erste politische Traktat über das Wesen der Politik, die erste Analyse der Macht, verfaßte 1513 der Florentiner Niccolò Machiavelli (1469–1527): »Il Principe« (Der Fürst), posthum 1532 gedruckt, gilt bis heute als Grundlage für die eigenmächtige Führung, ob eines Betriebes oder eines Staates. Machiavellis Menschenbild ist pessimistisch, seine Schriften gelten als Rechtfertigung einer von sittlichen Normen losgelösten Machtpolitik, sprich Machiavellismus.

Machiavelli, ein Realist, setzte sich zeitlebens sehr intensiv mit dem abstrakt denkenden, fanatischen Mönch Savonarola auseinander. U. a. schrieb er ein Spottgedicht auf den Dominikanerpater: »Ich spreche von diesem großen Savonarola, / der, erfüllt von göttlicher Tugend, / euch eingewickelt hat in seinen Worten. / Aber weil viele fürchten zu sehen, wie aus / ihrer Heimat nach und nach eine Ruine würde / unter seiner prophetischen Lehre, / fand sich nicht der Ort, euch zu vereinigen, / es sei denn er wäre gewachsen oder er hätte sein / göttliches Licht mit größerem Feuer ausgestrahlt.«

Was wollte dieser Savonarola, womit zog er sich den Spott des Theoretikers Machiavelli und den Zorn der Florentiner auf sich? Savonarola suchte nach der Vertreibung der Medici, 1494, die politische Situation in Florenz völlig umzukrempeln, wollte die Einführung der Demokratie im Sinne der alttestamentarischen Propheten, also eine Veränderung des städtischen Lebens nach streng asketischen Regeln. Frauen waren für Savonarola minderwertige Wesen, die an

keinerlei Versammlungen teilnehmen durften. Auf der Piazza della Signoria ließ er Kunstschätze verbrennen, nachdem er sie unter dem Jubel seiner Anhänger zu sinnlosen, ja demoralisierenden Gegenständen erklärt hatte. Sieben Jahre lang verstand er es in Abwesenheit der vor dem Volkszorn geflohenen Medici, sich als Herr des Volkes, als Diktator von Florenz, zu gebärden.

Der Sittenverfall am päpstlichen Hofe war ihm ein besonderer Dorn im Auge – Papst Alexander VI. revanchierte sich dafür mit der Exkommunizierung des Mönches, der 1491 in

San Marco seine erste Predigt gehalten hatte. Hier nahm man ihn am 8. April 1498 gefangen und ließ ihn auf der Piazza della Signoria hinrichten.

Dieser ›Vernichter aller Lebensfreude‹ aber wurde, nachdem er den Feuertod gestorben war, keinesfalls gehaßt und verachtet. Ganz im Gegenteil: Der Tod kaum einer anderen Persönlichkeit des öffentlichen Lebens rief in Florenz ein solches Unbehagen hervor. Man bereute in großen Kreisen, ihn nicht verstanden zu haben und deutete merkwürdige Ereignisse als Strafe Gottes für die Hinrichtung Savonarolas: Innerhalb von zwei Jahren nach der Tat starben fünf der Beteiligten, drei Jahre später auch Papst Alexander, und der Henker des Mönchs wurde 1503 auf demselben Richtplatz vom wütenden Volk gesteinigt. Immer wieder werden Stimmen laut, die eine kirchliche Rehabilitation, ja sogar die Heiligsprechung des Verurteilten fordern.

Heute legen viele Menschen am Tag der *Fiorita,* am 23. Mai, Blumen auf die 1898 zum 400. Todestag Savonarolas angebrachte runde Gedenktafel auf dem Hauptplatz von Florenz. Auf ihr steht in bronzenen Lettern geschrieben: »Hier, wo mit seinen beiden Mitbrüdern Domenico Buonvicini und Salvestro Maruffi am 23. Mai 1498 durch einen ungerechten Urteilsspruch Girolamo Savonarola erhängt und verbrannt worden ist, wurde nach vier Jahrhunderten dieses Andenken angebracht.«

Am 23. 5. 1498 wurde der Mönch Savonarola auf der Piazza della Signoria in Florenz verbrannt. Seine fanatischen Reden hatten sich vor allem gegen den Sittenverfall am päpstlichen Hof gerichtet.

Incomincia latrega Cantica della Come
dia di Dante Allighieri da firenze · la
qual Cantica e decta Paradiso · Doue
sitracta della gloria et beatitudine che
riceuono lanime sancte che quiui sono
Prohemio aquesta parte · Capitulo · j ·

La gloria di
colui che tue
to moue
Per luniuer
so penetra e
risplende ·
In una parte
piu et meno
altroue
Nel ciel che
piu della sua
luce prende
fui e uidi
cose che ri
dire
Ne sa ne puo
chi di lassu
discende ·

Perche appressando se alsuo disire
Nostro intellecto siprofonda tanto
Che dietro lamemoria non puo ire

Veramente quanto delregno sancto
Nella mia mente potei far thesoro
Sara ora materia delmio canto

O buono Appollo allultimo lauoro
Fammi deltuo ualor si facto uaso
Come dimandi adar lamato alloro

Veramente ĩ·c̄· Qui si profera lauctore di
quanto potra ritenere diquello nella sua memo
ria tanto nedira.

O buono. Qui inuoca laiuto dapollo cioe di
Dio che gli conceda gratia chegli diuenti tã
to uirgello chelli sia sufficiente ariceuere lame
to alloro cioe lacoronatione poetica come e
decto.

Außer der Literatur und der bildenden Kunst hat Dante die italienische Sprache insgesamt geprägt. Aus seiner Sprache, der Volkssprache der Toscana, bildete sich die Hochsprache Italiens.

Ein großer Verehrer Dantes war Francesco Petrarca (1304–1374). An Giovanni Boccaccio schrieb er: »Ihn genug zu bewundern und zu preisen, fehlt mir fast die Kraft – diesen Mann, den weder die Ungerechtigkeit noch die Stachel persönlicher Feindschaften, noch Liebe zur Gattin, noch die väterliche Fürsorge für seine Kinder von der Bahn losreißen konnten, die er sich einmal bestimmt hatte, wo doch viele gerade dann, wenn sie hohen Geistes sind, so zart veranlagt zu sein pflegen, daß leichtes Murmeln schon sie von ihrem innigsten Vorsatz abbringen kann … Ich bin vom Stil und vom Ingenium dieses Mannes entzückt, und nie habe ich anders als mit großen Worten von ihm gesprochen …«

Petrarca, einer der größten Söhne von Arezzo, sollte Humanismus-Geschichte schreiben. Als leidenschaftlicher Sammler antiker Handschriften machte er die Wiederentdeckung von Ciceros Briefen an Atticus und sorgte durch seine Abschriften für deren Verbreitung. Gleichzeitig schuf Petrarca die Grundlage zur philologischen Erforschung der Antike, weshalb er gerne als der erste Humanist bezeichnet wird. Viele kennen und schätzen ihn aber hauptsächlich als den ersten inbrünstigen Liebesdichter italienischer Sprache. Seine Sonette und Canzoni richteten sich an die ideale Geliebte Laura und prägten die gesamte Liebeslyrik der nachfolgenden Jahrhunderte. Die Geschichtsschreibung bezeichnet Petrarca auch gerne als den ›ersten modernen Menschen‹: Er scheute sich nicht, über das Erlebnis seiner eigenen Einmaligkeit zu schreiben.

Dritter im Bunde der großen toscanischen Dichter, deren Werke die italienische Sprache so stark formen sollten, ist Giovanni Boccaccio (1313–1375). Der Verfasser eines mythologischen Handbuches war allerdings mehr Gelehrter denn Dichter. Der Nachwelt vermachte er aber in der Hauptsache den »Decamerone« (1348–1353), eine Sammlung burlesker Novellen über die vielfältigen menschlichen Beziehungen, in ihrer Brisanz Dantes »Commedia« nicht unähnlich, auch sie vielfach von bildenden Künstlern dargestellt und damit immer wieder aktuell gehalten.

Vom Manierismus bis heute

1569 wurde das Zeitalter des Großherzogtums eingeläutet, doch die Region hatte bereits begonnen, kulturell zu verfallen. Spätrenaissance und Barock fanden in der Toscana kaum eigene Künstler, dafür der dazwischen liegende **Manierismus.** Fleißigster Vertreter war das Multitalent Giorgio Vasari (1511–1574) aus Arezzo: in der Malerei ein echter Manierist (Fresken und Altarbilder im Palazzo Vecchio) – als Architekt aber noch der klassischen Renaissance verpflichtet (Vasari-Gang zwischen Palazzo Vecchio und Palazzo Pitti über den Ponte Vecchio in Florenz hinweg; Loggia del Vasari in Arezzo). Vor allem aber ist er Chronist der Künstler vor ihm und zu seiner Zeit (»Lebensbeschreibungen der vortrefflichsten Baumeister, Bildhauer und Maler«), weshalb er gerne als der »Vater der Kunstgeschichte« bezeichnet wird.

Bildnis Dantes, italienische Buchmalerei (1403), aus einer Handschrift der »Divina Commedia«

Als echte Manieristen, perfekt in der Darstellung bildhafter Übersteigerung, die den Geschmack der Fürstenhöfe ihrer Zeit genau traf, gelten Giambologna (Jean Boulogne, 1529–1608), der den »Raub der Sabinerinnen« mit ihren typischen Verrenkungen einer *figura serpentinata* (in der Loggia dei Lanzi, Florenz) schuf – und der eigentliche Wegbereiter des Florentiner Manierismus, Jacopo Carrucci (1494–1557) aus Empoli (Passionsfresken im Klosterhof der Certosa di Firenze).

Im 18. und 19. Jahrhundert beschäftigte man sich zusehends mit der Erhaltung der immensen kulturellen Güter – was so hohe Summen verschlang, daß für neue Impulse kaum Freiraum, geschweige denn finanzielle Mittel übrig blieben (dies gilt auch heute). 1865 bis 1871 war Florenz für kurze Zeit italienische Hauptstadt. Dafür wurde in der Stadt hektisch umgebaut, u. a. das mittelalterliche Zentrum auf den Grundmauern des römischen *castrum* für die eher große denn schöne Piazza della Repubblica geopfert. Gleichzeitig legte man die Viali, den verkehrstechnisch lebenswichtigen Alleenring, entlang der geschliffenen letzten Stadtmauer an.

Der **Jugendstil** hatte generell wenig Chancen in einer so stark urbanistischen Landschaft wie der Toscana. Dennoch entstanden in diesem Stil zum Beispiel

Daten zur Geschichte

Um 1000 v. Chr. dringen die Etrusker, wahrscheinlich vom Osten her, in das Gebiet der heutigen Toscana ein.

4. Jh. bis 265 v. Chr. erobern die Römer Etruria.

3. Jh. v. Chr. verbünden sich die Etrusker mit Rom.

2. u. 1. Jh. v. Chr. gründen die Etrusker Fiesole, Lucca, Pisa und Pistoia.

89 v. Chr. erhält Etruria das römische Bürgerrecht.

Im 4. Jh. wird die römische Provinz Tuscia et Umbria christianisiert.

476 Ende des Weströmischen Reiches.

493 kommen die Ostgoten in die heutige Toscana.

568/591 beginnt hier die Herrschaft der Langobarden, die Tuscien zum Herzogtum erheben.

Ab 774 fränkische Herrschaft,

ab dem 9. Jh. Markgrafschaft Tuszien, Beginn des Aufschwungs des Handels von den Städten aus, die zu geordneten Kommunen werden.

1055 Kaiser Heinrich III. erhebt Florenz zur Reichsstadt.

1139 bis 1266 Entstehung der Stadtstaaten unter staufischer Reichsverwaltung: Pisa, Florenz, Lucca und Siena.

13. u. 14. Jh. Während bis 1248 das ghibellinische (kaisertreue) Pisa (reich und mächtig durch seinen Seehandel) beherrschend ist, kann ab 1302 das guelfische (papsttreue) Florenz die Vormachtstellung einnehmen.

1260 Siena besiegt das verhaßte Florenz bei Montaperti.

1284 vernichtet Genua die Pisaner Flotte und zerschlägt damit dessen Seeherrschaft.

die berühmten Thermen von Montecatini und die Bade- und Caféhäuser von Viareggio.

In der Malerei tun sich die **Macchiaioli** hervor, die sich dem Lichtfleck (*macchia* = Fleck) verpflichtet fühlen, vor allem Freiluftmaler, die das Meer, die sonnigen Gärten und Felder der Toscana in ihren lichtdurchfluteten Bildern festhalten. Unübersehbar ist ihre Verwandtschaft mit den französischen Impressionisten. Vertreter der toscanischen Macchiaioli sind u. a. Giovanni Fattori (1825–1908), Silvestro Lega (1825–1895) und Telemaco Signorini (1834–1901) mit seinen eher realistischen, sozialkritischen Bildern.

Zur Zeit des **Faschismus** riß man manchen historischen Bau ab und ersetzte ihn durch die typisch kühle und überdimensionierte Architektur der Zeit, besonders auffällig am Bahnhof von Florenz (inzwischen mit verschleiernden, modernen Anbauten) und im Zentrum von Livorno. Sonst beginnt bereits – zum Glück für die Toscana – weitflächig der Schutz des Vorhandenen, sowohl der Architektur als auch etwas später des Landschaftsbildes.

Die toscanischen Maler des 20. Jahrhunderts haben ihrer Heimat fast ohne Ausnahme den Rücken gekehrt und arbeiten heute in Rom, Mailand oder im Ausland.

1406 kann Florenz durch die Unterwerfung Pisas zur Seemacht avancieren; größte Rivalin ist wieder Siena.

1434 bis 1494 übernehmen die Medici die Macht in Florenz.

1531 wird die mediceische Toscana ein Herzogtum.

1559 wird auch Siena florentinisch.

1569 wird die gesamte Toscana zum Großherzogtum unter Cosimo I. erhoben.

1737 stirbt der letzte Medici (Gian Gastone), das Großherzogtum Toscana geht an das Haus Habsburg-Lothringen über: Franz von Lothringen, der Ehegemahl der österreichischen Herrscherin Maria Theresia, wird Großherzog der Toscana – und 1741 Kaiser Franz I.

1848 gibt es die erste Verfassung.

1849 Ausrufung der Republik.

1860 Die Toscana wird an Piemont-Sardinien angeschlossen und damit an das Königreich Italien.

1865 bis 1871 ist Florenz die Hauptstadt des geeinten Italien.

1946 wird Italien Republik.

1948 wird beschlossen, Regionen zu bilden, aber

erst 1970 werden die meisten und mit ihnen die Region Toscana etabliert.

4. 11. 1966 verheerende Arno-Überschwemmung in Florenz.

1986 Florenz wird europäische Kulturmetropole.

1995 Bei den Regionalwahlen im April bleibt in der Toscana die linke Koalition mit insgesamt mehr als 50 % ganz klar führend. Einzige ›rechte‹ Stadt der Toscana ist wie eh und je Lucca. Beachtenswert: In Florenz stimmen 29,9 % für einen unabhängigen Bürgermeister.

Die Toscana heute: Bevölkerung und Tourismus, Wirtschaft und Umwelt

Die Region Toscana ist im inneritalienischen Vergleich sehr dicht besiedelt: Gesamtbevölkerung 3,6 Millionen, das sind im Durchschnitt 157 Einwohner je Quadratkilometer, auf das reine Kulturland bezogen ca. 600. Der größte Teil der toscanischen Bevölkerung lebt in den Städten. Die Lebenserwartung liegt bei durchschnittlich 77 Jahren, das jährliche Bevölkerungswachstum nur bei 0,3 % und tendiert gegen Null.

Der Anteil der Erwerbspersonen beträgt knapp 40 % der Gesamtbevölkerung. Etwa ein Drittel aller Arbeitnehmer der Region sind selbständig, die Arbeitslosenquote liegt offiziell bei 9,3 %, wobei gerade durch den Tourismus, den bedeutendsten Wirtschaftszweig der Toscana, die Schwarzarbeit floriert, es den Toscanern also generell wirtschaftlich nicht schlecht geht. Noch ein Wort zum Tourismus: Jährlich werden etwa 30 Millionen Übernachtungen gezählt, Tendenz steigend. Ein Zehntel davon sind Bundesdeutsche, die zu 50 % in Ferienhäusern auf dem Lande ihr Urlaubsquartier aufschlagen.

In den letzten Jahren hat die Toscana eine interessante und positive Entwicklung durchgemacht: Während es die Landbevölkerung in den fünfziger Jahren – noch vor der Auflösung der Halbpacht 1962 (s. S. 40) – in die größeren Städte zog, ziehen junge Familien heute wieder aufs Land, in die stadtnahen Dörfer. Sie entfliehen dem Smog der Städte, die trotz großflächiger Fußgängerzonen den Erstickungstod zu sterben drohen, sie kapitulieren vor der immer unerträglicher werdenden Sommerschwüle in den großen Ebenen, in denen sich die wichtigsten Ansiedlungen befinden und fliehen auf die Hügel der kleinen Ortschaften, die meistens aus trutzigen *castelli* gewachsen sind. Diese wurden und werden noch immer saniert und liebevoll restauriert. Es sind wahre Kleinode der Architektur entstanden mit guter, sauberer Luft, herrlichen Aussichtspunkten und noch immer funktionierender oder gar wiederbelebter Infrastruktur mit Bäcker und Metzger und mindestens einer Bar als Treffpunkt von alten und neuen Bewohnern. Die ›Neuen‹, das sind zum Glück noch viele, zu deren Familienbesitz die lange vor sich hin verfallenden Häuser im Dorfkonglomerat gehörten. Natürlich haben sich auch da schon wieder Fremde ›eingekauft‹, doch deren Anzahl ist für das Gefühl der Zusammengehörigkeit verschwindend gering. Vielen Fremden ist es zudem zu mühsam, sich in einer Dorfgemeinschaft einzugliedern. Sie ziehen lieber, wie schon seit Jahrzehnten, aufs flache Land, kaufen überteuerte Grundmauern und Baurecht – und bleiben unter sich. Auch sie haben allerdings wie die Ferienhausvermieter, die einen wahren Boom erlebt, dazu beigetragen, daß man in der Toscana statt Ruinen wieder viele schmucke Bauernhäuser sieht. Wie früher, als die Halbpächter das Land ihrer Herren bearbeiteten und auf ihm lebten.

Überhaupt hat der Tourismus, der in den Städten zu Chaos, Lärm und Distanz zu Fremden geführt hat, dem Lande eher gutgetan – und damit auch der Landwirtschaft, die einen erneuten Auf-

Schulausflug nach Grosseto

Die Mezzadria

Vom Mittelalter bis in die Mitte dieses Jahrhunderts hielt sich in der Toscana eine besondere Form des Feudalsystems: die Mezzadria, die Halbpacht. Der ›freie‹ Bauer oder Hirte, der kein Leibeigener war, bewirtschaftete das Land eines Gutsherrn und hütete dessen Schafe oder Rinder. Die Hälfte der eingebrachten Ernte, des Verkaufserlöses usw. gab er an seinen Herrn, die andere Hälfte durfte er behalten. Für jeden seiner *mezzadri* ließ der in der Stadt lebende Besitzer (Fürst, Bischof, Papst u. ä. bedeutende oder reich gewordene Persönlichkeiten) ein eigenes Haus errichten, weit genug vom nächsten *mezzadro* entfernt, der die gleichen Rechte und Pflichten hatte. So teilte man das Land optisch durch kleinere Felder auf, in Wahrheit aber blieb es in einem Besitz.

1962 wurde die Halbpacht gesetzlich abgeschafft. »Ab diesem Zeitpunkt mußten sich Pächter und Grundbesitzer arrangieren«, meint Alessandro Falassi, Professor für Brauchtum an der Universität Siena. Meist war es jedoch die Pächterfamilie, die sich arrangierte, um das Haus nicht verlassen zu müssen. »Arrangieren hieß für die meisten, Hausmeisterposten annehmen, sich als Arbeiter verdingen, oder Landwirt auf eigene Rechnung werden.« Falassi weiß auch privat, wovon er als *professore* spricht: Wie es sich für den Stadtadel gehört, hat auch seine Familie, seit sieben Jahrhunderten schon, nicht nur einen Palazzo in Siena, sondern auch ein Haus – ein recht bescheidenes, wenn auch das markanteste Gebäude am Platze – in Castellina in Chianti. Und natürlich einen Besitz auf dem Lande, ein Weingut zu Füßen Castellinas. Hier auf dem kleinen Gut lebte früher ein Pächter. Nun ist er als Landarbeiter bei Falassi angestellt, die Frau verdient per Stundenlohn während der Erntezeit etwas dazu, die Kinder sind in die Stadt gezogen.

Nur wenige *mezzadri* konnten das gesetzlich eingeräumte Vorkaufsrecht für den Landbesitz der Feudalherren nutzen – wer hatte schon als Halbpächter Reichtümer gescheffelt?

schwung erlebte: Die Nachfrage nach toscanischen Weinen steigt, dasselbe gilt immer mehr für das gute Olivenöl und für feine Backwaren, in Olivenöl eingelegtes Gemüse oder andere hausgemachte Spezialitäten.

Der Umweltschutz hat sich hier sozusagen heimlich eingeschlichen: Um die Produkte des Landes rein, ohne chemische Behandlung (Pestizide, Düngungsmittel) anbieten zu können, hat man sich umgestellt. Alternativer Anbau ist ›in‹, ebenso die Neuanpflanzung alter Getreidesorten, etwa des Dinkels. Auch der Erhalt der Landschaften mit Zypressen, Öl- und Mandelbäumen oder Weinhängen wird forciert. Früher als in anderen Regionen Italiens hat man erkannt, daß der Naturschutz neben dem Denkmalschutz das wichtigste Kapital für den Fremdenverkehr ist. Daß damit die Erhaltung der eigenen Heimat einhergeht, ist den Toscanern, die sehr erdverbunden sind, natürlich willkommen.

Industrie und Kunsthandwerk

Neben dem Tourismus spielen in der Toscana folgende Industriezweige eine bedeutende Rolle: In Florenz Keramik und Präzisionsmechanik; Glasherstellung in Empoli; Eisenverarbeitung in Piombino; in Scarlino chemische Industrie; in Livorno Raffinerien, Werften und Glas; in Rosignano Natron (Soda); Möbel in Cascina und Ponsacco; Nuklearforschung in Pisa – und Wein (ein wichtiger Exportartikel!) vor allem im Chianti-Gebiet; von dort kommt ebenso wie aus Lucca auch Olivenöl.

Florenz hat sich zur italienischen Modemetropole gemausert vor Mailand und Rom – schließlich sitzt die wichtigste Zulieferindustrie, die der Wollstoffe, im benachbarten Prato und die der Seide in Lucca. In Florenz findet man nicht nur Mode großer Designer, sondern auch Seiden- und Wollstoffe und Florentiner Spitzen.

Das Kunsthandwerk wird wieder großgeschrieben: Marmorverarbeitung in Pietrasanta

Blühender Campanilismo: Kirchturmpolitik

Toscaner sind starrsinnige Campanilisten, betreiben also gern Kirchturmpolitik. Besonders gut erkennen dies Autofahrer auf den engen Landstraßen, wenn sie plötzlich in *strade bianche,* in weißstaubige Holperwege übergehen, nur weil das Gemeindegebiet gewechselt hat. Oder Urlauber, die sich Zeit für Begegnungen mit den Toscanern nehmen, zuhören, wenn diese über ihre Mitmenschen in anderen Gemeinden sprechen.

Auf die Florentiner sind so ziemlich alle anderen Toscaner nicht besonders gut zu sprechen, diese hätten, so sagen sie, die Kultur allein für sich gepachtet. Andererseits läßt sich im Denken und Empfinden der Florentiner die historische Erzfeindschaft mit Siena, Pisa, Lucca und anderen Städten kaum ausmerzen.

Von den Sienesen heißt es, sie seien besonders zurückhaltend, lebten gerne nach wie vor nur in ihrer *contrada,* ihrem Stadtteil, mit dem sie alle Jahre wieder gegen die anderen symbolisch in den Krieg ziehen – im Palio. ›Januar bis Palio‹ ist eine typisch sienesische Zeitangabe, oder ähnlich ›mein Sohn wurde nach dem Sieg gegen die Gans geboren‹.

Florentiner halten die Pisaner und vor allem die Livorneser für schlitzohrig – vielleicht weil sie nie etwas von den Florentinern annehmen wollten.

Die schlitzohrigsten aber sollen die Leute von Giglio sein, über sie erzählt man sich abenteuerliche Geschichten – auch auf der Insel selber (s. S. 211).

In Péscia werden Blumen für Europa verpackt, die man in der gesamten Provinz Pistoia züchtet – im Freiland oder in Treibhäusern.

Die größte Bedeutung hat der Marmor in Carrara, nicht nur durch seinen Abbau, sondern vor allem durch die Verarbeitung von importierten Steinen.

Während auf der Erzinsel Elba kein Eisen mehr abgebaut wird, weil es die EU so bestimmt hat, und im Gebiet der Provinz Grosseto Eisenpyrit, Magnesium, Blei und Zink ein ähnliches Schicksal droht, wird in Volterra nach wie vor Alabaster abgebaut und verarbeitet und im Monte-Amiata-Gebiet Quecksilber.

Der Fischfang hat niemals aufgehört, die Fischer zu ernähren, doch reicht ihr Fang schon lange nicht mehr für den großen Bedarf der Region, weshalb mit Importfischen ›aufgefüllt‹ wird. Die wichtigsten Häfen (nicht allein für die Fischerei) sind Livorno, Marina di Carrara (Marmor vor allem), Piombino, Viareggio und Porto Santo Stefano sowie Portoferraio auf Elba.

Das Kunsthandwerk besitzt in der Toscana bis heute eine große Bedeutung. Sehr geschmackvoller Gold- und Silberschmuck wird in Florenz und Siena hergestellt, in Florenz floriert neben der Herstellung von Strohhüten, den sogenannten ›Florentinern‹, außerdem die Lederverarbeitung (Schuhe, Taschen, Kleidung, Gürtel).

Keine Frage, daß das toscanische Kunsthandwerk durch den Tourismus einen enormen Aufschwung erlebt hat. Denn praktisch alles, was die Kunsthandwerker schaffen, kann zum Souvenir werden, etwa Alabastergegenstände aus Volterra, Keramik aus Impruneta und Montelupo Fiorentino, Korbwaren und Schmiedeeisenarbeiten wieder aus Impruneta. Dann natürlich Möbel und Antiquitäten, die man eigentlich in allen größeren Städten und auf den großen Flohmärkten der Region kaufen kann, speziell in Arezzo und Cortona beziehungsweise bei den Versteigerungen in den Nobel-Kurorten, etwa in Montecatini oder Chianciano Terme.

Kultur und Tradition

Bräuche und Feste

Die stolzen, zurückhaltenden, vielleicht gar arroganten Toscaner – bei ihren inbrünstig geliebten, traditionellen Festen drehen sie geradezu durch. Ob in Siena beim Palio, dem berühmten Pferderennen, oder in Florenz beim *Calcio Storico in Costume,* dem historischen Fußballspiel, oder beim *Scoppio del Carro,* wenn am Ostersonntag der hölzerne Wagen für die Taube, den Heiligen Geist symbolisierend, zwischen Domfassade und Paradiespforte des Baptisteriums knal-

lend im Feuerwerk verschwindet. Ob in Arezzo beim historischen Lanzenstechen *(Giostra del Saracino)* oder in Pisa beim *Gioco del Ponte,* dem Wettkampf der beiden Stadtteile beiderseits des Arno auf dem Ponte del Mezzo, der Brücke zwischen ihnen. Vom Karneval in Viareggio ganz zu schweigen, für das

Traditionelle Feste der Toscaner; oben: Palio in Siena, historischer Umzug und Festessen der Contrade vor dem Rennen; unten: Zuschauer und Akteure bei der Giostra del Saracino in Arezzo ▷

ein ganzes Jahr lang die Figuren geschaffen werden.

Vor allem für die Herstellung der historischen Kostüme, meist nach Vorbildern der Renaissance, wird in der Toscana viel Zeit und Geld investiert. Spenden für die Kunst, das bedeutet auch Spenden für immer wieder notwendige Reparaturen an den kostbaren Kostümen oder gar ihre völlige Erneuerung. Banken wie Monte dei Paschi di Siena, von Anbeginn eine große Förderin der Kunst (s. S. 302 f.), sind stolz darauf, die neuen Renaissancekostüme für den Palio finanziert zu haben. Andere schreiben sich die langjährige und damit sehr kostspielige Restaurierung und Rettung von Kunstwerken auf die Werbefahne.

Feste und Feiertage

Ostersonntag: *Scoppio del Carro* in Florenz.
Ostermontag: religiöse Feiern und Prozessionen im ganzen Land.
1. Mai: Kundgebungen zum ›Tag der Arbeit.‹
Sonntag nach dem 20. Mai: Wettstreit im Armbrustschießen *(Balestra del Girifalco)* in Massa Marittima.
Letzter Sonntag im Mai: Beginn des *Calcio in Costume* in Florenz (Fußballspiel in Renaissancekostümen).
17. Juni: *Regata di San Ranieri* in Pisa, Regatta auf dem Arno zu Ehren des Ortspatrons (ähnlich volkstümlich wie das Spiel auf der Brücke; s. u.).
24. Juni: Florenz begeht das Fest des Ortspatrons San Giovanni Battista (Johannes der Täufer) mit dem prächtigsten Corso und dem wildesten *Calcio in Costume* (Fußballspiel in historischen Kostümen) vor der prachtvollen Fassade der Kirche Santa Croce.

Letzter Sonntag im Juni: *Gioco del Ponte* auf dem Ponte del Mezzo in Pisa mit 750 Teilnehmern in historischen Kostümen; Sieger ist die Mannschaft, die den Wagen auf die gegnerische Seite drückt (s. S. 176 f.).
2. Juli: *Palio delle Contrade* in Siena; seit 1147. (Dieses erste Rennen des Jahres wird zu Ehren der Madonna di Provenanzo begangen.)
Zweiter Sonntag im August: wieder *Balestra del Girifalco* in Massa Marittima.
15. August: Es beginnen die römischen *feriae augusti,* der italienische Ferragosto, an dem sich das ganze Land in die Ferien zu begeben scheint. In Montepulciano feiert man den *Bruscello,* das Kostümfest der Handwerker und Bauern. Im ganzen Land wird Mariä Himmelfahrt festlich begangen.
16. August: der zweite *Palio delle Contrade* in Siena, diesmal zu Ehren der Madonna dell' Assunta.
25. August: Theateraufführungen zu Ehren des heiligen Genesius in San Miniato al Tedesco.
Erster Sonntag im September: Wetteifern der historischen Stadtteile im Lanzenstechen *(Giostra del Saracino),* eines der farbenprächtigsten toscanischen Feste auf der Piazza Grande in Arezzo.
Zweiter Sonntag im September: Armbrustschießen *(Palio della Balestra)* in Sansepolcro.
13. September: eindrucksvolle Prozession des *Volto Santo* (heiliges Antlitz) in Lucca.
1. November: in ganz Italien Feierlichkeiten zu Allerheiligen.
25. und 26. Dezember: Weihnachten im ganzen Land. Die Feier an Heiligabend ist eigentlich keine italienische Angelegenheit, wird aber immer mehr angenommen.
31. Dezember: Italien feiert den Jahreswechsel mit Feuerwerk an allen Orten.

Beim Palio ist Spiel Ernst

Lisa Guideri ist eine sanfte, liebenswerte Gastgeberin. Sie empfängt uns in ihrer kleinen Wohnung hoch über dem Campo von Siena, die sie ihren beiden studierenden Kindern eingerichtet hat, als sie ihrem Mann aus beruflichen Gründen nach Massa Marittima folgte. Freunde der Studenten kommen, Fahnen der

Contrada della Torre, zu der die Familie Guideri gehört, werden entfaltet, und man begibt sich nach draußen auf den kleinen Balkon, der über der Piazza zu schweben scheint.

Der freie Platz innerhalb des zur Rennbahn umfunktionierten Campo füllt sich allmählich, ebenso die Balkone und Tribünen. Ringsum ist jede Lücke zwischen den Balkonen mit Brettern geschlossen, auf denen die

Zuschauer dicht bei dicht sitzen. Man muß lange vor dem Rennen die Plätze einnehmen, sonst ist kein Durchkommen mehr. An allen Fenstern stehen Sieneser und schwenken Fahnen ihrer Contrada; aus Dachluken und von den Turmdächern beugen sie sich beängstigend weit vor.

Es ist früher Abend des 2. Juli, gegen 18 Uhr. Signora Guideri erklärt: Bereits am 25. Mai wurden drei der heute konkurrierenden Contrade (Stadtviertel) aus denen des letzten Palio ausgelost. Zusammen mit den sieben, die ohnehin an der Reihe sind (weil sie beim letzten Mal nicht dabei waren), werden sie heute das Rennen bestreiten.

Am Morgen des 29. Juni fand die Auswahl der Pferde statt, die anschließend durch das Los den zehn teilnehmenden Contrade zugeteilt wurden. Um 19 Uhr desselben Tages veranstaltete man das erste Proberennen. Der Campo war dabei bereits mit festgestampftem Sand und Lehm bedeckt. Am nächsten Tag gingen die Proberennen weiter.

Die Generalprobe beginnt immer am 1. Juli Punkt 19.45 Uhr, am späten Abend folgt dann das festliche Essen, das Glück und Segen bringen soll. Alle Bewohner der Contrada nehmen daran teil – und der Reiter, der normalerweise ein Fremder, meist ein angeheuerter Sarde aus der Maremma ist. Während der ganzen Zeit wird das Pferd in der *casa del cavallo,* die jede Contrada besitzt, strengstens bewacht.

Am Morgen des 2. Juli findet – nachdem die Pferde in der Kirche der jeweiligen Contrada gesegnet wurden – die *provaccia* statt, die große Probe auf der Piazza del Campo – ein farbenprächtiges Schauspiel.

Zurück zum kleinen Balkon. Mit Spannung erwarten alle den historischen Umzug. Gleich beginnt die Riesenglocke auf der Torre del Mangia zu schlagen, und die ersten Abordnungen der Contrade betreten den Platz: jeweils ein Trommler, zwei Fahnenschwinger, der *duce,* zwei bewaffnete Männer, ein Bannerträger mit der Fahne der Contrada und zwei Knappen, die die Feldzeichen der einstigen Militärkompanien tragen, es folgt ein Reitknecht mit dem Paradepferd, darauf der *fantino,* der Reiter. Ganz zuletzt kommt das Rennpferd, von seinem *barbaresco,* dem Stallmeister und Bewacher, geführt. Als die Bannerträger der *Contrada della Torre* auftauchen, sind die Studenten auf dem kleinen Balkon nicht zu halten, laut rufen sie »Torre, Torre!« und schwingen wild ihre Fahnen.

Es ist kurz vor acht Uhr abends, die Sonne erleuchtet nur noch das Rathaus. Auf dem Campo unten, der im Schatten liegt, innerhalb und um die Rennbahn herum, fände keine Stecknadel mehr Platz! Der Zugang wird gesperrt. Die Glocken auf dem Rathausturm schlagen. Es wird still. Pferde und Reiter treten aus dem Innenhof des Rathauses auf die Rennbahn, nachdem sie die Ochsenziemer zum Antreiben der Pferde vom Wachtposten erhalten haben.

Zwischen zwei quergespannten Hanfseilen zittern Pferde und Reiter dem Start entgegen. Sie stehen vor der schwersten Aufgabe, dem Start. Das Seil fällt: Bahn frei! Ein rasender Lauf beginnt, ein gefährliches Rennen ohne Sattel – die Notärzte stehen bereit. Am gefährlichsten ist die Kurve von San Martino links am Rathaus, weshalb die kleine vorspringende Kapelle in dicke Matratzen eingehüllt ist. Doch Opfer hat sie immer gefordert. Dreimal geht es um den Platz, also auch dreimal in diese Kurve.

Das Pferd der *Contrada della Torre* ist beim ersten Lauf vorne, die Spannung auf unserem Balkon fast nicht zu ertragen. Beim zweiten Lauf ein Schrei: »Ecco, la Oca!« Lisa Guideri, bisher zurückhaltend-freundlich, schlägt die Hände über dem Kopf zusammen, tränenüberströmt das fein

geschminkte Gesicht. »Madonna mia, Madonna«, stammelt sie mit erstickter Stimme. Ausgerechnet die *Oca,* die traditionelle Erzfeindin ihrer Contrada, hat ihr Pferd wieder einmal zu Fall gebracht. Dabei wäre dies für die *Torre* seit 1961 wieder der erste Sieg gewesen. Die ganze Hoffnung ist mit einem Peitschenhieb des feindlichen Reiters dahin!

Können Sienesen jemanden nicht leiden, sagen sie, er sei wie ein *fantino.* Tatsächlich sollen die für das Rennen gekauften Reiter untereinander die übelsten Tricks anwenden, um aus dem Palio für sich ein gutes Geschäft zu machen. Absprachen sind an der Tagesordnung. Da kann tatsächlich nur das Pferd an der Entscheidung etwas ändern. Denn auch reiterlos, *scosso,* kann es den Wettkampf gewinnen, wenn es als erstes durch das Ziel geht. Folgerichtig bekommt das Siegerpferd beim großen Festessen den Ehrenplatz an der Tafel, wird aus silbernem Geschirr gefüttert und beim Siegeszug durch die Stadt richtiggehend verehrt.

Daß die Sienesen ein so freundliches Wesen haben, so unbeschwert wirken, und ihre Stadt die niedrigste Kriminalitätsrate der Welt aufweist, mag daher kommen, daß sie zweimaljährlich im Palio ein Ventil öffnen.

Küche und Keller

Bistecca Fiorentina und Cacciucco: Die toscanische Küche

Die toscanische Küche gilt als eine einfache, bäuerliche, die freilich immer frische Bestandteile verlangt wie knackige Gemüse und Salate zu jungem Lamm, Kaninchen oder Zicklein. Oder für die berühmte *Bistecca Fiorentina,* ein zartes Beefsteak am Knochen (beziehungsweise ein T-bone-Steak) von einem weißen Chianina-Rind. Diese besondere Spezialität sollte über der sanften Glut eines Holzkohlenfeuers blutig bis rosa gegrillt, dann mit etwas ›jungfräulichem‹ Olivenöl beträufelt und nach Geschmack mit Salz und frisch geschrotetem Pfeffer gewürzt werden. Die Regel ist, zuerst das Filetstück zu essen, und dann erst den Rest, so viel der Magen faßt. Ohnehin sollte das Fleischstück mindestens 600 Gramm schwer sein. Weil es meistens nicht zu schaffen ist, bestellt man am besten zu zweit eine *Bistecca.* Dazu gibt es gekochte, kleine weiße Bohnen, die sich die Toscaner selber mit reichlich Olivenöl, Salz und Pfeffer würzen.

Florenz bietet noch eine zweite Spezialität, die freilich nicht jedermanns Geschmack trifft: *Trippa alla Fiorentina,* Kutteln. Wenn's original sein soll, dann bitte im Stehen auf einer Piazza inmitten von Florenz, in ein Brötchen gedrückt und nur mit Salz und Pfeffer gewürzt. Manche nehmen inzwischen auch eine Kräutersoße *(Salsa Verde)* oder Scharfes dazu. Im ländlichen Restaurant gibt es die *Trippa* stilgerecht aus einem glühend heißen Tontöpfchen, weil Kenner anschließend die noch heiße Soße mit dem weißen toscanischen Brot bis zur Neige austunken ...

Brot gehört in der Toscana immer auf den Tisch, das ungesalzene, mit herzhaft-knuspriger Kruste und nicht zu weichem Inneren. Es wird nicht nur reichlich zu den Vor- und Hauptgängen gegessen, sondern bildet auch für sich oder in Kombination mit Gemüse eigene Gerichte. Ein Stück Brot abbrechen, leicht salzen und in Olivenöl getaucht –

ein Genuß! Oder die *Bruschetta,* in manchen Teilen der Toscana *Fettunta* genannt: eine auf Holzkohlenglut geröstete, mit Knoblauch eingeriebene und mit Olivenöl reichlich beträufelte, dicke Scheibe Brot. Oder *Crostini,* dünne geröstete Brotscheiben als Antipasto; *neri* sind die schwarzbelegten, mit einem Leber- und Milzaufstrich, *bianchi* die weißbelegten mit einer Art hausgemachter Mayonnaise. Dann gibt es natürlich Varianten mit Tomaten oder Kaviar ...

Altbackenes Brot wird nicht weggeworfen, sondern zu einer der leckersten und traditionellsten Suppen der Toscana

Feine Backwaren aus Siena

verarbeitet: *Ribollita,* die ›mehrfach gekochte‹, aus frischem Gemüse; über altbackenes Brot gegossen, eigentlich eine ganze Mahlzeit, was sie früher für die Bauern auch war. Heute machen sich nur noch wenige traditionelle, meist ländliche Restaurants die Mühe, eine echte *Ribollita* zu kochen.

Sehr wichtig für die toscanische Küche ist das kaltgepreßte Olivenöl *(Olio extra vergine),* das neben dem umbrischen als das beste der Welt gilt. Je nachdem, ob es aus den Hügeln von Lucca oder des Chianti, aus Vinci oder der nördlichen Valdinievole kommt, besitzt das Öl einen anderen Geschmack.

Antipasto: In keiner anderen italienischen Region wird traditionell auf eine solche Vielfalt Wert gelegt. Man kann sich daran satt essen und satt sehen. An den jahreszeitlich bedingten frischen, meist gerösteten Gemüsesorten, an den in Olivenöl oder *all'agro* (sauer) eingelegten Köstlichkeiten aus Zucchini und Tomaten, Artischocken und Lauch, weißen und grünen Bohnen, an den Salaten, an den Schinken, vornehmlich aus dem Casentino, und an den Wurstwaren vom Schwein, etwa mit Fenchelsamen *(Finochiona)* oder ganzen Pfefferkörnern (einfach *Salame Toscano)* gewürzt, oder an den kleinen, würzigen Wildschweinwürstchen *(Cinghiale).*

Die Pasta aus dem Süden des Landes hat in der traditionsbewußten Toscana ebensowenig Chancen wie der Risotto aus dem Norden, obwohl beide natürlich in den Restaurants angeboten werden. Die Toscaner bevorzugen eben Speisen aus der großen Vielfalt an Gemüse und Salate, die der Markt oder der eigene Garten frisch bietet. Eine hausgemachte Gemüsesuppe – und natürlich eine *Ribollita* (s. o.) – zieht jeder einer Pasta vor.

Auch Schweinebraten, Wild und Lamm mögen die Toscaner, Kaninchen und Huhn nach Jägerinnenart *(alla Cacciatora).* Am liebsten essen sie – meist sonn- und feiertags in ländlichen Lokalen – Geröstetes vom rotierenden Bratspieß *(Girarosto).*

An der Küste und auf den Inseln wird Fisch bevorzugt: *Triglie alla Livornese* (Seebarben in einer Tomaten- und Olivenölsoße mit feinen Kräutern), gegrill-

In der Fattoria Pulcino
in Montepulciano

ter Fisch und natürlich der berühmte *Cacciucco,* die Fischsuppe, die eine ganze Mahlzeit ersetzt und am besten in Livorno und auf Elba zubereitet wird. Je nach Saison gibt es eine reiche Auswahl an Meeresfrüchten und Fischen. An den Seen und in den Flüssen werden Forellen, Hechte etc. geangelt. Und im Frühjahr fängt man mit speziellen, feinmaschigen Netzen die jungen, zarten Aale *(anguile),* die zu den teuren Delikatessen zählen.

Unbeschreiblich vielfältig sind die Geschmacksrichtungen beim toscanischen Pecorino, dem Schafskäse, ob rein aus Schafsmilch oder mit Kuhmilch vermischt – am teuersten aus Pienza und Umgebung, jedenfalls mit Sicherheit von sardischen Spezialisten produziert, die schon vor Jahrzehnten in der Maremma als billige Arbeitskräfte angesiedelt wurden, sich ihrer Kenntnisse in Sachen Pecorino erinnerten und das gute Weideland der südtoscanischen und der Chianti-Hügel für ihre Schafe entdeckten.

Zum Nachtisch oder zwischendurch sollte man *Panforte* bestellen, eine Art Pfefferkuchen in vielen Variationen aus etwas Mehl, Butter und Eiern mit viel Mandeln und kandierten Früchten, eine Spezialität aus Siena und ursprünglich ein Weihnachtsgebäck. Oder zum Eintunken in *Vinsanto* das Mandelgebäck, das mal *Cantucci (di Prato),* mal *Biscotti* genannt wird. Zur Kastanienzeit im Herbst natürlich Kastanienkuchen, so lecker, aber auch so schwer, daß man vorher wenig gegessen haben sollte. Das gilt auch für die diversen Mandel- und Walnußkuchen.

Nicht nur Chianti: Der toscanische Wein

Man kann in Sachen Wein in der Toscana eigentlich keinen Fehlgriff tun. Ist das Restaurant oder die Trattoria in Ordnung, stimmt schon der offene Hauswein oder der in Flaschen speziell für das Haus abgefüllte, fast immer ein junger Tropfen. Das Emblem des *Gallo Nero,* des Schwarzen Hahns auf Goldgrund, tragen die schwereren, vollmundigeren Weine des *Chianti Classico,* die mit mindestens drei oder fünf Jahren am besten munden; jung dagegen sollten die

Weine des *Chianti Putto* sein. Geradezu würdevoll ist der *Vino Nobile di Montepulciano,* ein ganz großer, tiefroter Wein der *Brunello di Montalcino,* wenn der Jahrgang stimmt. Aber auch der preiswertere *Rosso di Montalcino* kann sich sehen lassen.

San Gimignanos *Vernaccia,* von goldgelber Farbe, ist ebenfalls herb und voll, er dürfte inzwischen der bekannteste Weißwein der Toscana sein. Ihm hart auf den Fersen folgt der weiße, leichte und trockene *Galestro,* nach dem schiefrigen weißen Boden benannt, auf dem er am besten gedeiht. An der Küste wird zu Fisch unter Kennern gerne der *Bianco di Pitigliano* empfohlen, in Lucca, Montecatini und Umgebung der nahe *Montecarlo.* Hier wird auch ein hervorragender Grappa hergestellt, beide jedoch über die Grenzen der Provinz kaum bekannt.

Bleibt der *Vinsanto,* dessen Reifung in kleinen Eichenfässern, immer in Berührung mit Wind und Wetter, also meist in luftigen Räumen über dem Weinkeller, sich kein Winzer entgehen läßt. Er ist süß und doch nicht schwer, ein Dessertwein, für den die *Cantucci* (Mandelgebäck) zum Eintunken geradezu erfunden zu sein scheinen.

Reisen
in der
Toscana

Florenz und Umgebung

Florenz: Die Wiege der Renaissance und des Humanismus

(S. 347 ff.) Zu Füßen der wichtigen Etruskerstadt Fiesole, als eigentlich unbedeutende römische Kolonie entstanden, entwickelte diese sich allerdings ab dem ersten vorchristlichen Jahrhundert so schnell, daß sie bald den Namen *Fiorentina,* die Blühende, erhielt. Christlich geworden, hatte Florenz unter den Barbareneinfällen zu leiden, zunächst unter den Hunnen und Goten und etwa um 570 unter den Langobarden.

Karl der Große sorgte für einen gewissen Aufstieg; im 9. Jahrhundert war Florenz eine deutsche Markgrafschaft, und da einige kriegerische Ereignisse belegt sind, könnte man auf eine etwas größere politische Bedeutung schließen. Heinrich IV., der sich 1084 in Rom zum Kaiser krönen ließ, biß sich vergebens an Florenz die Zähne aus. 1125 konnten die Florentiner das benachbarte Fiesole einnehmen. Als sich zu Beginn des 13. Jahrhunderts Welfen (in Italien *Guelfen*) und Hohenstaufer *(Ghibellinen)* im Streit um den Kaiserthron zu bekriegen begannen, schlug sich Florenz auf die Seite der Guelfen, war also papsttreu.

Florenz, das zeigte sich bald, war eine bürgerliche Stadt, die gegen den Adel, der ghibellinisch (kaisertreu) war, opponierte. Seit 1250 besaßen die Florentiner eine Volksregierung, 1252 prägten sie, kaiserliche Privilegien ignorierend, ihre eigenen Münzen: den *Fiorino* bzw. *Florin,* der jahrhundertelang als allgemeine Währung gelten sollte. Alle Geldgeschäfte von Bedeutung gingen über Florenz, auch die der römischen Kurie. Mochten sich die Bürger der Stadt untereinander aus Gesinnungsgründen noch so sehr bekämpfen – nach außen hin bildeten sie eine funktionierende Kommune. Diese machte sich bald viel fremdes Land zu eigen: 1222 besiegte sie zusammen mit den Guelfen von Lucca die ghibellinischen Pisaner. 1260 schlug jedoch die Stunde der Ghibellinen, die unter der Führung eines gewissen Manfred von Hohenstaufen bei Montaperti siegten. Aber mit dem Tod Manfreds 1266 waren bereits wieder die Guelfen die Herren in Florenz.

Was den guelfischen Florentinern gar nicht gut bekam, waren ihre inneren Zwistigkeiten und die daraus resultierende Spaltung in zwei Lager: *Neri* (Schwarze) und *Bianchi* (Weiße), wobei letztere bald nicht mehr von den feindlichen Ghibellinen zu unterscheiden waren. Was das bedeutete, bekam sogar Dante (s. S. 31) zu spüren, der 1302 in die Verbannung gehen mußte, um dem drohenden Feuertod zu entgehen. 1315 wurde er in Abwesenheit nochmals zum Tode verurteilt, diesmal durch Enthauptung.

Außer den kriegerischen Auseinandersetzungen mußte Florenz mit mehreren Epidemien, Hungersnöten, der großen Pest (1348) und Überschwemmungen fertigwerden. Schon Ende des 14. Jahrhunderts war es mit der eigentlichen Demokratie zu Ende, führende Familien der Stadt hatten sie in ihrer Gewalt. Es klingt fast wie Hohn, daß ausgerechnet eine recht junge Patrizierfamilie, die Medici, den Bürgern in ihrer Auflehnung gegen die Vorherrschaft dieser Dynastien helfen sollte (s. S. 23 ff.).

Keine halbe Million Menschen leben heute in der toscanischen Metropole, die nicht nur politisch eine starke Führungsposition innehat – zum Ärger der anderen Provinzhauptstädte der Region. Kulturell (Museen, Theater, Galerien, Universität und zahlreiche Institute) und wirtschaftlich (Mode, Kongresse, Administration) ist die Arno-Stadt ebenfalls absolut tonangebend. Touristisch auch: Täglich kommen in den Wintermonaten durchschnittlich 60 Busse mit Ausflüglern in die Stadt, in der Hochsaison um die 200; während der langen Saison von Ostern bis zum Spätherbst sind es insgesamt 15 000. Rechnet man die einheimischen Pendler (etwa 100 000 täglich) dazu, wird bald klar, warum Florenz trotz rigoroser Sperrung mancher Teile des *centro storico* tagtäglich dem Verkehrsinfarkt nahe und im Zentrum leider völlig abgasverpestet ist. In den monumentalen Palästen wohnen nur noch wenige Florentiner, man hat die kostbare Bausubstanz meist in Museen umgewandelt, in Hotels und Pensionen, Galerien und Kunstinstitute oder Architekturbüros und Handelsniederlassungen. In den kaum sanierten kleineren Stadtpalästen finden noch immer Studenten aus aller Welt relativ preiswerte Unterkünfte mit wenig Komfort. Universität (mit mehr als 40 000 Studienplätzen in elf Fakultäten) und Kulturinstitute (besonders erwähnenswert: das Deutsche Kunsthistorische Institut), Sprachschulen und Kunstakademien sorgen für die Internationalität der Stadt und dafür, daß sie kaum zur Ruhe kommt. Wenn im Sommer die Florentiner Studenten in die Ferien ziehen, kommen die ausländischen Kunststudenten nach Florenz.

Abends, nachdem die Tagestouristen die Arno-Metropole verlassen haben, schlägt die Stunde der Florentiner. Und wenn Touristen sich möglichst nicht allzu zentral einmieten und den Stadtbummel abseits der Pflichtbesichtigungen nicht gerade auf die Hauptverkehrszeit verlegen, können auch sie Florenz

genießen. Das Florenz der charaktervollen Plätze (s. S. 72 f.) und berühmten Cafés, der engen Straßen mit interessanten Durchblicken, wundervoller Paläste und Kirchen, Museen, die zur Pflichtübung aller Kulturreisenden gehören – und der lockenden Bummelmeilen mit ihren Schmuckgeschäften, Modeboutiquen und Eisdielen.

Den besten Überblick über die Stadt verschafft man sich vom Piazzale Michelangelo zu Füßen der romanischen Kirche San Miniato al Monte oder, eine Etage tiefer, von der Fortezza Belvedere. Einen ganz besonderen, verschleiernden Blick genießt man von den Hügeln von Fiesole. (Zum Piazzale Michelangelo fährt die Linie 13, vom Hauptbahnhof über den Dom; nach Fiesole die Buslinie 7.)

Von der Piazza della Signoria über den Arno zum Palazzo Pitti

Die **Piazza della Signoria** ist der wichtigste profane Platz der Stadt, ihr Regierungsplatz, durch den Abriß mittelalterlicher (ghibellinischer) Wohnhäuser schon im 14. Jahrhundert vergrößert und von den Medici später großzügig, fast überdimensional angelegt, eine wahre Demonstration der Macht. Die leicht buckeligen, hellen Steinmauern des Palazzo della Signoria (auch Palazzo Vecchio genannt), des Regierungspalastes der Medici, bekommt durch die 94 m hohe Torre d' Arnolfo sozusagen den letzten Pfiff. Der markante Turm ist weithin sichtbar und stand Modell für viele andere Stadt- beziehungsweise Rathaustürme. Durch einen Gang im Obergeschoß ist der Palazzo Vecchio mit den Uffizien verbunden, den früheren Amtsstuben der Medici und heute

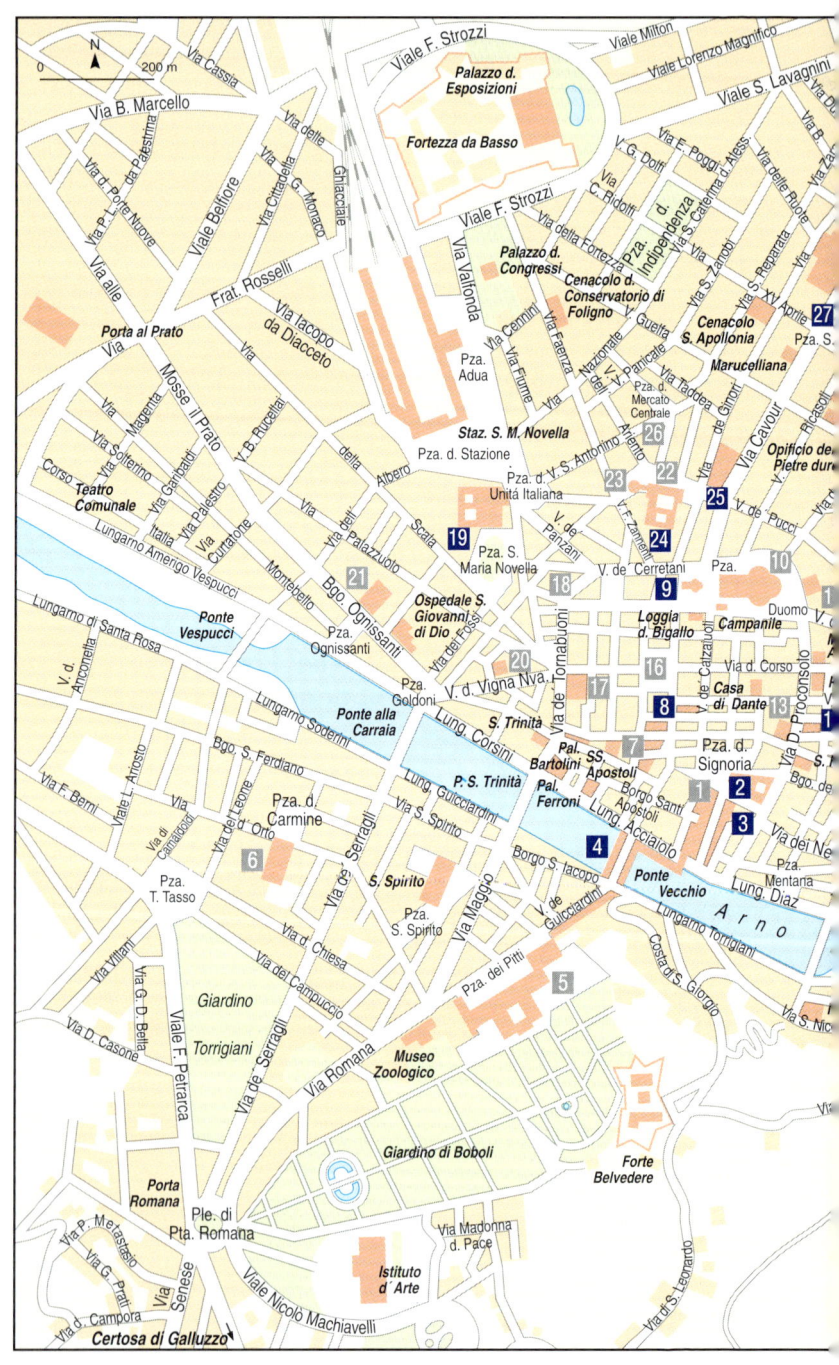

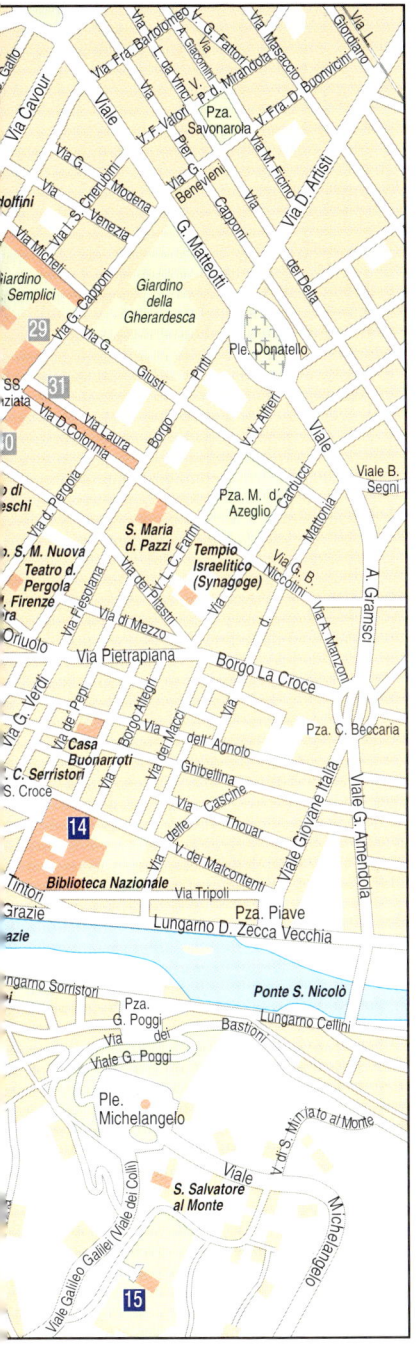

Florenz: *1 Loggia dei Lanzi 2 Palazzo Vecchio 3 Palazzo degli Uffizi 4 Ponte Vecchio 5 Palazzo Pitti 6 Santa Maria del Carmine 7 Palazzo Davanzati 8 Orsanmichele 9 Baptisterium 10 Dom 11 Dombaumuseum 12 Bargello 13 Badia Fiorentina 14 Santa Croce 15 San Miniato al Monte 16 Piazza della Repubblica 17 Palazzo Strozzi 18 Palazzo Antinori 19 Santa Maria Novella 20 Palazzo Rucellai 21 Ognissanti 22 San Lorenzo 23 Cappella Medicea 24 Biblioteca Laurenziana 25 Palazzo Medici-Riccardi 26 Markthalle 27 San Marco 28 Galleria dell'Accademia 29 SS. Annunziata 30 Ospedale degli Innocenti 31 Museo Nazionale Archeologico*

Sitz einer der bedeutendsten Bildergalerien der Welt. Diese wiederum verbindet ein weiterer, der Vasari-Gang, über den Ponte Vecchio hinweg mit dem Palazzo Pitti auf der südlichen Arno-Seite.

Den Westen und Norden der Piazza della Signoria bilden, in Stil und Architektur mehr oder weniger angepaßt, neuere Paläste (Fenzi und Uguccione), in denen sich gern besuchte Cafés etabliert haben. Blickfang jedoch sind die Bildhauerarbeiten auf dem Platz: der **Neptunbrunnen** des Ammannati von 1576, dem die Florentiner damals ironisch zugerufen haben sollen: »Ammannati, Ammannati, che marmore hai rovinati!« (... welch' einen Marmor hast Du zerstört!). Er steht zwar nicht in der Platzmitte, aber im Mittelpunkt des Geschehens, wenn sich hier am Abend die Jugend trifft. Den Eingang zum Palazzo Vecchio flankieren rechts die Marmorgruppe »Herkules und Cacus« von Bandinelli (1533) und links eine Kopie des »David« von Michelangelo (das Original steht in der Accademia). Im Gegensatz zu Ammannati verstand es Michelangelo in großartiger Weise, sogar aus

Neptunbrunnen auf der Piazza della Signoria

Wappen von Florenz mit der Lilie. Die runde Platte im Boden vor ihm erinnert an den revolutionären Pater Savonarola (s. S. 34 f.).

Dort, wo der Platz links vom Palazzo Vecchio weit zurückspringt, bildet ein **Reiterdenkmal** den Mittelpunkt: Cosimo I. dè Medici, 1594 von Giambologna geschaffen.

Einen ganz anderen Akzent setzt die **Loggia dei Lanzi** mit ihren klaren gotisch-florentinischen Rundbögen (1376–1381), die übrigens der ›Feldherrenhalle‹ in München Modell stand. Davor versammeln sich (wie vor dem Dom) die Pferdedroschken von Florenz. Am eindrucksvollsten wirkt die Loggia, die im 16. bis zum 18. Jahrhundert die Landsknechte (daher ›dei Lanzi‹) aufnahm, am Abend, die Konturen verschärft durch eine gezielte, sanfte Beleuchtung. Dann machen die Figuren darin den Eindruck, als lebten sie und würden gleich der Loggia entsteigen und am Geschehen zu ihren Füßen teilnehmen: der bronzene »Perseus« (1545–1554) des Cellini etwa, der gegen Nessos, den Kentauren, kämpfende »Herkules« von 1599 und die Gruppe des »Raubes der Sabinerinnen« (1583) von Giambologna aus gelblichem Marmor, dessen Gipsmodell in der Accademia steht, eine frei stehende *figura* oder *scultura serpentinata,* die sich um sich selber zu winden scheint. Über der Loggia breitet sich die große Terrasse des rechten Uffizien-Armes aus.

Der **Palazzo Vecchio** , auch **Palazzo della Signoria** oder **del Popolo** genannt, ist Ausdruck der Macht der Florentiner Kommune vom 14. bis zum 16. Jahrhundert: unnahbar, streng, nur die Fenster verleihen ihm eine gewisse

einem bereits mehrmals ›verhauenen‹ Marmorblock, wie es heißt, 1501 bis 1504 seinen »David« zu formen, jung und edel – als Symbol des Sieges des Kleinen, Schwachen gegen den Riesen, die Übermacht. David stand damals, als die Medici kurzfristig das Feld räumen mußten, für die Florentiner Demokratie, die gegen Goliath, die Medici also, siegte. Ebenso ist auch die Gruppe »Judith und Holofernes« symbolträchtig, die weiter links vor der Fassade des Rathauses steht, ein Bronzewerk Donatellos von 1460. Links davon, nahe dem Ammannati-Brunnen, eine Kopie des »Marzocco« von Donatello, des venezianischen Löwen, in den Pranken das

Palazzo Vecchio

Leichtigkeit. Der restaurierte Wehrgang macht ihn allerdings wieder trutziger. Arnolfo di Cambio soll den Palast bereits 1299 bis 1314 gebaut haben, weitere architektonische Größen haben ihn erweitert und umgebaut, unter anderem Michelozzo, der den Innenhof schuf (1454) und Vasari, der für die große Treppe verantwortlich zeichnete (1560–1563).

1565 wurde der kleine, erste Innenhof umgestaltet: Anläßlich der Hochzeit Francescos mit Johanna von Österreich hat man die 18 Wandzonen im oberen Teil mit Fresken altösterreichischer Stadtbilder geschmückt, mit Prag, Wien, Graz, Innsbruck u. a. In der Mitte dieses Hofes steht eines der zauberhaftesten Kunstwerke von Florenz überhaupt: ein geflügelter Knabe mit einem wasserspeienden Delphin, der ihm gerade zu entschlüpfen scheint. Es ist eine Kopie von Verrocchios Meisterwerk (Bronze, um 1476), das im Kanzleisaal des Palazzo steht, mit einer Porphyrschale von Battista Tadda (1565).

Der Palazzo Vecchio – der ›alte‹ wurde er erst genannt, nachdem Cosimo I. 1540 den Medici-Sitz in den Palazzo Pitti verlegt hatte – ist heute zum Teil noch immer Rathaus, zum Teil ein großartiges Museum (werktags 9–19, So und feiertags 8–13 Uhr, Do geschl.), auch mit wechselnden Ausstellungen. Seine größten, ständigen Schätze sind einige der ausgemalten Palastsäle: etwa der Saal der Fünfhundert, in dem noch 39 allegorische Darstellungen aus der Geschichte der Stadt und der Medici erhalten sind. Überreich mit Fresken und Statuen ausgestattet ist das Studio Francescos I. de' Medici, ein Juwel der Spätrenaissance. Das Studierzimmer Cosimos I., über eine Geheimtreppe erreichbar, haben Schüler Vasaris mit Deckenfresken ausgeschmückt. Im zweiten Stockwerk hat sich insbesondere Ghir-

landaio 1481 bis 1485 in Fresken verewigt: im Liliensaal, im Audienzsaal und in der Kapelle.

Die **Uffizien** 3 (werktags 9–19, So und feiertags 9–14 Uhr, Mo geschl.), erbaut 1560 bis 1580 und später, hat Vasari zum Teil aus bereits vorhandenen Gebäudeteilen zusammengesetzt. Der Bau wurde notwendig, als Cosimo I. 1540 aus dem Familienpalast in den Palazzo Vecchio umzog und dort wiederum die Büros *(uffizi)* der städtischen Verwaltung und Gerichtsämter keinen Platz mehr hatten.

Eine detaillierte Darstellung der Kunstschätze dieser einmaligen Bildergalerie, die der Sammelwut der Medici zu verdanken ist, würde den Rahmen dieses Bandes sprengen, aber eine Warnung scheint angebracht: Zu Hauptsaisonzeiten wie Ostern, Sommer und Herbst sollte man einen Besuch erst gar nicht einplanen. Es kann durchaus passieren, daß man zwei oder drei Tage lang ansteht, ohne an die Reihe zu kommen … Dann sieht man ohnehin kaum etwas von den Werken eines Ghirlandaio, Uccello, Masaccio, Fra Angelico, Tizian, Botticelli, Leonardo, Piero della Francesca, Lucas Cranach, Filippo Lippi, Michelangelo, Raffael, Dürer, Perugino, Signorelli, Verrocchio, Giotto, Cimabue, Lorenzetti, Simone Martini, um nur die wichtigsten Vertreter zu nennen.

Wer zu Fuß von der Piazza della Signoria oder von den Uffizien auf die andere Arno-Seite will, muß über den **Ponte Vecchio** 4 gehen und sollte es trotz aller Unkenrufe (›Touristen-Nepp‹) tun. Diese älteste Brücke von Florenz steht dort, wo es vielleicht schon zur Etruskerzeit einen Übergang gab, sicher aber ist, daß die römische Via Cassia an dieser Stelle, der schmalsten des Flusses im Bereich der Stadt, eine hölzerne Brücke aufwies, die schon im Jahre 123 einer steinernen weichen mußte. Im 13. Jahrhundert bekam der Ponte Vecchio in etwa sein heutiges Aussehen: mit Wohnungen und Läden, insbesondere von Fleischern, die ihre Abfälle kurzerhand in den Arno warfen. Da aber Cosimo, der den Verbindungsgang zum Palazzo Pitti hatte bauen lassen, sich auf seinem Nachhauseweg zu sehr von dem Geruch belästigt fühlte, verbannte er die Fleischer per Dekret von der Brücke und siedelte darauf Goldschmiede an. Und so ist der Ponte Vecchio bis heute die Goldschmiede- und Juweliermeile der Stadt geblieben. Stellvertretend für sie alle wurde Benvenuto Cellini, der wohl berühmteste Goldschmied von Florenz, auf dieser Brücke mit einer Büste geehrt.

Wie Schwalbennester hängen die pastellfarbenen Häuschen außen am Ponte Vecchio, in der Mitte auf der Ostseite von einer dreibogigen Loggia unterbrochen, auf der gegenüberliegenden Seite ganz offen: für die Ausblicke auf den Fluß und die Paläste an den beiden Ufern – ein sehr beliebter Treffpunkt junger Leute aus aller Welt. Auf der Brücke sind Schmuckwaren aller Güteklassen und Preiskategorien zu haben. Doch am schönsten hier ist der Bummel am Abend, wenn die Kostbarkeiten aus Gold, Silber, Korallen, Perlen und Edelsteinen hinter verrammelten Holztüren mit schmiedeeisernen Schlössern und Riegeln, die bestimmt schon ein paar Jahrhunderte alt sind, verschwunden sind: Dann sehen die kleinen Juwelierläden selber wie Schmuckschatullen aus.

Über die Läden hinweg zieht sich der Vasari-Gang, vom Westtrakt der Uffizien kommend zum Palazzo Pitti: auf Konsolen um die Casatorre dei Manelli herum, über den Portikus der Kirche Santa Felice. Wer den Vasari-Gang besucht (bei Führungen durch die Selbstporträt-Sammlung möglich), kommt in den BoboliGärten am Palazzo Pitti heraus – geradewegs beim Postkarten-Liebling vieler Florenz-Gäste, dem lustigdickbauchigen Bacchus auf seinem kleinen Wandbrunnen, auf einer Schildkröte hockend. Modell stand der Hofzwerg Cosimos I., obwohl böse Zungen behaupten, die Gesichtszüge seien die des Herzogs persönlich ...

Ponte Vecchio, die älteste Brücke von Florenz

Überwältigend ist der Gesamteindruck des größten Palastes von Florenz,
des langgestreckten **Palazzo Pitti** 5,
von der Straße her optisch noch übersteigert durch den zur Fassade hin an-
steigenden Platz. 205 m mißt der Palast
in der Breite; in seiner mit dem dritten
Stockwerk erhöhten Mitte ist er 36 m
hoch. Die Steinquader der Fassade, deren Länge durch balkontragende Gesimse der zurückversetzten Stockwerke
noch unterstrichen wird, sind grob be-
hauen und betonen ihrerseits die hori-
zontale Ausdehnung durch Querfugen.

Daß Brunelleschi die Entwürfe für
den Stadtpalast geliefert haben soll, ist
nicht gesichert. Jedenfalls begann man
mit dem Bau 1457. Verarmt, mußten die
Pitti 1549 ihren Palast – sicher schweren
Herzens – ausgerechnet an die Medici
verkaufen, genaugenommen an die Frau
Cosimos I., Eleonora von Toledo. Die
schöne Fürstin ließ ihn 1559 bis 1570
durch Ammannati umbauen, insbesondere immens vergrößern: seitlich und
nach oben. Die reiche Ausstattung mit
Kunstwerken, die sich auch die nachfolgenden Medici einiges kosten ließen,
bildete den Grundstock für die Galleria
Palatina links im ersten Stock. Rechts
sind die königlichen Gemächer (1865
bis 1871 Residenz der italienischen Könige), im zweiten Stock die Galerie der
Modernen Kunst untergebracht. 1919
schenkte König Vittorio III. den Palazzo
Pitti dem Staat, der die Sammlungen
(tgl. außer Mo 9–14 Uhr) darauf der Öffentlichkeit zugänglich machte. Das Sil-
bermuseum und ein Kutschenmuseum
sind im Erd- und Zwischengeschoß zu
besichtigen – und auch für Sonderaus-
stellungen und Messen stehen einige
Palastsäle bereit.

Im Frühjahr aber, wenn von Ende
April bis Anfang Juli der *Maggio Musicale* stattfindet, werden die **Boboli-Gär-**

ten (tgl. 9–18.30 Uhr außer am ersten
und am letzten Mo des Monats) hinter
dem Palast zu einem atemberaubend
schönen Freilichttheater, in dem Oper
und Ballett in höchster Vollendung einem immer wieder faszinierten und
sachverständigen Publikum geboten
werden.

Für die Sammlungen des Palazzo Pitti
ist ein Kunstführer genauso unerläßlich
wie für die Uffizien. Wer wenig Zeit oder
Interesse hat, sollte wenigstens die Galleria Palatina besichtigen und anschließend in den Garten hinaustreten, der bis
zur Fortezza Belvedere reicht und schon
auf halbem Weg dorthin (Eingang nur
von oben) bestes Panorama garantiert.
Schließlich gelten die Boboli-Gärten als
eines der prachtvollsten Beispiele italienischer Gartenbaukunst überhaupt.

Nordwestlich vom Palazzo Pitti empfiehlt sich ein Bummel durch das Gassengewirr Richtung Arno über die bescheidene Piazza Santo Spirito mit der

In den Boboli-Gärten

Zwischen Piazza della Signoria und Piazza del Duomo

Die wohl berühmteste Bummelmeile, von den Florentinern neuerdings verächtlich ›Pizza-Meile‹ genannt, weil sich hier zahlreiche Schnellimbisse niedergelassen haben, ist die Via Calzaiuoli zwischen der Piazza della Signoria und der Piazza del Duomo mit Kathedrale und Baptisterium. Sie bildet eine relativ kurze Gerade zwischen hohen Palästen, meist aus dem Barock, in denen sich außer Schnellrestaurants und guten Eisdielen vor allem Modegeschäfte (hauptsächlich Kleidung und Schuhe) eingemietet haben. Fast alle bekannten italienischen Markennamen sind vertreten. Im Westen schließt sich die durch Abrisse großräumige Piazza della Repubblica an, im Osten das sogenannte Dante-Viertel mit seinen mittelalterlichen Gassen und Wohntürmen, einer der beschaulichen Stadtteile von Florenz und zum Glück zur strikten Fußgängerzone erklärt.

Gleich am Anfang der Via Calzaiuoli, von der Piazza della Signoria kommend linker Hand, steht eine der architektonisch anmutigsten Kirchen von Florenz: **Orsanmichele** 8 , meist vom rückwärtigen Eingang (tgl. 9–12 und 16–18 Uhr) an der Via dell' Arte della Lana zu betreten. Wie ein Schatzkästlein steht die gotische Kirche mit ihren großflächigen, maßwerkverzierten Fenstern da, die ihr eine besondere Leichtigkeit verleihen. Wegen seiner geringen Grundfläche macht der Bau den Eindruck, als sei er zu hoch geraten. Die Kirche wird auch San Michele in Orto genannt, weil sie aus einem Oratorium mit Getreidespei-

gleichnamigen Kirche von Brunelleschi (1444–1487) zur Kirche **Santa Maria del Carmine** 6 (ab 1268) – wegen der wundervollen Fresken von Masolino, Filippo Lippi und Masaccio (Adam und Eva nach der Restaurierung wieder ohne Feigenblatt; 15. Jahrhundert) in der **Cappella Brancacci** (werktags 10–16.30, So 13–16.30 Uhr, Di geschl.).

Abstecher: Von der Piazza della Signoria nach Westen zur Via Porta Rossa, an der linker Hand der schmalbrüstige **Palazzo Davanzati** 7 (ab 1300) steht. Mehrere Besitzer haben gewechselt, die obere Loggia des nun fünfstöckigen Baus kam im 15. Jahrhundert hinzu. Seit 1956 ist hier das **Museo dell' Antica Fiorentina** (tgl. außer Mo 9–14 Uhr) untergebracht. Es zeigt, mit welchem Ehrgeiz Florentiner Bürger Gebrauchsgegenstände und Kunstwerke in ihren nach außen hin meist abweisend wirkenden Häusern angesammelt hatten.

Fassadendetail der Kirche Orsanmichele, von den Zünften erbaut

cher des 14. Jahrhunderts entstand. Das Gnadenbild des Oratoriums soll immer mehr Gläubige angezogen haben, so daß man den Kornspeicher bald aufgab, die offenen Arkadenbögen im Erdgeschoß schloß und eine Kirche aus dem schönen Gebäude machte. Das ungewöhnliche Obergeschoß ist nur von hinten über eine hohe Brücke vom Zunftgebäude der Wollweber zugänglich (heute für Ausstellungen eingerichtet).

Ringsum an den Fassaden standen Bildhauerwerke von hohem Rang (meist aus Schutzgründen entfernt), Auftragsarbeiten der verschiedenen Zünfte von Florenz, die sich die Kirche teilten. Die zweischiffige, dunkelgehaltene Halle ist im Inneren über und über mit Glasfenstern, Fresken und Gemälden gc schmückt. Doch der Schatz im Schatzkästlein ist der Marmortabernakel, den Orcagna 1349 bis 1359 im besten gotischen Stil zur Verherrlichung des Gnadenbildes Mariae (1347) von Bernardo Daddi schuf.

Beim Weiterschlendern taucht der schlanke, rosa, grau und weiß inkrustierte Campanile des Domes rechter Hand auf, und schon steht man auf der Südseite des Domplatzes. Links duckt sich das **Baptisterium San Giovanni** 9 (werktags 13.30–16.40, So 9–13 Uhr), die Lieblingskirche Dantes. Sie ist neben San Miniato al Monte die älteste Kirche von Florenz, 1059 bis 1150 auf ei-

ner noch älteren gebaut, die sogar schon 898 erwähnt wird. Und diese wiederum stand auf einem germanischen Gräberfeld über einer römischen Bäckerei, wie der gefundene Mosaikboden zu bestätigen scheint. Jedenfalls weiß man nicht, ob ein früherer Bau bereits den oktogonalen Grundriß aufwies. Bis zum 19. Jahrhundert war San Giovanni übrigens die einzige Taufkirche von Florenz: Zweimal jährlich gab es sogenannte Sammeltaufen.

Der Raumeindruck ist (falls kein Gedränge herrscht!) gewaltig, weil man von außen wegen des relativ flachen Daches keinen so hohen Kuppelraum vermutet. Byzanz stand Pate für die Kuppelmosaiken (1270 bis ins 14. Jahrhundert), Christus der Weltenrichter ist die Zentralfigur, links unter ihm steht die Kanzel in einer bogenüberspannten Nische. Die einfachen Teile des Mosaikfußbodens stammen aus dem 12. Jahrhundert, die raffinierten – dazu gehören auch die Kuppelmosaiken – aus dem 13. und 14. Jahrhundert. Die Wiederholung des Außenschmucks, die streng gegliederte Marmorinkrustation, ist sozusagen das Aushängeschild der Florentiner Protorenaissance (Vorrenaissance): Eine Wand aus dünnen, verschiedenfarbigen Marmorplatten wird der tragenden Wand aus Bruchstein vorgelegt – in Florenz normalerweise weißer Marmor aus Carrara und grüner aus Prato wie beim Baptisterium, aber der Campanile und Teile des Domes erhielten auch rosafarbenen. (In Pisa wurden übrigens im Gegensatz zu Florenz massive Marmorblöcke benutzt, und zwar in viel bunterer Mischung).

Das Kostbarste am Baptisterium sind mit Sicherheit seine **Bronzetüren.** Die Südpforte hat Andrea Pisano 1330 begonnen. Charakteristisch sind die 28 Medaillons mit Darstellungen aus dem Leben Johannes' des Täufers. Den herrlich verschlungenen Rahmen schuf erst 1453 bis 1461 Vittorio Ghiberti, wahrscheinlich nach Entwürfen seines Vaters, dem bekannteren Lorenzo. Am eindrucksvollsten ist natürlich die Ostpforte, die Michelangelo voller Bewunderung »Paradiespforte« nannte, auch wenn sie vor Ort inzwischen nur noch in allzu glänzender Kopie bewundert werden kann. Das Original befindet sich seit 1988 hinter dem Chor der Kathedrale im Dombaumuseum. Die zehn Felder mit Geschichten aus dem Alten Testament hat Lorenzo Ghiberti 1426 bis 1452 geschaffen, mit einem Gefühl für Perspektive und Raumeindruck, die schon die Renaissance erahnen lassen.

Kein Gedränge herrscht im **Dom Santa Maria** 🔟 (Mo-Fr 8.30–18, Sa 8.30–17, am 1. des Monats 8.30–15, So 13–17 Uhr). Das drittgrößte Gotteshaus Italiens (nach der Peterskirche in Rom und dem Mailänder Dom) wurde auf einer früheren, Santa Reparata geweihten Kirche erbaut, deren Reste ausgegraben und zu besichtigen sind (Treppe abwärts). Feierlich-streng ist diese Hauptkirche von Florenz, vom ursprünglichen Bau des Arnolfo di Cambio, 1296 im gotisch-toscanischen Stil konzipiert, trennen ihn Welten. Die Florentiner haben sich mit ihrem Dom auch ganz schön viel Zeit gelassen: Giotto-Turm 1334 begonnen, 1337 von Andrea Pisano weitergeführt, Brunelleschi-Kuppel 1420 bis 1434 (der geniale Architekt ließ über dem Gerüst eine Taverne errichten, um die Bauarbeiter während des langen Aufenthaltes hoch oben bei Laune zu halten!); 1436 weihte Papst Eugenius IV. die Kathedrale Santa Maria del Fiore ein, doch erst 1461 erhielt die Kuppel ihre Laterne und erst 1887 wurde die Fassade vollendet, allerdings im nachempfundenen Stil Florentiner Gotik und in der Farbigkeit an Giottos Glockenturm angelehnt.

Diesen **Campanile** (tgl. 8.30–18 Uhr) sollte man unbedingt besteigen, wenn die Warteschlange davor nicht allzu lang ist. Man wird belohnt mit einem der schönsten Blicke über Florenz mit seinen roten Ziegeldächern und rohsteinernen Türmen. Allerdings: Es sind 414 Stu-

Kopie der ›Paradiespforte‹ des Baptisteriums

Fassade über dem Südeingang des Doms

fen bis hinauf – zum Panorama-Umlauf der Domkuppel sogar 463.

Die kostbarsten Originale aus dem Dom und dem Baptisterium befinden sich im **Dombaumuseum** 🄭, wie bereits erwähnt die beiden Bronzeflügel der Paradiespforte vom Baptisterium, Michelangelos berühmte »Pietà«, Donatellos eindrucksvolle »Maddalena« und seine herrliche »Cantoria« mit den singenden und spielenden Knaben.

Die östliche Abgrenzung des Dante-Viertels bildet die Via del Proconsolo, 1994 mit neuem Steinbelag frisch herausgeputzt, nachdem hier bei Kanalarbeiten römische Grundmauern entdeckt worden waren. Die Straße bildet eine leichte Kurve zwischen Dom und Piazza San Firenze Richtung Palazzo Vecchio, womit sich der Bummelkreis schließen ließe. Zwei besondere Sehenswürdigkeiten stehen sich in der Proconsolo gegenüber: linker Hand der **Bargello** 🄬 mit seinem schlanken, 57 m aufragenden Turm, ein wundervolles Beispiel mittelal-

terlicher Baukunst. Diesen ersten Regierungspalast von Florenz beschlossen die Bürger der Stadt 1250 als markantes Zeichen ihres Sieges über die Herrschaft des Adels zu bauen. Ab 1261 Sitz der Stadtregierung, 1340 erweitert, 1502 Gefängnis mit Gerichtsrat, ab 1574 erstmals Sitz des Bargello, des Polizeipräsidenten, und dies bis 1859. Trutziger kann eine Stadtburg kaum ausfallen, der älteste Teil zeigt sich von unten nach oben als strenge *casatorre* (Turmhaus), nur die Wappen der *podestà* schmücken die Mauer zum Hof, den die drei auf Arkaden gestützten Flügel (Anbauten von 1340) abschließen. Über die großzügige Freitreppe an der Turmseite gelangt man in das erste Stockwerk, wo sich das Motiv der Loggia fortsetzt und heute ebenso wie unten Ausstellungsplatz bietet. Denn zur Entlastung der Uffizien wurde der Bargello als erstes italienisches Nationalmuseum nach dem Vatikan eingerichtet. Untergebracht sind hier Skulpturen bedeutender florentinischer Künstler wie Giambologna, Della Robbia (mit zahlreichen Terrakottabildern), Donatello und Brunelleschi (tgl. außer Mo 9–14 Uhr).

Gegenüber steht die **Badia Fiorentina** 🄭 mit ihrem zauberhaft leicht wirkenden, schlanken, sechsseitigen Glockenturm. Die im Gesamteindruck gotische Kirche wurde bereits ab 978 erbaut und bildete im 10. und 11. Jahrhundert das geistige und religiöse Zentrum von Florenz, weshalb es nicht verwunderlich ist, daß sie immer wieder umgebaut und umgestaltet (im 13. Jahrhundert von Arnolfo di Cambio, im 17. barockisiert) sowie reich mit Kunstwerken ausgestattet wurde, die sie noch heute zu einem Anziehungspunkt für Kunstkenner machen (tgl. 9–12 und 16.30–19 Uhr). Außerdem ist der hübsche Kreuzgang ein Ruhepol inmitten von Florenz.

Plätze bestimmen das Leben

Wenn die Florentiner ins Grüne wollen, besuchen sie den **Parco delle Cascine** mit den Sportanlagen und einer kilometerlangen Promenade am rechten Arno-Ufer. Oder sie steigen abends zum **Piazzale Michelangelo** hinauf, zugegebenermaßen nehmen die meisten den Wagen. Immer wieder fahren sie hinauf, um sich ihre Stadt von oben zu betrachten und anschließend in einem der Restaurants zu essen. Liebespaare lagern auf der Wiese der **Fortezza Belvedere,** wohin am Wochenende auch Familien pilgern – mit dem Picknickkorb.

Vor der schönen Fassade der Kirche Santa Maria Novella, deren Chorseite den lauten Bahnhofsplatz berührt, breitet sich die ruhige **Piazza Santa Maria Novella** aus. Mit begehbarem Zierrasen, Blumen und Ruhebänken, im Südwesten von der Loggia di San Paolo, eines alten Krankenhauses, abgeschlossen.

Die begrünte **Piazza San Marco** inmitten des Universitätsviertels und nahe der Accademia ist natürlich von Studenten bevölkert.

Eine wunderbar wohnliche Atmosphäre verbreitet die große, in keine Form passende, von Platanen geschmückte **Piazza Santo Spirito** vor der gleichnamigen Kirche jenseits des Arno. Beim *Maggio Musicale* wird dort Hardrock gespielt. Leider hat sich auf diesem Platz die Drogenszene niedergelassen, weshalb Razzien an der

Tagesordnung sind und man den Besuch am Abend möglichst meiden sollte.

Wunderschön sind die Loggien auf den drei Seiten der **Piazza Santissima Annunziata** vor der gleichnamigen Kirche, zum Glück inzwischen vom Verkehr befreit, zeitweise Ort eines bunten, ›grünen‹ Marktes.

Die **Piazza Santa Croce** vor der gleichnamigen Kirche, vollkommen umgeben von schönen Wohnpälasten und Ledergeschäften, lieben die Florentiner vor allem während des *Calcio Storico,* wenn der wenig zimperliche historische Kampf um den Lederball vor der schönen Kirchenfassade stattfindet. Sonst treffen sich auf dem sonnigen Platz junge Frauen mit Kinderwagen und ältere Bewohner des Stadtviertels.

Die **Piazza della Signoria** ist der große profane Platz der Stadt, in der Beliebtheit bei Touristen dicht gefolgt von der an sich nüchternen **Piazza della Repubblica,** beide mit den wohl teuersten Cafés von Florenz. Die sakrale Komponente bildet die **Piazza San Giovanni/Piazza Duomo,** auf der Kathedrale und Baptisterium stehen. Nachdem die Autos fast ganz verbannt wurden, hat sich die Piazza zu einem wahren Rummelplatz der Touristen entwickelt.

Dasselbe gilt für die **Piazza San Lorenzo,** die täglich von einem Ledermarkt umzingelt ist. Ganz in der Nähe befindet sich nördlich die wirklich besuchenswerte **Markthalle** *(Mercato Centrale)* mit kleinen Imbißständen innen für typisch toscanische Gerichte wie *Porchetta* und *Trippa* und engen Trattorien davor, in denen die Marktfrauen zu essen pflegen.

Aussichtsplattform Piazzale Michelangelo

Im Santa-Croce-Viertel

Vom Ende der Via Proconsolo bzw. der Piazza San Firenze schlendert man über den schmalen, von kleinen Restaurants und Ledergeschäften gerahmten Borgo de' Greci zur **Piazza Santa Croce,** die von feinen und weniger feinen Ledergeschäften und -ateliers umgeben ist, untergebracht in den Erdgeschossen der vielleicht schönsten mittelalterlichen Wohnpaläste der Stadt. Alles um Santa Croce dreht sich um Leder, sogar in Teilen des früheren Klosters. Mehrere Kunstinstitute und Sprachschulen haben sich hier im Viertel niedergelassen und sorgen für eine lebhafte Atmosphäre.

Die ganze Ostseite des großzügigen, vom Autoverkehr befreiten Platzes nimmt die monumentale Kirche **Santa Croce** 14 (werktags 8–18.30, So 8–12.30 und 15–18.30 Uhr) ein. Eine relativ hohe Freitreppe führt zu ihrer Westfassade, die erst im 19. Jahrhundert in nachempfundener Gotik fertiggestellt wurde.

Ab 1294 entstand Santa Croce anstelle einer von Franziskus von Assisi initiierten Kapelle. Die Pläne für die Kirche stammen wahrscheinlich von Arnolfo di Cambio. So großartig wie der Platz davor ist auch der Raumeindruck innen. Der Dachstuhl ist offen, die Balken bemalt. Den gesamten Chorraum schmücken wunderschöne Fresken, u. a. von Giotto. Gebrochenes Licht fällt durch hohe schmale und bemalte Glasfenster (1320–1450), wohin man sich wendet, man tritt auf Grabplatten und steht vor Grabstätten großer Persönlichkeiten aus der Geschichte, der Kunst und der Literatur Italiens. Darunter Michelangelo, der Maler, Bildhauer, Architekt und Verfasser zahlreicher Stanzen (Verse); Galileo Galilei, der Naturwissenschaftler; Luigi

Cherubini und Gioacchino Rossini, die Komponisten; Leonardo Bruni und Niccolò Machiavelli, die Politiker. Dante Alighieri, der verbannte und einst verkannte Dichter, bekam 1829, quasi als Entschuldigung seiner Heimatstadt den monumentalen Kenotaph, ein Scheingrab – denn Dante liegt in Ravenna begraben.

In der Fortsetzung des rechten Querschiffes erreicht man die sogenannte **Lederschule** von Santa Croce, mit Demonstrationsräumen zur Lederverarbeitung und -verkauf. (Hier wie eigentlich auch in der Kirche selber ist Vorsicht vor Dieben angeraten. Neuerdings werden die Touristen sogar mehrsprachig über Lautsprecher vor Trickdieben gewarnt.)

Aus dem 14. und 15. Jahrhundert stammen die beiden Kreuzgänge des Klosters, die man als **Museo Santa Croce** (tgl. außer Mi 10–12.30 und 14.30–18.30 Uhr) rechts von der Kirchenfassade betreten kann. Am Ende des ersten Kreuzganges (vom Eingang ins Kloster geradeaus) steht die berühmte **Pazzi-Kapelle** Brunelleschis (wahrscheinlich 1430–1446), ein Werk der Frührenaissance. Hier begreift man leicht, was die Meister des Rinascimento meinten, wenn sie von der Rückbesinnung auf das menschliche Maß sprachen, über den Menschen als Maß für alles – und danach bauten. Nichts an der Pazzi-Kapelle ist zu groß geraten, einladend die kleine Vorhalle, gedrungen die Kuppel, zierlich die Laterne obendrauf.

Das eigentliche **Museum** zeigt gleich rechts im früheren Refektorium das

kostbarste Kunstwerk von Santa Croce, das bei der schlimmsten Arno-Überschwemmung 1966 beschädigt, ja fast verloren war und in jahrzehntelanger Arbeit restauriert wurde: Cimabues gemaltes Kruzifix (s. S. 77). Eine längere Betrachtung wert ist aber auch das wunderschöne Abendmahl an der Stirnseite des langgestreckten Raumes, bevor man links in die weiteren Museumsräume geht: ein Werk von Taddeo Gaddi (1340), das früher Giotto zugeschrieben wurde und vielleicht die erste große Abendmahlszene von Florenz darstellt.

Abstecher: Von Santa Croce bietet sich der Spaziergang zum **Piazzale Michelangelo** (mit Stadtpanorama) an und weiter die steilen Stufen hinauf zu **San Miniato al Monte** , neben dem Baptisterium die älteste Kirche von Florenz

Eine der schönsten Kirchen von Florenz: San Miniato al Monte

◁ *Alljährlich findet auf der Piazza Santa Croce der Calcio Storico, ein Fußballspiel in historischen Kostümen, statt*

Der Arno: Lebensader oder Tod?

Meist fließt er träge durch die Stadt von Ost nach West, ist wegen des mitgeführten Schlammes eher von brauner Farbe denn fluß-grün. Im Sommer benutzen die Einheimischen seine Ufer als Sonnenplatz, sogar der Kanuverein von Florenz hat seinen Stammsitz unterhalb des Ponte Vecchio. Wer es nicht selber erlebte, wird wohl angesichts der meist friedlichen Bilder am Fluß nicht begreifen können, wie dieser harmlos wirkende Strom so verheerende Schäden anrichten konnte wie am 4. November 1966.

Dick und schmierig trat der Arno-Schlamm über die Ufer und ergoß sich über die Stadt, vermischte sich mit dem Öl zerborstener Heizkessel und zog alles mit sich, was im gesamten Arnotal reißend zusammenfloß. Der Domplatz stand unter Wasser, die Piazza della Signoria im Schlamm, Santa Croce bis zu 7 m tief darin versunken. Piero Bargellini, der damalige Bürgermeister, der jetzt im Museo Santa Croce mit einer Tafel und einem Gemälde sowie mit einer nach ihm benannten Nebenstraße links von der Kirche geehrt wird, meinte, als er erschütternd sachlich Bilanz zog, Florenz habe an einem Tag mehr Schaden durch das Hochwasser erlitten als durch alle Kriege zusammen. Die Keller, die Magazine der Uffizien standen unter Wasser, das Erdgeschoß ebenfalls, unermeßliche Schätze sind sein Opfer geworden, viele davon irreparabel. 20 000 Bürger obdachlos, 350 000 direkt oder indirekt von der

und mit ihrer akkurat inkrustierten Marmorfassade sicher eine ihrer schönsten. Im 11. Jahrhundert begonnen, wurde sie erst zwei Jahrhunderte später vollendet.

Oben an der Freitreppe angekommen, wird man gefangen von der Schlichtheit dieser Fassade in schönster Florentiner Protorenaissance. Weiß und grün ist die Marmorinkrustation, noch sehr byzantinisch das Mosaik mit dem segnenden Christus über dem tempelartigen Fenster oberhalb des mittleren der fünf Fassadenbögen. Der Adler auf dem Giebel steht für die Wollzunft, die für die Finanzierung sorgte.

Innen wird man überwältigt von der Harmonie der dreischiffigen Basilika und ihrer Ausstattung: intarsierter originaler Marmorfußboden, inkrustierte Wände über den Arkaden des Mittelschiffes zu den Seitenschiffen. Die Balken zur Stützung des offenen Dachstuhls stammen aus der Gotik, sind wunderschön farbig restauriert. Das Hauptschiff wird durch drei hohe Bögen optisch gegliedert, der Blick so schneller zum Chor gelenkt. Dort wieder – im Halbrund – die fünf Bögen und darüber im Halbkreis Christus Pantokrator. Links ist eine Zypresse zu sehen, man befindet

Überschwemmung betroffen, 6000 Geschäfte waren zerstört, 12 000 der damals 20 000 Autos von Florenz schrottreif geworden. Aber nicht nur Florenz, die ganze kultivierte Welt war betroffen. Und viele folgten den Rufen Bargellinis. Restauratoren kamen, um zu reparieren, was noch zu reparieren war, junge Leute aus aller Welt kamen, um die Stadt und deren Kunstschätze vor den unmittelbaren Gefahren zu retten. Alte Folianten wurden, von Hand zu Hand gereicht, aus den Archiven ins Trockene gerettet. Als der Arno wieder in sein Bett zurückgekehrt war, ging es darum, den gröbsten Schmutz, der dick und fettig an den Hausfassaden und den Standbildern, in den Kirchen und an den Palästen klebte, zu entfernen. Teilweise mußte mit Spachteln gearbeitet werden, eine schwere Arbeit, die Tausende junge Leute der Kunst wegen, ohne nach einer Belohnung zu fragen, verrichteten.

Cimabues Kruzifix war im 6 oder 7 m hohen Schlamm versunken, Papst Paul VI. nannte es »das bedeutendste Opfer« der Arno-Überschwemmung und betete vor ihm am Weihnachtsabend 1966. 1976 kam das restaurierte Kreuz zurück nach Santa Croce, wo man seitdem erschüttert vor seinem Torso steht: Ein Auge war nicht mehr zu retten, ein Fuß auch nicht, die fehlenden Teile hat man nicht wiederhergestellt.

Santa Croce und Cimabues Kreuz stimmen immer wieder nachdenklich: Was haben die Florentiner, was der italienische Staat getan, damit sich die Katastrophe von 1966 nicht wiederholt? Nicht viel, nur in Ansätzen etwas für Dammbauten und Kläranlagen, an manchen Teilabschnitten wird das Arno-Bett immer wieder gereinigt und teilweise kanalisiert, was wiederum auf Kosten seiner Natürlichkeit geschieht... In Florenz tröstet man sich, trotz der anhaltend verheerenden herbstlichen Regenfälle in den letzten Jahren, mit der Statistik: Nur alle 700 Jahre wiederhole sich eine Katastrophe dieses Ausmaßes ...

sich schließlich in der Toscana! Je eine steile Treppe führt rechts und links hinauf zum Chorraum, abgeschlossen durch den Lettner, auf dessen rechter Ecke die Kanzel lehnt, so daß sie vorne nur noch zwei schlanke Säulen benötigt. Lettner und Kanzel zeigen feinste marmorne Intarsienarbeiten.

Von hier oben schön zu erkennen: die Keramikschuppen über der Wölbung des Michelozzo-Tabernakels (1448) im Mittelschiff vor dem Chor. Eine Stiftung des Piero de' Medici, des Gichtigen, dessen stolzes Leitwort *semper* (ewig) immer wiederkehrt.

In der Sakristei dann: wunderbare Fresken mit Darstellungen aus dem Leben des heiligen Benedikt, von Spinello Aretino ab 1387 gemalt. Gegenüber vom Eingang beginnt die Geschichte, immer im Uhrzeigersinn erst oben und dann unten zu lesen. Die Mönchsgestalten in den gemalten Rahmen der Fresken machen das Lesen leicht, denn sie blicken immer dahin, wo die Geschichte weitergeht. Die Kapelle für den Kardinal von Portugal, die Rossellino 1461 links am Seitenschiff baute und die u. a. Luca della Robbia mit fünf Terrakottamedaillons in der Kuppel schmückte, hat nichts gemeinsam mit der eigentlichen Ausstattung der Kirche, ist aber ein Juwel der Frührenaissance-Architektur.

Den Höhepunkt von San Miniato hebe man sich aber für den Schluß auf: die Krypta. Eine breite Treppe führt hinter dem Tabernakel hinunter, zwei weitere rechts und links von den Chorstufen, in eine feingliedrige, siebenschiffige niedrige Halle mit zierlichem Kreuzgewölbe. Es ist die Grabkirche des heiligen Minias, dessen Gebeine im Altar ruhen und dem die Kirche geweiht ist.

Von der Piazza della Repubblica zur Piazza Santa Maria Novella

Es ist ein recht geschäftiges, und trotz Verkehrsreduzierung lärmiges Viertel mit einigen der trutzigsten Renaissance-Paläste des Florentiner Adels. Mit vielen feinen Mode- und anderen Geschäften sowie Hotels und vor allem Banken.

Die überdimensional wirkende **Piazza della Repubblica** 16 ist der eigentliche ›Salon‹ der Stadt, in seinen Cafés sind die Drinks noch teurer als an der Piazza della Signoria, nicht selten lassen sich Damen mit großkrempigen Hüten und Herren in Nadelstreifen von den livrierten Kellnern bedienen.

Als Florenz 1865 zur Hauptstadt des neuen Vereinten Italiens wurde, war die Bauwut an dieser Stelle, an der einst das römische Forum stand, zwecks ›Verschönerung‹ nicht zu bremsen. Das galt zwar für die ganze Stadt, aber hier wurde besonders viel mittelalterliche Bausubstanz abgerissen. Das Marktviertel mit dem angrenzenden Judenviertel wurde zwangsgeräumt und zu dem umfunktioniert, was heute eben diese Piazza della Repubblica darstellt. 1871 war allerdings schon klar: Es war alles umsonst, der

Das Café Gilli, edel und teuer

alte Kern von Florenz ein Opfer der Spekulationen – Rom wurde endgültig die
Hauptstadt Italiens.

Die breite, von Banken gesäumte Via
degli Strozzi führt geradeaus auf die Via
de' Tornabuoni zu. An der linken Ecke im
Kreuzpunkt beider bedeutender, leider
abgas- und lärmgeplagter Straßen, ragt
an der gleichnamigen Piazza der **Palazzo Strozzi** 17 in die Höhe. Kein anderer
Florentiner Palast besitzt so mächtige
Buckelquader, die diese Bezeichnung
wirklich verdienen. Kein Wunder: Die Familie Strozzi stand im 15. Jahrhundert
den Medici kaum nach. Angeblich wollte der reiche Kaufmann Filippo Strozzi
die Medici nicht herausfordern, als er
1489 bis 1538 den Palast von Benedetto
da Maiano und später von Cronaca so
prächtig bauen ließ. Dennoch beschlag-
nahmte Cosimo I. gleich nach seiner
Vollendung den neuen Familiensitz der
Strozzi, den sie erst 30 Jahre später zu-
rückerhalten sollten. Er war und bleibt
wohl der schönste Renaissancepalast
von Florenz. Höchste Eleganz zeigt nicht
nur der Außenbau mit den nach oben immer flacher werdenden Stockwerksfas-
saden, sondern auch der Innenhof.

Die Westseite des Palastes blickt
quasi auf die Mitte der vornehmen **Via
Tornabuoni,** in deren hohen herrschaftlichen Adelspalästen sich die wohl feinsten Modegeschäfte der Stadt stilgerecht eingerichtet haben. Das Südende
der Straße führt über die Piazza Santa
Trinità mit der gleichnamigen Kirche direkt zum Arno, im Norden bildet der **Palazzo Antinori** 18 aus dem 15. Jahrhundert in perfekter Frührenaissance, leicht
schräg gestellt, den Abschluß der Via
Tornabuoni. Hier befinden sich nicht nur

Treffpunkt Piazza della Repubblica

die Büroräume der berühmten Weinkellerei der Marchesi Antinori und in den oberen Stockwerken die Wohnung der Familie, sondern auch (gleich rechts hinter dem Eingang) die einladende wenn auch recht teure Cantinetta Antinori. Dem Palast gegenüber steht die Kirche San Gaetano mit der Cappella Antinori, der ersten Gruft der alteingesessenen Adelsfamilie.

Von der Piazza Antinori westwärts erreicht man in wenigen Gehminuten die großzügige, begrünte Piazza Santa Maria Novella. Linker Hand bildet an der Via della Scala die etwas heruntergekommene langgestreckte **Loggia di San Paolo** (1489–1498) eines alten Krankenhauses den Platzabschluß, gegenüber der wunderschönen Fassade der Kirche **Santa Maria Novella** **19**, deren kleintei-

lige Inkrustation aus weißem und grünem Marmor sehr an San Miniato erinnert. Der Fries aufgeblähter Segel ist das Signum des Giovanni Rucellai, eines reichen Florentiner Kaufmanns, der 1456 die Fertigstellung der Fassade, die 1350 beim Bau der Kirche unvollendet geblieben war, in Auftrag gab und finanzierte.

Verblüffend ist der Raumeindruck dieser Klosterkirche des Dominikanerordens (tgl. 7–11.30 und 15.30–18 Uhr): Die dreischiffige Basilika ist enorm schmal (fast 100 m lang und nur knapp 29 m breit), ein gotisches Kreuzgewölbe ruht seitlich auf Arkaden, die den Blick auf die Wände der Seitenschiffe freigeben. Von der reichen Renaissanceausstattung sei vor allem Ghirlandaios Freskenzyklus aus dem Marienleben (links)

Die prachtvolle inkrustierte Fassade der Kirche Santa Maria Novella

und dem Leben Johannes des Täufers (rechts) in der Apsis hinter dem Hochaltar erwähnt – ein Auftrag von Giovanni Tornabuoni, den Ghirlandaio u. a. mit Hilfe seines Schülers Michelangelo ausführte. Die Kunstgeschichte ist stolz darauf, viele Gestalten der Bilder identifiziert zu haben, die meisten natürlich aus dem Hause Tornabuoni, zu dessen ›Lobpreisung‹ der Auftrag ja auch gedacht war!

Im kleinen Kreuzgang links von der Kirche (der große Kreuzgang ist Klausur), den man *Chiostro Verde* nennt (Grüner Kreuzgang, 14. Jahrhundert), wurden zu ihrem Schutz die bedeutendsten Fresken abgenommen und im früheren Refektorium ausgestellt (werktags außer Fr 9–14, So 8–13 Uhr).

Abstecher: Von Santa Maria Novella aus lohnen zwei kleine Umwege, einmal zum **Palazzo Rucellai** [20] an der gleichnamigen Piazza Ecke Via della Vigna Nuova (auch wegen der schönen Geschäfte in dieser Straße). Leon Battista Alberti hat diesen wunderbar-eleganten Stadtpalast der Rucellai konzipiert, Bernardo Rossellino (also genau die gleiche ›Besetzung‹ wie bei der Stadt Pienza, s. S. 248) ihn 1446 bis 1451 gebaut. Die Fassade erscheint durch flache Rustica und Pilaster, die sich nach oben auch noch verjüngen, ganz leicht, wie gezeichnet. Ein weiterer architektonischer Trick: Die drei Geschosse werden nach oben immer niedriger. Über dem mittleren Geschoß zieht sich ein Fries mit den gleichen aufgeblähten Segeln wie bei Santa Maria Novella, also mit dem Signum der Rucellai, die den Palast bis heute besitzen, weshalb man sich mit der Bewunderung des Außenbaus begnügen muß.

Quer über die Piazza Goldoni, die sich zum Arno hin öffnet, führt der Weg in den lebhaften Borgo Ognissanti, dessen Mitte die gleichnamige Piazza vor der Kirche **Ognissanti** [21] markiert. Sie wird selten besucht, weil kaum jemand weiß, daß hier Amerigo Vespucci, dem Amerika seinen Namen verdankt, begraben liegt (vor dem zweiten Altar rechts) und daß es hier mehrere wundervolle Fresken Ghirlandaios gibt. Im **Kreuzgang** aus dem 16. Jahrhundert erzählen Bilder verschiedener Maler Geschichten aus dem Leben des Franz von Assisi (nur Mo, Di und Do 9–12 Uhr); vor allem aber ist hier Ghirlandaios »Abendmahl« *(Cenacolo di Ghirlandaio)* in frischen, herrlichen Farben zu bewundern. Die Sinopien des abgenommenen Fresko hängen links an der Längswand des Refektoriums.

Weiterhin war Ognissanti das Viertel Sandro Botticellis, der hier 1445 zur Welt kam, später in der Nähe der Kirche sein Atelier hatte und in der Kirche nicht nur eines seiner Meisterwerke (»Heiliger Augustinus«) hinterließ, sondern auch seine letzte Ruhestätte fand.

Im San-Lorenzo-Viertel

San Lorenzo (nordwestlich des Domes) ist wieder eines der ganz lebhaften Viertel von Florenz mit unglaublich vielen Geschäften, Restaurants und Hotels, neuerdings teilweise verkehrsberuhigt. Das Viertel an sich bildet bereits eine gewisse Attraktion, für viele Florenz-Besucher vor allem wegen des ständigen Ledermarktes um die Kirche San Lorenzo herum. Die Markthalle aus der Jahrhundertwende nördlich der Kirche bietet Kennern hervorragende Einkaufsmöglichkeiten, und wer die echte Florentiner Küche probieren möchte, kann dies an den kleinen Imbißständen im Innern oder um die Markthalle herum tun, wohin auch die Marktfrauen zum Essen gehen. Die kunsthistorischen Höhepunkte des Viertels stehen ganz dicht beieinander: die Kirche San Lorenzo mit der Medici-Kapelle und der Palazzo Medici-Riccardi mit Benozzo Gozzolis berühmtem Fresko.

Die backsteinerne Fassade der Kirche **San Lorenzo** 22 wurde niemals vollendet, denn auch im Florenz der Medici ging manchmal das Geld aus, oder man investierte es lieber in andere Dinge. Brunelleschi konzipierte die Kirche in ihrer heutigen Form, die Fassade plante Michelangelo, ohne sie jedoch fertiggestellt zu haben. Daher erhielt die Kirche an bestimmten Festtagen immer eine neue Verkleidung. Der Raumeindruck beim Betreten des Gebäudes versöhnt mit der rohen Fassade. Der Innenraum ist von großer Harmonie, so wie ihn Brunelleschi geplant hatte. Die Säulen mit ihren korinthischen Kapitellen tragen weit gespannte Bögen, die sich zu den Seitenschiffen hin und weiter zu den aneinandergereihten Seitenkapellen öffnen. Die Kassettendecke ist fein ausgearbeitet, der Fußboden aus Marmor, weiß und grau, ganz schlicht. Ein Blick in die **Alte Sakristei:** Brunelleschi schuf hier 1420 bis 1428 ein architektonisches Renaissancekleinod. – In San Lorenzo lohnt sich wegen der zahlreichen Einzelkunstwerke ein guter Kunstführer.

Die Medici ließen sich auf der Chorseite die **Cappella dei Principi** (Kapelle der Fürsten) oder **Medicea** 23 als Grabstätte bauen (ab 1604). Doch nach der Fertigstellung des Prachtbaus war ihre Zeit als Machthaber in Florenz abgelaufen (der letzte Medici-Herrscher starb 1737). Der Kuppelraum wirkt innen kalt und abweisend. Nach der Domkuppel ist diejenige der Fürstenkapelle die zweitgrößte von Florenz. Von weitem erkennt man sie daran, daß sie im Gegensatz zu Brunelleschis Domkuppel keine weiße Laterne obenauf und keine weißen Rippen besitzt. Übrigens sind die ersten Medici gar nicht in dieser Kapelle, sondern in der Kirche selber begraben.

Durch einen merkwürdig verschlungenen Gang kommt man in die **Neue Sakristei** (Eingang über die Kapelle, tgl. außer Mo 9–14 Uhr, wobei meist mit großem Besucherandrang zu rechnen ist). Dieser erste Zentralbau von Florenz ist ein Meisterwerk Michelangelos. Er erhebt sich über einem quadratischen Grundriß, ist überkuppelt und in einer kleinen Laterne geöffnet. Die hohe Raumwirkung erzielte Michelangelo dadurch, daß er (1520/30) die Kassetten in der architektonisch relativ niedrigen Kuppel nach oben immer kleiner baute, also durch einen Perspektive-Trick. Die Wände und ihre umlaufenden Gesimse springen ständig vor und zurück. Fast-Weiß und Dunkel-Grau sind tonangebend, von der Kuppel bis zum Fußboden – eine harmonische Raumwirkung!

Die beiden Medici Giuliano (Herzog von Nemour) und Lorenzo (Herzog von Urbino) sind eigentlich nur durch ihre Grabmäler hier berühmt geworden. Die bedeutenderen Medici, Lorenzo der Prächtige und sein Bruder Giuliano, der 1478 ermordet wurde, sowie Herzog Alessandro, den 1537 das gleiche Schicksal ereilte, ruhen zwar auch hier, aber ohne entsprechende Grabmonumente.

Der Kreuzgang von San Lorenzo ist eine Oase der Ruhe. Darin verbirgt sich ein ganz besonderes Werk Michelangelos: die **Biblioteca Laurenziana** 24 von 1524 (werktags 9–13 Uhr). Die Farben des Lesesaales, Fast-Weiß und Dunkel-Grau, sind die gleichen wie in der Neuen Sakristei, die Gliederung der Fensterfront durch Pilaster könnte klarer nicht

Ledermarkt um San Lorenzo, im Hintergrund die Cappella dei Principi

sein. Doch die größte Faszination bietet die Treppe zur Bibliothek: Dreigeteilt sind die leicht vorschwingenden Stufen, deren Stützen in Wandschränken versteckt sind – ein erstes Hauptwerk des Manierismus in der Architektur.

An die Nordostecke der Piazza San Lorenzo stößt der mächtige **Palazzo Medici-Riccardi** 25 (Eingang an der geschäftigen Via Cavour, werktags außer Mi 9–13 und 15–18, So nur 9–13 Uhr). Dieser, einer der ältesten Renaissancepaläste von Florenz (1444–1464), der von Michelozzo für Cosimo den Alten errichtet wurde, hat alle Medicigrößen beherbergt, bis Cosimo I. 1540 den Umzug in den Palazzo Vecchio vornahm. 1655 kauften die Riccardi den Prachtbau, die ihn noch erheblich vergrößern ließen. Die kostbarsten Schätze der Einrichtung wurden allerdings zu Napoleons Zeit verschleppt, zerstört oder ins Museum gebracht. Überlebt hat nur, was nicht abtransportiert werden konnte, zum Glück auch die Palastkapelle, die Benozzo Gozzoli vollständig mit Fresken vom »Zug der Heiligen Drei Könige« ausmalte. Die Farben sind noch so leuchtend, als seien sie gerade frisch aufgetragen worden. Dabei soll seit der Ausmalung nichts verändert worden sein. Bis auf das weiße, ›durchtrennte‹ Pferd eines der Drei Heiligen Könige: Beim Einbau der Freitreppe bekam die Wand an dieser Stelle (an der kleinen Eingangstür) einen Knick. Übrigens diente das Konzil von Florenz (1439) Benozzo Gozzoli als Anlaß, einige Berühmtheiten seiner Zeit portraithaft darzustellen, u. a. Lorenzo il Magnifico und Piero de' Medici. Neben den Farben beeindruckt die Tiefe und Ausdruckskraft dieser Fresken.

Das Äußere des Palastes, in dem heute Teile der Stadtverwaltung unter-

gebracht sind, zeigt einen mächtigen Bau mit einer sehr scharfen horizontalen Dreiteilung durch Stockwerke: schwer, behäbig im Erdgeschoß durch Buckelquader und grobe Fensteröffnungen, darüber eine fast nur angedeutete Rustica-Fassade mit geschoßhohen, schlanken Fenstern, bekrönt vom letzten Geschoß mit einer flachen, glatten Fassade, in die sehr flächige Fenster eingesetzt sind. Weit vorkragend ist darüber das schwer wirkende, typische Renaissancedach. Solche Dächer prägen überhaupt die lange Via Cavour, die stark befahrene Einkaufsstraße.

Drei Parallelsträßchen hinter dem Palast befindet sich die besuchenswerte **Markthalle** 26 in der typischen Eisenkonstruktion der Jahrhundertwende, auf deren Platz ebenfalls Markt abgehalten wird.

Im Universitätsviertel von San Marco

Eines der lebhaftesten Stadtviertel von Florenz ist mit Sicherheit das Universitätsviertel rund um die eher bescheidene Piazza San Marco. Es wird nicht nur von den Florentiner Studenten bevölkert, sondern während der Semesterferien auch von vielen ausländischen Gaststudenten an den diversen Akademien. Zudem praktisch das ganze Jahr über von kunstinteressierten Touristen, die sich von den zarten Bildern Fra Angelicos im Kloster von San Marco gefangennehmen lassen, auf Einlaß in die Accademia warten oder die arkadengeschmückte Piazza Annunziata mit ihren architektonischen Schätzen genießen.

In einem Atemzug mit der Kirche **San Marco** 27 , die 1299 von den Silvestrinen gebaut wurde und seit 1436 dem Dominikanerorden gehört, wird das **Klo-**

stermuseum genannt (tgl. außer Mo 9–14 Uhr). Cosimo der Alte, dessen Zufluchtsstätte hier besichtigt werden kann, war dem Kloster sehr zugetan und hat es daher mit gar nicht klösterlicher Prachtentfaltung ausschmücken lassen (die Fassade allerdings stammt von 1780). Savonarola, dessen Zelle ebenfalls besucht werden kann, lebte hier als Mönch. Aber seinen wahren Ruhm verdankt das Kloster dem malenden Dominikaner Fra Angelico, der es um 1440 freskierte, in seiner ganz eigenen, sanften und geradezu lieblichen Malweise. Außer den zentralen Klosterräumen wie den Kapitelsaal mit der »Kreuzigung« hat Fra Angelico mehr als 40 Klosterzellen mit seinen Fresken ausgeschmückt. Übrigens nennt San Marco auch die erste öffentliche Bibliothek Europas sein eigen: wieder eine Stiftung Cosimos.

Großherzog Pietro Leopoldo I. von Lothringen hat schräg gegenüber von San Marco in den Räumen des Spitals des heiligen Matthäus eine Kunstschule eingerichtet, die sich zur **Galleria dell' Accademia** 28 entwickelte, nachdem sie zahlreiche Hauptwerke der Uffizien und des Palazzo Pitti (als Entlastung beider Museen) aufgenommen hatte (tgl. außer Mo 9–14 Uhr). Hauptsächlich sind es Werke der florentinischen Malerei vom 13. bis zum 16. Jahrhundert, aber auch hervorragende Skulpturen wie Michelangelos vielbewunderter »David« sowie die »Sklaven«. – Der Andrang vor der Accademia ist meistens so groß, daß man stundenlang anstehen muß.

Die kurze Via Battisti führt direkt zur **Piazza Annunziata**, städtebaulich vielleicht die anmutigste von Florenz: linker Hand die gleichnamige Kirche mit der vorgesetzten kleinen Loggia, auf sie zu führend und sie optisch flankierend die langen Loggien des Ospedale degli Innocenti und dieser gegenüber diejenigen

Markt auf der Piazza Santissima Annunziata

des Loggiato dei Servi (heute u. a. Hotel), in der Mitte zwei zierliche Bronzespringbrunnen und das bronzene Reiterdenkmal des Großherzogs Ferdinand I. Folgt man seinem Blick, schaut man durch die enge Via dei Servi direkt auf die wunderschöne Chorpartie des Domes. Im Rücken des Reiterdenkmals bleibt die siebenbogige Vorhalle bestimmend, die der 1250 erbauten Kirche **Santissima Annunziata** 29 von Michelozzo 1444 vorgesetzt wurde. Einzig und allein, um der Platz-Idee Brunelleschis, der 1419 das Findelhaus, **Ospedale degli Innocenti** 30 baute, gerecht zu werden. Dieses erste Waisenhaus Europas ist leicht an den Wickelkindern in den runden Medaillons zwischen den perfekten Rundbogen der Loggia, die von schlanken Säulen getragen werden, zu erkennen. Sie sind ein Werk von Andrea della Robbia (1463). Den Abschluß der

Loggia nach oben bilden zwei Gesimse, darüber befindet sich nur ein Stockwerk, dessen gerade Fenster von Dreiecksgiebeln bekrönt werden. Das Ospedale ist die erste, reine Renaissanceschöpfung Brunelleschis und sicherlich einer der schönsten Profanbauten der Stadt. Links am Findelhaus: ein Drehfenster, durch das man – ungesehen – die Kinder durchreichen konnte. Im Kreuzgang setzt sich die klare Bogenarchitektur fort, fünf Arkaden auf jeder Seite, die wieder rekonstruiert wurden. Jetzt werden die Räume des Waisenhauses für eine Gemäldegalerie und für wechselnde Kunstausstellungen benutzt (werktags außer Mi 8.30–14, So 8.30–13 Uhr).

Die Ecke mit dem Drehfenster stößt auf die Via della Colonna, die vom langgestreckten Bau des **Museo Nazionale Archeologico** 31, des Archäologischen Museums (werktags außer Mo 8.30–14,

Hotel Regency: Eine Oase der Ruhe

Auf der Nordseite der grünen Piazza d' Azeglio befindet sich eine fast historische Pension: das Hotel Regency (früher Umbria).

Als Florenz für kurze Zeit die Rolle der Hauptstadt Italiens spielte, diente das Haus italienischen Ministern und ihren Familien als Privatresidenz. Und dieses Flair des beginnenden 19. Jahrhunderts verstand die neue Hotelierfamilie Ottaviani, nachdem sie das Haus 1955 erworben hatte, so hervorragend zu bewahren, daß es heute (in Bummelnähe zum historischen Kern) von den Stammgästen fast wie ein Geheimtip gehandelt wird. Nicht nur die herrliche Ruhe, die freundlich mit Stilmöbeln und kuscheligen Sesseln eingerichteten Räume und die luxuriösen Zimmer (30) und Suiten (5) sowie der perfekte Service machen aus dem Regency eine beliebte

Adresse in Florenz, sondern vor allem das persönliche Ambiente: Man fühlt sich wie bei guten Freunden zu Gast, kann sich selber einen Sherry oder einen Vinsanto (den es auch auf dem Zimmer zur Begrüßung gibt) einschenken, von den leckeren Bonbons, die in hübschen Schalen locken, naschen. Die Morgenzeitung in der Muttersprache des Gastes ist eine Selbstverständlichkeit, die Tiefgarage (eine Seltenheit in Florenz) ebenfalls. Und das Restaurant (Relais le Jardin) in den beiden intim wirkenden Räumen bietet feinste Florentiner Küche mit einem Hauch von Internationalität. Gefrühstückt wird mit Blick auf den von Lorbeerhecken umrahmten Garten, in dem gemütliche Holzmöbel einen dazu verführen, sich darin mit einem guten Buch gemütlich niederzulassen statt ins Museum zu gehen ...

So 8.30–13 Uhr), flankiert wird, immerhin mit der größten Sammlung etruskischer Funde nach der Villa Giulia in Rom. Auch die berühmte, in Arezzo schmerzlich vermißte bronzene Chimäre steht hier.

Abstecher: Die Via della Colonna führt weiter zur parkähnlichen **Piazza d' Azeglio** und vor ihr rechts, also südlich, zur **Synagoge,** einem prächtigen Kuppelbau im sogenannten syrischen Stil mit einigen neugotischen Elementen, der auch das **Jüdische Museum** beherbergt (So-Do 10–13 und 14–17, Fr nur 10–13 Uhr).

Ausflug

Certosa di Galluzzo, Certosa di Firenze oder **Certosa di Val d' Ema** heißt das prächtige Kartäuserkloster, dessen Mönchszellen wie Schwalbennester hoch am steilen Felsen über der stark befahrenen S.S. 2 (Via Cassia) nur 5 km südlich der **Porta Romana** von Florenz hängen. Grandios die Auffahrt, die den Eindruck einer Festung verstärkt, gewaltig im Innenhof die lange Klosterfront mit der darin integrierten, schlichten Kirchenfassade. Böse Zungen behaupten, Niccolò Acciauoli, ein Freund Petrarcas und Boccaccios, habe das Kloster 1341 nur deshalb gegründet, um als Seliger in den Himmel zu kommen. Danach wurde es mehrfach umgebaut, besonders schön von Bramante, der den zierlichen Renaissancekreuzgang hinterließ. In der Kirche teilt, typisch für die Kartäuser, eine Querwand den Raum, wodurch eine kleine Vorhalle entsteht. Zum eigentlichen Gotteshaus gelangt man

Ein lohnenswerter Ausflug führt zum Kartäuserkloster Certosa di Galluzzo, 5 km südlich von Florenz (hier: Kleiner Kreuzgang)

durch eine kleine Seitentür. Ansehen sollte man sich hier das 36sitzige, geschnitzte Chorgestühl von 1590. Dicke, sehr körperhafte Engelsköpfe schmücken die Räume zwischen den Stühlen. Auf der Unterseite der (meist hochgeklappten) Sitze blicken dem Besucher Fratzen entgegen.

Die wenigen Zisterziensermönche, die jetzt das Kloster mit der 1948 aufgehobenen Klausur verwalten, sind Spezialisten in Sachen Buchrestaurierung, haben viele der 1966 bei der Arno-Überschwemmung fast zerstörten Folianten aus Florenz gerettet. Im Sommer veranstalten sie mit Hilfe der *Amici della Certosa* gut besuchte Konzerte. Der Klosterkomplex (mit berühmter Likörherstellung; Spezialität *Gocce Imperiale*) kann Di-So 9–12 und 16–19 Uhr besichtigt werden.

Von Fiesole ins Mugello

Fiesole, eine schon bedeutende etruskische Siedlung, und das Mugello, die Sommerfrische der Provinz, liegen nördlich von Florenz. Sie schirmen die Stadt von rauhen Winden ab und bieten großartige Ausflugsziele sowohl für die Bewohner der toscanischen Metropole als auch für Reisende, die nicht nur auf der Suche nach den großen, urbanen Zentren der Toscana sind, sondern auch ihre ländlichen, ruhigen Seiten schätzen. Kastanienwälder und freundliche Dörfer, der Sieve-Fluß mit seinen zahlreichen, noch recht verwilderten Nebenflüßchen bestimmen das Landschaftsbild. Kein

Wunder, daß sich hier in diesem angenehmen frischen Mittelgebirgsklima auch die Medici niederließen und so dem Mugello ihren Stempel aufdrückten: vor allem mit festungsartigen Villen inmitten ausgedehnter Landgüter, die sie zu ihren Lieblingssitzen erklärten.

Streckenlänge und -verlauf: Von Florenz (Domplatz) sind es nur knapp 5 km, allerdings steil und kurvig, nach Fiesole hinauf, auf halber Strecke vorbei an San Domenico (Bushaltestelle), wo Fra Angelico malte, bevor er nach San Marco in Florenz übersiedelte. Von Fiesole führen

Von Florenz nach Fiesole und ins Mugello

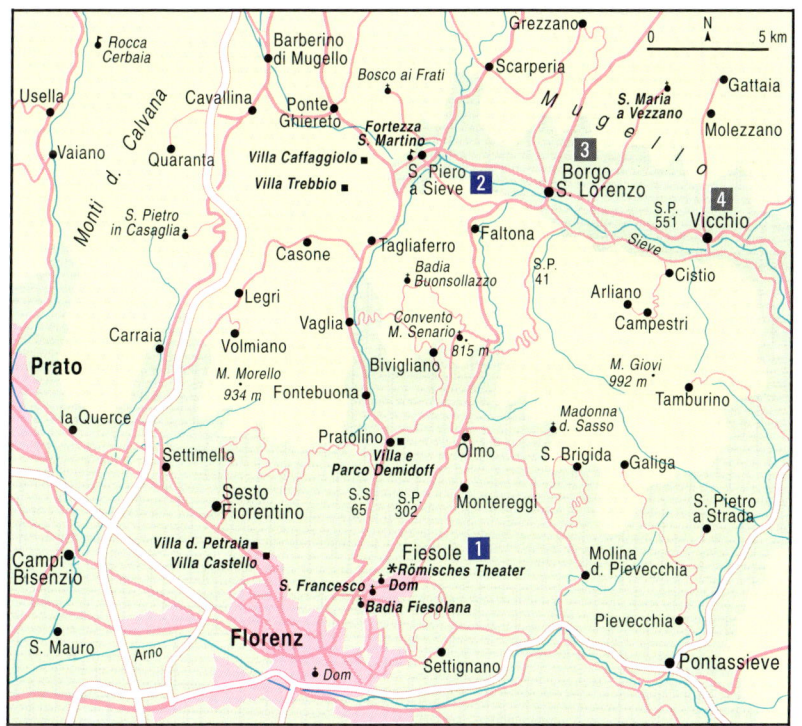

zwei aussichtsreiche Straßen ins Mugello, zu den Ausläufern des Tosco-Emilianischen Apennin. Man kann die S.S. 65 nach San Piero (18 km) hochfahren, eventuell kurze Abstecher westlich zu den Medici-Villen Cafaggiolo und Trebbio machen, dann dem Sieve-Fluß ein Stück ostwärts auf der S.P. 551 folgen (6 km) und kommt auf der S:P. 302 von Borgo San Lorenzo nach Fiesole (25 km) bzw. Florenz (30 km) zurück.

Öffentliche Verkehrsmittel: Die Buslinie 7 Florenz Hauptbahnhof S.M.N. – San Marco – Cure – San Domenico – Fiesole fährt in dichter Folge (tagsüber alle 15 Minuten). Zur Medici-Villa Careggi Buslinie Nr. 14/C, mit Nr. 14 weiter bis Piazza Dalmazia, dort umsteigen in Nr. 28 Richtung Sesto Fiorentino bis Via Vittorio Emanuele/Ecke Viale Morgagni zu den Villen Castello und Petraia. Nr. 28 fährt zurück zum Hauptbahnhof. Ins Mugello fährt ein Bus der Linie SITA mit Zielschild ›Vicchio‹ oder ›San Piero a Sieve‹.

Fiesole: Die Mutter von Florenz

1 (S. 347) Noch bevor an die Gründung von Florenz im damals sumpfigen Arnotal überhaupt gedacht wurde, florierte auf den Hügeln nördlich davon bereits die etruskische Siedlung *Faesulae*. Unter den Römern erhielt der Ort ein Theater in schönster Hanglage (300 m) mit Thermen. Erst 1125 wurde Fiesole vom erstarkten Florenz eingenommen, zerstört und später der Provinz einverleibt. Abgesehen von den Sehenswürdigkeiten bietet Fiesole wohl die schönsten Ausblicke auf die Metropole darunter und einen idealen Ausgangspunkt für

Fahrten zu den Villen der Medici und ins Mugello.

Die **Piazza Nino da Fiesole** im Mittelpunkt des Städtchens wird im Osten begrenzt vom hübschen **Rathaus** (ehemaliger Palazzo Pretorio, 14. Jahrhundert) mit seinen zahlreichen, typischen Wappen der *podestà*. Von seiner langgezogenen Loggia im ersten Stock (meist kann man während der Dienststunden problemlos eintreten) genießt man den schönsten Blick über den Platz hinweg bis zum Kloster San Francesco. Die Piazza ziert am oberen Ende vor dem Rathaus ein doppeltes Bronze-Reiterdenkmal von Oreste Calzolai (1906): Es zeigt Giuseppe Garibaldi und König Vittorio Emanuele II. bei der Begegnung von Teano am 26. Oktober 1860.

Die Nordwestecke des Platzes nimmt die **Kathedrale San Romolo** (11.-14. Jahrhundert) mit ihrem hohen, zinnenbekrönten Glockenturm (13. Jahrhundert) ein. Dahinter lohnt das **Museo Bandini** (tgl. außer Di im Winter 10–13 und 15–18 Uhr, im Sommer 9.30–13 und 15–19 Uhr) einen Besuch, mit florentinischen Bildern aus dem 13. bis 15. Jahrhundert sowie Terrakottawerke der Künstlerfamilie Della Robbia und Holzschnitzarbeiten.

Rechts vom Museum befindet sich der Eingang zum etwas überrestaurierten **Römischen Theater** in der sogenannten Archäologischen Zone (im Winter tgl. 9–18 Uhr, im Sommer außer Di 9–19 Uhr). Hier findet man außerdem die Reste der angeschlossenen Thermen und ein kleines, aber recht interessantes Museum mit vorrangig etruskischen Fundstücken. Das Theater in wunderschöner Hanglage etwa 300 m über Florenz stammt aus dem 1. Jahrhundert

Franziskanermönch vor dem Kloster
in Fiesole

Von Fiesole über San Domenico zu Fuß nach Florenz

Von Fiesole führt (gleich nach der Piazza Nino da Fiesole) die Via Vecchia Fiesolana (also die alte Straße) steil abwärts zwischen hohen Mauern, hinter denen sich historische Villen verstecken, nach Florenz. Der erste Abschnitt des Weges ist noch mit alten, großen Steinplatten gepflastert, nach der Kreuzung, an der man links abbiegen sollte, leider asphaltiert. Bald kommt man an dem Kirchlein Sant' Ansano vorbei. Der Blick auf Florenz wird zwar meistens von Bäumen und Mauern verdeckt, dafür ist es ein schattiger, angenehmer Weg. Ein etwas skurril anmutendes ›Tor‹ zwischen Villa und Dependance Nieuwenkamp mit merkwürdigen Metallkäfigen zwingt zum Betrachten: Früher war dies ein *riposo de' vescovi,* sozusagen die Sommerfrische der Bischöfe von Fiesole beziehungsweise Florenz, wenn sie in San Domenico zu tun hatten. Weiter geht es an der Villa Albizzi vorbei, dann erblickt man nach etwa 20 Minuten gemütlichen Fußweges das Kloster.

In **San Domenico** (ab 1406) lebte und malte Fra Angelico, bevor er 1437 nach Florenz umzog und dort das Kloster San Marco überreich freskierte. Leider ist nur noch wenig in San Domenico erhalten, bedeutende Werke des malenden Mönchs sind nur in Kopien zu sehen: »Verkündigung« (heute im Prado) und »Krönung Mariae« (heute im Louvre). In der ersten Kapelle links hängt noch das Original »Madonna mit Dominikanerheiligen«. Zwei Kapellen weiter wird das Foto einer »Kreuzigung« von Fra Angelico gezeigt, deren Original bis 1878 im Refektorium des Klosters hing (jetzt im Louvre).

Badia Fiesolana auf dem Weg von Fiesole nach Florenz

Schräg gegenüber von San Domenico öffnet sich ein schmales Sträßchen abwärts, und man schaut nach wenigen Metern linker Hand auf die hübsche, intarsierte Marmorfassade der Klosterkirche sowie auf den dazugehörigen Komplex der **Badia Fiesolana,** heute Sitz des Istituto Universario Europeo. Von der Terrasse vor der Kirche genießt man einen herrlichen Florenz-Blick. Der kleine Kreuzgang ist zauberhaft und während der Öffnungszeit des Institutes problemlos zu besuchen.

Danach geht es wieder den kurzen Weg hinauf zur Via San Domenico, wo man entweder den Bus nach Florenz nehmen kann oder eine sehr hübsche Strecke zu Fuß abwärts wählt: Kurz nach der Kreuzung der Hauptstraße (Via San Domenico) mit der Via Boccaccio beginnt rechts die Via Piazzuola, an der zweiten Gabelung schließlich die schmale Via delle Forbici, eingeschlossen zwischen hohen Steinmauern, aus denen uralte Oliven-und Lorbeerbäume wachsen, knorrige Steineichen und wilder Wein. Es lohnt sich, ab und zu nach Fiesole hinauf zurückzuschauen. Ein chinesisch anmutender kleiner Bronze-Pavillon, einem Schirm nicht unähnlich, ragt aus einer gelben Villenmauer, die folgerichtig die Villa L' Ombrellino hinter sich versteckt (Nr. 89). Die Wanderung führt weiter an der Villa di Camerata (heute Il Garofano, Nr. 31) vorbei. Sie gehörte der Familie Dantes, den Alighieri (und später den Portinari), weshalb zur Erinnerung an den ›göttlichen Dichter‹ und seine Beatrice eine Marmortafel gesetzt wurde. Der Endpunkt des schönen Weges liegt in der Nähe der Piazza delle Cure, wo man den Bus Nr. 2 Richtung Dom und Bahnhof S.M.N. nehmen kann.

(mit späteren Umbauten) und bot 3000 Zuschauern Platz. Von der etruskischen Siedlung sind u. a. Reste eines Tempels (3. Jahrhundert v. Chr.) unter der Ruine eines römischen Tempels und ein großes Stück der Stadtmauer (als Nordabschluß der *Area Archeologica)* übrig geblieben.

Zurück zum Hauptplatz, am Dom vorbei in die bald steil aufsteigende Via San Francesco zum schönsten Aussichtsbalkon von Fiesole mit Florenz-Totale (tagsüber im Gegenlicht!) und den Weg hinauf zum Kloster **San Francesco.** Während die Franziskanerkirche auf dem Gipfel des gleichnamigen Hügels steht, erstrecken sich die Klostergebäude den Hang abwärts und beherbergen jetzt zum größten Teil ein Museum (im Winter tgl. 10–12 und 15–17 Uhr, im Sommer 10–12 und 15–18 Uhr). Es zeigt vor allem toskanische Malerei vom 15. und 16. Jahrhundert sowie Sammlungen, die Missionare in Ägypten und China zusammengetragen hatten, aber auch archäologische Funde aus Fiesole und Umgebung.

Mugello: Die Sommerfrische

Das langgestreckte Tal in Ost-West-Richtung schlägt einen Bogen am oberen Sieve-Lauf, bevor der Fluß mit einem Knick nach Süden Richtung Arno eilt, in den er sich bei Pontassieve ergießt. Etwa 200 m hoch gelegen, wird das Mugello von höheren, lieblichen Hügeln zwischen 300 und 500 m Höhe nach Norden hin gegen kalte Winde abgeschirmt. Einige Gipfel ragen noch heraus, darunter im Süden der Monte Senario (815 m) und im Norden der Monte Giuvigiana (973 m). Früher wuchsen hier riesige Kastanienwälder, die nur in Teilen erhalten sind.

Fra Angelico (1387–1455) stammte aus dem Mugello, genauer gesagt aus Vicchio, wo man für ihn im Prätorenpalast ein Museum einrichtete. Giotto (1267–1337) wurde ebenfalls hier, ganz in der Nähe Vicchios, geboren. Der hübsche, zweibogige Ponte del Cimabue über den Wildbach Ensa, zwischen Vicchio und Borgo San Lorenzo, an dem Cimabue (frei nach Lorenzo Ghibertis Vita) den Hirtenknaben Giotto entdeckt haben soll, ist von der S.S. 551 über einen kurzen Schotterweg erreichbar. Giottos Geburtshaus wurde zu einem kleinen Museum aufpoliert und kann besichtigt werden (ausgeschildert Richtung Borgo San Lorenzo, rechts ab nach S. M. a Vezzano, nach 1,2 km wieder rechts; geöffnet Do, Sa, So 15–19 Uhr). Auch der berühmteste Goldschmied von Florenz, Benvenuto Cellini, verbrachte zwischen 1559 und 1571 einige Sommer in einem Haus nahe dem Oratorium der Barmherzigkeit.

Die Kanzel von San Piero a Sieve im Mugello, nördlich von Florenz

Schließlich kamen auch die Medici von hier, sogenannte ›Halbbürger von Florenz‹, wie der zeitgenössische Historiker Benedetto Varchi um 1500 diejenigen nannte, die aus dem Mugello stammten: Weil sie an Florenz wegen ihrer Aktivitäten zwar Steuern zu zahlen hatten, aber nicht in der Stadt wohnten. Die Medici besaßen hier ebenso wie um Florenz herum mehrere Villen, zwei davon ließen sie sich standesgemäß prächtig ausbauen: **Trebbio**, südwestlich von San Piero a Sieve, mit dickleibigem Turm und anderen starken Befestigungen durch Michelozzo (1461), in herrlicher Panoramalage in 451 m Höhe inmitten eines ausgedehnten Landgutes, dessen Produkte (Öl und Wein) man kaufen kann. Dann **Cafaggiolo**, genau westlich von San Piero (ebenfalls in Privatbesitz), ursprünglich eine Florentiner Festung, die ab 1451 vom selben Michelozzo umgestaltet wurde, diesmal aber für Cosimo den Alten in eine Landvilla. Cafaggiolo gilt als der beliebteste Sommersitz der Medici, auf dem sie illustre Gäste wie die beiden Päpste Pius II. und Eugenius IV. empfingen. Auffällig sind die zahlreichen Wanderwege, die das riesige Gebiet des Landgutes durchziehen.

Der Ort **San Piero a Sieve** **2** (S. 363) klettert von der Traversa del Mugello, der S.S. 551, recht schnell den Hang hinauf: von der kleinen Pfarrkirche, der **Pieve San Piero** (ab dem 11. Jahrhundert) mit einem zauberhaften Taufbecken von Della Robbia ganz in Weiß und Gelb gelangt man über die **Piazza Colonna** bis zur **Fortezza Medicea** (16. Jahrhundert, Privatbesitz). Dazwischen liegen die **Villa Schifanoia** (14. Jahrhundert) und die **Villa Adami** (17. Jahrhundert; heute Städtische Bücherei), nahe dem Sieve der Medici-Turm (15. Jahrhundert).

Die Villen der Medici

Nördlich von Florenz und Fiesole stehen die meisten Villen der Medici, die sie als Land-Wohnsitz bevorzugten. Über die S.S. 65 von Florenz Richtung *Ospedale Careggi* (auch per Bus Nr. 14/C von der Piazza Adua am Hauptbahnhof) erreicht man die **Villa Careggi** aus dem 14. Jahrhundert. Ursprünglich baute sich Filippo Lippi diese Villa. 1417 gelangte sie in den Besitz der Medici. Cosimo der Ältere ließ sie von Michelozzo für die Platonische Akademie um- und ausbauen (ungleichmäßiger Innenhof erhalten). In der Villa Careggi starben zwei bedeutende Medici: 1464 Cosimo der Alte und 1492 Lorenzo der Prächtige.

In der zweiten Hälfte des 19. Jahrhunderts wurde die Villa romantisierend umgestaltet, konnte jedoch den leichten Festungscharakter bewahren und ist heute Verwaltungssitz des gleichnamigen Krankenhauses, weshalb man sich dort – will man den Park besichtigen (kostenlos; tgl. außer Sa nachmittag und So) – anmelden sollte (USL 10/D, Viale Pieraccini 17).

Westlich von Careggi (weiter mit Bus Nr. 14 und 28, mit diesem auch direkt vom Hauptbahnhof Richtung Sesto Fiorentino) steht die **Villa Castello** (tgl. 9–19.30 Uhr, im Winter kürzer) im gleichnamigen Ortsteil von Florenz, die von den Medici sehr lange bewohnt wurde und nun Sitz der Accademia della Crusca, der Akademie für die italienische Sprache, ist. Auch hier kann nur der fünf Hektar große Park besichtigt werden (je nach Jahreszeit tgl. außer Mo 9–16.30/ 17.30/18.30/19.30 Uhr): teils italienisch-akkurat, teils manieristisch mit Wasserspielen, Statuen und verschie-

Die Medici-Festung **San Martino**, 1571 nach Plänen von Bernardo Buontalenti erbaut, ist über einen langen Waldweg noch weiter oberhalb von San Piero erreichbar und nach Absprache (Privatbesitz) zu besichtigen.

Hauptort des Mugello ist – in seinem Scheitelpunkt gelegen – **Borgo San Lorenzo** **3** (S. 341) mit Ziegelbrennereien und Kunstkeramik sowie einer recht bedeutenden Textil- und Möbelindustrie. Seit dem 11. Jahrhundert gehört der Ort zum Bistum Florenz und war bis 1529 eng mit dem Schicksal der toscanischen Hauptstadt verbunden. Die **Pieve San Lorenzo** (10. Jahrhundert) gilt als einer der wichtigsten romanischen Sakralbauten der Provinz Florenz; nach einem schweren Erdbeben im Jahre 1919 hat man sie 1922 aus den alten Steinen wiederaufgebaut. Sehr lombardisch wirkt der sechseckige Turm (1263) über der halbrunden Apsis, einmalig in der Toscana.

denen Wäldchen beziehungsweise Pflanzenarten angelegt, u. a. von Ammannati (die Statuen »Gennaio« sowie »Ercole e Anteo«) und Giambologna (Grottenarchitektur) geschaffen und Ende 18./Anfang 19. Jahrhundert vom böhmischen Landschaftsarchitekten Joseph Fritsch umgestaltet.

Die benachbarte **Villa della Petraia** (gemeinsame Eintrittskarte mit Castello) kam 1575 durch Kardinal Ferdinando in den Besitz der Medici, die sie 1576 bis 1590 von Buontalenti verändern ließen. Charakteristisch ist der hohe Wachturm. Im 19. Jahrhundert wurde der Innenhof mit dem 1636 bis 1648 freskierten Säulengang mit einer Eisen- und Glaskonstruktion überdacht, um den Ballsaal zu erweitern. Nach den Medici ging die Villa in den Besitz der Lothringer über, Vittorio Emanuele II. benutzte sie als Sommerresidenz – aus dieser Zeit stammt der größte Teil des Mobiliars und eine interessante Spielesammlung. Direkt an der Villa ist der italienische Garten um einen Brunnen gruppiert, den großen Park hat aber wieder der Böhme Fritsch 1836 bis 1850 im englischen Stil mit Bachlauf,

einem künstlichen See und exotischen Pflanzen umkonzipiert. Er bildet praktisch die Fortsetzung des Parks der Villa Castello.

Den wohl größten Park, nämlich an die 30 Hektar, besitzt die als **Villa Demidoff** (vor Pratolino, 12 km vom Florentiner Dom entfernt; Do-So 10–20 Uhr, im Winter kürzer) bekannte Villa des Francesco I. de' Medici. Der Park ist über kilometerlange Wege erschlossen. Wenig ist von den fantastischen Wasserspielen übrig geblieben, die Franceso von Buontalenti für den märchenhaften Wohnsitz seiner Geliebten Bianca Cappello bauen ließ. Ferdinand III. von Lothringen ließ die Villa zerstören, 1872 erwarben sie die Demidoff, die aus dem ehemaligen Gesindehaus die heutige Villa gestalteten. Vom ursprünglichen Park erhalten blieben in der Hauptsache der kolossale »Apennin« von Giambologna, einem bärtigen, müden alten Mann ähnlich, der aus einem künstlichen See zu entsteigen scheint; weiterhin der Brunnen mit Gott Pan sowie die oktogonale Kapelle, beides von Buontalenti.

Abstecher nach **Vicchio** 🔳 , wo Giotto (ganz in der Nähe in Vespignano) und Fra Angelico (in Giovanni da Fiesole) das Licht der Welt erblickten. An der Piazza Giotto befindet sich im **Palazzo Pretorio** das **Museo Comunale Fra Angelico** mit Werken aus den Kirchen von Vicchio und der Umgebung, u. a. ein »Johannes der Täufer« von Andrea della Robbia, andere Florentiner Terrakotten und abgenommene Fresken aus dem 15. Jahrhundert.

Auf der gegenüberliegenden Seite des Sieve-Flusses, wo eine einladende *Casa del Prosciutto* an der kleinen Steinbrücke mit Einkaufsmöglichkeiten lockt, geht es die schmale S.P. 41 zwischen bebauten Feldern und Weingärten mit baumhohen Rebstöcken nach Westen weiter und im Bogen nach Südwesten, Richtung **Olmo,** mit herrlichen Aussichten über die kleinhügelige Landschaft gemächlich nach Fiesole beziehungsweise Florenz zurück.

Zwischen Florenz und dem Meer

Dachlandschaft in Lucca

Lediglich 70 km Luftlinie trennen Florenz von ›seinem‹ Meer, dem Tyrrhenischen, aber trotz Autobahn bedeutet dies kein schnelles Vorwärtskommen: Allzu viele Sehenswürdigkeiten ›stehen im Wege‹: Prato mit bedeutender Stoffindustrie und der Marktort Pistoia, dazwischen der Thermalkurort Nummer eins der Toscana, Montecatini Terme, und auf der Weiterfahrt Richtung Meer Lucca mit der schönsten Stadtbefestigung. Landschaftliche Akzente setzen die wild- und kastanienreiche Garfagnana und die marmornen Apuanischen Alpen im Norden. Im Süden fährt man durch die sanftgewellten Hügel des Monte Albano, entlang gepflegter, recht unbekannter Weingärten und weiter zum Monte Pisano mit seinen Thermalquellen. Zwischen den beiden Gebirgszügen liegen die einstigen Sumpfgebiete der Cerbaie.

Streckenlänge und -verlauf: Von Florenz bis Prato 20 km, nach Poggio a

Caiano 7, nach Artimino weitere kurvige 4 km. Auf der Autobahn A 11 (Florenz–Küste) bis Pistoia und Lucca, weiter A 12 nach Norden zur Versilia, Richtung Pietrasanta. Parallel dazu verlaufen schmale, dicht befahrene Landstraßen (meist nördlich der Autobahn). Die Tourenvorschläge über Land liegen abseits dieser Straßen.

Öffentliche Verkehrsmittel: In den Zentren Prato, Pistoia, Montecatini und Lucca begibt man sich am besten zu Fuß auf Besichtigungstour, auch wenn die örtlichen Busse die Städte gut erschließen. Auf der Rennstrecke Florenz – Prato und weiter nach Lucca verkehren die Busse von COPIT, CAP und LAZZI sowie die staatlichen Bahnen in dichter Folge. Mit dem Bus läßt sich auch eine Rundtour Florenz – Prato – Poggio a Caiano (Medici-Villa) durchführen. Die Eisenbahn verbindet ebenfalls in dichter Folge Florenz mit allen Städten auf der Strecke zum Meer.

Prato: Die Textilmetropole

(S. 360) Von Stadtzentrum zu Stadtzentrum sind es zwischen Florenz und Prato lediglich 20 km. Doch viele Toscana-Reisende meiden Prato, weil sie sich unter dem Beinamen ›Manchester Italiens‹ wahrscheinlich eine häßliche Industriestadt vorstellen, die außer Textilfabriken nichts zu bieten hätte. Nun, diese sind zwar vorhanden, aber nur außerhalb, im Industriegebiet. Hier produziert man allerdings schon lange keine Billigstoffe mehr aus Lumpen, wie nach dem Zweiten Weltkrieg, als Prato seinen Ruhm als Textilstadt begründete. Vor allem bekannte italienische Firmen der Luxusklasse wie Gucci haben hier ihre Fabrikationshallen, ebenso werden fast alle sogenannten Florentiner Stoffe hergestellt, speziell aber kostbare Wollstoffe in mehr als 14 000 Tuchwebereien in und um die Stadt.

Prato, das nach jahrzehntelangen Kämpfen 1992 seine Selbständigkeit als Provinz – von der großen Provinz Florenz abgetrennt – erreichen konnte, ist auch die Heimat des malenden Mönches Filippo Lippi (1406–1469), der mit seiner Verführung der schönen Nonne Lucrezia einen Kirchenskandal ohnegleichen heraufbeschwor. Und Prato besitzt wunderbare sakrale und profane Bauten aus dem Mittelalter und der Renaissance. Und natürlich ist Prato als blühende Industriestadt ein hervorragender Einkaufsplatz: Die Fußgängerzone, die engen Gassen rings um den Dom, bieten alles in bester Qualität, von Stoffen bis zu Lebensmitteln und Antiquitäten.

Das Castello dell' Imperatore in Prato

Stadtbesichtigung

Das unregelmäßige Sechseck der Stadtmauer um den mittelalterlichen Kern
von Prato – die Nordostseite entlang des
Bisenzio-Flusses, der dem Arno weiter
südlich zufließt – birgt in seinem Inneren einige Schätze der Architektur (darunter noch gut ein Dutzend gekappte
Turmhäuser) und bedeutende Beispiele
der Malerei.

Der ›teutonische‹ Klotz mit den stau-
fisch gezackten Zinnen ist das wuchtige
Castello dell' Imperatore 1 aus dem
10. Jahrhundert (Di-Sa 9–12 und 16–19,

im Winter 15–18, So 9–12 Uhr). Kaiser
Friedrich II. ließ es 1237 zum Schutz Pra-
tos so ausbauen, damit die Stadt – damals schon als Stoff- und Wollhandels-
platz von Bedeutung – ihre Unabhängig-
keit bewahren konnte. In Oberitalien
sucht man vergebens einen zweiten Be-
festigungsbau dieser Art. Doch nach
dem Untergang des Stauferreiches
kaufte das verhaßte, Macht heischende
Florenz Prato von den Nachfolgern, den
Anjou, die in Neapel ihr Hauptquartier
hatten und wohl froh waren, die aufmüpfige Kommune in Mittelitalien los zu
sein.

Prato: *1 Castello dell' Imperatore   2 Santa Maria delle Carceri   3 San Francesco*
4 Palazzo Pretorio   5 Palazzo Datini   6 Dom

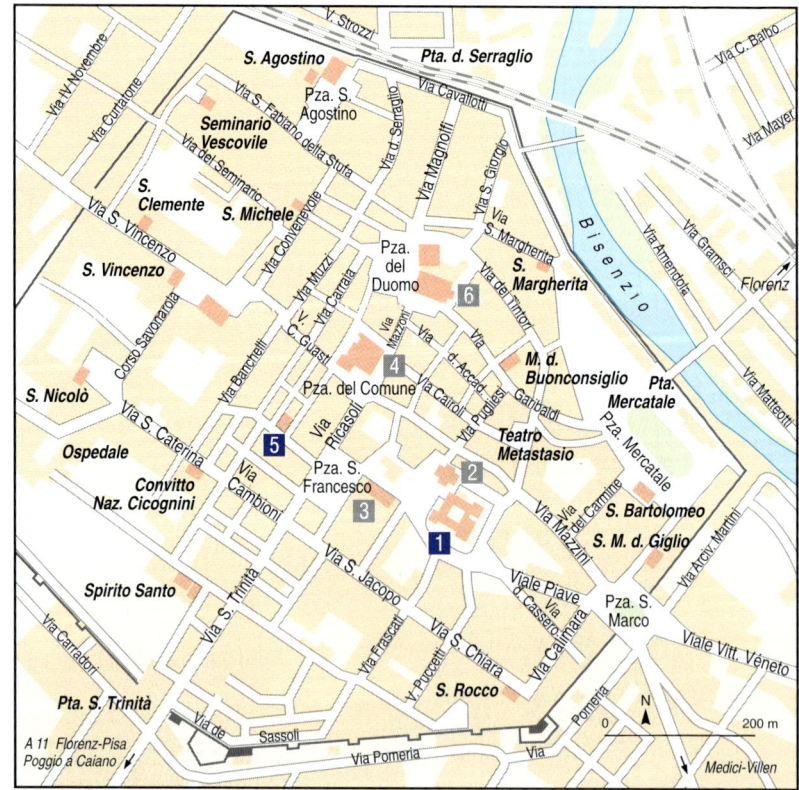

Modisches aus Lumpen

Während Florenz bildende Künstler und Dichter hervorbrachte, regierte in Prato von jeher der nüchterne Geschäftssinn, vor allem während der Zeit des wirtschaftlichen Aufschwungs nach dem Zweiten Weltkrieg. Damals ging es darum, Millionen von Menschen in Europa, die nur Soldatenkluft und Selbstgenähtes kannten, wieder ordentlich einzukleiden. Stoffe gab es zwar, hervorragende Materialien etwa aus London. Aber weil diese unerschwinglich waren, holten die Prateser Lumpen aus aller Welt zusammen und stellten daraus Kleidung zu Billigstpreisen her. Ein unvorstellbarer Boom, die Geschäfte florierten, aus den kleinen Zulieferbetrieben wurden Großmanufakturen, neue Maschinen wurden angeschafft, Arbeitskräfte aus dem armen Süden Italiens geholt. Prato wuchs in Richtung Florenz, natürlich in Form von Mietskasernen der fünfziger Jahre, also nicht gerade das, worauf man städtebaulich stolz sein könnte. Aber darum ging es nicht: Die zahlreichen Einwohner der Stadt, zwischen 1950 und 1975 von 50 000 auf 160 000 angewachsen, davon mehr als ein Drittel direkt in der Textilindustrie beschäftigt, mußten Wohn- und Schlafplätze erhalten. So schnell wuchs keine andere italienische Stadt, und so reich war damals keine.

Aber die Prateser verloren ihre Identität als Textil-Künstler. Sie stellten Massenware her, im Akkord, an Maschinen, die sie zu immer höherer Produktivität zwangen. Die Nachteile bekamen sie 1975 zu spüren, als die asiatischen Länder den Weltmarkt der Billig- und Massenproduktion zu erobern begannen. Schlagartig ging eine Großfabrik nach der anderen in Konkurs, ein Drittel der Textilarbeiter wurde arbeitslos. Wer überleben wollte, kehrte an die Wurzeln der Prateser Textilindustrie zurück: Spezialisierung, Beschäftigung von kleinen Zulieferanten, Wiederentdeckung des Textil-Kunsthandwerks. Wie anno dazumal, nun aber mit modernen Maschinen und mit modernem Marketing. Und das scheint wieder und noch immer erfreulich gut zu funktionieren.

Übrigens: Prato entwickelte sich in den letzten Jahren zum größten Umschlagplatz für Altkleider. Die Textilien, die bei den Sammlungen in vielen Ländern Europas anfallen, werden zum Großteil nach Prato transportiert und hier nach Qualität und Zustand sortiert, denn die Prateser verfügen aufgrund ihrer langjährigen Erfahrung mit Textilien über die besondere Fähigkeit, die Zusammensetzung eines Stoffes schon durch Anfassen zu erkennen. Die sortierte Ware geht entweder an Second-Hand-Läden, in die östlichen Länder oder nach Afrika.

Natürlich besitzt das mit seinem Umland inzwischen auf mehr als 260 000 Einwohner angewachsene Prato eine Schule für Textiltechnik, das Istituto Buzzi, das bereits 1886 gegründet wurde und seinen Sitz am Viale della Repubblica hat.

Kastell

103

Direkt neben der staufischen Kaiserburg steht der Zentralbau der Kirche **Santa Maria delle Carceri** 2 : Giuliano da Sangallo errichtete sie ab 1484 für das wundertätige Marienbild, das an einer Wand des früheren Gefängnisses an dieser Stelle gemalt war. Ganz klar und einfach ist die Zeichnung der Fassade durch grüne Marmorstreifen: schlichteste Renaissance! Die blaugrundigen Terrakottamedaillons mit der Darstellung der Evangelisten sind natürlich von Andrea della Robbia: Prato konnte sich eben die besten Künstler leisten. Und das sogar zu einer Zeit, als die Pest in der Stadt wütete!

Vom Kastell erblickt man schon die Apsis der Kirche **San Francesco** 3 . Man geht um sie herum und gelangt so zur gleichnamigen Piazza (großer Parkplatz). Die weiß-grün quergestreifte Marmorfassade ist von großartiger Einfachheit und überraschend hoch. Die typisch franziskanisch schlichte und einschiffige Kirche besitzt einen sehr hohen, offenen Dachstuhl mit farblich schön gefaßten Balken. Hier ist u. a. Francesco di Marco Datini begraben, nach Filippo Lippi der wohl berühmteste Sohn der Stadt (s. u.). Über den Kreuzgang erreicht man die Cappella Migliorati, 1395 völlig mit Fresken von Niccolò di Pietro Gerini ausgemalt: eine kostbare Ausstattung von großer Plastizität.

Auf dem Weg zum Domplatz öffnet sich linker Hand die **Piazza del Comune,** das profane Zentrum von Prato mit dem **Palazzo Pretorio** 4 . Ihm sieht man an, daß er aus mehreren Bauteilen zusammengesetzt wurde: aus Häusern und Türmen des 13. und 14. Jahrhunderts, die großzügige Freitreppe kam erst im 16. Jahrhundert hinzu, ebenso die strengen Zinnen und der Glockenturm über der Uhr. Den Sitzungssaal sollte man sich ansehen, und die **Galleria Comu-**

nale mit ihrer Kunstsammlung vom 14. bis zum 18. Jahrhundert (werktags 9–13 und 15–19 Uhr).

Am Palazzo Pretorio steht ein **Denkmal für Datini,** kurz vor der letzten Jahrhundertwende für den Prateser Kaufmann geschaffen, dessen Haus in der Nähe steht (s. u.). Seinerzeit zählte Datini (1330–1410) zu den reichsten Kaufleuten Italiens überhaupt, ein typischer Sohn seiner kaufmännisch denkenden Heimatstadt. Er gilt als Erfinder des Wechsels und der doppelten Buchführung. 300 Verträge, 500 Kontobücher und mehr als 400 Versicherungspolicen wurden zusammen mit Briefen erst 1870 bei der Restaurierung seines Hauses entdeckt: unter der Treppe eingemauert. Ein kostbarer Grundstock für das **Archiv,** das Datinis Namen trägt, und vor allem wegen der herrlichen Innen- und Außenfresken von Niccolò Gerini und Arrigo di Niccolò di Prato einen Besuch wert ist: der **Palazzo Datini** 5 vom Ende des 14. Jahrhunderts (Via Ser Lapo Mazzei Ecke Via degli Alberti; Mo-Sa 9–12 und 15.30–18.30 Uhr, Archiv nur vormittags außer Mo und Mi). Bemerkenswert: Die zahlreichen Lilien, die als Dekoration verwendet wurden, zeigen nicht die florentinische, sondern die Lilie der Avignons!

Daß den Pratesern kein Künstler zu teuer war, sieht man auch und insbesondere am **Domplatz,** den man vom Rathausplatz über die kurze Einkaufsmeile der Via Mazzoni erreicht. Es ist eine Piazza, die zum Verweilen einlädt, die Cafés sind so angesiedelt, daß der Blick auf den Dom frei bleibt. Geradezu magisch zieht die **Außenkanzel** rechts an der Domfassade die Aufmerksamkeit auf sich: die tanzenden Putten von Donatello und Michelozzo, wenn auch eine Kopie, denn das Original wurde im **Dombaumuseum** (werktags außer Di 9.30– 12 und 15–18, So 9.30–12 Uhr) links un-

»Gastmahl des Herodes« von Filippo Lippi, Fresko im Dom von Prato, Detail

tergebracht. Gebaut wurde diese zierliche, fast runde Außenkanzel allein zum Herzeigen des heiligen Gürtels, dessen Geschichte herrliche Fresken im Inneren des Doms erzählen (große Kapelle gleich links beim Hauptportal): Maria überließ vor ihrer Himmelfahrt ihren Gürtel dem Apostel Thomas, der ihn einem Priester schenkte. Dieser gab ihn einem Prateser Kaufmann zur Hochzeit als Mitgift, und dieser wiederum vermachte den Gürtel sowohl den Vertretern der Kirche als auch denen seiner Heimatstadt. Seitdem gibt es zwei Schlüssel für den Gürtelschrein, und nur mit beiden gemeinsam kann er aufgeschlossen werden. Mehrmals im Jahr wird er dem Volk gezeigt: zu Ostern, am 1. Mai, 15. August, 8. September und zu Weihnachten. Ehrensache, daß in einer seit Jahrhunderten fast durchgehend wohlhabenden Stadt der alte Ritus in prunkvollen historischen Kostümen begangen wird.

Der **Dom** 6 selber, der an der Stelle einer älteren Pfarrkirche 1211 von Guido da Como begonnen und mehrfach umgestaltet wurde (Fassade von 1385–1456; seit 1653 Bischofskirche), ist durch seine grün-weiße Inkrustation von zauberhafter Leichtigkeit. Nach dem Florentiner Dom kommt einem dieser von Prato so winzig vor, als sei er für eine Puppenstube bestimmt. Der Turm wirkt durch die nach oben aufgelockerte Folge der Klangöffnungen ebenfalls leicht.

Im Inneren (tgl. 7–12 und 15.30–18.30, feiertags bis 20 Uhr) des romanischen Langhauses sind in der Hauptkapelle des fünfteiligen Chores die wohl schönsten Fresken Fra Filippo Lippis erhalten: Szenen aus dem Leben des heiligen Stephan, dem der Dom geweiht ist, und Johannes des Täufers. Im »Gastmahl des Herodes« tanzt eine anmutige Salome: Modell soll die Nonne Lucrezia gewesen sein, Lippis Geliebte!

Auch bei Prato: Medici-Villen

Südlich von Prato stehen zwei sehr schöne interessante Medici-Villen. Kurz bevor sich der Ombrone in den Arno ergießt, überquert ihn in **Poggio a Caiano**  eine Brücke, zu deren Verteidigung bereits die Strozzi eine befestigte Villa bauen ließen. 1497 entwarf Giuliano da Sangallo für Lorenzo den Prächtigen, also für die Medici, neue Pläne, die allerdings erst 1513 für dessen Sohn, Papst Leo X., realisiert werden konnten. 1587 war die Villa Poggio a Caiano Tatort zweier Giftmorde: an Francesco I. und Bianca Cappello. Poliziano dagegen, der Dichter aus Montepulciano, ließ sich durch einen plätschernden Kanal im ausgedehnten Park inspirieren und verfaßte hier sein Gedicht »Ambra«. Am schönsten wirkt die Villa (tgl. 9–18.30 Uhr,

Zu den Villen südlich von Prato und nach Montelupo Fiorentino

meist zur vollen Stunde mit Führung) von der Parkseite aus: Dem Erdgeschoß ist ein Arkadengang so vorgebaut, daß es dahinter verschwindet und das erste Stockwerk eine ausgedehnte Terrasse ringsum erhalten hat. In der Mitte wird eine klassische Loggia mit Dreiecksgiebelfeld von vier schlanken Säulen getragen. Der glasierte Terrakottafries über ihnen (eine Kopie, das wunderbar restaurierte Original ist innen zu sehen) gilt als eines der Hauptwerke von Andrea Sansovino, mehr als 14 m breit und nur 0,85 m hoch.

Der Prunksaal (Salone di Leo X.) ist wahrlich prunkvoll mit Fresken des 16. Jahrhunderts geschmückt, die Episoden aus der römischen Geschichte mit Verweisen auf das Leben von Lorenzo Il Magnifico zeigen, von Andrea del Sarto begonnen, von Alessandro Allori vollendet. Am eindrucksvollsten sind Pontormos Fresken in der Lünette, ein Hauptwerk des Florentiner Manierismus (16. Jahrhundert). Vom Obergeschoß hat man einen wunderschönen Talblick nach Süden; im weitläufigen Parkt seitlich ist der idealisierte Orangengarten sehenswert.

Wenige Kilometer südlich beherrscht die festungsähnliche **Villa La Ferdinanda**  in 450 m Höhe die hügelige Weinlandschaft von **Artimino**. 1594 plante Buontalenti die Villa als Jagdschloß für Ferdinand I. inmitten des riesigen Jagdreviers am Monte Albano. Den Beinamen ›Villa der hundert Kamine‹ erhielt der harmonische Bau wegen seiner 32 hübschen Schornsteine auf dem Dach. Trotz der Trutzigkeit der beiden Ecktürme zeigt die Parkseite das aufgelockerte Gesicht einer Landvilla. Auch hier ruht wie in Poggio a Caiano die offene Loggia auf vier schlanken Säulen, aber ohne Unterbrechung der Vertikalen durch ein Giebelfeld. Imposant ist die

Außenansicht der Villa Poggio a Caiano

doppelläufige Freitreppe, deren Aufgänge sich etwa auf halber Höhe vereinen und zur Loggia aufsteigen.

Die Villa beherbergt das Archäologische Museum von Carmignano mit etruskischen Funden aus der Umgebung (zeitweise 9–12 Uhr). Sie ist meist aber nur nach Voranmeldung zu besichtigen, weil die Villa für private Feiern gemietet werden kann beziehungsweise nach der wundervollen Sanierung auch als Kongreßzentrum dient. Im früheren Gesindehaus wurde 1987 ein Hotel (Paggeria Medicea) eingerichtet, das viel Platz um den Pool im Park (mit Prato-Blick) bietet; ein weiteres Nebengebäude wird von einem Restaurant (Biagio Pignatta) genutzt.

Restaurierter Originalfries von Andrea Sansovino in der Villa Poggio a Caiano, 1513 für die Familie der Medici erbaut

Montelupo Fiorentino: Das Museum der Keramikwerkstatt von Florenz

Dort, wo der Arno noch seinem natürlichen, sich schlängelnden Lauf überlassen ist, an der Stelle, an der die Pesa in den Arno fließt, und nur eine Flußschleife südlich von Artimino, lohnt **Montelupo Fiorentino** 3 (S. 356) einen Besuch. Nicht wegen seiner hübschen, hochaufragenden Festung, zu der man besser zu Fuß hinaufpilgert und auch nicht wegen der freundlichen Atmosphäre des Städtchens, sondern einzig und allein wegen seines Keramikmuseums und dessen Entstehungsgeschichte.

Eine Zeichnung von 1540 preßt Montelupo in die Form eines Brennofens, und darin sind kleine Häuser, Werkstätten, Brennöfen mit ihren hohen Kaminen und Keramikplatten, die entlang der Straßen zum Trocknen aufgestellt sind, zu erkennen. Es war die Blütezeit von Montelupo, das allerdings viel früher als die Keramikwerkstatt von Florenz von Bedeutung war. Man vermutet, daß Montelupo bereits seit 1203 zu Florenz gehörte, als hier an der Pesa-Mündung ein Kastell gegen das feindliche Capraia auf der Pistoieser Seite errichtet wurde. Übrigens hat sich die Erzfeindschaft zwischen den beiden Städtchen so manifestiert, daß sich ihre Bewohner bis heute nicht wohlgesonnen sind ...

1469 wurde in Montelupo der Architekt und Bildhauer Baccio da Montelupo (eigentlich Baccio Sinibaldi) geboren, den man mit einer Straße ehrte. Sie führt Richtung Festung auch am **Palazzo Pretorio** (links) vorbei, mit Portikus und hübscher Loggia darüber, in dem heute die größte Sehenswürdigkeit des Städtchens zu sehen ist: das **Museo della Ceramica** (tgl. außer Mo 9–12 und 14.30–19 Uhr). 1979 konnte es endlich eingerichtet werden, nachdem man das Rathaus in einen modernen Bau am Stadtrand ausquartiert hatte.

Woher stammen aber die zahlreichen Ausstellungsstücke, mehr als 300 Keramiken aus dem 14. bis 18. Jahrhundert? Es sind Arbeiten, die damals nicht dem Qualitätsstandard entsprachen und aussortiert wurden. Man benutzte sie als Baumaterial für die Fundamente öffentlicher und privater Bauten. Bei der Freilegung eines mittelalterlichen Wasserschachtes als Teil eines alten Weges zum Castello entdeckten Bauarbeiter 1973 die ersten dieser historischen Keramiken, 1975 bis 1976 wurden sie genauer erforscht und zusammengesetzt.

Eine Stadt, deren Wohlstand auf Keramik beruht, hat eine besondere Beziehung zu diesem Material und seiner Geschichte. Viele Freiwillige meldeten sich, um unter fachkundiger Anleitung weiter zu graben, die Scherben zu reinigen und den Restauratoren zu überlassen. Und die Stadtverwaltung kam auf eine geniale Idee: Jedem, der eine bestimmte Menge historische Keramik (in Kubikmeter gerechnet) an oder unter seinem Haus ausgegraben hatte, erlaubte sie die gleiche Menge an Raum anzubauen. Eine unvorstellbare Ausgrabungswut packte die Montelupeser – und die Magazine des Museums quollen allmählich über. Also wurde eine neue Idee entwickelt: Montelupo bietet anderen toscanischen Städten die Möglichkeit, ein Keramik-Museum mit Fundstücken aus seinem Fundus einzurichten – die Ausstellungen organisiert Montelupo, das dadurch auf erhöhte Bekanntheit hofft, die Räume muß die Anwärterstadt liefern, die Einnahmen aus den Eintrittsgebühren will man sich teilen. Bislang hat sich immerhin schon Montecatini bereit erklärt, nach passenden Räumlichkeiten für diese durchaus moderne Art des *Franchising* zu suchen ...

Marktort Pistoia

(S. 359) Noch einmal 20 km sind es zwischen Prato und Pistoia, ob auf der Autostrada oder auf einer der drei Landstraßen, die die Textilmetropole mit der kleinen Hauptstadt einer recht großen Provinz verbinden: Im Norden grenzt sie an die Emilia Romagna, wobei der Wintersportort Abetone mit seinen steinpilzreichen Wäldern und die Garfagnana voller Kastanienbäume noch dazu gehören, im Westen der lebhafte Kurort Montecatini Terme sowie die Blumenstadt Pescia, im Süden der größte Teil des Monte Albano mit seinen Weinhügeln.

Die mittelalterliche Stadtmauer von Pistoia zeigt ein etwa trapezförmig nach Nordosten verschobenes Viereck mit der Festung Santa Barbara im Südosten. Fast orientalisch wirkt das Marktviertel hinter dem Baptisterium im Zentrum. Mit Buden und Theken, Vordächern und Segeltuchbespannung gegen Sonne und Regen, Fisch- und Gemüsemarkt, Haushaltswaren und eben alles, was zum täglichen Leben benötigt wird. Die heute mehr als 100 000 Einwohner zählende Stadt hat sich zu einem blühenden landwirtschaftlichen und industriellen Zentrum entwickelt, das vor allem durch die zahlreichen Baumschulen im Ombrone-Tal international bekannt ist. Doch auch Kupfer- und Schmiedeeisenarbeiten sowie Stickereien werden aus Pistoia in die Europäische Union exportiert, und die mechanischen Werkstätten (Eisenbahn- und Autoteile) von Breda weisen volle Auftragsbücher vor. Schon ziemlich lange haben die Gießereien hier Tradition, weshalb die nicht belegte Behauptung, die Pistole sei in Pistoia ›erfunden‹ worden, schon wegen der Namensähnlichkeit nicht unbedingt von der Hand zu weisen ist.

Pistoias Altstadt wirkt trotz der geringen Ausdehnung urban, mit niedrigen Häuserzeilen sowie vielen Klein- und Mittelbetrieben darin. Das Handwerk war nicht schon immer typisch für Pistoia. Die Stadt beschäftigte sich bereits vor Florenz mit Bankgeschäften, und im Gegensatz zum guelfischen Florenz blieb sie kaisertreu, also ghibellinisch. Das konnte auf Dauer natürlich nicht gutgehen, und so durchlebte Pistoia eine ziemlich aufreibende Geschichte. In Kurzform: Als *Pistoriae* römisch und nicht sehr bedeutend, aber wegen der Lage an der Via Cassia befestigt; Blütezeit Ende 11. Jahrhundert bis 1254 (Friedenszwang durch Florenz); Familienfehden, erneute Belagerung 1306 durch Florenz und Lucca, die Stadtbefestigung wird geschleift, im 14. Jahrhundert folgt die erweiterte Mauer. 1530 Eingliederung in das Großherzogtum Toscana.

Für eine eigenständige, baukünstlerische Entfaltung blieb wenig Zeit, dafür war die Stadt auch zu klein. Der Verlauf der Stadtmauer aus dem 12. Jahrhundert, von den Florentiner und Luccheser Truppen 1307 niedergerissen, ist noch recht gut zu erkennen: im Westen entlang dem Corso Antonio Gramsci, der sich nach Süden fortsetzt und bei San Domenico in den Corso San Fedi übergeht, im Halbkreis läuft die ehemalige Mauer im Osten weiter mit der Via dei Baroni, und im Norden muß man sich etwa die Gerade von der Piazza San Lorenzo zur Kirche Sant' Andrea vorstellen.

Die Stadtbefestigung mit ihren vier Eckbastionen und der Fortezza Santa Barbara, wie sie heute zu sehen ist, stammt aus dem späten 14. Jahrhun-

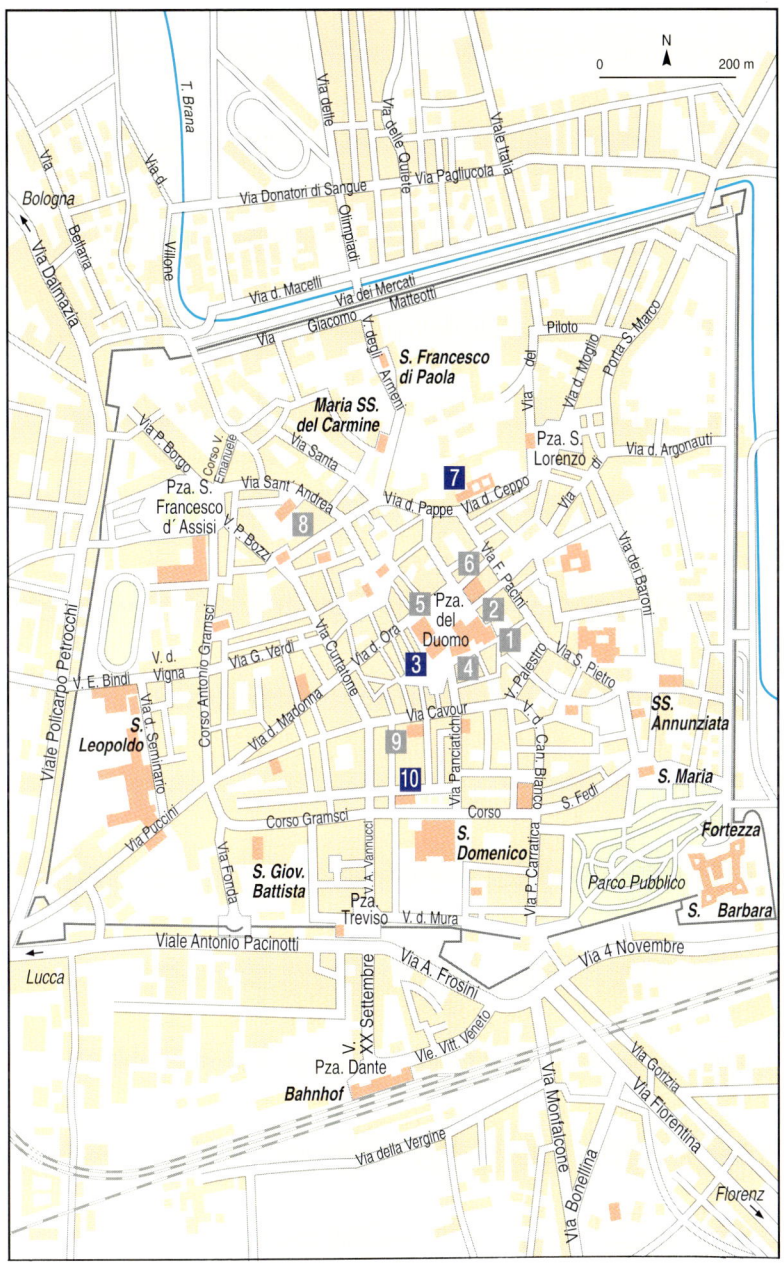

Pistoia: *1 Fortezza del Campanile 2 Dom San Zeno 3 Baptisterium 4 Palazzo Vescovile 5 Palazzo del Podestà 6 Palazzo del Comune 7 Ospedale del Ceppo 8 Sant' Andrea 9 San Giovanni Forcivitas 10 Oratorio Sant' Antonio Abate*

dert und umfaßt ein Areal, das dreimal größer ist als das vorgenannte aus dem 12. Jahrhundert. Bis heute sind nicht alle Baulücken ›ausgefüllt‹, obwohl die moderne Stadt längst über den Mauerring hinausgewachsen ist.

Und noch eine interessante Beobachtung: Auch der Verlauf des römischen *oppidum,* der Befestigung an der Via Cassia also, der etwa ein Zehntel des großen Mauerrings ausmachte, ist noch gut zu erkennen, nämlich entlang der Via Abbi Pazienza, del Carmine und delle Pappe im Norden, Via Filippo Pacini im Osten, Via Palestro und Cavour im Süden, Via Buozzi, Curtatone e Montanara im Westen.

Stadtbesichtigung

Den absoluten Mittelpunkt Pistoias bildet die **Piazza del Duomo,** ein relativ enger Platz mit einem schlichten Renaissancebrunnen, der noch intimer wirkt, wenn hier Markt abgehalten wird oder wenn Sommerfeste (zum Beispiel *Luglio pistoiese* mit Palio, Ballett und Blueskonzert) stattfinden. Der einzige Turm am Platz und damit zum Stadtturm deklariert, ist die sogenannte **Fortezza del Campanile** 1 , 67 m hoch und im unteren Teil wohl noch langobardisch. Er steht ganz dicht am Dom, ohne angebaut zu sein: klobig im unteren Bereich, später, im 13. Jahrhundert, nach oben

In Pistoia: Dom San Zeno und Campanile

hin durch grün-weiße Marmorinkrustationen dem Dom im romanisch-pisanischen Stil angepaßt. Die Turmspitze hat sich das 16. Jahrhundert erst geleistet. Einheitlichkeit gewinnt die geistliche Komponente des Platzes noch durch die (gotische) Marmorverkleidung des Baptisteriums.

Der **Dom San Zeno** 2 gilt als eine der ältesten Kirchen der Toscana. Einige Teile stammen bereits aus dem 5. und 6. Jahrhundert. Der Portikus mit den unregelmäßigen Bögen wurde erst 1311 hinzugebaut und führt in eine dreischiffige Basilika, die von Säulen mit unterschiedlichen Kapitellen getragen wird.

Flachgedeckt ist das Mittelschiff, der offene Dachstuhl trägt eine geradezu farbenfrohe Bemalung, kreuzrippengewölbt sind die Seitenschiffe. Das Kostbarste am Dom ist der **Silberschrein des heiligen Jakobus,** ein Meisterwerk der Silberschmiedekunst mit 628 Figuren, die von verschiedenen Künstlern stammen. Von 1287 bis ins 15. Jahrhundert arbeiteten sie daran. Nach seiner Restaurierung wird der Schrein leider nur selten der Öffentlichkeit gezeigt.

Das **Baptisterium** 3 (unbedingt auf die Laterne über der Kuppel steigen!) hat Andrea Pisano 1338 entworfen. Der gesamte Raumeindruck ist überwältigend, ähnlich dem Baptisterium von Florenz. Außen achte man rechts vor dem Hauptportal auf die kleine Kanzel, einem kleinen Balkon ähnlich: für Predigten im Freien.

Der **Palazzo Vescovile** 4 am Platzrand zwischen Dom und Baptisterium wurde seit dem Ende des 14. Jahrhunderts mehrfach umgebaut, bis 1982 die Cassa di Risparmio hier einzog.

Der schlicht-schöne Palast rechts vom Baptisterium ist der **Palazzo del Podestà** 5 von 1367, der später als Palazzo Pretorio Sitz des Florentiner

Statthalters war und heute einen Teil der Pistoieser Justiz beherbergt. Gericht wurde allerdings schon früher hier gehalten, wie die Inschrift von 1507 auf einer steinernen Gerichtsbank im Innenhof besagt. 1844 bekam der Palast durch Aufstocken und Erweitern sein heutiges Aussehen.

Genau gegenüber steht der **Palazzo del Comune** 6, 1294 begonnen und erst 1385 durch die Aufstockung vollendet. Die Fassade wirkt gerade in der Nähe des klobigen Campanile geradezu zierlich, so ist man dann beim Betreten des Palastes von seiner Großräumigkeit überrascht. Im Untergeschoß mit dem fünfteiligen Säulengang sind rechts vom Portal alte toscanische Maße und Metermaße angebracht. Darüber öffnen sich fünf gotische Fenster, die vier äußeren zweigeteilt mit Maßwerk, das mittlere zu einer Tür heruntergezogen und mit einem luftigen Balkon versehen. Links davon an der Wand ein Mohrenkopf, der zu allerlei Spekulationen verleitet hat, u. a. soll er den 1113 von Pisa besiegten Maurenkönig von Mallorca darstellen. Darüber das Zwischengeschoß mit fast unsichtbaren vier Luken (die beiden rechts zugemauert), in ihrer Mitte das schwere Medici-Wappen mit den päpstlichen Schlüsseln – eine Verneigung vor Leo X. Das 1385 aufgesetzte Stockwerk zeigt wieder fünf gotische Fenster, als Triforien mit Maßwerk ausgearbeitet. – Der Bogengang rechts stellt eine Verbindung zum Dom dar.

Einen Besuch lohnt auch das **Museo Civico** (Di-Sa im Sommer 9.30–12.30 und 16–19 Uhr, im Winter nachmittags 15.30–18.30 Uhr, So nur vormittags), um zu erkennen, daß es doch einige Pistoieser Maler von Format gab, die leider meistens anonym blieben. Dabei kann man auch im oberen Stockwerk den wunderschönen offenen Dachstuhl mit seiner mächtigen Holzkonstruktion bewundern.

Pistoias weitere Schätze sind im größeren Umkreis um den Domplatz verteilt, aber noch immer bequem zu Fuß zu erreichen: im Norden das **Ospedale del Ceppo**  von 1514, das nach Brunelleschis Findelhaus in Florenz konzipiert wurde und dessen Portikus mit einem wunderbaren farbigen Terrakottafries von Giovanni della Robbia und dessen Werkstatt geschmückt ist. Dargestellt sind die Wohltätigkeitsarten, denen sich das bereits im 13. Jahrhundert gegründete Ceppo-Institut widmete: Krankenpflege, Pilgeraufnahme, Arme einkleiden, Tote bestatten.

Giovanni Pisano hat die kostbarsten Ausstattungsstücke der Kirche **Sant' Andrea** im Nordwesten geschaffen: die Kanzel 1298 bis 1301, die dritte der Pisani-Kanzeln mit herrlich plastischen Reliefs (sechs Darstellungen aus dem Neuen Testament) und das Holzkruzifix hinter dem ersten rechten Altar. Ein anderes Kruzifix (links am ersten Altar) wird ihm ebenso zugeschrieben wie das Taufbecken im linken Seitenschiff.

San Giovanni Forcivitas , im früheren Mittelalter ganz am südlichen Stadtrand gelegen, stand bereits im 8. Jahrhundert; im 12., 13. und 14. Jahrhundert erhielt die Kirche ihre heutige Gestalt. Vor allem die Fassade des nördlichen Langhauses ist mit ihrer prachtvollen Marmorinkrustation sehenswert: grün-weiß nach Pisaner Muster, in drei nach oben immer kürzeren und in immer engeren Abständen dekorierten ›Geschosse‹ eingeteilt, die Blendbögen geschmückt, mit feingearbeiteten Rhomben gefüllt. Die »Weltlichen Tugenden« am Weihwasserbecken in der Mitte des einschiffigen Kirchenraumes sind wieder ein Werk von Giovanni Pisano.

Noch weiter südlich des Domplatzes, direkt am Corso Gramsci gegenüber San Domenico, steht das **Oratorio Sant' Antonio Abate** . Im 14. Jahrhundert geweiht, wurde es bereits 1774 profaniert, und so befindet sich heute die Konditorei Valiani darin. Man kann durchgehen und am Ende der einst einschiffigen Kirche den Freskenzyklus mit Bildern aus dem Alten und Neuen Testament bestaunen.

Mehrfarbiger Terrakottafries am Ospedale del Ceppo in Pistoia

Von Pistoia über Vinci nach Montecatini Terme und in die Valdinievole

Streckenlänge und -verlauf: Man kann von Montelupo Fiorentino über Empoli und Vinci nach Pistoia hochfahren (32 km) oder, von Pistoia beginnend, südwärts nach Vinci (24 km), Cerreto Guidi (5,5 km), Fucécchio (11 km, mit Schlenker in die Cerbaie, ab km 6) und hinauf nach Monsummano und Montecatini fahren (insgesamt 47 km). Von dort Ausflüge in die nördliche Valdinievole bis nach Pescia (Massa und Cozzile 4 bzw. 6 km, Buggiano 2, Uzzano 5, Pescia 3, Collodi weitere 5 km).

Öffentliche Verkehrsmittel: Außer von Pistoia nach Vinci und von Montecatini nach Monsummano Terme beziehungsweise Pescia (LAZZI-Busse) sind die Verbindungen eher schlecht; am besten mit dem Wagen fahren.

Quer durch den Monte Albano

Eine der schönsten Straßen der nördlichen Toscana wirkt sehr südtoscanisch: die Straße von Pistoia nach Empoli. Ihr mittlerer Bereich, an dessen Südende Vinci einen eigenen Hügel einnimmt, führt quer durch das Monte-Albano-Massiv, das ihr einen schlangenförmigen Verlauf aufzwingt. Südtoscanisch ist der Eindruck, weil ähnlich wie dort Mischwälder, Weinberge und Ölbäume sich abwechseln und oft gemeinsam das Landschaftsbild prägen. Und da das Gebiet durch kleinhügelige Strukturen und Terrassenbau weniger dem kalten Wind ausgesetzt ist, halten sich die Schäden des Winters 1984/85 hier in

Grenzen: Nur wenige Ölbäume sind erfroren, man findet noch viele knorrige alte Exemplare.

In **San Baronto** fährt man über den Kamm und damit auch über den Hauptwanderweg des Monte Albano. In **Larciano** wurde 1972 ein kleines Museum (Funde aus der Umgebung, u. a. eine Nonnenmumie mit Münze zwischen den Zähnen) in der restaurierten Festung mit dem 36 m hohen Turm eingerichtet, den es wegen des herrlichen Rundblickes zu besteigen lohnt (Custode im Haus daneben). Hier hat man auch die Wahl, einen kleinen Abstecher (4 km) nach **Lamporecchio,** in das kommunistischste Dorf der Toscana und vielleicht ganz Italiens, zu unternehmen und nach weiteren 5 km Vinci zu erreichen, oder man fährt direkt nach Vinci über eine sehr kurvenreiche und landschaftlich sehr schöne Straße (10 km). 1,5 km vor dem Städtchen weist ein Schild zur Casa Natale di Leonardo (tgl. außer Mi 9.30–12 und 14.30–18 Uhr), zum vermeintlichen Geburtshaus des Universalgenies Leonardo da Vinci, inmitten von silberglänzenden Ölbäumen gelegen. Hier sind Andenken an den großen Künstler und Wissenschaftler ausgestellt, und man kann sich ausgewählte Leonardo-Literatur kaufen.

Angesichts der hübschen Hanglage des befestigten Ortes in lichtdurchfluteter Landschaft erstaunt es, daß **Vinci** **1** (S. 366 f.) in nur 67 m Höhe liegt. Die *casatorre,* das Turmhaus, der Conti Guidi (13. Jahrhundert) hatten die Handwerker der Stadt im Handstreich besetzt und zum Rathaus umfunktioniert. 1949 wurde sie restauriert; heute ehrt man

Savia

M. Granaio
1043 m

Fabbriche

Casabasciana

Piteglio

M. la Bastia
1107 m

Prunetta

Piastre

Pite

Valleriana Trekking

M. Battifolle
1105 m

Castelvecchio

M. Lignana
863 m

Montagnana

Arcigliano

S. Quirico

Panicagliora

Medicina

Pescia

Marliana

Cásore d. Monte

M. Telégrafo
705 m

Villa Basilica

M. Verruca
546 m

Valleriana Trekking

9

Cozzile

8

Massa

Niévole

Serravalle
Pistoiese

7

*Grotta
Maona*

Montecatini
Alto

Pescia

12

Uzzano

11

6 **Montecatini
Terme**

Cant

13 Collodi

10

Buggiano

Borgo a Bugg.

*Grotta
Parlanti*

**M
o
n**

San

S.S.
436

Monsummano
Terme

*Grotta
Giusti*

5

Montecarlo

Pescia

Pazzere

Larciano

S. Rocco

E 74

Ponte
Buggianese

Lamporecchic

Chiesina
Uzz.

Altopascio

Anchione

Palude d. Fucecchio

Colombai

Galleno

Ponte
di Masino

Lazzeretto

T

le **C e r b a i e**

Ponte
a Cappiano

*Riserva Naturale
Montefalcone*

2 Cerreto
Guidi

Fucecchio **3**

Montefalcone

S. Croce
sull'Arno

Arno

Marcignano

Castelfranco
di Sotto

S. Miniato
Basso

Santa Maria
a Monte

4 S. Miniato
al Tedesco

0   5 km

N
▲

darin den bedeutendsten Sohn Vincis, Leonardo (1452–1519), mit einem eigenen **Museum** (tgl. 9.30–12 und 14.30–18 Uhr; am 15. April, dem Geburtstag Leonardos, findet eine große Feier statt). Ausgestellt sind Modelle nach Zeichnungen Leonardos, der sich aus der handwerklichen Tradition heraus um eine gewisse Industrialisierung zur Erleichterung der Arbeit bemühte: Werkzeuge mit Kraftübertragung, Wasserpumpen, Bagger, Bohrmaschinen, Ölpressen, aber auch eine bedrohlich wirkende Kriegsmaschine sind zu sehen, weiterhin ein Fahrrad und ein ›Flugapparat‹. Fast alles bereits 1953 zur Einweihung des Museums von der Weltfirma IBM gestiftet.

Südwestlich von Vinci, in **Cerreto Guidi** 2 (S. 343), das die Guidi bereits im 12. Jahrhundert an Florenz verkauft hatten, ließ Großherzog Cosimo de' Medici 1565 über den Ruinen des Kastells eine Villa erbauen. Ihre imposante, von Buontalenti geplante Treppe wird voller Bewunderung *Ponte de' Medici* genannt (Brücke der Medici) – sie verband die Medici-Villa mit den weiter unten liegenden Villen. Im Krieg vom Militär als Quartier benutzt und recht heruntergewirtschaftet, wurde in der Villa inzwischen ein Museum (werktags 9–19, So und feiertags 9–14 Uhr) mit einigen Originalstücken und Möbeln aus der Medici-Epoche eingerichtet. In der **Pfarrkirche** des Dorfes befindet sich u. a. ein sechsseitiges Taufbecken von Andrea della Robbia (1511), das an jenes von San Piero a Sieve (s. S. 94) erinnert. In Cerreto Guidi soll übrigens Paolo Giordano Orsini (s. S. 224) 1576 seine Ehefrau Isabella erwürgt haben.

Von Pistoia über Vinci nach Montecatini Terme und in die Valdinievole

Ein kurzes Stück südwärts und dann am Arno entlang nach Westen folgt eine schöne kurze Strecke, die nach **Fucéc-chio** 3 führt, das sich den Hang vom Fluß aufwärts zieht. Ein geschäftiges Städtchen, wegen seiner Lage schon für die Langobarden von militärischer und wirtschaftlicher Bedeutung.

Nur 4 km sind es dann über den Arno und die Bahnlinie hinweg nach **San Miniato Basso,** das vom wunderschön auf einem dreiteiligen Bergrücken gelegenen **San Miniato al Tedesco** 4 (S. 362 f.) überragt wird. Bereits 783 als langobardisch erwähnt, 1046 Geburtsort der Mathilde von Canossa, erhielt San Miniato 1218 durch Friedrich II. eine Kaiserburg, deren Turm sie um Jahrhunderte überdauerte. Den Beinamen *tedesco* (= deutsch) verdankt San Miniato dem deutschen Kaiser. Daß dieser Name aber seit dem Zweiten Weltkrieg gerne verdrängt wird, ist der Tatsache zuzuschreiben, daß ein übereifriger deutscher Offizier den Turm sprengen ließ . . . Inzwischen wurde er sehr schön restauriert und lohnt unbedingt den Aufstieg über die 129 Stufen (meist tgl. geöffnet), denn ohne ihn verpaßt man den berühmten Blick über den Ort und weit in die hier sehr hügelige Arnolandschaft (s. Abb. S. 98/99).

Ölernte in der Nähe von Vinci

der Domplatz Schauplatz der bedeutendsten Trüffelmesse der Toscana wird, auf der alle typischen Produkte der Umgebung (also nicht nur Trüffel) von den Herstellern beziehungsweise Sammlern ausgestellt und verkauft werden.

Rechts an der Piazza della Repubblica geht es zur **Kirche San Francesco** (1276, 1404–1480 erweitert). Hier stand früher das Oratorium des Florentiner Märtyrers Minias. Erwähnenswert: Selten sind die Kunstschätze einer Kirche in der Toscana so penibel – auch noch handschriftlich – erläutert. So findet man sich leicht durch die Vielzahl von Ölbildern und Fresken, u. a. von Niccolò di Pietro Gerini und vom namenlosen Meister von San Miniato. Doch allein schon der Eindruck des Kirchenraumes beim Betreten ist den Besuch wert!

Links vom Platz zieht sich die Straße schlängelnd durch die Stadt, bald steht man vor dem **Palazzo Comunale,** dessen neuzeitliche Fassade nicht sehr einladend wirkt. Trotzdem sollte man den Besuch nicht auslassen; die Beamten sind meist bereit, den Ratssaal aufzusperren: Madonna mit Kind aus der Giotto-Schule, Wappen als Freskendekoration und Relieftafeln (14. Jahrhundert), alles betont dunkel gehalten, mit viel Rotbraun und Blau. Aus den beiden Bogenfenstern hinter dem Bürgermeistersitz blickt man ganz weit nach Süden in die hügelige Landschaft.

Über den langgestreckten Kamm kommt man zur **Piazza Buonaparte:** Napoleon war 1796 hier zu einem privaten Besuch. Quer über die Piazza XX Settembre mit dem Krankenhaus geht es dann weiter und hinaus aus der Stadt auf schmaler Straße nach Osten und im hohen Bogen nach Norden Richtung Ponte

Unterhalb des Friedrich-Turms steht an einem schönen, schattigen Platz der **Dom,** dem die lange Bauzeit vom 12. bis zum 19. Jahrhundert architektonisch nicht gerade gut bekommen ist. Wand an Wand mit ihm befindet sich das **Museo Diocesano** (tgl. 9–12 und 13–19 Uhr; wenn dennoch geschlossen, ☏ 0571–418071) mit Bildern aus dem 13. bis 19. Jahrhundert sowie dem Kirchenschatz mit schönen Goldschmiedearbeiten und kostbaren Ornaten. Die *Scala del Duomo* führt abwärts zur langgestreckten **Piazza della Repubblica** (Parkplatz), die während der drei letzten November-Wochenenden ebenso wie

*An den drei letzten November-Wochen-
enden: Spezialitäten der Umgebung ...*

*... auf der Trüffelmesse in San Miniato al
Tedesco*

a Elsa. An der großen Straßenbiegung
genießt man einen wunderschönen
Blick zurück auf San Miniato.

Die Route führt weiter Richtung Norden, zunächst wieder nach Fucécchio,
dann über die S. P. 435, eine ruhige Landstraße am östlichen Rande des naturge-
schützten, ehemaligen Sumpfgebietes
der Cerbaie, das von zahlreichen Ent-
wässerungskanälen durchzogen ist.

Das an sich wegen seiner zahlreichen
Schuhfabriken allzu schnell gewachsene,
gesichtslose **Monsummano Terme** 5
(S. 355) im Nordwesten des Monte Albano, dessen Flanke von Steinbrüchen

angeknabbert scheint (teilweise wieder
mit Bäumen bepflanzt), ist wegen seiner
beiden Heilgrotten dennoch einen Besuch wert. Die **Grotta Giusti** wurde erst
1849 bei Steinbrucharbeiten entdeckt
und brachte dem Ort bald den Beinamen *Terme* ein (s. nebenstehende Seite).

Südlich von Monsummano wurde der
Golfplatz von Montecatini angelegt. Auf
dem kurzen Weg nach Montecatini
(noch vor der Autobahn) kommt man an
der **Grotta Parlanti** vorbei, die ebenfalls
um die Jahrhundertwende entdeckt
wurde, und der eine Familienpension als
Kuranstalt angegliedert ist.

Vom Vestibül in die Hölle

Die Grotta Giusti ist eine natürliche Tropfsteinlandschaft mit mehreren weiten Räumen. Je weiter man in die Höhle eindringt, desto wärmer wird die Luft. Von 27 auf 35,2 °C steigend, weshalb die Grotten frei nach Dantes »Göttlicher Komödie« die wahrlich sinnvollen Namen ›Vestibül‹, ›Paradies‹, ›Fegefeuer‹ und ›Hölle‹ tragen. Unterhalb der ›Hölle‹ entspringt die Thermalquelle, die sich zu einem *Limbo* genannten See ausweitet. Die Luftfeuchtigkeit wird durch die Wärme auf 90 % gesteigert. Je nachdem, wie schwer die Patienten vorher ›gesündigt‹ haben, also nach der Schwere ihrer rheumatischen Leiden, müssen sie, in weiße Tunika und mit Holzpantinen bekleidet, 40 bis 50 Minuten in der ›Hölle‹ sitzen. Im ›Vestibül‹ werden sie anschließend von Badewärtern abgetrocknet und in eine frische, wohlig warme Tunika gesteckt. In Decken gehüllt, fahren sie im Aufzug in die Kuranstalt hoch, wo sie je nach Krankheitsbild Thermalbad oder -dusche erhalten, wieder abgetrocknet und zu den Ruhezimmern begleitet werden. 30 bis 40 Minuten Ruhe ist Pflicht, dann können noch Fangopakkungen, Unterwassermassagen, Schwimmen etc. verschrieben werden. Eine aufreibend-intensive Kur, die aber schon Wunder gewirkt haben soll: Verdi war begeistert, und auch Garibaldi war hier.

Das Thermalhotel Villa Reale ist übrigens aus der Villa (18. Jahrhundert) der Familie des Poeten Giuseppe Giusti entstanden, 1978 völlig umgestaltet und immer wieder renoviert worden. Die 68 Zimmer sind großzügig und mit direkter Thermalwasserversorgung ausgestattet, die Atmosphäre ist familiär, die freundlich eingerichteten Gesellschaftsräume haben stuckierte Decken, gemütliche Ledersessel und Cottoböden. Das Personal ist sehr gut geschult, die Küche bietet Vollpension ohne feste Menüs, man kann praktisch alles haben, vor allem Toscanisches, und natürlich Diätkost.

Die Villa Reale ist auch ein Tip für Durchreisende oder für Leute, die ein paar geruhsame Tage in fast vollständiger Abgeschiedenheit in einer ganz besonderen Atmosphäre verbringen möchten. Denn jeder kann sich für einen aktiven Höhlenbesuch anmelden. Mit oder ohne Krankenschein.

Das Thermalhotel Villa Reale über der Grotta Giusti

Montecatini und die Valdinievole

Der Toscana bedeutendster und einer der wichtigsten Kurorte Italiens überhaupt wirft seine Schatten auf eine wunderschöne Umgebung: Kaum jemand kennt die Valdinievole, das ›Wolkental‹, wie es noch immer wegen der ständig umnebelten Flüßchen heißt, die dem früheren Sumpfgebiet zueilten, bis es trockengelegt und urbar gemacht wurde. Gewiß waren die Nebelwolken ein romantischer Anblick, der Dichter und Maler inspirierte, aber weder für die Gesundheit der Bevölkerung noch für den Fremdenverkehr waren sie förderlich. Geblieben ist nur der fast märchenhaft klingende Name des Flüßchens Nievole (im Osten des Gebietes) und des gesamten, recht hügelreichen ›Tales‹ Valdinievole. Es reicht im Südosten bis Lamporecchio und Larciano, im Südwesten umfaßt es das alte Sumpfgebiet von Fucécchio (die Cerbaie) und verläuft an der Linie Monsummano – Chiesina Uzzane-

se über die Autobahn bis Montecatini. Die Fortsetzung führt weiter in die nördlichen Hügel mit den zauberhaft gelegenen Ortschaften Colle und Buggiano, Massa und Cozzile, Uzzano und das größere Pescia mit dem benachbarten Collodi, hinauf bis zu den sogenannten *Valli pesciatine,* also in etwa zwischen den Flüssen Nievole und Pescia, im Westen begrenzt von der Provinzialgrenze mit Lucca, im Süden mit der von Pisa.

Seinen Ruhm als Thermalort hat **Montecatini Terme** 6 (S. 356), dessen heilbringende Wasser schon in der Antike bekannt waren, aber nach der Renaissance in Vergessenheit gerieten, dem aufgeklärten Fürsten Peter Leopold von Habsburg-Lothringen zu verdanken, der nicht nur große Teile der Toscana ›umbaute‹, sondern sich auch der Valdinievole annahm und damit auch Montecatinis. Er ließ die Thermalquellen von Spezialisten neu fassen und veranlaßte den Bau des **Königlichen Bades** *(Bagno Regio)* 1773, der **Terme Leopoldine** und der Badeanstalt **Tettuccio** 1779. Lo-

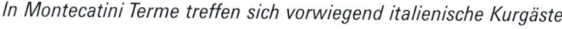

In Montecatini Terme treffen sich vorwiegend italienische Kurgäste

Illustre Gäste

Wenn Giuseppe Verdi Ärger mit seiner Leber hatte, packte er kurzentschlossen seine Koffer und reiste nach Montecatini. Die Liste der illustren Gäste ließe sich erweitern um den Herzog von Windsor, den Schah von Persien und Farah Dibah, die Großherzöge von Luxemburg und die Königin von Schweden, die Königin von Marokko und Ingrid von Dänemark, Ibn Saud von Arabien, Gracia und Rainier von Monaco, Rose Kennedy und andere Gestalten der politischen Welt. Aus der Welt des Theaters, der Musik und des Films seien noch Gäste genannt wie Spencer Tracy und Mary Pickford, Douglas Fairbanks und Katherine Hepburn, Gary Cooper und Orson Welles, Lina Cavalieri und Dina Galli, Toscanini und Benjamino Gigli, Vincenzo Bellezza und Luisa Tetrazzini, Mascagni und Puccini und Leoncavallo, der übrigens in Montecatini starb, wie 1957 auch Christian Dior. Denn manchmal kommt eben auch die beste Kur zu spät ...

Verdi trat, als Privatmann sozusagen, die letzten zwei Jahrzehnte seines Lebens aus purem Vergnügen, wie es heißt, auf der Bühne der Thermen auf, und im alten Gasthaus Locanda Maggiore schrieb er die Musik zum letzten Akt von »Othello«. Im selben Zimmer soll Puccini den zweiten und dritten Akt von »La Bohème« komponiert haben.

Zahlreiche italienische Schriftsteller, Dichter und Journalisten, Minister und Parlamentarier kamen hierher und kommen noch immer. Natürlich waren auch die Medici häufige Gäste. Einer von ihnen dürfte in keiner guten Erinnerung geblieben sein: Cosimo I., erster Herzog der Toscana, gab 1554 den Befehl: »Man zerschlage und zerstöre es bis auf den Grund der ganzen Mauer«, um Pisa, dem Montecatini Alto samt 24türmiger Befestigung hoch über den Thermen gehörte, zu

schaden. Später freilich zeigte er Reue, als es seiner Frau Gemahlin so schlecht ging, daß ihr der Leibarzt das heilende Wasser von Montecatini verschrieb, nämlich das von **Tettuccio**. Also änderte der Herzog kurzentschlossen seine Meinung und gab die Parole aus: »Man sehe zu, daß es wiederhergestellt werde, aber von jemandem, der es versteht, um daß das Geld vorteilhaft ausgegeben und nicht in Diebereien vergeudet werde.«

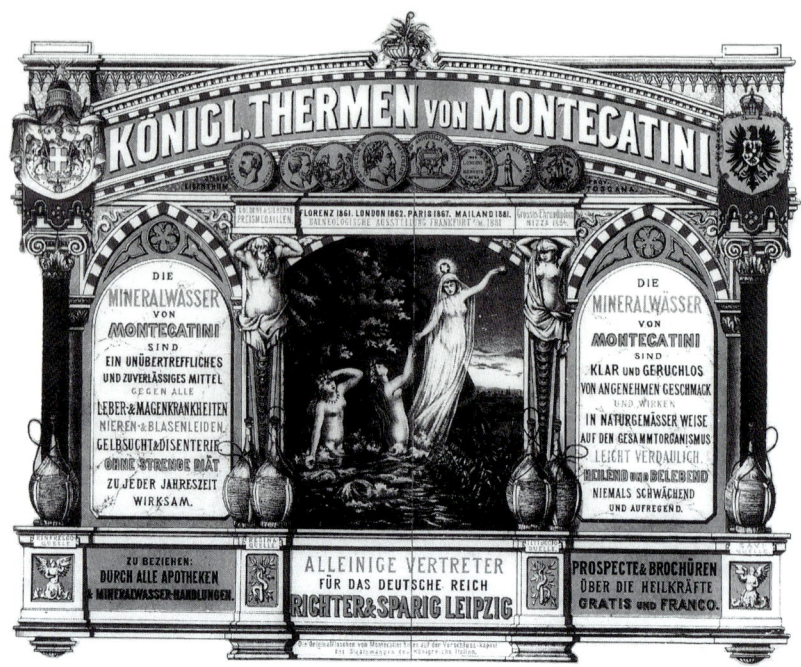

Werbung für Mineralwasser aus Montecatini, 19. Jahrhundert

gisch, daß seine Anwesenheit in Montecatini gekrönte Häupter, Dichter und Musiker nach sich zog, eben die ›Modemenschen‹ seiner Zeit.

Montecatini, eine lebhafte Stadt, die gut von ihren Kurgästen (im Jahr mehr als 810 000) lebt, weiß sich vor ihnen zu verbeugen: Das Hotel- und Kurpersonal ist sehr gut geschult, die perfekt funktionierenden Kuranlagen sind gepflegt, Diätköche verstehen ihr Handwerk, die verkehrsberuhigte Kurzone besitzt einen immens großen Kurpark (eine halbe Million Quadratmeter) mit uralten, prachtvollen Bäumen, vor allem ausladenden Zedern. Die Italiener finden es köstlich, in gesundheitsversprechender Atmosphäre mit einem Glas in der Hand, an dem warmen, wahrlich nicht wohlschmeckenden Wasser zu nippen. Das Tettuccio (›kleines Dach‹), das längst keine Quelle mit kleinem Schutzdach mehr ist, hat sich zur schönsten und

größten Therme von Montecatini gemausert. Von den farbigen Kachelwänden schauen einen kurverwöhnte Gestalten im antikisierenden Stil an, die natürlich ebenfalls Wasser trinken. An manchen von ihnen ließe sich der Hinweis auf eine Idealfigur ablesen ...

Aldous Huxley beschrieb Montecatini in seiner 1921 erschienenen Novelle »Nach dem Feuerwerk« mit bissigem Zynismus als Tummelplatz von Ungeheuern, als einen »Ort der Strafe, nicht nur der Heilung«: »Zwei-Zentner-Frauen quellen aus ihren Stühlen, alte Männer watscheln wie vollgefressene Bären durch die Wandelhallen, andere stolzieren wie Pfaue hinter den eigenen, prallen Bäuchen her – andere schwanken ausgemergelt und gallengelb zu den polierten Messinghähnen, wo ihnen gelangweilte Brunnenfeen das salzige, lauwarme Wasser zapfen.« – Nun, Huxley war damals 26 Jahre jung, das Kurpublikum aber eines, das erst kam, wenn es fast schon zu spät war. Heute soll das Durchschnittsalter der Kurgäste bei 50 bis 55 Jahren liegen. Vor allem die Italiener sind es, die lieber vorbeugen als heilen.

Die rote Zahnradbahn führt vom Kurgebiet alle halbe Stunde in nur zehn Minuten hinauf nach **Montecatini Alto** 7 (S. 356), das im Kern vollständig unter Denkmalschutz steht (Fußgängerzone). Die Piazza Giuseppe Giusti, nur ein paar Schritte von der *funicolare* (der Seilbahn) entfernt, ist langgestreckt und leicht abfallend. Er erinnert ein wenig an den berühmten Platz von Capri. Nicht ganz so prächtig, dafür fühlen sich auch die Einheimischen hier noch wohl. Die Attraktion des Ortes ist kein Gebäude, sondern eine kulinarische Spezialität, die *Fettunta* (woanders *Bruschetta* genannt), das auf Holzglut geröstete toscanische Weißbrot, mit Knoblauch eingerieben und mit Olivenöl beträufelt, etwas Salz drauf, fertig. Wenn kurz nach Ostern hier oben in Montecatini Alto das Fettunta-Fest gefeiert wird, dann duftet es fast bis zum Thermalort runter nach frischem Knoblauchbrot ... Passend dazu wird in den netten Straßencafés der trockene Weißwein von Montecarlo (südlich von Montecatini) getrunken.

Am oberen Ende der Piazza steht an der schmalen Via Leone, gleich links, ein großes Holzkruzifix mit schauerlich realistischen Marterwerkzeugen. Ein schöner Promenaden-Rundweg führt zu den wenigen Sehenswürdigkeiten und garantiert ringsum herrliche Ausblicke in die umgebenden Täler, auf die Kurstadt unten und zu den kleinen befestigten Dörfern der Valdinievole.

Fährt man von Montecatini nicht mit der Funicolare, sondern mit dem Wagen die kurvige Landstraße hoch, kommt man an die kurze Abzweigung zur

Grotta Maona, die Mitte des vergangenen Jahrhunderts entdeckt wurde, eine Tropfsteinhöhle mit eindrucksvollen Stalagmiten und Stalaktiten, speziell an ihrem Ende: steinerner Wald und Säule, Wasserfall und Beine eines Riesen. Im Freien ein einladendes Café, manchmal Kulisse für Freiluftveranstaltungen.

Zwei winzige Nachbardörfer folgen, beide aus stark befestigten Burgen entstanden, ganz typisch für die nördliche Valdinievole: Massa und Cozzile.

Massa 8 bildet in 223 m Höhe auf seinen beiden Graten ein Ypsilon aus engen Gassen, die von kleinen Wohnhäusern und Plätzen begrenzt werden. Man betritt es durch die **Porta ai Campi** (14. Jahrhundert; mit angebautem **Oratorio della Campagna,** 18. Jahrhundert), die folgerichtig auf die umgebenden Felder hinausführte. Auf der kleinen Piazza Cavour stehen gleich zwei Kirchen beisammen, **San Michele** und **Maria Assunta** mit ihrer dreibogigen Vorhalle, deren klobiger romanischer Glockenturm (12. Jahrhundert) den Platz überragt. Ein winziger Lebensmittelladen, ein schmächtiger **Palazzo Pretorio** mit den sechs Medici-Kugeln im Wappen, viele steile Treppengassen – alles in allem ein angenehmer Ort in herrlicher Hügellage.

Noch winziger ist das benachbarte **Cozzile** 9 in 411 m Höhe mit einer einzigen Dorfstraße, der Via dei Martiri, die zur **Chiesa San Giacopo** (13. Jahrhundert, 1526 restauriert) mit dem wehrhaften Campanile führt, ein Teil der einstigen Festung. Sie wurde im 19. Jahrhundert ›gotisch‹ wiederaufgebaut und könnte schon wieder eine Restaurierung brauchen. Die hübsche **Porta Nuova a Mezzogiorno** daneben stammt noch aus dem 12. Jahrhundert und öffnet sich zu einem Weg, der heute lediglich auf einen kleinen Olivengarten führt.

Hier und in den anderen Dörfern der Valdinievole trifft man neuerdings auf Malschüler, die in kleinen Gruppen unter Anleitung eines Künstlers aus Montecatini heraufkommen – eine touristische Idee, die schon recht viele Anhänger gefunden hat, in allen Altersklassen. Nicht nur die kleinen Festungen innen wie außen faszinieren, sondern natürlich auch die ausgedehnten Wälder der Umgebung mit den schönen Eßkastanien und den im Frühjahr betäubend duftenden blühenden Akazien.

Noch vor Malocchio führt eine schmale, zum Teil nicht asphaltierte Straße (auf keiner Karte zu finden) direkt nach Westen Richtung Uzzano. Aber es lohnt sich, erst einmal einen Bogen, wieder nach Süden, zu schlagen und auf einem aussichtsreichen Bergsträßchen zwischen Ölbaumterrassen nach **Buggiano** 🔟 zu fahren. Der Ort besteht aus vier Teilen, die sich im Laufe der Jahrhunderte aus dem ursprünglichen Castello entwickelten, als die Bewohner erstens mehr Platz und zweitens weiteren Boden für die Landwirtschaft benötigten: Colle oben, Castello 2 km abwärts Richtung Tal, Borgo a Buggiano an der S. S. 436 westlich von Montecatini und ganz unten Ponte Buggianese.

Colle überrascht mit einer schmalen Piazza namens Cavour, die die Bewohner leider völlig zuparken. In der Via Natali steht zwischen den Häusern 4 und 6 eine kleine Barockkapelle, und zwei Gassen weiter engt eine unglaubliche Hortensienpracht den Weg fast völlig ein. Colle ist ein Ort für Leute, die gerne selber entdecken und Ruhe suchen.

Von außen ist kaum erkennbar, wie weitläufig das befestigte Dorf **Buggiano Castello** innerhalb seiner Mauern ist, das wie die anderen besser nur zu Fuß erobert wird. Ganz oben im Ort breitet sich ein überraschend geräumiger,

rechteckiger Platz aus, dessen Umgebung in den letzten Jahren wunderschön saniert wurde. Durch die Baulücke im Osten ist der Blick auf Montecatini Terme und Alto sowie auf die bewaldeten Berge von Pistoia frei. Nach Westen zu, durch einen Rundbogen am ehemaligen **Bischofspalast,** ist Uzzano zu sehen und die schmale Hügelkette von Lucca.

Die dreischiffige **Basilika** ist Teil eines Benediktinerklosters von 1083. Im Inneren überrascht sie mit architektonischen Unregelmäßigkeiten: Während das Südschiff von vier Säulen getragen wird – eine davon besitzt ein ausdrucksstarkes Kapitell mit vier Tieren an den Ecken (zwei Löwen, ein Lamm, ein Ziegenbock) und Menschen dazwischen – ruht das Nordschiff auf zwei oktogonalen Pfeilern. Das Taufbecken aus Marmor neben einem ebenfalls marmornen Pult, das ein Adler auf seinen Schwingen trägt, stammt aus dem Jahre 1342. Weitere Kostbarkeiten, eine Sammlung von Silber, Holzskulpturen, Gemälden und Stoffen muß man sich vom Custoden im Pfarrhaus nebenan zeigen lassen (gegen Gebühr).

Borgo a Buggiano hat sich zu einem Vorort von Montecatini entwickelt, mit keinen besonderen Merkmalen. Der Abstecher weiter nach **Ponte Buggianese** (4,5 km) aber lohnt wegen Pietro Annigoni. Der zeitgenössische Maler hat sich sowohl in der **Wallfahrtskirche Santa Maria del Buon Consiglio** nördlich des Ortes als auch in der **Pfarrkirche** im Zentrum ein Denkmal gesetzt: Ab 1967 schmückte der ›Maler der Königinnen‹ die Innenräume beider Kirchen. Jahrelang porträtierte er die oberen Zehntausend, gekrönte Häupter und Päpste, malte für die Snobs Villen mit Fresken aus. Sein Porträt der Königin von England ging übrigens als Briefmarke um die Welt. In Ponte Buggianese entstand im Laufe der Jahre, Stück für Stück, ein gewaltiger Freskenzyklus von etwa 160 m². Die Themen: »Grablegung« und »Auferstehung Christi« sowie die Propheten Jeremias und Isaias. Annigonis Schüler Stefanelli und Pistoiesi malten die »Verkündigung« und das »Abendmahl«.

Ein Paradies für Angler und Naturfreunde ist, ganz in der Nähe, der **Lago Grande** im trockengelegten Sumpfgebiet von Fucécchio.

Zurück nach Borgo a Buggiano und von dort wieder hinauf ins 275 m hoch gelegene, befestigte Dorf **Uzzano** (S. 366). Auch hier sollte man den Wagen wieder unten in der Nähe des Tores stehen lassen. Im Juni, beim *Giugno Uzzanese,* steht der ganze Ort Kopf, an der Bergstraße findet kein Wagen mehr

einen Parkplatz, wenn zur *Festa dell' Amore* eingeladen wird, mit Tanz auf der kleinen Piazza. Sonst herrscht auch hier wie in den anderen Dörfern der nördlichen Valdinievole beschauliche Stille.

Von der Piazza mit der romanischen Kirche und dem **Palazzo Pretorio** erblickt man schon die Treibhäuser von Pescia weit unten im Pescia-Tal, man schaut auf die Ausläufer der Garfagnana, den Fluß und die markanten Ölbäume.

Die Blumenstadt **Pescia** (S. 357 f.) ist durch den gleichnamigen Fluß zweigeteilt. Von Uzzano kommend, gelangt man in den neueren Teil, den man den ›sakralen‹ nennen könnte, betrachtet man die andere Seite als die profane, als das Zentrum der weltlichen Macht. Einem Triumphbogen gleich wirkt die **Porta Fiorentina,** die Einfahrt in den von

Auf dem Blumenmarkt in Pescia

hohen Bauten des 17. bis 19. Jahrhunderts geprägten Stadtteil.

Gegenüber dem **Ospedale Santi Cosma e Damiano** aus dem 18. Jahrhundert (mit modernem Anbau) steht die kleine **Chiesa Sant' Antonio Abate** (Mitte 14. Jahrhundert), die im Chor Fresken aus dem Leben des Abtes und verschiedener Heiligen beherbergt (15. Jahrhundert). Nur etwa 150 m weiter bietet die **Chiesa di San Francesco** aus dem 14. Jahrhundert ein ziemlich barokkisiertes Bild. Von der schlichten gotischen Hallenkirche sind nur die drei Chorapsiden mit geradem Abschluß erhalten geblieben sowie einige Fresken im oberen Teil und im Deckengewölbe. Sonst dominieren die fünf Barockaltäre und die große barocke Kapelle im Norden. Rechts vor dem Chor aber befindet sich die größte Kostbarkeit der Kirche: das Franziskus-Tafelbild von Bonaventura Berlinghieri (1235). Die übergroße Gestalt des Franziskus zeigt ihre Wundmale, sechs Bilder (je drei zu beiden Seiten) erzählen seine Lebensgeschichte.

Auf romanischen Grundmauern ruht der **Dom** aus dem 17. Jahrhundert (Fassade 19. Jahrhundert) mit dem klotzigen Campanile von 1306. Seit 1726 ist er Bischofssitz.

Ein schöner, schlichter Natursteinbau auf dieser Seite des Flusses ist der **Palazzo Pretorio**. Der zweistöckige Bau wird von vier großen Gewölbebögen getragen, die Platz- und Talfassade haben jeweils nur vier Fenster. So entsteht der Eindruck einer Festung.

Geradezu wohnlich, aufgeräumt, wirkt auf der anderen Flußseite die langgestreckte **Piazza Grande** oder **Piazza Mazzini** im zweifellos schöneren Stadtteil. Eigentlich ist es eine in Nord-Süd-Richtung langgezogene Marktstraße, aber eine von seltener Geschlossenheit. Dieser wahre ›Salon‹ der Stadt ist sicherlich einer der schönsten Plätze der Toscana. An den Flanken im Westen und Osten reiht sich Palazzo an Palazzo, nichts Protziges, höchstens drei- bis vierstöckig, hell-ocker, bräunlich getüncht. Dazu viele Bars, kleine Geschäfte und Bäckereien (die an der Kirche mit den besten *Cantucci*). Im Sommer sind die schattenspendenden Markisen weit vorgezogen oder die grünen Klappläden mittags zum Schutz gegen die Sonne geschlossen.

Die Schmalseiten bilden im Norden der **Palazzo dei Vicari** und im Süden die Kirche **Madonna di Piè di Piazza** (›am Fuße des Platzes‹). Im Vikarenpalast aus dem 13./14. Jahrhundert, auf der Seite des **Palazzo del Comune** über eine großzügige Treppe zu erreichen, wurde das Rathaus untergebracht. Wer den Wächter freundlich bittet, darf – wenn gerade keine Sitzung stattfindet – den Ratsherrensaal im ersten Stockwerk besichtigen. Die Wappenfresken der Vikare sind schön restauriert, ein Wappen zeigt drei Delphine, einer von ihnen mit einer Krone: das Stadtwappen von Pescia. Der Legende nach soll man in der Flußmündung des Pescia einen Delphin gefunden haben.

Links hinter dem Rathaus führt eine schmale Straße zu einem hübschen Platz mit dem **Palazzo del Podestà** und dem **Museo Civico** (Mineraliensammlung und archäologische Funde aus der Valdinievole; werktags 9–12 Uhr).

Zurück zur Piazza Grande und ihrem bescheidenen Kirchenbau an der Südseite. Eigentlich ist er, vom Platz her gesehen, nur ein Querraum, 1447 von Andrea Cavalcanti erbaut und in den letzten Jahren behutsam restauriert, vor allem die schwere, dreiteilige Kassettendecke im Inneren. In ihrer Mitte zeigt ein ovales Medaillon auf altrosa Grund eine Madonna mit Kind in schönem blauen

Italienische Touristen unterwegs

Gewand. In den Kleidern der Heiligen dominieren die Farben Blau, dezentes Gold und gedämpftes Rot.

Fährt man von Pescia Richtung Collodi, kommt man am größten Blumenmarkt der Toscana vorbei. Der *Mercato dei Fiori* ist montags bis samstags freilich nur von 6.30 bis 9.30 Uhr geöffnet. Wer die duftende Pracht erleben möchte, muß also so früh wie die Blumengroßhändler auf den Beinen sein. Im Sommer werden hier täglich rund drei Millionen Schnittblumen umgesetzt: Nelken hauptsächlich und Gladiolen. Doch in den Treibhäusern blühen auch im Herbst und Winter Nelken. Um seinem Ruf als Blumenstadt gerecht zu werden, hat Pescia übrigens ein Forschungszentrum für Blumenzucht eingerichtet.

Blumen allein sind es aber nicht, die das fruchtbare Pescia-Tal, das seit dem frühen Mittelalter landwirtschaftlich genutzt wird, bedeutend machen. Die Baumschulen für Ölbäume bedecken die Ausläufer der Garfagnana, unten im Tal werden Spargel und anderes Gemüse gezüchtet. Für die Schönheit der Landschaft und den Umweltschutz weniger förderlich als für die wirtschaftliche Gesundheit sind die wenigen noch arbeitenden Papierfabriken entlang des oberen Pescia-Laufes, die Gerbereien sowie die Betriebe zur Verarbeitung von Aluminium und Kupfer.

Bis nach **Collodi** 13 (S. 344 f.), zu Pinocchio, sind es von Pescia aus keine 5 km mehr.

Das Haus von Carlo Lorenzini, dem berühmten ›Vater‹ Pinocchios, steht links bei der Einfahrt in den Ort, von Süden kommend, in der Via delle Cartiere 62. Nur eine Tafel erinnert an den Kinderbuchautor, dafür beginnt 200 m weiter der seit 1956 bestehende **Pinocchio-**

Valleriana Trekking

Collodi Castello, das enge befestigte Dorf auf dem schmalen Grat oberhalb der Villa Garzoni, ist Ausgangspunkt für eine herrliche Wanderung ins nördliche, kastanienwaldreiche und gebirgige Pescia-Tal: Über den Monte Verruca (546 m) zum Monte Telégrafo (705 m) und mit einem Rundkurs zum Monte Granaio (1043 m) und La Bastia (1107 m), dann zurück zum Monte Lignana (863 m) über Sorrana und Castelvecchio im Herzen der sogenannten *Svizzera Pesciatina.*

Gutes Schuhwerk und ein Proviant-Rucksack sind für die anstrengende, aber herrliche Tageswanderung notwendig, die den hübschen Namen ›Valleriana Trekking‹ trägt. Nähere Informationen erhält man im Rathaus von Pescia und in der Villa Gärzoni in Collodi.

Park (im Winter 9–18, im Sommer 8–21 Uhr). Hier dreht sich alles um den recht anarchistisch denkenden, tollkühnen Holzbengel und seine Erlebnisse.

Von seinem Ruhm profitiert auch die **Villa Garzoni** (1630 und 18. Jahrhundert; im Winter 9–16.30, im Sommer 8–20 Uhr) gegenüber. Sie zieht sich mit ihrem wunderschönen, ausladenden Park weit den Hang hinaufzieht bis ins befestigte Dorf (Castello) darüber, das viel älter ist als die Villa.

Der Park der Villa Garzoni ist eine der raffiniertesten Gartenanlagen der Toscana, mit Wasserspielen und Kanälen, Terrassen und Treppen, teils fein säuberlich geordneten Blumenbeeten, teils verwilderten Laubengängen und Hecken, die die ›gepflegten‹ Teile zu überwuchern vortäuschen. In Wahrheit ist nämlich alles schon vom Markgrafen Romano Garzoni so erdacht worden, der sich Villa und Park anlegen ließ. Im 18. Jahrhundert wurde diese Anlage übrigens voller Bewunderung in einem Atemzug mit Versailles und Schönbrunn genannt!

Die zahlreichen Gebäude, hohen, fensterreichen Hallenkirchen ähnlich, die das obere Péscia-Tal nicht gerade schmücken, aber sein Bild am Fluß entlang bestimmen, sind Papierfabriken aus dem 19. Jahrhundert, von Péscia bis nach Villa Basilica. Zum Teil wurden sie inzwischen aufgegeben, zum Teil aber für die Verarbeitung von Altpapier wieder aktiviert. Je nachdem, welche Farbe das Altpapier hatte, das zur Wiederverwendung (meist als grobes Verpackungsmaterial) ›ausgewaschen‹ wird, färbt sich dann der Fluß weiß oder gelb, rötlich oder braun … Eine Augenweide bleiben dagegen die dichten Kastanienwälder ringsum, die Vorboten der wilden Garfagnana.

Park der Villa Garzoni in Collodi

Der hölzerne Bengel

> C'era una volta...
> — Un re! —
> No, ragazzi, avete sbagliato.
> C'era una volta un pezzo
> di legno.

Assunta Michelotti verkauft ihn ab Ostern bis Ende Oktober, jedes Jahr aufs neue: Pinocchio in klein mit kurzer Nase, Pinocchio mittelgroß, Pinocchio als Spielriese mit zwei Nasen – zum Auswechseln. Je nachdem, ob Pinocchio die Wahrheit sagte oder nicht... Assunta Michelotti hat für ihren Verkaufsstand einen guten Standort: genau zwischen der Villa Garzoni und dem Pinocchio-Park.

Nicht nur sie lebt vom hölzernen Bengel, dem ein gewisser Carlo Lorenzini, ehemals wohnhaft in Collodi und besser bekannt als Carlo Collodi, literarisches Leben eingehaucht hat. Federico Fellini, der unvergessene Regisseur des italienischen Films, schrieb einmal: »Pinocchio ist wahrhaftig Italiens großes Buch. Für mich ist es größer als Manzonis ›Verlobte‹, ein Buch, das nie aufhört, uns zu nähren, uns zu trösten: ein kleines, so vollkommenes Universum mit seinen Gesetzen, die wir nie mehr verleugnen werden.«

Carlo Collodi wurde 1826 in Florenz als Sohn eines Kochs und einer Frau aus Collodi geboren, die sich um elf Kinder zu kümmern hatte. Er studierte dennoch Rhetorik und Philosophie, wurde zunächst Bibliothekar, dann politisch engagierter Journalist und schließlich Kinderbuchautor. 1881 schrieb er »Pinocchio« in Fortsetzungen für die Kinderzeitschrift »Giornale dei Bambini«, zwei Jahre später erschien die Geschichte als Buch. Als Collodi 1890 in Florenz starb, war er bereits ein weltberühmter Mann. Fellinis Urteil hätte ihm wahrscheinlich dennoch sehr geschmeichelt, schließlich ist Manzonis »Die Verlobten« der erste und berühmteste Roman Italiens überhaupt!

Lucca: Reichtum durch Seide

(S. 353) Die Luccheser, die im Gegensatz zu den Florentinern als heiter und ausgeglichen gelten, aber auch als geschäftstüchtig und fleißig, vielleicht auch ein wenig geizig, promenieren am liebsten auf dem schon bald nach seinem Bau begrünten Stadtwall. Inzwischen wäre er sogar für Autos befahrbar, aber das sieht man nicht so gern, dafür flitzen um so lieber Radfahrer zwischen den Fußgängern herum. Die hohen schattenspendenden Platanen, die im Winter skurrile Formen zeigen, sind schon die zweite Bepflanzung.

Keine andere Stadtbefestigung bietet solche anmutigen Ausblicke, sowohl auf die Stadt selber mit den roten Ziegeldächern ihrer fast durchweg restaurierten Häuser, als auch auf die umgebenden Hügel im Norden, das Vorland der Apuanischen Alpen im Westen und den Monte Pisano im Süden – eine beinahe zierliche Hügellandschaft.

Lucca besitzt insgeheim einen ganz eigenen Charakter, weist kaum Gemeinsamkeiten mit den anderen Provinzmetropolen der Toscana auf.

Woher man auch immer kommt, erst mal muß man durch die mächtige, dicht mit Bäumen bepflanzte Stadtmauer, durch eines der vier festungsartigen Tore. Die elf (ursprünglich zwölf) herzförmigen Bastionen ragen bedrohlich weit in die Ebene hinein, übrigens dort, wo früher Wachtürme standen, die beim letzten, dritten Mauerbau integriert wurden. Alles in allem eine imposante Stadtbefestigung, die sich Lucca 1544 bis 1645 leistete, nachdem die Stadt durch den Seidenhandel reich geworden war – ein gigantisches Investitionsobjekt und auch eine Arbeitsbeschaffungsmaßnahme. 4,2 km lang ist die elliptische

Mauer, 12 m hoch, an der Basis bis zu 12 m breit. Sechs Millionen Ziegelsteine sollen an der Mauer verbaut worden sein, die übrigens nie mehr eine Belagerung erlebte. Als einziger gefürchteter Feind galt nur noch der Serchio, der Fluß mit seinen ständig drohenden Überschwemmungen.

Die Geschichte der Stadt begann mit *Luk*, das im Etruskisch-Ligurischen soviel bedeutet wie Sumpf, der hier durch den Serchio gebildet wurde. Auf einem Inselchen darin entstand Luccas Kern. Die römische Via Francigena (Frankenstraße) verband seit dem 6. Jahrhundert das lombardische Pavia mit Rom und brachte Lucca enorme wirtschaftliche Vorteile. Schon als römische Kolonie (ab 180 v. Chr.) und später als römische Stadt genoß sie hohes Ansehen. Mit dem Untergang des Römischen Reiches wurde sie von den Goten als die Hauptstadt Tusciens betrachtet, was auch die Langobarden hinnahmen, bis die Karolinger diese Funktion Florenz zusprachen. Tyrannische Fürsten regierten die Stadt im 13. und 14. Jahrhundert, zum Beispiel Uguccione della Faggiuola und Castruccio Castracane. Dennoch blühten Handel und Handwerk. Schwere, kostspielig verarbeitete Seidenstoffe waren die Handelsware der Superlative, die Luccas Banken füllten und die Stadt bis ins 19. Jahrhundert fast durchgehend mehr oder weniger unabhängig machen konnte. 1847 wurde sie Teil des Großherzogtums Toscana, 1860 ein Teil des Vereinten Italien.

In Lucca kann man sich leicht orientieren. Betrachtet man den Stadtplan, so sind darauf die drei alten Befestigungsanlagen gut zu erkennen: Die römische Mauer aus dem 2. vorchristlichen Jahr-

Lucca: *1 Dom San Martino 2 Botanischer Garten 3 Palazzo Guinigi
4 Piazza del Mercato 5 San Frediano
6 Palazzo Mansi 7 San Michele in Foro
8 Piazza Napoleone*

hundert verlief im Süden entlang des
heutigen Corso Garibaldi, im Osten entlang der Via della Rosa und Via dell' Angelo Custode – das Amphitheater lag außerhalb –, in einem leichten Bogen von
der Via Mordini zur Via degli Angeli und
über die heutige Piazza Sant' Agostino
hinweg im rechten Winkel zum Wall, die
Westflanke bildete der Verlauf der Via
Galli Tassi.

Die mittelalterliche Mauer (bis 1265)
hatte im Süden den gleichen Verlauf
(Corso Garibaldi), im Osten reichte sie
bis zum Kanal der Via del Fosso, knickte
mit der Via San Gamma Galgani nach
Norden ab, wo sie das Amphitheater einbezog und bis zur Bastion Santa Croce
verlief, um von da in gerader Linie im Süden auf die Bastion San Paolino zu stoßen. Um 1600 schließlich wurde Lucca
lediglich im Osten erweitert, und zwar
um den Bereich östlich vom Kanal.

Stadtbesichtigung

Parken im Zentrum ist für Fremdfahrzeuge inzwischen praktisch verboten,
Parken auf den ausgewiesenen Plätzen
an den Stadttoren ist teuer, aber am
Rande des Walls kann man seinen Wagen kostenlos abstellen. Am besten man
reist, um Lucca in Ruhe genießen zu können, mit der Bahn oder dem Bus an. Der
Busbahnhof befindet sich innen an der
Porta Vittorio Emanuele im Westen, der
Bahnhof vor dem Wall südlich der Porta
San Pietro, dem geeignetsten Ausgangspunkt für einen Rundgang.

Vom Tor aus sollte man gleich auf den
Stadtwall steigen und diesen schönen
schattigen Weg nach rechts bis zur
nächsten Rampe abwärts gehen, um auf
die Via dell' Archivescovado zu gelangen. Linker Hand schaut schon die Rückseite des **Domes San Martino** **1** auf
den gleichnamigen Platz aus dem Häusergewirr heraus: Im 6. Jahrhundert gegründet, im 8. bereits Bischofssitz, im
12. und 13. grundlegend umgestaltet, innen im 14. und 15. Jahrhundert neu ausgestattet und im 19. restauriert – all

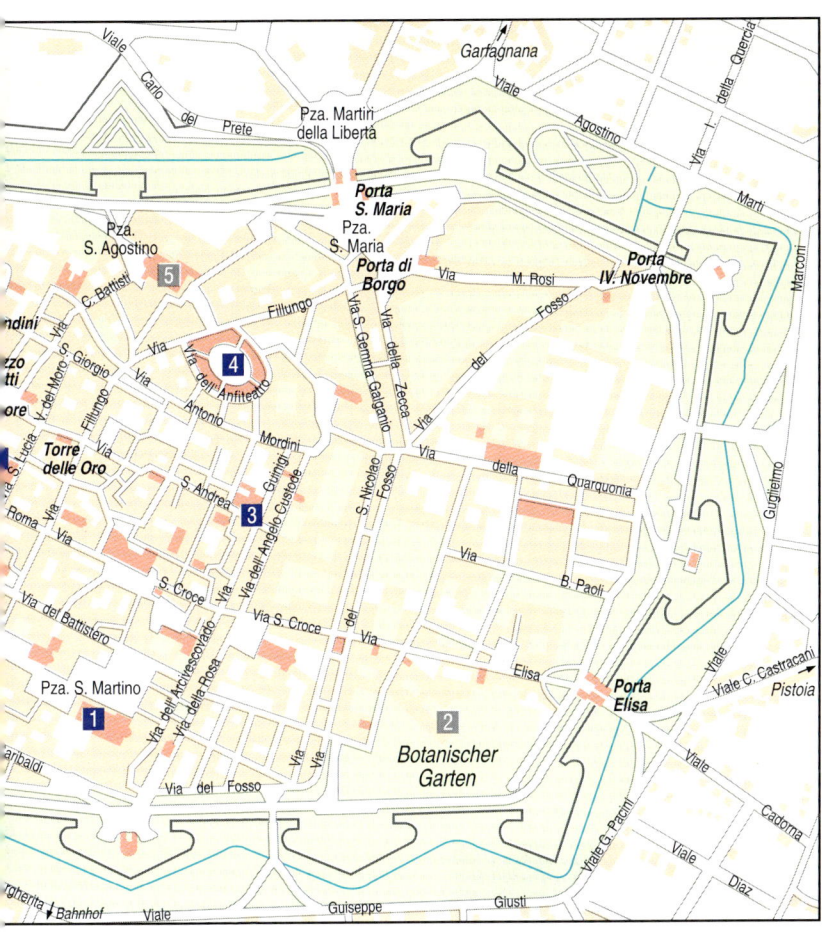

diese Veränderungen hat der Dom relativ unbeschadet überstanden. Die reichgegliederte Fassade ist asymmetrisch: Zum Campanile hin, der bei Erweiterungsarbeiten im 13. Jahrhundert stehen geblieben war, werden die Bögen der Vorhalle und der Galerien darüber schmaler. Der Turm selber ragt fünf Stockwerke über die Fassade hinaus, im ersten Stock auf jeder Seite eine Klangöffnung, dann zwei, drei und in den beiden obersten Abschnitten je vier Bögen. Besonders hübsch ist das Wechselspiel

von weißem und rotem Stein an den Eingängen des Domes, ansonsten schwarzweiß inkrustiert. Guido oder Guidetto da Como, einer der vielen Comasker Steinmetzen, die dieses typisch lombardische Kunsthandwerk bis in den Norden Europas als ›Baukolonne‹ transportierten, hat sich in den ersten drei reich verzierten Zwerggalerien an der Fassade 1204 verewigt. Er sollte später auch einige Skulpturen der Vorhalle schaffen. Demselben Steinmetz begegnet man noch an der Kirche San Michele (s. u.).

Die dreischiffige Pfeiler-Basilika (Okt.-Febr. 7–12 und 15–17.30 Uhr, März-Sept. 7–12 und 15.30–18.30 Uhr) macht innen zunächst einen sehr dunklen Eindruck. Sehenswert ist links im Chorraum ein Giambologna-Altar, weil er als eine Art Predella das Relief mit dem Stadtbild von Lucca zeigt: schon mit einer mächtigen, aber noch nicht vollendeten Mauer. Vier Bastionen und die kämpferisch-trutzige Silhouette der hohen Geschlechtertürme sind schön zu erkennen. Im linken Querarm hat sich der Sienese Jacopo della Quercia gleich zweimal ein Denkmal gesetzt: erstens in der Jünglingsgestalt Johannes' des Evangelisten (1410), der genau betrachtet einen zu großen Kopf und einen zu langen Oberkörper hat, ein perspektivischer Trick, weil die Statue ursprünglich an einem erhöhten Platz stehen sollte und sie dann der Blick von unten herauf richtig gerückt hätte – zum zweiten aber in einem der vielleicht zauberhaftesten Grabmäler der Frührenaissance, dem

Reich verzierte Zwerggalerien an der Fassade des Domes San Martino

Grabmal der Ilaria del Carretto, der zweiten Frau des Paolo Guinigi, Herr von Lucca, die im jugendlichen Alter im Kindbett starb. Man sollte um dieses Meisterwerk della Quercias (1406) herumgehen und es von allen Seiten genau betrachten: Der Kopf zeigt Gewicht, drückt sich sichtbar in die beiden marmornen Kissen; das Gewand hängt seitlich fließend herunter, den Gesetzen der Schwerkraft folgend; die spitzen Schuhe schieben das Gewand hoch; das Hündchen als Symbol der ewigen Treue liegt ruhig zu Füßen.

Luccas größte Kostbarkeit, ein religiöser Schatz, hat seinen Platz ebenfalls im Dom: *Volto Santo,* das ›heilige Antlitz‹, ein Holzkruzifix in einem zierlichen oktogonalen Tempelchen von Matteo Civitali (1484), links im vierten Joch des Langhauses. Die Legende erzählt: Der heilige Nikodemus soll es aus einer Libanonzeder geschnitzt haben, ein Jude hatte es versteckt, dann wurde das Antlitz entdeckt und erdolcht, aus einer Wunde floß Blut, das wiederum Wunder wirkte. Ein Boot soll das Kruzifix 782 im Nordwesten der Toscana bei Luni (heute Ligurien) an Land, ein Ochsengespann es alleine, ohne Führer weiter nach Lucca gebracht haben. Und hier wurde es so berühmt, daß es auf lucchesischen Münzen geprägt und damit bald in ganz Europa bekannt war. Kunsthistoriker aber schätzen, daß der *Volto Santo,* nach einem älteren Vorbild, im 11. Jahrhundert geschaffen wurde, höchstwahrscheinlich tatsächlich im orientalischen Raum. Der bärtige Christus mit den Mandelaugen aus fast schwarzem Holz ist bekleidet, Gürtel und der schmale Saum sind vergoldet. Jedes Jahr am 13. September wird das Kruzifix prächtig geschmückt und auf einem Ochsenkarren von mittelalterlich gekleideten Lucchesern durch die Altstadt gezogen.

Vorbereitungen zum Volto-Santo-Fest, bei dem das ›heilige Antlitz‹, ein Holzkruzifix, prächtig geschmückt auf einem Ochsenkarren durch die Altstadt gezogen wird

Ein Abstecher für Naturfreunde in die Südostecke der Altstadt: zum **Botanischen Garten** 2 (Okt.-April Di-Sa 8–13 Uhr, Mai-Sept. Di-So 9–12 und 15.30–18.30 Uhr). Ihn ließ Elisa Baciocchi, Napoleons Schwester und Fürstin von Lucca, 1820 einrichten. Ein Jahr zuvor hatte sie die Pinakothek im Palazzo Mansi (s. u.) gestiftet.

Vom Dom geht es weiter nach Norden über die Via Archivescovado in die Via Guinigi, an deren linker Seite, Ecke Via Sant' Andrea, bald der wohl berühmteste Turm der Stadt auftaucht. Sein Markenzeichen sind die Steineichen auf dem Dach. Der Turm gehört zum **Palazzo Guinigi** 3 aus dem Ende des 14. Jahrhunderts (Di-So Okt.-März 10–14 Uhr, April-Sept. 9–17 Uhr). Wer sich einen totalen Überblick über die schöne Backsteinstadt, von Straßen und Gassen in römischem Schachbrettmuster durchzogen, verschaffen möchte, muß den Turm erklettern. Wen die profane Ar-

chitektur des Mittelalters interessiert, sollte das Haus einer der mächtigsten Sippen von Lucca besichtigen, der Familie Guinigi.

Am Ende der Via Guinigi links in die Via Mordini und gleich wieder rechts in die schmale Gasse, die direkt auf das perfekte Oval der **Piazza del Mercato** 4 über dem römischen Amphitheater führt. 56 Bögen sind hier insgesamt zu sehen, davon vier größere, die früheren Eingänge ins Oval, von denen nur noch einer original römisch ist (beim *caffè-latte*-Geschäft). Das Mittelalter hat die stabilen Grundmauern der Zuschauertribünen für den Bau von Wohnhäusern benutzt, aber auch innen wurde der Platz wegen Baulandmangel zugebaut und erst im 19. Jahrhundert wieder freigemacht. Die kleinen, recht modischen Geschäfte besitzen zum größten Teil zwei Eingänge, einen an der außen umlaufenden Via dell' Anfiteatro, einen innen auf dem Platz. Die Häuser sind zwei- bis

Piazza del Mercato in Lucca, ehemals ein römisches Amphitheater

fünfstöckig, ganz unregelmäßig, je nachdem wie finanzkräftig die Bauherren waren. Einige Gebäude wurden nach hinten aufgestockt, denn seit der Freistellung des Ovals in der Mitte des vergangenen Jahrhunderts durfte der generelle Charakter nicht mehr verändert werden. Die Farben der Fassaden bewegen sich zwischen Hell- und Dunkelocker in allen verbleibenden Variationen, grüne, gräuliche, bräunliche Holzklappläden, abblätternder Putz – der Charme des leicht Heruntergekommenen.

Ein kurzer Schlenker nach Nordwesten, über die beliebte Einkaufszeile der Via Fillungo hinweg, auf die Kirche **San Frediano** 5 am gleichnamigen Platz nahe dem Stadtwall zu. Sie steht so nahe am Wall, daß bei den notwendigen Umbauten im 13. Jahrhundert die Fassade nach Osten rücken mußte, um nicht gegen die Stadtmauer zu blicken. Schmal und hoch ist San Frediano, im oberen Teil der Fassade leuchtet ein gro-

ßes, goldgrundiges Mosaik in byzantinischem Stil mit Christus in der Mandorla, von zwei Engeln flankiert und zwölf Aposteln ›getragen‹ (im 19. Jahrhundert zu grell restauriert). Innen wiederholt sich der Eindruck von außen, das Mittelschiff ist für seine geringe Breite irgendwie zu hoch geraten. Die zweite Kapelle rechts ist der heiligen Zita geweiht, der Schutzpatronin Luccas und der Dienstmädchen: Die junge Magd, ein armes Mädchen aus dem 13. Jahrhundert, hatte eine hartherzige Herrschaft, die ihr verbot, zur Messe zu gehen. Zita ließ sich jedoch nicht beirren, ging heimlich in die Kirche, und jedesmal während ihrer Abwesenheit kam die Muttergottes und erledigte die Arbeiten der Magd . . . – Übrigens wohnte in der Via San Frediano 8 südlich der Kirche zeitweise Niccolò Paganini (1782–1846).

Zurück auf der Via Fillungo, lohnt es sich, auf dieser ein Stück nach Süden zu bummeln zwischen hohen, herausge-

Musikalisch fruchtbar

Die *Sagra Musicale Lucchese* (Musikfestival) von April bis Juni in diversen Kirchen der Stadt zeigt, daß Musik in Lucca Tradition hat. Doch wer weiß schon, daß hier zwei weltberühmte Komponisten das Licht der Welt erblickten: Luigi Boccherini (1743–1805) und Giacomo Puccini (1858–1924) sind in Lucca geboren.

Den Luccheser war Puccini, der Sohn des Domkapellmeisters, auf der Orgel zu stürmisch – er mußte seinen Traumberuf als Organist bereits mit 17 Jahren aufgeben. Dafür sollte er zu einem der größten Opernkomponisten der Welt werden. In der Via di Poggio am Corte San Lorenzo 9 ist sein Geburtshaus mit einer reichen Handschriftensammlung zu besichtigen, hier steht auch das Klavier, auf dem er »Turandot« komponierte.

Giacomo Puccini

Puccini-Tour: Man fährt den Serchio hinauf bis kurz vor Borgo a Mazzano und biegt in Diécimo links ab, folgt dem Pedogna-Bach in Richtung Pescaglia bis Gello dei Puccini in 371 m Höhe: Hier steht das Stammhaus der Puccini, und hier hielt sich der Maestro einen Monat vor seinem Tod, am 26. Oktober 1924, auf. Auch in diesem angenehm-schlichten Landhaus wurde ein Museum mit dem Klavier, auf dem Puccini einen Teil von »Madame Butterfly« komponierte, eingerichtet.

In Chiatri, auf dem Gipfel des Monte Chiesa, erwarb Puccini eine alte Villa, um hier seine »Tosca« in Ruhe zu erschaffen. Da es aber seiner Frau und seinem Sohn zu einsam war, blieb er nur kurze Zeit.

Die wohl bekannteste Puccini-Gedenkstätte befindet sich jedoch am Lago Massaciúccoli, auch Lago Puccini genannt. In seiner dortigen Villa wurde er zusammen mit seiner Frau Elvira und Sohn Tonio in einem zu einer Kapelle umgestalteten Zimmer beigesetzt. Ein anderer Raum ist einer weniger bekannten Leidenschaft des Komponisten gewidmet: Jagdgewehren, mit denen er auf Wasserhühner schoß.

putzten Stadtpalästen entlang. An vielen Gebäuden sind bei der neuesten Restaurierung mittelalterliche Bauteile, vor allem Backsteinbögen, im Putz freigelegt worden. Unter den eher einfacheren Läden fallen einige traditionelle Stoffgeschäfte auf. Anschließend sollte man nordwestlich über die Via Santa Giustina die Porta San Donato anpeilen. Bald ist der **Palazzo Mansi** 6 erreicht, jener Familie Mansi, die auch die berühmte Villa Mansi bei Segromigno (s. S. 143 f.) besaß. Außen schlicht, innen prunkvoll ausgestattet und Sitz der **Pinakothek** (Di–Sa 9–14, So 9–13 Uhr), deren Sammlung bereits von Elisa Baciocchi 1819 gestiftet und von Großherzog Leopold II. reich mit Bildern beschenkt wurde.

Auf dem Rückweg Richtung Dom, parallel über die Via San Paolino, erblickt man links an der Stelle des einstigen römischen Forums (daher der Name *in Foro*) die von den Bürgern der Stadt ab dem 12. Jahrhundert errichtete Kirche **San Michele in Foro** 7 – eine Bürgerkirche als Gegenpol zur Bischofskirche, dem Dom. *Piazza della Catena* (Kettenplatz) nennen die Lucchesen den Platz vor ihrer Lieblingskirche, wegen der dicken Bronzeketten als Abgrenzung. Ein schöner, großer Platz, den keine Autos stören sollen.

Ihre Kirche ließen die Lucchesen mit besonderer Liebe zum Detail ausstatten. Für die Ausarbeitung der hohen Fassaden beauftragten sie wieder Guido da Como, der das Gebäude ringsum mit Carrara-Marmor verkleidete. Schlank sind die Blendarkaden unten, die Zwerggalerien oben werden von figuralen Säulen getragen, fast jede ist anders gestal-

Piazza San Michele in Foro mit gleichnamiger Kirche

tet, bis hoch zu den beiden obersten, schmaleren ›Etagen‹, die eine Scheinfassade bilden. Insgesamt ist die Westfassade also fünfstöckig und vom Schutzpatron, dem Erzengel Michael, sowie zwei Engeln bekrönt. Bis zum 14. Jahrhundert zogen sich die Arbeiten hin; als sie beim oberen Teil des Mittelschiffes angelangt waren, fehlte wohl das Geld für die Marmorverkleidung – die blanken Backsteinmauern sind zu sehen. Die Madonna am Südwestpfeiler wurde von Matteo Civitali, dem gebürtigen Lucceser Bildhauer und Architekten geschaffen: zum Dank für die Verschonung Luccas vor allzu großen Verlusten während der großen Pestepidemie von 1476 bis 1480.

Zwei kurze Querstraßen weiter südwestlich öffnet sich die großzügige **Piazza Napoleone** 8 , deren hohe Platanen bereits im Auftrag von Elisa Baciocchi von einem französischen Gartenbauarchitekten gepflanzt wurden: Napoleon hatte seiner Schwester 1799 Lucca samt Umgebung als Fürstentum überreicht. Die Platanen der vierten Platzseite entlang der Via Vittorio Veneto sind inzwischen dem Ausbau des bereits 1578 errichteten, nun so ausladenden Palazzo della Provincia zum Opfer gefallen. Die Via Veneto führt nun nach Süden direkt auf den Ausgangspunkt des Rundganges, auf die Porta San Pietro zu.

Ausflug

Die S.S. 12 dir, eine mit alten Bäumen bestandene Straße, führt von Luccas Zentrum fast gerade nach Südwesten bis Pisa (20 km; s. S. 165 ff.), vorbei an **San Giuliano Terme** 1 (S. 362), das durchaus eine Pause lohnt.

Lang ist es her, daß Percy Shelley auf dem nach ihm benannten *largo* zur

S.P.
439
Monsagrati
Villa Torrigiani **4**
Monte
a Pescia
Versilia
Stiava
Valpromaro
Ponte
a Moriano Villa Mansi **3**
Collodi
S.Gennaro
Pescia
Lido di
Camaiore
Piazzano
Freddana
Màrlia
Villa Reale **5**
Gragnano
Pieve a Élici
Viareggio
Massarosa
Bozzano
S. Macario
i. Piano
Làmmari
Lucca
Capannori
Montecarlo
Nozzano-
Castello
Porcari
Torre d. Lago
Puccini
Lago di
Massaciùccoli
Sèrchio
S.S.
12
A 11
Nodica
Vecchiano
Monte
S.P.
439
Colle
di Còmpito
Orentanò
Miglìarino
S. Giuliano
Terme **1**
Pisano
Gello
Ruota
Staffoli
Tenuta
di
S. Rossore
A 12
Mad.
d. Acqua
Asciano
le Cerbaie
Mezzana
Calci
Buti Cascine
Cascine
Vecchie
Pisa
Ghezzano
Gabella
Certosa
di Pisa **2**
Bìentina
Quattro
Strade
N
0   5 km
Arno
Uliveto
Terme
Vicopisano

Nach San Giuliano und zu den Villen nördlich von Lucca

Therme flanierte. Ein verstoßener britischer Romancier in einem romantischen toscanischen Kurort, der sich zwischen Therme und Gipfel ›Il Kafé Haus‹ leistete, dessen weder rein italienische noch deutsche Schreibweise bis heute Stilblüten treibt. Ein reines Sommervergnügen, wie man der offenen Bauweise unschwer ansehen kann. Obwohl restauriert, ist das Arkadencafé heute nur noch Erinnerung: Seit 1938 befindet sich die Badeanstalt im Besitz der italienischen Sozialversicherung. Das mit ›Albergo Terme‹ prahlende, bescheidene Haus in der Nähe dürfte keinen ausländischen Kurgast mehr locken. Aber der Ort selber hat von seinem romantischen Anstrich nichts verloren, die alten, schattenspendenden Alleebäume sind von besonderer Pracht. Und ganz in der Nähe steht in einem verlockend-schönen Park eine historische Villa, in die inzwischen ein Hotel eingezogen ist – nicht nur ein besonders angenehmer Aufenthaltsort, um in Ruhe Lucca oder Pisa zu genießen ...

Eine weitere Attraktion liegt etwa 10 km entfernt (südöstlich): die **Certosa di Pisa** **2** bei **Calci**. Das 1366 gegründete Kartäuserkloster wurde im 17. und 18. Jahrhundert zwar stark verändert (barocke Kirche), aber die beiden Kreuzgänge aus dem 15./16. Jahrhundert sind stilecht erhalten geblieben. Und allein die Lage des ausladenden Komplexes zu Füßen des **Monte Pisano** lohnt den Besuch (außer So und Mo vor- und nachmittags mit Führung möglich).

Wegvariante: Vom Nordwesten Luccas erst ein kurzes Stück auf der S.S. 12 nach Norden fahren. Dann gleich den Serchio überqueren, nach links abbiegen und auf der baumbestandenen Provinzialstraße (an den Ausläufern der Apuanischen Alpen) dem Freddana-Bach folgen, an kleinen Weilern vorbei nach Nordwesten (19 km) bis zur Abzweigung nach Camaiore (7 km). Von hier bis zur Küste (Lido di Camaiore oder am Camaiore-Kanal entlang nach Viareggio) sind es nur noch 9 km.

Die Villen von Lucca

Gleich drei Villen können im Lucchesischen, fast auf einer Linie zwischen Lucca und Collodi beziehungsweise Péscia gelegen, besichtigt werden: Die Villa Mansi bei Segromigno, 300 m vom Ortsende entfernt, die Villa Torrigiani wenig nördlich und die Villa Reale in Márlia Richtung Lucca.

Die **Villa Mansi** (9.30–12.30 Uhr, im Winter 10–12 und 14–14.30 Uhr) stand bereits im 16. Jahrhundert, wurde um 1600 renoviert und um 1700 vom damaligen Hofarchitekten Filippo Juvarra in der zum Teil heute noch gültigen Form prachtvoll umgestaltet, Parkanlage inbegriffen. Die Parkseite zeigt eine klare Fassadengliederung: je zwei Seitentrakte mit einem leicht trutzigen Charakter, zweistöckig über der ebenen Etage; der Mitteltrakt ist leicht zurückversetzt, eine doppelläufige Freitreppe führt zur Loggia, die von drei großzügigen Bögen (Palladio-Motiv) getragen wird. Darüber erhebt sich eine Etage, die die Seitentrakte überragt und deren Dächer rechts und links als Terrassen dienen. Zwischen den Loggia-Säulen stehen Statuen, auch in den Nischen der obersten Etage und auf den Balustraden der Terrassen. Sie verleihen dem barockisierten Bau eine spürbare Eleganz. Was das Äußere ver-

Villa Mansi

spricht, hält die Villa Mansi innen: Die Einrichtung aus der Barockzeit und aus dem venezianischen *Settecento* ist vollständig erhalten, die Gemäldegalerie birgt kostbare Werke, u. a. von Bernardo Bellotto und Pietro Longhi.

Eine Zypressenallee führt auf den Park der **Villa Torrigiani** 4 zu, die

Balustraden, auch hier eine Sammlung italienischer, französischer und flämischer Maler aus dem 17. und 18. Jahrhundert sowie wertvolles Porzellan.

Um 1800 hat sich die Schwester Napoleons, Elisa Baciocchi, Prinzessin von Lucca und Piombino, die **Villa**

Fresken in der Villa Torrigiani, eine der berühmtesten Medici-Villen

man durch ein hohes Gitter erkennen kann. Riesig wirkt die Villa (1600), obwohl das oberste Geschoß auflokkernd pavillonartig auf dem Dach hockt. Der Eingang auf der Park- beziehungsweise Schauseite ist schmaler als bei der Villa Mansi, nur ein Bogen bildet die Eingangsloggia, darüber sitzt eine zweite Loggia. Die untere Etage und der Mittelteil sind mit Rustica verkleidet, was die massige Wirkung verstärkt. Auch hier Figuren in den Nischen und auf den

Orsetti in Márlia zum Sommersitz ausbauen lassen, weshalb diese den Beinamen **Villa Reale** 5, die Königliche, erhielt. (10–18 Uhr geöffnet, Führungen auf Anfrage, ✆ 05 83–3 01 08).

Was lag näher angesichts der beiden Theaterhäuser, der Statuen der Commedia dell' Arte und des Gartens im italienischen Stil, als hier auch Sommerkonzerte zu geben? Und was lag da wohl näher, als Paganini zu Gast zu haben?

Von Lucca in die Garfagnana und die Alpi Apuane

Eines der interessantesten und am wenigsten bereisten Gebiete der Toscana dürften die bewaldete Garfagnana und die marmorreichen Apuanischen Alpen ganz im Nordwesten der Region sein. Sie lassen sich wunderbar erwandern, ob zu Fuß (nur mit guter Ausrüstung und gutem Kartenmaterial) oder mit dem Wagen.

Waldreiche Garfagnana

In der Garfagnana sind die Attraktionen eher naturgegebene: Kastanienwälder, von hohen Akazienbäumen durchsetzt, die im Frühjahr ein weißes Blütenkleid tragen und einen betäubenden Duft ausströmen; die Grotta del Vento inmitten der marmornen Apuanischen Alpen und die schöne Lage der kleinen Dörfer und Städtchen auf Hügeln oder an Berghängen. Eine von Menschenhand geschaffene Sehenswürdigkeit ist der Ponte del Diavolo, auch wenn die Brücke der Sage nach vom Teufel errichtet wurde.

Stundenlang kann man in den Wäldern der Garfagnana wandern. In der Nähe der Dörfer mußten allerdings zum Teil ganze Waldstücke dem Terrassenanbau für Gemüse, Wein und Ölbäume weichen. Die Vegetation ist insgesamt von unglaublicher Dichte und Üppigkeit, die Luft zum Tiefeinatmen. Bis 600 m Höhe gedeihen noch Olivenbäume, Wein, Kastanien und Pinien, von 600 bis 1000 m noch immer Kastanien, darüber Buchen- und Nadelhölzer. Ab etwa 1300 m: eine Art Almland mit Disteln (Golddisteln von besonderer Pracht!), Osterglocken und anderen Blumen, je nach Jahreszeit. Der

Herbst ist *die* Garfagnana-Zeit: Die Kastanien sind reif, der Wein wird gelesen, Pilze schießen aus dem waldreichen Boden, und das Wild darf gejagt werden. Wildschwein mit Pilzen ist dann eines der typischen Hauptgerichte, mit Kastanienmus, und zum Nachtisch Kastanienkuchen in allen Variationen.

Streckenlänge und -verlauf: ca. 50 km. Dem Lauf des Serchio von Lucca nach Norden folgen, am besten auf der schmaleren, parallel zur S. S. 12 führenden Provinzialstraße (westlich des Flusses) bis kurz vor Bagni di Lucca; Abstecher dorthin (4 km; wer will, kann einen Bogen schlagen bis San Marcello Pistoiese und südwärts dem Pescia-Tal folgen) und zurück zur S. S. 445 Richtung

Ponte della Maddalena, auch Teufelsbrücke genannt

Barga und Castelnuovo. Auf dem Rückweg lohnt die Besichtigung der Grotta
del Vento (7 km).
Alternative: Von Castelnuovo di Garfagnana knappe 40 km auf kurvenreicher,
faszinierender, aber anstrengender Berg-

straße quer durch die Alpi Apuani nach
Forte dei Marmi oder weiter nördlich
nach Massa.

Öffentliche Verkehrsmittel: Bahnverbindung von Lucca bis Barga und Castel-

von Borgo a Mazzano und steht jetzt mit ihren Füßen im Stausee. Der Volksmund aber erzählt, der Teufel persönlich habe sie in einer einzigen Nacht gebaut, weshalb sie eine etwas verwegene Form aufweise: schwungvoll im hohen Bogen nach oben strebend. Also nennt man sie *Ponte del Diavolo*, die Teufelsbrücke. Sie stammt wohl aus dem 11. oder 12. Jahrhundert und soll von Markgräfin Mathilde in Auftrag gegeben worden sein.

Nur 6 km sind es entlang der S.S. 12, ein Stückchen weg vom Serchio nach Osten Richtung Abetone, bis **Bagni di Lucca** **2** (S. 340). In den »Bädern von Lucca« hat Heinrich Heine den Kurort verewigt, der damals freilich noch eher ein verträumtes Badestädtchen war. Heine weilte hier im Herbst 1828 und meinte, er habe nie ein reizenderes Tal gesehen. Die Schönheit der Landschaft, die Thermalwasser und die gute Luft brachten den Bädern von Lucca schon im 18. Jahrhundert einen gewissen Ruf in intellektuellen und wohlhabenden Kreisen ein, vor allem bei Engländern, die es als chic ansahen, sich hier kurieren zu lassen. Bagni di Lucca ist zweigeteilt: Das Ortsbild von Villa, unten am Lima-Fluß, wird von relativ prunksüchtigen Bauten geprägt (Casino und Villen des 18. und 19. Jahrhunderts), eine lange Platanenallee zieht sich hinauf zum »lieblichen Hügel« von Caldi, wo zum Teil verlassene Badehäuser wieder aufgemöbelt werden, denn seit Jahren ist Generalüberholung angesagt. Die Hoffnung, ihr Casino wiederzueröffnen, dürften die Bagnilucchescher allerdings bald aufgeben, weil der italienische Staat mit der Vergabe von Konzessionen recht streng umgeht: In der Toscana hat

nuovo und über die Regionalgrenze in die Emilia Romagna; Busse von CLAP und LAZZI, auch nach Bagni di Lucca.

Eigentlich heißt sie **Ponte della Maddalena** **1**, ist die zweite Serchio-Brücke

man abwechselnd für den Sommerbetrieb Montecatini und Viareggio ausgewählt, und dabei – behaupten die Montecatineser seit Jahren – soll es auch bleiben.

So muß sich Bagni di Lucca auf seine guten Kurmittel (19 Thermalquellen von 38 bis 54°C, Thermalgrotte und mit Thermalwasser durchsetzter Fango) besinnen und versuchen, durch Mundpropaganda aus dem Dornröschenschlaf geweckt zu werden. Italiener haben den alten/neuen Kurort wieder gerne angenommen. Jetzt wartet er auf die Wiederentdeckung durch die Engländer, die ihn einst bevorzugten. Die Chancen stehen gut, denn die Garfagnana ist sozusagen fest in englischer Hand. Im Gegensatz zu den Deutschen haben einige Briten der Garfagnana die Treue gehalten: Barga, nur 23 km von Bagni entfernt, ist ein ›britisches Nest‹. Weil das Gebiet früher sehr arm war, wanderten viele Bewohner in die USA und nach Großbritan-

nien aus, vor allem nach Glasgow. Dem guten Ruf des Ortes folgend, kamen dann die ersten Engländer und erzählten weiter von der Schönheit des Serchio-Tales.

Außer winzigen, leicht überschaubaren Orten gibt es nur wenige Städtchen. Das Handwerkerstädtchen **Barga** **3** (S. 340) in 410 m Höhe liegt steil am Hügel aufgeschichtet und wird vom mittelalterlichen Dom überragt. Steile, enge, gepflasterte Gassen führen von der großzügig angelegten Unterstadt durch den alten Kern hinauf. Den Wagen parkt man am besten unten auf der überdimensionalen, zederngeschmückten Piazza mit dem Denkmal für Antonio Mordini.

Grandios ist der breite Aufgang, der plötzlich aus dem Gassengewirr zum Domplatz, einer ausladenden Bergterrasse, emporsteigt. Ebenso grandios der Blick ringsum über die Wälder der Garfagnana bis zu den Apuanischen Alpen

In der Nähe von Barga

und natürlich hinab auf Barga. Der herausgeputzte weiße Travertin des **Domes** leuchtet im Sonnenlicht so stark, daß er blendet. Schon im 9. Jahrhundert wurde mit dem Bau der dreischiffigen Basilika begonnen, bis ins späte 15. Jahrhundert dauerten die Arbeiten, 1920 erlitt der Dom enorme Schäden durch ein starkes Erdbeben, die inzwischen allerdings behoben wurden. Die wohlproportionierte Pfeilerbasilika zeigt sich wieder im reichen romanisch-lombardischen Stil. Die Alabasterfenster lassen ein angenehm diffuses Licht durch, nur die drei Apsiden des Chores haben bunte Glasfenster. Das Prachtstück des Domes ist seine steinere Kanzel rechts, die Guido da Como zugeschrieben wird, dem man ja schon mehrfach in Lucca begegnet ist. Sie wird vorne von zwei Löwen und hinten links von einer hockenden Gestalt getragen. Das vordere linke Kapitell ist besonders fein ausgearbeitet mit zwei Adlern, einem geflügelten Menschenkopf und einem Widder. Da es im Inneren des Domes von Barga recht dunkel ist, können die Augen nur Stück für Stück diese schöne Steinmetzarbeit aufnehmen.

Nun hat man die Wahl: Man kann von Barga 3,5 km den aussichtsreichen Bergkamm zum Serchio zurückfahren oder in Nordostrichtung oben bleiben und dann die Haarnadelkurve bei Ponte di Catagnana wieder nach Westen nehmen, um nach 6,3 km (wunderschöne Aussicht) kurz vor dem Serchio auf **Castelvecchio Pascoli** 4 zu stoßen. Der politisch engagierte Dichter Giovanni Pascoli (1855–1912) lebte und arbeitete 1895 bis 1912 in dem nach ihm benannten Ort, genauer im Ortsteil Caprona. Die Villa, in der er bis kurz vor seinem Tod zusammen mit seiner Schwester Maria wohnte, beherbergt heute das Pascoli-Archiv (in ausgesprochen panoramischer Lage; tgl. 9–12 und 14–19.30 Uhr, im Winter bis 18 Uhr).

Gioco (Spiel), nach einem Gedicht Pascolis, nannte ein in den USA reichgewordener Emigrant sein riesiges Areal in der Nähe, das er, fast ohne die natürlichen Begebenheiten zu verändern, zu einem touristischen Magnet machen konnte: Ferienwohnungen in alten Bauernhäusern, Campingplatz, Luxushotel und zahlreiche Sportanlagen. Spiel und Sport, Ruhe und Erholung in fast allen Preiskategorien und für fast alle Altersklassen.

Abstecher: Von Barga aus über den Serchio hinweg kommt man nach 15 km (oder bei der Rückfahrt ab Gallicano ca. 12 km vom Fluß) zur 1963 entdeckten **Grotta del Vento** 5 , zwar im Herzen der Apuanischen Alpen, aber nur von der Garfagnana aus zugänglich. Ein reißender Bach hat sich seinen Weg gebahnt, das Sträßchen folgt ihm mühsam unter ausladenden Felswänden mit Tunnels und Brücken. Wenn Fornovolasco erreicht ist, hat man eine schöne Fahrt hinter sich, mit winzigen Weilern an den Berghängen, Einsiedeleien, typischen Trattorien, die oft nur am Wochenende und feiertags ihre Spezialitäten (Zicklein, Bachforellen, Wildschwein und guten Schafskäse) anbieten. Daß die ›Grotte des Windes‹ gerne besucht wird, beweist außer den beiden Trattorien in der Nähe das Zentrum mit Selbstbedienungsrestaurant und Verkaufsausstellung von kunstgewerblichen Gegenständen, Wanderkarten etc.

Etwa 3,5 km lang ist das stark verzweigte Karstsystem der Grotte, teilweise mit Tropfsteinen und mehreren Seen. Drei Führungen sind möglich (im Sommer tgl. 10–18 Uhr, im Winter nur an Wochenenden und Feiertagen): Wem 132 m Höhenunterschied zuviel und

10,7 °C im Verhältnis zu den sommerlichen Außentemperaturen zu wenig sind, wer kein festes Schuhwerk und keine warme Jacke dabei haben sollte, kann sich für die einstündige, kürzeste Führung entscheiden. Wer richtig ausgerüstet ist, wird Freude am längsten, dreistündigen Spaziergang durch die Höhlenwelt haben.

Zurück nach Gallicano, entweder der großen Serchio-Kurve nach Norden folgend oder quer durch den Wald, zum Hauptort der Garfagnana, nach **Castelnuovo di Garfagnana** 6 (S. 342 f.). In der trutzigen Rocca (ab 13. Jahrhundert) residierte von 1522 bis 1525 der Dichter Ludovico Ariost (Verfasser des »Rasenden Roland«), angeblich recht lustlos als Gouverneur der Este aus Ferrara. Auf dem kopfsteingepflasterten Platz der Rocca mit dem schlicht-schönen Torbogen, der sich zur Fußgängerzone öffnet, treffen sich die Bauern und Handwerker des Städtchens und der Umgebung. Hier wird Markt abgehalten, Politik, die kleine und die große, besprochen. Castelnuovo in 270 m Höhe, am Zusammenfluß von Serchio und Turrita Secca gelegen, ist der historische Hauptort der Garfagnana, weshalb der 1504 geweihte **Dom** einige wertvolle Kunstwerke birgt, u. a. eine Terrakottagruppe aus der Della-Robbia-Schule (Josef und zwei Engel).

Man kann in Castelnuovo di Garfagnana recht typisch nordtoskanisch wohnen und essen und echte Produkte der Garfagnana einkaufen, vor allem Käse und Wurst.

Quer durch die Apuanischen Alpen

Streckenlänge und -verlauf: Man kann von Castelnuovo über die S.P. 445 auf panoramareicher Straße die Apuanischen Alpen in hohem Bogen umfahren, um bei Fivizzano auf die S.S. 63 vom Cerreto-Paß zu stoßen (47 km) und weiter die zauberhaft kurvenreiche Bergstraße mit der Nummer 446 bis Fosdinovo wählen, die nach Carrara führt (37 km): Pässe über Pässe zwischen 550 und 650 m Höhe – eine aussichtsreiche Strecke.

Die beste Empfehlung aber: Von Castelnuovo direkt in die Apuanischen Alpen hinein in westlicher Richtung nach Seravezza (39 km).

Dem engen Lauf des Turrita Secca ab Castelnuovo immer aufwärts folgend, kommt man zu einem kurzen Tunnel. Bisher ist die Straße leidlich gut, dann läßt sie zu wünschen übrig, weshalb genügend Zeit einzuberechnen ist. Nach dem Tunnel zweigt die Straße zur langen *Galleria del Cipollaio* links ab, danach geht es kurvenreich hin und her, bis nach Seravezza – und von dort durch die Versilia-Hügel zum Edelbadeort Forte dei Marmi (s. S. 161 f.). Das ist in etwa auch der Weg, auf dem früher die Marmorblöcke transportiert wurden, die beispielsweise Michelangelo für seine Statuen brechen ließ.

Zurück zur Abzweigung: Fährt man oben nach dem kurzen Tunnel geradeaus, Richtung Massa, tauchen bald die weißen Wunden der Marmorbrüche von **Arni** 7 auf. Diese größten Marmorvorkommen der Welt gehören hauptsächlich zur Provinz Lucca und sind für das gesamte Gebiet von erheblicher wirtschaftlicher Bedeutung. Das gilt übrigens auch für die wichtigsten Badeorte der Versilia von Forte dei Marmi bis Viareggio. Die Doppelprovinz Massa-

In den Marmorbrüchen
im Hinterland von Carrara

Auch Marmor hat eine Richtung

Von einem Dickschädel sagt man in Carrara, er habe den *contro* im Kopf: Er setzt jedem Schlag den größten Widerstand entgegen. Genau wie der Marmor: *Contro* heißt die Marmorfläche, die senkrecht zur Gesteinsschicht verläuft, also schwer zu ›knacken‹ ist. *Verso* dagegen bedeutet ›in Richtung‹, also parallel zur Gesteinsschicht.

Bei der Marmorbearbeitung, ob am Bau oder im Kunstatelier, ist die ›Steinrichtung‹ nicht nur ein ästhetisches Problem, sondern insbesondere ein statisch bedeutendes! In dem italienischen Werk »Il marmo … ieri e oggi« steht beispielsweise geschrieben: »Es ist betrüblich, einen schönen Block aus Statuario von einem namhaften Bildhauer mißhandelt zu sehen, dem, weil er auf diesem Gebiet ungenügende Erfahrung hat, es nicht gelingt, die Ausdrucksmöglichkeiten auszunutzen, die ihm das Material bietet. Das ist so unangenehm, wie wenn man ein ausgezeichnetes Fleischstück mühsam kauen muß, weil ein Metzger, der von seinem Handwerk nichts versteht, es falsch geschnitten hat.« Einem Toscaner dürfte in beiden Fällen das Herz brechen!

Geologisch gesehen soll es an die 50 Marmortypen geben. Schließlich ist Marmor ein kristallines Kalziumkarbonat (= Kalk), das durch Spuren von Metallsalzen verschiedene Färbungen und Maserungen erhält.

Carrara profitiert hauptsächlich durch ihre Häfen und die weiterverarbeitenden Betriebe vom Marmorabbau, und durch den Marmorhandel.

Das ›weiße Gold‹ der Toscana war schon bei den Römern begehrt. Niemand weiß, wie groß die Marmorvorkommen eigentlich sind: schätzungsweise 50 x 15 km Fläche, aber wie tief? Mehr als eine Million Tonnen werden jährlich abgebaut. In den siebziger Jahren waren die Ölscheichs die besten, weil zahlungskräftigsten Kunden, jetzt haben sie entweder keinen Bedarf mehr, oder sie legen ihr Geld anders an.

Weil er so kostbar ist, wird der Marmor heute nicht mehr wie in der Renaissance einfach aus dem Berg gesprengt, sondern mit modernen, diamantbesetzten Stahlseilen oder -sägen herausgeschnitten. Der Abtransport erfolgt nicht mehr mit der Bahn (ab 1876) oder der Drahtseilbahn (von 1930), sondern mit schweren aber wendigen Lastwagen, deren Fahrer beim Befahren der spitzwinkeligen, steilen Serpentinen wahre Meisterleistungen vollbringen. Normales Transportgut: Marmorblöcke von je 30 Tonnen Gewicht.

Carrara 8 (S. 341) trägt seine Entstehung im Namen: *kar* hieß im Altligurischen Stein. So nah an der römischen Kolonie *Luni* (direkt hinter der Grenze zum heutigen Ligurien) entwickelte sich das friedliche Dorf bald zu einem gefragten Marmorzentrum. Im Mittelalter war es ein Zankapfel der Herrschenden: Byzanz wollte es haben und die Langobarden, 1235 wurde es freie Kommune (das Rad im Wappen von damals trägt Carrara noch heute), Grafschaft unter den Malaspina, Herzogtum unter den Este, 1859 Anschluß an das Königreich Italien. Daß ausgerechnet in Carrara 1945 ein Anarchistenkongreß stattfand, verwundert nicht: Die Marmorarbeiter hatten schon lange vergeblich versucht, ihre Rechte und ihre Variationen des Kommunismus durchzusetzen.

Ein Spaziergang durch Carrara liest sich wie ein Gang durch seine Anarchistengeschichte: Erinnerungstafeln bedeutender Köpfe und Ereignisse, spezielle Bibliothek zum Thema, Anarchisten-Druckerei, Anarchisten-Café, Demonstrationsplatz (Piazza Alberigo). Carrara war und bleibt eine Stadt, die keine wirkliche soziale Ruhe kennt – nur sieht es ihr der unbefangene Besucher nicht an.

2500 Menschen arbeiten in den Marmorbrüchen, früher waren es mehr als 7500. Zwei Drittel der Stadtbevölkerung von Carrara, das sind 40 000 Menschen, leben vom Marmor. Der Rest von der Werft und dem Hafen, der immerhin der drittwichtigste Italiens ist, gemessen an den Umschlagmengen. Mehr als hundert Marmorsägereien, meist Kleinbetriebe, arbeiten in Carrara und Umgebung. Hier wird der Marmor mit einem ›Gatter‹ in Platten jeder Dicke zersägt, langsam, gespenstisch laut.

Natürlich hat sich die Stadt durch ihren relativen Wohlstand in den letzten Jahrzehnten stark entwickelt, und dies leider nicht gerade harmonisch. Aber der mittelalterliche Kern mit den engen Gassen hat seinen Charakter bewahren können. Schön ist der **Dom** (11.-14. Jahrhundert) mit seiner Fassade im Pisaner Stil aus grau-weißem und grünem Marmor. Der untere, romanische Bereich mit dem bescheidenen Portal ist rechts und links mit je vier Blendbögen verziert, die in der Mitte auf einem Pilaster ruhen. Der obere Bereich zeigt schon gotische Spitzbögen mit Maßwerk, und die mar-

Das Dörfchen Beddizano in den Apuanischen Alpen, bei Carrara ▷

kante, feingliedrige Rosette in der Mitte wird von einer zu beiden Seiten hin abfallenden Zwerggalerie (Treppengalerie) flankiert. Als wollte sich diese hübsche Fassade verstecken, schaut sie weg vom bescheidenen Platz, dem der Dom nur seine Südseite zukehrt.

Die dreischiffige Basilika mit einem Drei-Konchen-Chor wird von schlanken Säulen getragen; die einfachen Tellerbasen stehen in reizvollem Gegensatz zu den unterschiedlichen (römischen) Blattkapitellen. Vor wenigen Jahren wurde der Plüsch, der an den Wänden hing, heruntergerissen: Nun zeigt sich die Kirche in schöner, wohltuender Schlichtheit. Ein paar Freskenreste an den Seitenwänden, eine kleine Marmorkanzel mit zartfarbenen Einlegearbeiten (16. Jahrhundert), ein paar Marmorstatuen an den Wänden, die zum ausrangierten Hochaltar aus dem 14. und 15. Jahrhundert gehören.

Den zierlichen **Campanile** (33 m hoch) aus dem 13. Jahrhundert schmükken romanische Galerien, den großen **Brunnen** vor dem Dom hat Baccio Bandinelli gebaut und nie vollendet.

Im ehemaligen **Malaspina-Schloß** mit seinen wuchtigen Wehrgängen ist nach der Zusammenlegung mit dem fürstbischöflichen Renaissancepalast die Kunstakademie untergebracht worden, schon 1769. Man kann sie, ebenso wie einige Marmorbrüche, auf Anfrage besichtigen. Von den fast 400 Brüchen arbeiten noch etwa ein Dutzend. Als besonders interessant erweist sich der Weg nach Colonnata, vollgepflastert mit Schleifereien, kleinen und größeren Steinbrüchen sowie Bildhauerwerkstätten.

Die einzige staatliche Berufsschule für die Marmorverarbeitung steht natürlich in Carrara. Besonders stolz ist das moderne Carrara aber auf das Gebäude der Industrie- und Handelskammer im geschäftigen Teil zwischen Dom und dem begrünten und villenbestückten Viale zum Meer, nach Marina di Carrara. Die einheimischen Badenixen lassen sich dort vom weißen Marmorstaub nicht stören.

Eine kleine Paßstraße (7 km) führt vom 100 m hoch gelegenen Carrara über 226 m Höhe wieder etwas abwärts nach **Massa** 9 (S. 354), das sich an den Monte Belvedere (895 m) schmiegt. Die heutige Hauptstadt der Doppelprovinz Massa-Carrara steht noch ganz unter dem Diktat der Malaspina: natürlich nicht wie vom 15. Jahrhundert bis 1790 in deren politischer Gewalt, sondern städtebaulich im Schatten ihrer Burg, die den besten Überblick über die Stadt und deren Seebad hinter dem Pinienwald bietet.

Im Südosten steht die **Rocca,** zu der Stufen hochführen, im Zentrum an der Piazza Aranci der **Palazzo Malaspina** von 1560, heute Präfektur, mächtig und fast furchterregend in seinen düsteren Brauntönen. Der Innenhof dagegen zeigt wunderbare Arkadengänge der Renaissance. In dieser Zeit wurde auch die gesamte Innenstadt verändert, indem man Häuser, die den neuen, geraden Straßen im Wege standen, kurzerhand abreißen ließ. Der Faschismus fand hier noch geeignete Bauplätze für seine Größenwahn-Architektur...

Zwischen Malaspina-Palast und den Berghängen blieb die Altstadt eingezwängt mit ihren kleinen Handwerkerhäusern. Handwerksbetriebe gibt es noch heute reichlich, man hört Hämmern und Sägen den ganzen Tag – Siesta-Zeit ausgenommen. – Auch von Massa führt eine serpentinenreiche Bergstraße, 25 km lang und mit Panorama-Garantie, zu den Steinbrüchen von Arni. Nur 4,5 km – durch eine baumbestandene Allee – sind es bis zum Badeort **Marina di Massa** (s. auch S. 161).

11 km trennen Massa von **Pietrasanta**  (S. 358), das für das handwerkliche Können seiner Marmor-Bildhauer bekannt ist. Einige Spezialisten bearbeiten auch Onyx. Doch die Hauptsache ist das Kopieren historischer Gestalten und Statuen von Weltrang (mit Vorliebe Michelangelos »David«), traditionelle Formen überhaupt, in jeder erwünschten Größe, in jeder Steinart.

Die Festungsstadt an den Abhängen der Apuanischen Alpen, nur 3 km vom Meer entfernt, ist eine Lucchheser Gründung (1255). Als besonders sehenswert gilt hier der **Dom (Kollegiatskirche San Martino)** von 1256 bis 1258. Er wurde 1330 erweitert und im 18. Jahrhundert von der Großfürstin Cristina di Lorena, der Witwe Ferdinands I., mit zahlreichen Kunstwerken ausgeschmückt. Ganz mit Marmor verkleidet zeigt sich die weiße, schlichte Fassade, in der sich eine große Rosette öffnet. Im Norden steht der **Campanile** neben dem Dom, sein Marmorsockel aus dem Mittelalter erhielt im 18. Jahrhundert einen eigenartigen Backsteinaufsatz. Den Nordabschluß des langgestreckten Domplatzes, der eine hübsche Kulisse in der zinnenbekrönten Mauer darüber erhält, bildet die **Chiesa di San Agosto** aus hellem Travertin mit einer gotischen Zwerggalerie über dem Eingang. Im 15. Jahrhundert diente sie bedeutenden Familien aus Pietrasanta als Grabkirche.

Statt die 8 km direkt nach Camaiore, kann man auf einer gleich langen, aber bergwärts führenden, sehr hübschen Strecke über das Dörfchen **Valdicastello Carducci**  fahren, dem Geburtsort des Schriftstellers und Nobelpreisträgers Giosuè Carducci (1835–1907), dessen Namen der Ort inzwischen trägt. Allein wegen der herrlichen Ausblicke

Arbeiterdenkmal in Pietrasanta

und der wunderschönen, alten Ölbäume lohnt sich dieser Umweg.

Auch **Camaiore**  hat Lucca 1255 als Festungsstützpunkt ausbauen lassen. Die **Badia** (Abtei) aber stammt schon aus dem 8. und 11. Jahrhundert, und die **Pieve,** die Pfarrkirche auf dem Schleichweg durch die Berge nach Lucca, ist romanisch. Nur die **Kollegiatskirche** kam 1278 unter Luccas Herrschaft hinzu. – Auch Camaiore hat seinen *Lido,* den Hausstrand (s. S. 162).

Abstecher: Direkt hinter Marina di Carrara beginnt Ligurien und damit ein Stück gemeinsamer Geschichte der beiden Regionen Toscana und Ligurien, deren schönste Zeugnisse man in der Lunigiana, im hügel- und dörferreichen Nordwestzipfel der Toscana, findet. Gesammelt und wunderschön aufbewahrt in der Burgruine von **Pontremoli** : vor allem vorligurische Stelen (Di-So im Winter 9–12 und 14–17 Uhr, im Sommer 9–12 und 16–19 Uhr).

Die toscanische Küste, Pisa und Livorno

Wie Perlen an einer Schnur: Die Badeorte der Riviera della Versilia

Die toscanische Küste, sozusagen die Fortsetzung der ligurischen Riviera im weiten Golf von Genua, ist ein Dorado für Strandfans. Sie bietet nicht nur kilometerlange, meist feinsandige und tiefe Strände – zwischen Marina di Carrara und Viareggio 32 km Strand! – sondern dort auch die berühmten, buntbemalten *bagni,* die Badeanstalten mit ihren kleinen hölzernen Häuschen, die sich italienische Familien (vorrangig Frauen und Kinder) Jahr um Jahr für die gesamte Saison zu mieten pflegen, wo man sich alle Jahre wiedertrifft. Im Hintergrund: dichte Pinienwälder bis zu den Ausläufern der Apuanischen Alpen.

Streckenlänge und -verlauf: 32 km. Die Riviera della Versilia (eigentlich heißt sie erst hinter Cinquale so) ist verkehrstechnisch hervorragend erschlossen: Die stark befahrene S.S. 1 entspricht der alten Via Aurelia nach Rom. Sie kommt von Ligurien und trifft auf die durch Carrara führende Schnellstraße zum Meer, hinein nach Massa, Querceta und Pietrasanta, biegt näher zum Meer hin ab nach Viareggio (mit einer Superstrada als Parallele) und unter Umgehung des Naturparks zwischen Serchio- und Arno-Mündung wieder landeinwärts nach Pisa. Sie führt durch Livorno und Castiglioncello nach Süden, mit mehreren Schlenkern schließlich bis Rom. Parallel zur Aurelia verläuft die Autobahn A 12. Nördlich von Viareggio trifft sie auf die A 11/12 ›Firenze–Mare‹ und bei der Ausfahrt Pisa Nord auf die

A 11 nach Lucca (bis Florenz). Weiterhin gibt es noch die von Mussolini begonnene Küstenstraße, schnurgerade, breit, ampelübersät und im Sommer vielbefahren: von Marina di Carrara bis nach Viareggio hinein. Am Meer bleibt nur der Streifen für die berühmten *bagni* vor

Die Riviera della Versilia

dem breiten Sandstrand, auch für Cafés und Restaurants, übrig. Jenseits der Küstenstraße dehnen sich ostwärts die eigentlichen Badeorte aus.

Von Marina di Carrara bis Lido di Camaiore

Marina di Carrara ■ (S. 353) ist wegen seines unübersehbaren Marmorstaubs und des nahen Riesenhafens nicht gerade einladend, aber bei den Einheimischen recht beliebt. Das gilt auch für den ortseigenen Yachthafen. Anders **Marina di Massa** ■ (S. 354) mit seinem 10 km langen und bis zu 100 m breiten, feindsandigen Strand. Wellenbrecher schützen ihn, ausladende Pinien spenden Schatten. Der Nordabschnitt, **Portaccia,** wurde den Campern vorbehalten. Für Vergnügungsmöglichkeiten aller Art und für Sport (auch Reiten und Galopprennbahn) ist gesorgt. Vom kleinen Flughafen in Cinquale, an der Grenze zur Provinz Lucca und zur eigentlichen Versilia, können Rundflüge unternommen werden.

Der bescheidene, aber sehr familienfreundliche Badeort **Cinquale** ■ (oder Marina di Montignoso, wie er ebenfalls heißt) ist vom Star der Versilia nur durch einen schmalen Bach getrennt, von **Forte dei Marmi** ■ (S. 350). Ab hier heißt die Versilia erst wirklich so. Und ab hier rühmt sie sich des Hinterlandes mit den schönsten Olivenhainen der Toscana, von Strettoia, Vallecchia, Capriglia und Valdicastello Carducci. Der Edel-Badeort der Versilia – mit nahem Golfplatz – gilt bei den Italienern als ein ausgesprochenes Familienferienziel. Echte Großhotels sucht man vergebens, die Hauptrolle spielen hier Ferienwohnungen und frühere Villen, in denen familiäre Hotels (5100 Betten) eingerichtet

wurden. Was für deutsche Urlauber unvorstellbar wäre, ist bei Italienern eine Selbstverständlichkeit: Ferienhäuser und -wohnungen (ca. 12 000 Betten) sind meist nur für den ganzen Sommer, mindestens aber für einen Monat zu mieten. Die Vermieter, ebenso wie die Hoteliers, leben von der kurzen Saison so gut, daß es für den Rest des Jahres reicht. Im Winter hält die ›feinste Perle der Versilia‹ einen zufriedenen Schlaf.

Durch die Bebauung mit Villen blieb viel Grün erhalten, von rund 100 m^2 Land (Garten) sind nur 20 bebaut; Privathäuser dürfen höchstens zwei-, Hotels höchstens dreistöckig aufsteigen. So bleibt der Eindruck einer dichten, grünen Pineta erhalten und die höchstens 27 000 Sommergäste fallen nur am Strand auf. ›Echte‹ Bewohner zählt Forte etwa 8000. Viele toscanische Familien haben hier ein zweites Zuhause, Henry Moores Familie besitzt in Forte ein Haus, ebenso Thomas Manns Tochter Elisabeth Mann-Borghese. Und praktisch alle Straßen von den Bergen zum Strand sind in Privatbesitz.

Der 4 km lange Strand ist breit und gepflegt, die Badehaus-Landschaft eine Augenweide, die Mole 300 m lang. Die Hotels bieten besten Service und familiäre Atmosphäre, die Restaurants sind gut bis sehr gut, in den Hügeln ländlichtypisch. Man muß sich durchfragen, manche haben nur an den Sommer-Wochenenden geöffnet. Mittwochs findet ein gut besuchter großer Markt statt, der Ortskern um die hübsche kleine, aber trutzige Festung ist sauber und übersichtlich, mit sehr feinen Modegeschäften. Für einen Sommerurlaub in Forte del Marmi muß man etwa 30 % mehr an Kosten einplanen als in den übrigen Badeorten der Versilia.

Ein kurzer Blick auf die Geschichte: Forte dei Marmi, ›Festung des Marmors‹, entstand als Verladehafen für den Marmor. Die Verbindung mit den Marmorbrüchen bestand in einer *lizza,* einer Art Rutschbahn. Nach dem Bau der Festung durch Leopold I. 1788 hatte sich der Ort schnell entwickelt. Villen schossen aus dem Boden, Stars und Geldadel ließen sich hier nieder. 1890 war Forte schon ›traditionell‹ der Badeort der ›besseren Gesellschaft‹. Was (s. o.) bis heute so geblieben ist. ›Man‹ trifft sich auch am Wochenende in Forte.

Hinter Fiumetto, das man kaum wahrnimmt, beginnt gleich **Marina di Pietrasanta** 5 (S. 354), ein eher bescheidener Ferienort mit zahlreichen Ferienhäusern und einfacheren Hotels. Das gleiche gilt für das anschließende **Lido di Camaiore** 6 (S. 351 f.), sehr grün und mit einem herrlichen, großen Kinderspielplatz in der dichten Pineta, dem Pinienwald. Die Strandpromenade steigt terrassenartig an, der Montagsmarkt bietet einige Abwechslung. Mehr braucht's nicht, denn praktisch ist der Ort mit Viareggio zusammengewachsen, das von allem genug hat.

Viareggio: Seebad und Karnevalsort

7 (S. 366) In Viareggio, dem größten Badeort der Versilia und der tyrrhenischen Küste überhaupt, herrschen Schwung und Übermut. Betrachtet man die Geschichte, stellt sich heraus, daß die Stadt noch recht jung ist: Herzogin Maria Luisa Bourbon-Parma verlieh dem Fischer- und Seefahrerort Anfang des 19. Jahrhunderts Stadtrechte, ließ einen ›ordentlichen‹ Stadtplan aufstellen und das erste Hafenbecken anlegen. Daraus entwickelte sich eine kommerzielle und touristische Hafenstadt mit vier Schiffswerften, einem Fischerei- und einem Yachthafen. Der herrliche, nur sehr leicht abfallende, feinsandige Strand machte bald von sich reden. Zur Jahrhundertwende war nicht nur der Karneval, von sportlichen und folkloristischen Veranstaltungen, von Theater und Musik begleitet, geboren, etabliert war Viareggio auch als Erholungsort im gesunden Meeresklima. Prachtbauten im klassizistischen Stil wurden errichtet wie das Nobelhotel Principe di Piemonte und das Royal. Auch das Grand Caffé Margherita mit seinen grüngekachelten Kuppeln rechts und links vom Eingang entstand in der Pionierzeit. Hier, am Meer pflegte auch Puccini zu verkehren.

Heute bevölkern im Sommer etwa 80 000 Menschen die schöne, klar gegliederte Stadt, die sowohl urbangeschäftig als auch urlaubsmäßig-sportlich und unternehmungslustig wirkt. Nur gut 50 000 sind Einheimische, die übrigen ein internationales Touristenpublikum. Viele kommen mit dem eigenen Boot an. Der Yachthafen am Ende des Burlamacca-Kanals vom Lago Puccini ist ein beliebter Treffpunkt auf den privaten Kreuzfahrten zwischen dem Süden der tyrrhenischen Küste sowie Sardinien und Sizilien und der ligurischen Riviera im Norden.

Im Zentrum der Stadt stehen die Lagerhäuser mit den Figuren des berühmten Karnevals von Viareggio. Erstaunlicherweise ist der Karneval für seine Betreuungsgesellschaft und für die Stadt alle Jahre ein gutes Geschäft – trotz des immensen Aufwandes. Denn andere Orte kaufen oder leihen sich hier hinterher ganze Wagen aus, manchmal mitsamt Mannschaft. Bis nach Venezuela sind so manche Schausteller gekommen. (Im September beginnen alljährlich die Arbeiten für die neue Karnevalssaison, dann müssen die alten Wagen und Figuren verschwunden sein.)

Die bunten Karnevals-figuren von Viareggio machten die Stadt berühmt

Durch Macchia und Pineta: Zum Lago Puccini

Parallel zum Meer, das hier eine schöne, dicht bewachsene Düne abschließt, verläuft der Viale degli Tigli schnurstracks durch die **Macchia Lucchese** bis zur Provinzialgrenze mit Pisa. Hier zweigt der Viale rechts zum Meer nach **Marina di Torre del Lago** und links durch eine schnurgerade Lindenallee nach **Torre del Lago Puccini** und zum See ab, der eigentlich **Lago di Massaciúccoli** 8 heißt. Der Viale degli Tigli ist eine echte Natur-Sehenswürdigkeit: Uralte Linden begrenzen die Allee durch eine Pineta mit breitschirmigen, riesigen Pinien.

Darunter die dichte Macchia und mittendrin Hütten und kleine Sommerrestaurants, überall Ausflügler mit Picknickkorb, Radfahrer. Dieser Wald geht jenseits der Serchio-Mündung in die **Macchia di Migliarino** auf Pisaner Gebiet und in die aus Sumpfwald bestehende **Tenuta di San Rossore** über: gemeinsam zum Naturpark erklärt. Schließlich handelt es sich hier um den letzten Rest einer Lagunenlandschaft, die noch im 18. Jahrhundert etwas Venezianisches an sich hatte: Eine breite, schilfbewachsene Düne trennte die Lagune vom Meer, darauf lebten Jäger und Fischer. Später verlandete das Gebiet durch Ablagerungen der zahlreichen Gebirgsbäche, 1750 wurde die Pineta gepflanzt, im 19. Jahrhundert mußten Kanäle für die Wasserregulierung sorgen und halfen gleichzeitig, die hier wütende Malaria zu verdrängen.

Übrig blieben ein fruchtbarer Landstrich und ein fischreicher See – der Lago di Massaciúccoli, an dessen Westufer sich Puccini, aus Lucca kommend, niederließ. Im Sommer werden in seinem Namen Musikfestspiele veranstaltet, sein Haus ist als **Museum und Mausoleum** (tgl. 9–12 und 15–19, im Winter 14–17 Uhr) zu besichtigen. Die Restaurants am See leben gut vom Weltruf des Komponisten.

Der See ist zwar nur 6,9 km^2 klein, trotzdem der größte der Toscana. Er macht einen etwas verwilderten Eindruck, obwohl er künstlich in seiner Form gehalten wird. Im Norden geht der Lago Puccini in zahlreiche Kanäle über, beispielsweise in den Burlamacca nach Viareggio. Andere Kanäle sind schilfbewachsen und die Ufer mit vielen Fischerhütten bebaut, aus denen die feinmaschigen Auslegenetze zum Fang der Fische und der begehrten *anguile* (Mini-Aale) wie große Moskitonetze über dem Wasser in der Luft hängen. März bis Juli ist hier Fangsaison, dann dürfen die Netze abgesenkt werden und es wird reiche Beute gemacht. Unüberhörbar sind manche Bewohner des Sees und seiner Kanäle: Frösche, Vögel und Enten aller Art. – Im Sommer kann man mit einem Ausflugsboot (Burlamacca) über den See fahren und ihn so intensiver erleben.

Aalfang am Lago di Massaciúccoli

Pisa: Visitenkarte ›Platz der Wunder‹

(S. 358f.) Alle Welt kennt Pisa als die Stadt des ›schiefen Turmes‹ und des ›Platzes der Wunder‹, doch Pisa führt ein recht interessantes Eigenleben abseits des sakralen Platzes: Die lebhafte Handelsstadt (ca. 100 000 Einwohner) hat sich eine Monopolstellung in Sachen Yachtwerften gesichert. Am Arno entlang bis zu seiner Mündung in Marina di Pisa stehen kleinere Werften nebeneinander aufgereiht, ebenso auf dem flachen Land hinter Tirrenia an den Kanälen. Weiterhin besitzt Pisa mit mehr als 25 000 Studenten die zweitgrößte Universität der Toscana (nach Florenz) und mehrere Fachschulen, Studenten prägen stark das Bild der Stadt. Als Straßen- und Eisenbahnknotenpunkt vom Nordwesten Italiens nach Rom und in den Osten ist die Stadt zusätzlich bedeutend. Den Flughafen neideten die Florentiner den Pisanern von Anfang an: Der internationale Aeroporto Galileo Galilei ist nämlich das ganze Jahr über nebelfrei. Mit der Hafenstadt Livorno verbindet Pisa ein schiffbarer Kanal, was der Handelsstadt weitere Vorteile bringt. Und da Tirrenia, ein bedeutender Badeort, zur Provinz gehört, sind die Einnahmen auch aus dem Fremdenverkehr (Turmbewunderer inbegriffen) nicht zu verachten. Gewinne erzielt die Provinz auch mit den Alabastervorkommen von Volterra und den Bodenschätzen von Larderello.

Die bedeutendsten Bauten Pisas wurden bis 1284 begonnen. Das hat eine einfache historische Erklärung: Am 6. August dieses Jahres hörte die Stadt auf, eine Seerepublik zu sein: Genua hatte Pisa vor dem Meloria-Riff bei Livorno vernichtend geschlagen. So war eine glorreiche Epoche zu Ende, die sehr vielversprechend begonnen hatte: Wahrscheinlich war der Lagunenort schon von den Etruskern bewohnt. Zur römischen Zeit wurde er ein wichtiger Flottenstützpunkt mit Siedlungen am nördlichen Arno-Ufer (Bagni di Nerone: Reste einer Therme aus dem 2. Jahrhundert). Im 4. Jahrhundert unter langobardischer Herrschaft (Funde aus der Zeit im Museum von San Matteo) Bischofssitz, im 8. und 9. Jahrhundert mehrfach bei Sarazenenüberfällen relativ unbeschadet geblieben. Pisa beherrschte damit militärisch wie wirtschaftlich das Mittelmeer. Ab dem 11. Jahrhundert ist der Expansionsdrang der Pisaner gewaltig: Eroberung Sardiniens, Bündnis mit den Normannen gegen die Sarazenen, 1064 gipfelnd in der Seeschlacht bei Palermo. Zum Dank für die Vernichtung der heidnischen Flotte erhält Pisas Kirche vom Papst die Insel Korsika und die neuerliche Erhebung zur Bischofsstadt. Kolonien und Stützpunkte an der Südküste Kleinasiens entstehen, in Südspanien und Nordafrika. 1098 leistet sich Pisa den ersten Kreuzzug nach Jerusalem.

Dem Handel ist dies natürlich förderlich: Pisa exportiert Holz, Eisen und Lederwaren, seine Schiffswerften erlangen Weltruhm, die Flotte besitzt mindestens 300 Galeeren. Der Orient befruchtet das geistige Leben, was ein Chronist 1115 weniger positiv sieht: »Wer sich nach Pisa begibt, sieht dort Ungeheuer. Diese Stadt wird von Heiden, Türken, Libyern und Parsen besudelt und die unzüchtigen Chaldäer durchstreifen ihr Land.« In Wahrheit ist die Verschmelzung der neuen Einflüsse der islamischen Kultur mit der klassischen Tradition Pisas das beste, das ihr und Europa passieren konnte. Auf naturwissen-

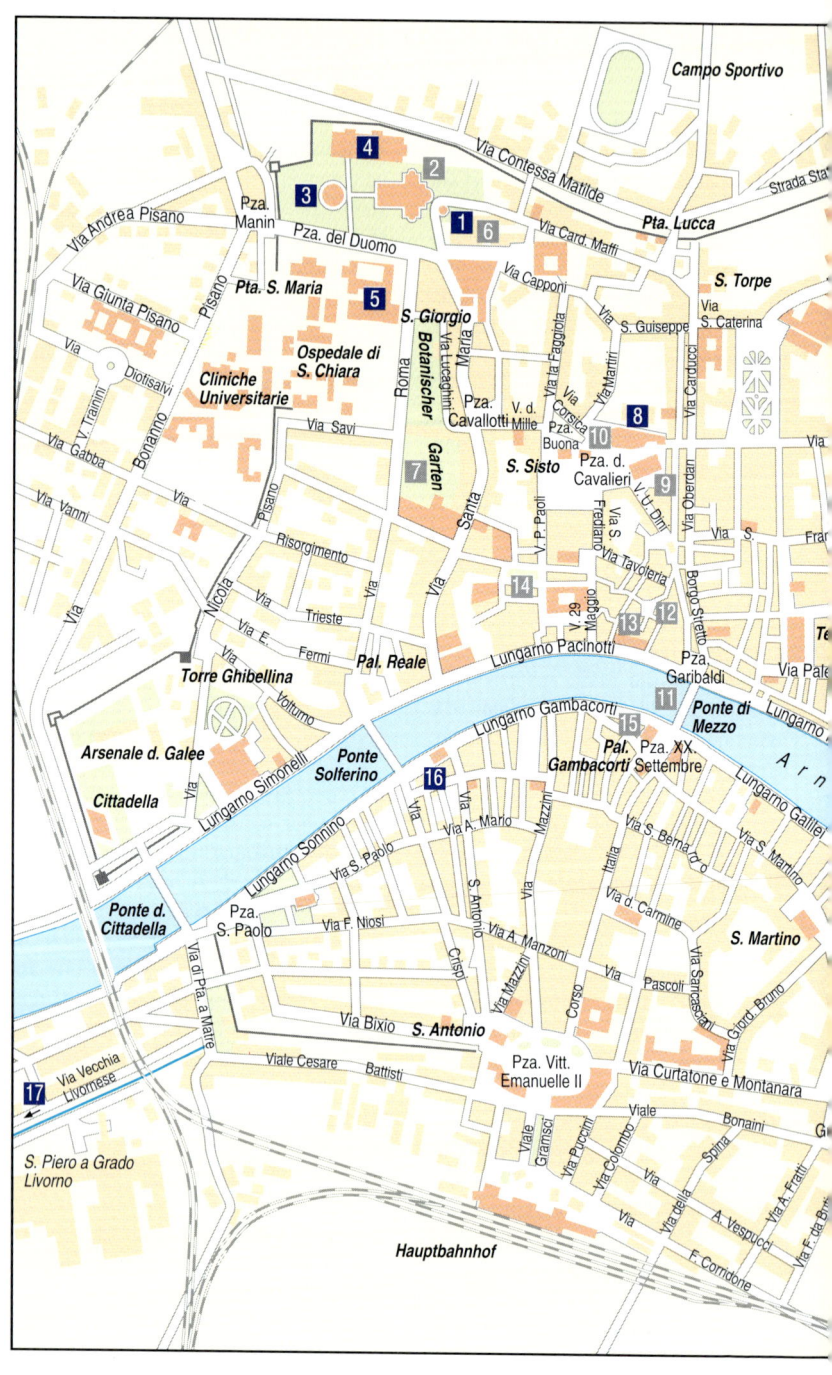

Campo Sportivo

Via Contessa Matilde

Strada Sta

4

2

Pza. Manin

3

Via Andrea Pisano

Pza. del Duomo

Via Card. Maffi

Pta. Lucca

1 **6**

S. Torpe

Via Capponi

Via Giunta Pisano

Pta. S. Maria

5

Via S. Guiseppe

Via S. Caterina

Via

Via

Diotisalvi

S. Giorgio

Botanischer

Garten

Ospedale di S. Chiara

Via Lucaghini

Via Maria

Via Faggiola

Via Cardica

Via

Via V. Trinini

Bonanno

Cliniche Universitarie

Pza. Cavallotti

V. d. Mille

Pza. Corsica

8

Via

Via Gabba

Via Savi

S. Sisto

Pza. S. Buona

10

Via Vanni

Via

Via S.

Via P. Paoli

Pza. d. Cavalieri

V. tt. Dini

9

Via S.

Via Oberdan

Via S.

Fra

Pisano

Risorgimento

Via

Via S. Fredland

Via Tavoleria

Borgo Stretto

Via Palc

Te

Nicola

Via

Trieste

Via Maggio

V. 29

14

13 **12**

Pza. Garibaldi

Lungarno

Via E.

Fermi

Pal. Reale

Lungarno Pacinotti

11

Ponte di Mezzo

Volturno

Torre Ghibellina

7

Arsenale d. Galee

Ponte Solferino

Lungarno Gambacorti

15

A r n

Cittadella

Lungarno Simonelli

Lungarno Sonnino

16

Pal. Pza. XX. **Gambacorti** Settembre

Lungarno Galilei

Via S. Martino

Via A. Mario

Via Mazzini

Via S. Bernardo

Via S. Martino

Ponte d. Cittadella

Pza. S. Paolo

Via S. Paolo

Via F. Niosi

Via S. Antonio

Italia

Via A. Manzoni

Via d. Carmine

S. Martino

Via di Pta a Mare

Crispi

Via Mazzini

Via

Corso

Pascoli

Via Sancasciani

Via Giord. Bruno

Via Bixio

S. Antonio

Viale Cesare

Battisti

Pza. Vitt. Emanuelle II

Via Curtatone e Montanara

17

Via Vecchia Livornese

Viale Gramsci

Via Puccini

Via Colombo

Via

Via della

Viale

Bonaini

G

Spina

A. Vespucci

Via A. Frati

S. Piero a Grado Livorno

F. Corridone

Via F. da Buti

Hauptbahnhof

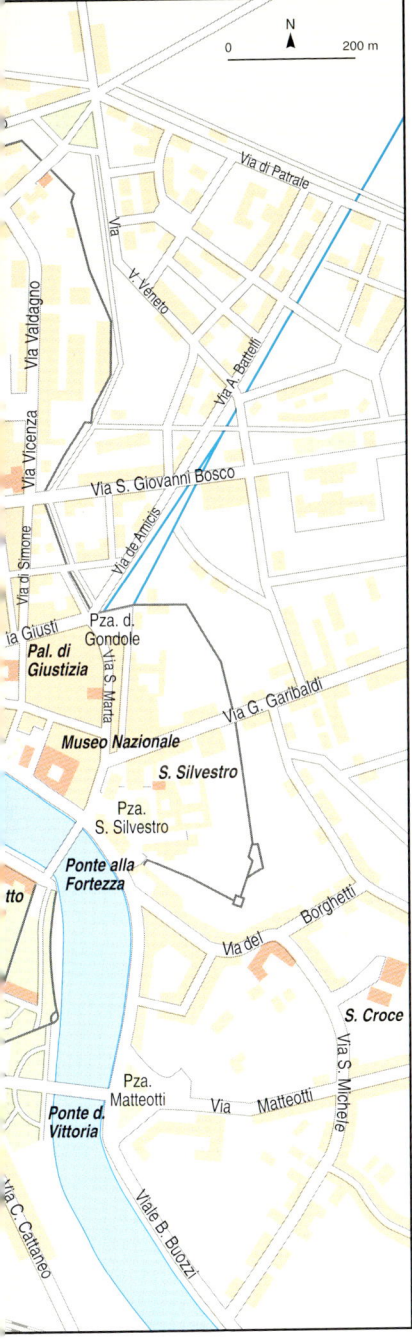

Pisa: 1 Campanile 2 Dom
3 Baptisterium 4 Camposanto
5 Sinopienmuseum 6 Dombaumuseum
7 Botanischer Garten 8 Palazzo dei
Cavalieri 9 Santo Stefano dei Cavalieri
10 Palazzo dell' Orologio 11 Ponte di
Mezzo 12 Piazza Vettovaglie 13 Piazza
Uomobuono 14 Piazza Dante 15 Loggia
di Banchi 16 Santa Maria della Spina

schaftlichem und künstlerischem Gebiet allemal. Was wir als pisanisch-
romanischen Stil bezeichnen, ist die Verschmelzung überlieferter langobardischer Formen mit arabischen und arme-
nischen, also orientalischen Formen.

1137 wird die Seerepublik Amalfi vernichtet, 1161 das erste See- und Han-
delsrecht erlassen. Das 12. Jahrhundert
erlebt eine starke Bevölkerungszu-
nahme und die Ausdehnung der Stadt,
die sich jetzt hinter ihrer hohen Mauer
mitsamt Gärten und Ackerland ver-
schanzt. Casetorri entstehen, die turmar-
tig befestigten Wohnhäuser, auch Geschlechtertürme genannt. Sie fügen
sich später in Gesamtkomplexe ein, die
noch erkennbar sind an der Via San Martino, Via Santa Maria und am Arno.

Schleichend kündigte sich der Untergang an: Pisa, die Seemacht, verlor das
Meer. Der Hafen versandete, was die
militärische wie wirtschaftliche Vormachtstellung der Stadt enorm
schwächte. Dann geschah 1284 besag-
tes Debakel mit Genua; Lucca und Montecatini wurden zwar 1314 und 1315
noch eingenommen, aber Pisas Schlag-
kraft ließ nach. Der Verzweiflungskampf
gegen das verhaßte Florenz endete
1406 mit der Unterwerfung Pisas. Daß
die Stadt kaisertreu blieb (im Gegensatz
zum papsttreuen Florenz), rettete sie
1494 bis 1509 noch einmal, aber nur
kurzfristig: Karl VII. verhalf ihr zur Unab-

hängigkeit. Dann wurde sie wieder florentinisch und blieb es bis zur Einigung Italiens.

Cosimo I. scheint Pisa gemocht zu haben, er erhob es 1542 zur Universitätsstadt und zum Sitz seiner Stiftung des Militärordens der *Cavalieri di Santo Stefano* (1563). Drei Jahre zuvor wurden sogar die Schiffswerften im Auftrag Cosimos aufpoliert. Was danach politisch mit Florenz geschah, passierte auch ›seinem‹ Pisa – den Pisanern bis heute ein Dorn im Auge. Daher: Als Florentiner (aber auch als Luccheser) darf man sich in Pisa nicht einmal Parksünden leisten...

Pisa ist so handlich-klein, daß man es gut zu Fuß entdecken kann und daher am besten mit dem Zug oder dem Bus anreisen sollte. Motorisierte Reisende müssen ihren Wagen auf einem der kostenpflichtigen Parkplätze außerhalb der Stadtmauer lassen, die fast komplett erhalten ist und die Form eines Schmetterlings zeigt, vom hier breiten Arno durchflossen. Nur im Südosten mußte die hohe Stadtmauer Erweiterungsbauten weichen.

Piazza dei Miracoli

Kein Wunder, daß man die große Wiese im Nordwesten der Altstadt ›Platz der Wunder‹ (Piazza dei Miracoli) nennt: So viele Kunstschätze auf einem einzigen Platz findet man auch in der sonst so kunstreichen Toscana nicht noch einmal. Den besten Überblick verschaffte man sich früher vom schiefen Campanile aus. Leider dürfte er für sehr lange Zeit, wenn nicht gar endgültig, aus Sicherheitsgründen verschlossen bleiben. Und nicht nur er, sondern eine ziemlich große Fläche um ihn herum, zumindest in seiner ›Fallrichtung‹, ist eingezäunt, was den Platz der Wunder nicht gerade

fotogener macht. Überhaupt wirkt er trotz der architektonischen Schönheit seiner Bauten eher kühl, distanziert.

Der **Campanile** 1 bleibt aber, auch mit Betonklötzen behangen, die ihn neuerdings vor dem Sturz retten sollen, der schönste weit und breit. Er wäre sicherlich auch ohne seine ›fallsüchtige‹ Haltung eine touristische Attraktion geworden, aber keine so begehrte, daß sie früher, als es noch möglich war, jährlich an die 700 000 Touristen trotz der teueren Eintrittskarten bestiegen.

Grundsteinlegung war 1173 unter dem Dombauarchitekten Bonano, der auch die schöne Bronzetür des Domes schuf und dessen Namen man jetzt in einem Sarkophagfragment links vor der Eingangstür zum Turm eingemauert findet (der Überlieferung nach soll Bonano unter seinem Turm begraben liegen). 1185 waren erst drei Stockwerke errichtet, und das gesamte Bauwerk neigte sich nach Süden. Für Bonano, der nach Sizilien abreisen mußte, war das sicher keine verblüffende Erscheinung: Er kannte den Schwemmlandboden Pisas und wußte, daß er unsicher war. Ab dem vierten Stockwerk baute Giovanni di Simone, die Neigung leicht korrigierend, weiter. Fertiggestellt wurde der Turm aber erst 1350 vom Sohn Andrea Pisanos, von Tommaso, der die offene Glockengalerie draufsetzte.

Nördlich, dicht beim Campanile, steht der **Dom** 2, eine recht orientalisch wirkende Kirche (tgl. 7.45–12.45 und 15–19.40 Uhr; im Winter bis 17 Uhr; feiertags nur am Nachmittag). Ihren Bau beschloß man 1063 nach dem Sieg über die Sarazenen und der Eroberung

Heute nicht mehr möglich: Der Blick über den ›Platz der Wunder‹ vom Campanile aus

Problemfall Schiefer Turm

294 Stufen hat die steinerne Wendeltreppe um den hohlen Kern. Genaugenommen war er nur bis vor wenigen Jahren hohl, als man einen Zwischenboden einzog und eine Meßstation darauf einrichtete, um das Schicksal des schiefen Campanile unter Kontrolle zu bekommen. Jetzt weiß man es genau: Im Laufe der Jahrhunderte machte der Turm drei sich überlagernde Bewegungen mit. Erstens hat er sich nach Süden geneigt, ist zweitens als Ganzes im Boden eingesunken und hat sich Richtung Südwesten um die eigene Achse gedreht. Fazit: Im Norden ist er 55,22 m hoch, im Süden nur 54,52; die Abweichung von der Senkrechten beträgt 4,42 m und nahm jährlich zunächst nur um 1,2 mm zu. 1982 trat Beruhigung ein, die strengen Maßnahmen zu seiner Rettung begannen zu greifen: Hochhäuser wurden in ganz Pisa verboten, weil der lose Untergrund nur höchstens eine Belastung von einem Kilogramm pro Quadratzentimeter verträgt (beim Campanile sind es im Süden bis zu zwölf!); Grundwasser darf seit 1970 im Umkreis von 3 km vom Domplatz nicht entnommen werden – was zur Stabilisierung des Wasserspiegels und zur Verringerung der Neigung führte.

Dann begann der Campanile doch wieder zu ›fallen‹: Unter Wehgeschrei der ganzen Stadt ließ ihn Rom 1990 zu Stabilisierungszwecken und aus Sicherheitsgründen schließen.

Der Volksmund erzählt, der Architekt des Campanile habe am Ende der Bauarbeiten bei einer öffentlichen Zeremonie seinen Lohn kassieren sollen. Das Volk, die Ratsherren und der Klerus waren versammelt – vor dem kerzengeraden Turm. Der Bürgermeister aber wollte den Baumeister um sein Geld prellen und erklärte feierlich, er solle doch auf den schnöden Mammon verzichten – schließlich habe er zu Ehren und zum Ruhme Gottes gearbeitet. Der Architekt drehte sich daraufhin zornig um und rief seinem Werk zu: »Komm, Turm, und folge mir nach!« Entsetzt sah die versammelte Menge, wie sich der Campanile seinem Schöpfer zuneigte. Hastig versprach darauf der Bürgermeister, den verdienten Lohn nachzuzahlen, wenn der Baumeister den Turm zum Stehen bringen würde. Das geschah – aber aufgerichtet wurde er nicht mehr: als Mahnung auch für künftige Stadtväter, keinen Architekten um sein Honorar zu prellen ...

Eine zweite Geschichte um den schiefen Campanile ist weltbekannt: Daß Galileo Galilei, 1564 in Pisa geboren, am schiefen Turm seine Fallgesetze aufstellte. Diese und andere Behauptungen kosteten ihn nicht nur seine Professur, erst an der Pisaner Universität, später in Padua. Seine experimentellen Beweise der Kopernikus-Lehre brachten ihm außerdem den päpstlichen Bann und die Verbannung nach Arcetri oberhalb von Florenz, wo er 1642 starb.

Palermos. Da die Fassade von der Stadt weg auf das Baptisterium gerichtet ist, wurde praktisch von Anfang an das Portal am südlichen Querarm neben dem Chor (also direkt auf das Baptisterium zu) als Eingang benutzt: die Porta Ranieri.

Der Dom macht durch die Betonung der Horizontalen den Eindruck eines antiken griechischen Tempels. Kein Wunder: Sein erster Baumeister, Busketos, war ein Pisaner aus Griechenland (sein Grabmal befindet sich an der linken Seite der Fassade). 1118 wurde der Dombau unvollendet eingeweiht, erst Ende

Hauptportal des Doms

des 13. Jahrhunderts durch Rainaldo fertiggestellt, der ebenfalls an der Fassade verewigt ist (mit einer Tafel rechts über dem Mittelportal).

Das gesamte Formenspiel der sogenannten pisanischen Architektur ist außen abzulesen: am Langhaus Blendbögen unten, in denen sich stufenweise eingeschnittene Rhomben mit schmalen romanischen Fenstern abwechseln; im oberen Teil sind es Lisenen, unter dem Gesims wieder Rhomben, Kreise und gerade Fenster im Wechselspiel; und die oberste Stufe, die Seitenwände des Mittelschiffes der Basilika, zeigt eine Mischung: abwechselnd Rhomben, Rundbogenfenster, Kreise etc. zwischen den Rundpilastern. Alles mit geometrisch geschnittenen, grünen und weißen Marmorsteinen eingelegt, intarsiert.

Die Fassade dagegen zeigt die reine, konstruierte Formensprache der Pisaner Romanik, die danach nur noch ›typisch pisanisch‹ genannt wird.

Der Raumeindruck innen ist nicht allein durch die Fünfschiffigkeit grandios: Antike Elemente sind hier die 68 Säulen, die Pisa nach der Sarazenenschlacht aus Magna Graecia (Süditalien und Sizilien) anschleppte. Die Kanzel, die heute links vor dem Hochaltar steht, schuf Giovanni Pisano 1302 und 1311 (40 Jahre nach der Vollendung der Kanzel des Baptisteriums durch seinen Vater Nicola). Elf Träger hat Giovannis Kanzel, teils aus grauem und rotem Granit, zwei von je einem reißenden Löwen getragen, andere als menschliche Gestalten. Es mag subjektiv sein, aber das schönste Werk des Domes lassen die meisten unbeachtet: die Tür von San Ranieri gegenüber dem Campanile, eben jener frühere Haupteingang (s. o.). Es ist die einzige nach dem großen Brand von 1595 noch erhaltene der vier Bronzetüren, die der Pisaner Bonano für den Dom schuf. Die 24 Tafeln mit den Geschichten aus dem Leben Christi sind von ergreifender Schönheit. Viel mehr Beachtung finden im allgemeinen die von vielen Besucherhänden glänzend geriebenen Gestalten am linken Teil des Hauptportals an der Westfassade: Hündchen, Frosch und zwei Eidechsen. Wer sie berührt, sagt die Legende, findet die Erfüllung seiner schönsten Wünsche und Träume.

Ein akustisches Wunder ist das **Baptisterium** 3 gegenüber. Die größte Taufkirche der Welt hat den stolzen Umfang von 107,5 m. Finanziert wurde sie von 34 000 Familien Pisas, zumindest zu Beginn.

Innen (tgl. 8–19.30 Uhr, im Winter bis 17 Uhr) ist man vom vollkommen romanischen Raumeindruck überwältigt. Die großen Skulpturen an den Wänden sind die Originale von außen – zum Schutz vor Umwelteinflüssen hierher gestellt. Wunderschön ist die Betonung der Linienführung vom oktogonalen Taufbecken in der Mitte aus, und zwar durch grüne Marmorstreifen, die sich an allen Wänden als Horizontalbetonung fortsetzen. Das riesige Taufbecken, das Guido Bigarelli da Como 1246 verziert haben soll, zeigt sehr orientalische Ornamente, die sich im Boden des schlichten Altarraumes dahinter wiederholen. Fast wird der Blick von der Kanzel an der linken Ecke abgelenkt, da sie ein wenig im Dunkeln steht: 1255 bis 1260 von Nicola Pisano geschaffen. Zum ersten Mal wird aus der von der Architektur bestimmten Skulptur der Romanik eine renaissancehaft belebte, bewegte Darstellung. Pisano sieht man in diesen sechs Feldern der Kanzel sein Studium antiker Skulpturen an. So viel Plastizität hatte es in Reliefarbeiten seit der Antike nicht gegeben – und die Kanzel insgesamt ist die erste, die nicht an der Wand lehnt, sondern frei steht.

Vor dem Verlassen des Baptisteriums sollte man, falls einem nicht schon ein Führer für seine Gruppe zuvorgekommen ist, die Akustik des Raumes ausprobieren. Die Kenner tun es mit leisem Singsang: Die Türe wird geschlossen, Stille im perfekten Rund, der Singsang beginnt leise, wird lauter und wieder leiser, man hört einen Nachklang wie von einem ganzen Orchester.

Fast garantiert ist nach dem Rummel auf der Piazza dei Miracoli die Ruhe im großartigen **Camposanto** 4, dem historischen Friedhof mit seinem schönen Maßwerk innen. Die Graberde für ihn wurde schiffsweise auf 53 Kähnen aus dem Heiligen Land hierher gebracht. Schließlich hatte die damalige Seemacht keine Transportprobleme. Der Camposanto (heiliges Feld) wurde als letztes sakrales Bauwerk auf dem Platz 1278 durch Giovanni di Simone begonnen. Da aber der Baumeister 1284 im Krieg gegen Genua gefallen war, dauerte es Jahrhunderte, bis wenigstens die Außenmauern standen: 1358 war noch nicht einmal das Fundament der Nordwand ausgehoben, nur die Südwand aus Marmor war schon fertig. Die berühmten Fresken wurden erst im 14. Jahrhundert aufgetragen, darunter einige wunderschöne Werke von Benozzo Gozzoli und der »Triumph des Todes« eines unbekannten Meisters.

Daß die Fresken, die früher den gesamten Komplex überzogen, abgenommen sind, hat man der zerstörerischen Wut des Zweiten Weltkrieges zu ›verdanken‹: Am 27. Juli 1944 wurde Pisa bombardiert und zur Hälfte zerstört. Das Dach des Camposanto fing ebenfalls Feuer, das Blei darin löste sich auf, floß schwer und vernichtend über die Fresken. Bereits ab 1945 wurde daran restauriert, gerettet, was noch zu retten war. Dabei entdeckte man die Sinopien, die Rötelzeichnungen unter ihnen, die sich oft kostbarer als die Bilder selber erwiesen: Sie stammen aus des Künstlers Hand, zeigen sein ganzes Können in charakteristischen Linienführungen – die Fresken haben nach solchen Vorzeichnungen zum größten Teil Schüler und Helfer auf den frisch aufgetragenen Putz gemalt. Der bedeutendste Teil der Sinopien des Camposanto befindet sich nicht hier, sondern gegenüber im 1979 eröffneten und großartig eingerichteten Sinopienmuseum im früheren Santa-Chiara-Hospital.

Außer den zahlreichen Fresken und Grabmälern sind noch zwei Ketten an der inneren Westwand des Camposanto interessant: die Hafenketten von Pisa, von den Genuesern zum Zeichen des Sieges über die Rivalin mitgenommen. Die linken Ketten wurden 1352 an Florenz weitergegeben, das sie erst 1848 an Pisa zurückgab – die rechten erhielt die Stadt 1860 von der »Generosa Genova«, wie geschrieben steht, direkt zurück.

Gegenüber zeigt das **Sinopienmuseum** 5 (tgl. 9–13 und 15–19 Uhr, im Winter bis 17 Uhr) die Vorzeichnungen der Fresken vom Camposanto. Sinopien heißen sie, weil die rote Erdfarbe für sie aus Sinope am Schwarzen Meer stammt. Sehr gelungen ist die moderne Museumsarchitektur innen, die immerhin Raum für riesengroße Bilder schaffen mußte, ohne allzuviel Platz zu verschwenden.

Eher bescheiden dagegen ist neben dem Campanile das neuere **Museo Opera del Duomo** 6 (tgl. 9–13 und 15–19 Uhr, im Winter bis 17 Uhr), das u. a. Arbeiten von Giovanni Pisano zeigt. Auf der anderen Seite des Campanile befand sich im angenehm niedrigen, langgestreckten Gebäude die Dombauhütte. Und noch heute sitzen darin die Hüter

des Domplatzes, vor allem des Glockenturms, und rechts unten wurde das Informationsbüro der Stadt eingerichtet, wo auch die Eintrittskarten für Dom und Baptisterium verkauft werden.

Zwischen Domplatz und Arno

Dieser Stadtspaziergang führt zunächst in Höhe des Schiefen Turmes, am Dommuseum vorbei in die lebhafte Via Santa Maria mit ihren vornehmen Geschäften bis zur kleinen Piazza Cavallotti. Links geht es durch die enge Via Luca Ghini zum sehenswerten, wenig besuchten **Orto Botanico** 7, dem Botanischen Garten (Mo-Fr 8–13 und 14–17, Sa 8–13 Uhr). Auf der anderen Platzseite gegenüber führt die Via dei Mille zur dreieckigen kleinen Piazza Buonamici, die in die kurze Via Corsica übergeht. Und schon steht man auf der **Piazza dei Cavalieri.** Ein großartiger Platz, städtebaulich im sonst sehr engen historischen Bereich

Pisas überraschend großzügig und kunsthistorisch ein Kleinod. Außerdem wahrscheinlich Ort des römischen Forums.

Von der Via Corsica kommend, erblickt man die schönste Platzseite, nämlich den **Palazzo dei Cavalieri** 8 mit seiner Sgraffiti-Fassade und der wohlproportionierten doppelläufigen Freitreppe. Diesen mittelalterlichen Kommunalpalast ließ Cosimo I. (zum Dank steht seine Statue direkt davor) von Vasari 1562 umbauen, um darin den Ritterorden von Santo Stefano unterzubringen. Unter Napoleon wurde daraus eine Elite-Universität mit dem schlichten Namen *Scuola Normale Superiore,* die bis heute existiert und Pisa als Hochschulstadt bestätigt, deren zahlreiche Institute über die ganze Stadt verstreut sind.

Daneben steht die ebenfalls von Vasari 1565 bis 1596 errichtete Renaissancekirche **Santo Stefano dei Cavalieri** 9, deren Fassade Giovanni de' Medici skizziert haben soll. Die mit einer schweren Kassettendecke geschmückte Kirche birgt rechts und links vom Chor zwei wohlklingende, schöne Orgeln mit historischen Registern, außerdem zahlreiche Trophäen von der berühmten Schlacht von Lepanto (1571): türkische Fahnen und einige Holzfiguren der gegen die Türken siegreichen Galeeren des Ritterordens. Schräg gegenüber, auf der anderen Seite des Palazzo dei Cavalieri, stehen zwei durch einen Türbogen im Knick verbundene Turmhäuser, vom Ritterorden zusammengefaßt zum **Palazzo dell' Orologio** 10, hübsch anzusehen, aber seinerzeit bestimmt kein angenehmer Ort: links das mittelalterliche Staatsgefängnis, rechts der sogenannte Hungerturm, wo man u. a. Graf Ugolino della Gherardesca verhungern ließ und sich Pisa lebende Adler als Wappentiere hielt. Gegenüber dem Palazzo dei Cavalieri runden weitere Renaissancepaläste das schöne Bild des fast ovalen Platzes ab, teils Sitz der Universität, teils der Region Toscana.

Sichtbar mittelalterlich schlängelt sich die lange Via Ulisse Dini mit einigen gekappten Turmhäusern an der kleinen Piazza San Felice vorbei zum Borgo Stretto, der gar nicht so *stretto,* also eng ist, sondern mit seinen Arkadengängen eine einladende Einkaufsstraße bildet, mit der verlockenden Bonboniere Federico Salza (seit 1898) und Lo Sfizio daneben, wo man Süßes oder anderes leckeres Knabberzeug kaufen kann. Der Borgo Stretto endet auf der quadratischen, sehr lebhaften **Piazza Garibaldi** direkt am Arno und direkt vor dem **Ponte di Mezzo** 11 (s. auch S. 176 f.). Von der Brücke schaut man auf die beiden Arno-Ufer mit ihren großzügigen Palästen, eine gelungene, sehr urbane

Kunsthistorisch ein Kleinod und überraschend großzügig in der engen Altstadt von Pisa: die Piazza dei Cavalieri

Spiele mit Tradition

Juni ist der Monat der Feste in Pisa. Dann finden gleich drei verschiedene traditionelle Wettkämpfe statt.

Am bekanntesten und buntesten ist wohl der *Gioco del Ponte:* 150 Jahre lang war das Spiel auf der Brücke verboten, das seine Wurzeln im 12. Jahrhundert hat. 1953 wurde es wieder aufgenommen, später wieder 19 Jahre Pause. Seit 1982 aber wird der *Gioco del Ponte* mit mehr Begeisterung denn je gefeiert: 750 Pisaner in historischen Kostümen treffen sich nach einem ausführlichen Zug durch die Stadtteile Mezzogiorno (südlich des Arno) und Tramontana (nördlich des Arno) als ›feindliche‹ Kämpfer auf dem **Ponte del Mezzo,** dem Arno-Übergang zwischen beiden Stadtvierteln. Mitten auf der Brücke steht ein Karren auf Schienen, den man den Gegnern zuschieben muß. Das ist ein Drücken, ein Geschrei! Und die Zuschauer auf den Tribünen zu beiden Seiten des Flusses schreien kräftig mit. Ansporn muß sein. Die Arno-Ufer sind farbenfroh geschmückt, kein Stadtteil will sich vom anderen übertrumpfen lassen. Termin: letzter Juni-Sonntag, es kann aber auch der erste Juli-Sonntag werden.

Am 17. Juni wird am Namenstag des heiligen Ranieri, des Stadtpatrons

von Pisa, eine Regatta auf dem Arno veranstaltet: *Regata di San Ranieri,* das wohl traditionsreichste Bootsrennen der Toscana.

Beim Gioco del Ponte, dem Spiel auf der Brücke, müssen sich die Wettkämpfer (Vertreter der beiden Stadtteile südlich und nördlich des Arno) einen Karren zuschieben

1954 entstand dann die Idee, nach dem Muster dieser Regatta einen Wettkampf der vier mittelalterlichen Seerepubliken Pisa, Genua, Amalfi und Venedig zu veranstalten – zur Erinnerung an die wichtigsten historischen Ereignisse. Der Probelauf fand ein Jahr später statt, die offizielle Taufe jedoch erlebte das Fest erst 1956 in Pisa. Seitdem ist jedes Jahr abwechselnd eine andere der vier ehemaligen Seerepubliken Gastgeberin der *Regata Storica.* Die Termine werden von den vier Städten jedes Jahr aufs neue ausgehandelt. Der Wettkampf findet zwar im Juni statt, doch der Tag ist nicht genau festgelegt. Der eigentlichen Regatta geht in Pisa ein farbenprächtiger Umzug voraus, vom Domplatz durch die ganze Stadt – mit Fahnenschwingern natürlich, sonst wäre es kein toscanisches Fest!

Schlemmen am Markt

In dem Haus Numero 11 Via Domenica Cavalcà, am Marktplatz, befindet sich ein winziger Schlemmerstand mit einem einzigen Tischchen innen und ein paar Bänken draußen auf der Piazza Uomobuono. Das Besondere: Hier bekommt man stets frisch gemachte, typisch toscanische Kleinigkeiten zu essen wie beispielsweise *Focacce* und Gemüsepasteten, sauer Eingelegtes, Käse, Wurst und Schinken. Alles normalpreisig, sehr sauber und sehr freundlich serviert.

Uferbebauung, die in der Toscana ihresgleichen sucht und eine herrliche Kulisse für das traditionelle Bootsrennen zum Tag des Ortsheiligen, *Regata di San Ranieri,* für die alle vier Jahre stattfindenden *Regata Storica* der vier Seerepubliken und vor allem für Pisas farbenprächtigstes Fest, den *Gioco del Ponte.*

Abstecher: Pisa ist die Stadt der Plätze. Nicht nur der sakralen Piazza dei Miracoli und der profanen Piazza dei Cavalieri, auch der kleinen, heimlichen, großen und doch wohnlichen, und vor allem die Stadt der Marktplätze. Von der Piazza Garibaldi wieder ein Stückchen nördlich, parallel zum Borgo Stretto, führt (gleich links) ein Durchschlupf zur **Piazza Vettovaglie** 12, eingezwängt in ein Quadrat aus heruntergekommenen, arkadengeschmückten Stadtpalästen mit herabblätterndem Putz: *der* Marktplatz überhaupt. Er dehnt sich in die umgebenden Gassen und vor allem über die **Piazza Uomobuono** 13 aus. Überall *casetorri,* hoch oder gekappt, immer funktionell eingebaut und genutzt. Metzgereien ringsum, Bäckerläden, Marktstände, die Fisch, Obst und Gemüse anbieten. Spätestens um 13 Uhr ist der Markt beendet, dann gibt es Sonderangebote.

Die Via Domenico Cavalcà führt im Westen zur langgestreckten, begrünten

Markt auf der Piazza Vettovaglie

Piazza Dante  mit der ersten Universität Pisas und damit auch der Toscana, 1329 entstanden aus einer Rechtsschule aus dem 12. Jahrhundert. Ein lebhafter Platz mit netten Stadthäusern, preiswerten, einfachen Bars und Trattorie, ein beliebtes Studentenviertel.

Südlich des Arno

Der Corso Italia führt vom Ponte di Mezzo schnurgerade zur ovalen **Piazza Vittorio Emanuele II** mit ihren zahlreichen Cafés und Bars, der anschließende kurze, aber breite und begrünte Viale Gramsci zum Bahnhof. Hier, südlich des Arno, obwohl zum größten Teil noch innerhalb der Stadtmauer, haben, je weiter man zum Bahnhof strebt, moderne Zeiten ›aufgeräumt‹. Interessanter ist der Bereich, der näher am Fluß liegt: etwa die Piazza XX Settembre mit der **Loggia di Banchi** 15 (1603–1605), dem

früheren Tuchmarkt der Stadt am **Palazzo Gambacorti,** eines Signore von Pisa, der hier 1393 ermordet wurde. Den nach ihm benannten Lungarno Gambacorti entlang spazierend, sieht man bald, direkt am Arno-Hochufer, ein paar gotische, reichverzierte Spitzen aufragen: Man stößt schnell auf die Rückseite des Kirchleins **Santa Maria della Spina** 16. Der ›Dorn‹ *(spina),* der ihr den Namen gab, ist nicht mehr hier aufbewahrt, und auch die Kirche selber stand früher woanders, ein paar Meter tiefer auf dem Arno-Kies. Als sie vom Fluß zu sehr bedroht wurde, versetzte man sie 1871 auf das Hochufer. Wie ein Schrein wirkt sie. An der Straßenfront ist sie besonders reich dekoriert, u. a.mit dreizehn Tabernakeln für die Figuren von Jesus und den zwölf Aposteln. Dieses Wunderwerk der Architektur wird der Pisano-Schule zugeschrieben (ab 1325), nähert sich aber schon sehr der französischen Gotik an.

S. Maria della Spina

179

Direkt am Arno gelegen: die kleine Kirche Santa Maria della Spina

Ausflug

An der einstigen Mündung des Arno steht die Kirche San Piero a Grado, erreichbar über eine wunderschöne alte Platanenallee am linken Arno-Ufer Richtung Meer. Über dem Fluß zwischen den Bootswerften und Fischerhäusern hängen die feinmaschigen Netze zum Fang der *anguile,* oder wie sie bei den Pisanern heißen, der *cee,* der winzigen, neugeborenen Aale, die während der hiesigen Fangsaison von Mai bis Oktober aus der Spezialitätenküche Pisas nicht wegzudenken sind.

Von der Platanenallee zweigt eine kurze Seitenstraße zum Pflichtbesuch ersten Ranges ab, der Kirche **San Piero a Grado** 17. Eine Fassade sucht man vergebens, die drei Schiffe der romanischen, doppelchörigen Basilika enden im Osten in drei runden Chorapsiden, im Westen hat nur das Mittelschiff eine runde Apsis. Die Formensprache der frühen pisanischen Romanik ist von schöner, harmonischer Einfachheit. Das Kostbarste an Grados Kirche sind zweifelsohne die Fresken, von denen sie übersät ist: Deodato Orlandi schuf sie wahrscheinlich um 1300. In der Architekturmalerei paßte er sich wunderbar der durch den Stein vorgegebenen Formen an, sparte keinen Bogenwickel und keinen Pfeiler aus. Die Szenen aus dem Leben des Kirchenpatrons Petrus sind folgerichtig in der großen mittleren Zone zu lesen. Auf seinem Weg von Antiochia nach Rom, heißt es, sei der Apostel Petrus im Jahre 44 hier an die Arno-Mündung verschlagen worden. Diese war damals bereits nicht mehr bei Pisa direkt, sondern weiter hinausgeschoben, vom Stadtzentrum gute 5 km entfernt.

Die Badeorte der Pisaner

Die Badeorte der Pisaner

Der Naturpark der **Tenuta di San Rossore** 1 mit ihrem berühmten Gestüt für Rennpferde endet an der Arno-Mündung, die zehn folgenden Kilometer bis zum Canale Navicelli vor Livorno sind fest in der Hand von Sonnenanbetern und Schwimmern, Pisas letzte Bastion am Meer. Im Hintergrund, ganz nahe an die Küste gerückt, die wunderschöne, naturgeschützte **Tenuta di Tómbolo** 2, deren breitschirmige Pinien, zu dichten Wäldern zusammengewachsen, den besonderen Reiz dieser Strandorte ausmachen: Privatvillen und Hotels, Campingplätze und Sportanlagen stehen beziehungsweise verstecken sich im Schatten der Bäume.

Nach **Marina di Pisa** 3 (S. 354) biegt man vom Arno kommend links zum Meer ab. Bald tauchen ein paar Pfahlbauten über dem Wasser auf: Fischrestaurants, die Spezialitäten aus dem Meer bieten. Erfrischend unkompliziert sind die Besitzer dieser einfach ein-

Fischernetze über dem Arno in der Nähe von Marina di Pisa

gerichteten Lokale. An sommerheißen Tagen werden die Strohrollos heruntergelassen und die Fenster auf Zug gestellt. Der Sandstreifen hier ist sehr schmal, riesige Steinblöcke sollen ihn vor weiterem Verlust und hohen Wellen schützen. Der einfache Badeort ist relativ preiswert und bei den Pisanern sehr beliebt, natürlich vor allem als Wochenend- und Feierabendziel.

Anders **Tirrenia** 4, dessen breiter, feiner und sacht abfallender Sandstrand keinen Schutz braucht. Ein junger Badeort aus der Retorte, aber gekonnt gemacht. Durch einen Planungstrick (erst als Kongreßzentrum vorgesehen) steht ein Hotel direkt am Strand: Gran Hotel Continentale mit eigenem Strandbad. Alles andere spielt sich jenseits der Hauptstraße, des 4 km langen Viale del Tirrenio, ab – im Pinienwald. Hier finden sich die netten Privathäuser der Pisaner, Ferienhäuser und Appartements, Pensio-

nen und Hotels sowie die drei Campingplätze – in jeder Kategorie. Geschäfte, Friseurläden, Restaurants, Sportzentrum, Golfplatz, Diskotheken, Bars, Kino. Der Strand selber ist umgeben von Badeanstalten, in denen es Restaurants, Kabinen, Spielplätze, Liegestühle, Bars etc. gibt. – In Tirrenia fehlt es an nichts für den typischen Strandurlaub. Ca. 1800 Gästebetten stehen im Sommer zur Verfügung, eine Wintersaison gibt es praktisch nicht, kaum ein Haus bleibt dann geöffnet. Preislich bewegt sich Tirrenia zwischen Forte dei Marmi und Viareggio, ist also nicht gerade billig. Während es im Juli meistens Ausländer sind, die den Strand bevölkern (außer an den Wochenenden), ist im August die Umgangssprache fast ausnahmslos Italienisch.

Tirrenia hat einen Wurmfortsatz im Süden, den Badeort **Calambrone** 5 mit einfacherer Infrastruktur.

Livorno und die Riviera degli Etruschi

Livorno ist eine merkwürdig geformte, langgezogene und sehr schmale Provinz von nur 2 bis 14 km Breite: Im Norden verläuft die Grenze am Rand der Provinzhauptstadt (Livorno) selber, im Osten zieht sie sich südwärts entlang der Autobahn nur wenige Kilometer parallel vom Meer bis Cécina, dann umrahmt sie die küstennahe Maremma-Pisana und trifft kurz vor Follónica wieder auf das Meer.

Zur Provinz Livorno gehört die zweitgrößte Stadt der Toscana gleichen Namens mit dem wichtigsten Hafen, ebenso der Hafen von Piombino und die Inseln Elba und Gorgona, Capraia und Pianosa sowie Montecristo (s. S. 198 ff. und S. 211), außerdem die abwechslungsreiche sogenannte Riviera degli Etruschi mit bekannten Ferienorten wie Castiglioncello (hier malten einige Macchiaioli ihre toscanischen Landschaftsbilder) und Marina di Cécina oder Marina di Castagneto Donorático und San Vincenzo. Im Süden kommt man in Etruskerland, etwa zu den Nekropolen von Populonia über dem alten Hafen von Baratti.

Im Norden reichen die Hügelketten bis ans Meer, meist zwischen 150 und 250 m aufsteigend und gipfelnd im 379 m hohen Monte Pelato. Die Küstenstraße muß sich teilweise zwischen den Hügeln hindurchschlängeln zu den Badeorten, die entweder von steilen Felsen umrahmt sind oder breite, sandige Abschnitte besitzen.

Streckenlänge und -verlauf: 80 km. Nicht auf der Autobahn, sondern entlang der S.S. 1 (Aurelia) von Livorno Richtung Rom bis vor Follónica mit kurzen Abstechern nach Marina di Cécina (3 km), Marina di Bibbona (2 km), Bolgheri (5 km), Castagneto Carducci (4 km) und einem längeren nach Suvereto (ca. 20 km) sowie mit einem Umweg ab San Vincenzo entlang der Küste nach Piombino (22 km; verbunden mit der Besichtigung von Populonia, 5 km).

Öffentliche Verkehrsmittel: Bahnverbindung Livorno–Follónica auf der Strecke Genua–Rom; Lokalzüge halten an einigen der genannten Orte, desgleichen die Überlandbusse.

Livorno: Ewige Rivalität mit Pisa

1 (S. 352) Nach der vernichtenden Schlacht gegen Genua 1284 waren für Pisa Freiheit und Größe vorbei. Livorno dagegen entwickelte sich zur stärksten Rivalin. Dabei hatte Pisa selber im 10. Jahrhundert das Fischernest zu einer Hafenstadt ausgebaut. Gerade der Schwemmsand, der zur Verlandung des Pisaner Hafens in der Arno-Mündung geführt hatte, brachte Livorno am offenen Meer den richtigen Baugrund.

1421 kauften die Medici Livorno, denn sie benötigten dringend einen Militärstützpunkt und eine Hafenstadt. Hohe Investitionen folgten, 1571 wurde ein neuer Hafen gebaut und mit ihm die Stadt völlig umgekrempelt. So entstand die heutige Altstadt, vom Fosso Reale – einem breiten Kanal – umflossen, der auch die **Fortezza Nuova** (1590) zu einer Insel macht. All das genau gegenüber dem mediceischen Hafen, also schön übersichtlich: Die Via Grande durchzieht die Altstadt, in deren Zentrum der **Dom** (1594–1606, nach dem Krieg den alten Plänen entsprechend

wiederaufgebaut) an der Piazza Grande steht. Sie bildete einst mit der Piazza Municipio eine Einheit: den militärischen Paradeplatz der Medici. Seit 1990 besitzt Livorno hier eine ausgedehnte, einladende Fußgängerzone.

Politik hat in Livorno Tradition: 1921 wurde im Teatro San Marco die Kommunistische Partei gegründet, im Gefängnis, einem ehemaligen Dominikanerkloster, war der spätere Staatspräsident Sandro Pertini als Widerstandskämpfer eingesperrt.

Der Geburtsort des Malers Amedeo Modigliani (1884–1920) hat es, mit Pisa als stetige Rivalin, schwer, eigenes Profil zu zeigen. Der Gesamteindruck: eher Amsterdam denn Venedig, zwar von Haupt- und Nebenkanälen durchzogen, aber viele von ihnen sind überbaut. Grandios ist die Festung zum Schutz des Hafens, der wieder bedeutender wird. Im 18. Jahrhundert, als Pisa schon lange keinen eigenen Hafen mehr besaß, war der von Livorno der wichtigste an der toscanischen Küste überhaupt. Menschen aus aller Welt lebten hier, trieben Handel und fuhren zur See. Der Zweite Weltkrieg setzte dem Wohlstand ein vorübergehendes Ende: je wichtiger eine Stadt, desto sicherer war ihr der erbarmungslose feindliche Angriff. Wenig ist daher vom historischen Kern übriggeblieben, den die Medici als Idealstadt ausbauen ließen. Mehr dagegen von den breiten Straßenzügen des Faschismus: sauber aufgereihte, oft mit Marmor verkleidete, protzige Bauten, heute vielfach von Banken besetzt. Immerhin ist Livorno nach Florenz die zweitgrößte Stadt der Toscana, ein wichtiges Handels- und Industriezentrum, und von einem Chemiegürtel umschlossen. Raffi-

Entlang der Riviera degli Etruschi

Livorno

183

Die Fortezza Nuova in Livorno

nerien und die Eisenverarbeitung schaden der Umwelt am meisten. Am saubersten sind noch die Werften. Die *Accademia Navale* ist die wichtigste Marine-Universität des gesamten Mittelmeerraumes. Daher beherrscht noch heute – weißes – Militär das Straßenbild. Und Livorno hat sich zu einer Ausbildungsstadt entwickelt mit vielen Sprachschulen und Instituten. Schüler aller Altersklassen, Italiener wie Ausländer, beleben die Stadt und haben eine besondere Infrastruktur gefördert: Die meisten Gästebetten stehen in kleinen Hotels, Pensionen und Privatunterkünften.

Die Küste von Livorno bis Piombino

Livorno besitzt auch eine lange Badetradition: Schon im vergangenen Jahrhundert entstanden im Stadtteil San Jacopo entlang der Meerespromenade

des Viale Italia *bagni,* die zu den ersten Italiens zählen. Ihnen gegenüber die Villen der Reichen in ausladenden Gärten: ein wenig Zuckerbäcker-, ein wenig Bauhausarchitektur. Außer den Badeanstalten befinden sich am Meer Bootshafen und Vergnügungspark, Aquarium und Galopprennbahn sowie Sportplätze. Die Stadt dehnt sich weit nach Süden und geht in die Badeorte **Ardenza** und **Antignano** über. Um sie muß man an heißen Wochenenden einen großen Bogen schlagen wie um das Ausflugsziel Nummer eins, den Wallfahrtsort **Montenero:** Das hügelige Hinterland am Monte Burrone (193 m hoch) ist dicht mit immergrüner Macchia bewachsen, blühend und duftend im Frühjahr und Sommer, beerenreich im Herbst.

Castiglioncello **2** (S. 343) besitzt eine Bilderbuch-Mini-Bucht: sichelförmig mit schmalem Sandstrand, an dessen Rand sich bunte Badehäuschen drücken. Sehr privat, sehr italienisch wirkt der Ort insgesamt, viele Privat-Sommervillen und kleine Hotels verstecken sich im Pinienhain. Kurz danach ziehen sich die Colline Metallifere zurück und die Pineta beginnt, die weiter nach Süden in die Pineta Pisana übergeht. **Vada** ❸ hat schon einen herrlich breiten, fast weißsandigen Strand, der am Wochenende eine wahre Invasion erlebt. Besonders dicht und schön sind die Pinienwälder an der Flußmündung des Cécina mit **Marina di Cécina** ❹. Im Hain am rechten Ufer wurde, mit eigenem Strand und sicherem Bootshafen, einer der schattigsten Campingplätze der Toscana eingerichtet. Jenseits von Landstraße und Bahnlinie, Ausgangspunkt für eine sehr schöne Besichtigungstour: Folgt man dem unregulierten Lauf des Cécina nach Osten, ist nach 40 km Volterra erreicht (s. S. 314 ff.).

Lang und breit ist der Strand von **Marina di Bibbona** ❺, mit einer Festung geschmückt, die einst Livornos Seemacht stützte. In dieser Gegend stehen weniger geordnete *bagni*, es geht alles einfacher und lockerer zu, Sonnenschirme, vielleicht auch Liegestühle sind zu mieten, der weichsandige, langsam abfallende Strand ist ideal für Kinder und Nichtschwimmer.

An der nächsten Abzweigung geht es nach links: Genau 4,8 km lang ist die schnurgerade Zypressenallee nach **Bolgheri** ❻. Rechts und links säumen sie Olivenhaine, in die lange Reitwege führen. Im verschlafenen Nest oben steht man auf der Piazza Alberto vor dem Haus, in dem Giosuè Carducci (1835–1907) aufwuchs. Man kann es sich auf dem Platz gemütlich machen (bei einem *vino* oder *caffè* mit Blick über Pinien- und Ölbäume hinweg zum Meer) und in den kleinen Geschäften Wildschweinwürstchen und -schinken aus dem umgebenden Wald- und Farmland sowie Wein kaufen.

Zurück zur Küstenstraße. Flachabfallende Strände besitzt auch **Marina di Castagneto Carducci** ❼ (Donorático Mare), zu dem eine übertrieben breite Straße führt. Die Pinien rücken hier schon näher ans Meer, dahinter beginnen die fruchtbaren, bestellten Äcker mit den Colline Metallifere als Kulisse. Eine kurvige und aussichtsreiche Straße verläuft ost- und südostwärts durch die bewaldeten Hügel an der Ostflanke des Capo di Monte (522 m hoch) und des Monte Calvi (646 m) auf rund 20 km abwärts nach Suvereto, mit Ausblicken zum Meer und nach Piombino.

Am Beginn dieser Bergstraße liegt der zweigeteilte Wohnort des italienischen Dichters ›des neuen Italien‹, Giosuè Carducci: **Castagneto Carducci** 8 , schon ein nettes, mittelalterlich geprägtes Städtchen mit sehr engen Gassen. **Suvereto** 9 aber wirkt so, wie man sich ein Bergnest im Mittelalter vorstellt: steingepflasterte, steile, enge Gassen, zinnenbewehrte Paläste und Torbögen. Das Rathaus mit seinem Uhrturm und der Freitreppe unter einer klaren Loggia sowie die romanische Chiesa di San Giusto aus dem 10. und 12. Jahrhundert sind außerdem eindrucksvolle Sehenswürdigkeiten.

Weiter auf der Aurelia folgt **San Vincenzo** 10 (S. 363) in einem Steineichen- und Pinienwald mit einem bis zu 20 km langen Sandstrand, an dem die *Riva degli Etruschi* liegt, eine touristische Erschließung der Busgesellschaft LAZZI mit knapp 2000 Ferienbetten in Bungalows, Wohnungen und Hotels (großes Freizeit- und Sportangebot).

Von hier aus kann man fast schnurgerade 22 km nach Piombino fahren. Doch ein kurzer Abstecher (5 km) nach Populonia zu Füßen des 286 m hohen Monte Massoncello und vor dem zauberhaften **Golfo di Baratti** lohnt sich. Nirgendwo

ist die Bezeichnung dieser Küste als *Riviera degli Etruschi* so gerechtfertigt wie hier.

Fast niemand, der die etruskische Nekropole direkt gegenüber dem kleinen, rundgebogenen Sandstrand von Baratti besucht, hebt den Blick nach **Populonia** 11 oder fährt gar hin, und sollte es doch unbedingt tun. Hier, 181 m über dem Meer, gehen die Uhren zwar nicht anders, nur scheint es in Populonia niemand eilig zu haben. Das **Museum** mit Fundstücken aus den Nekropolen unten sperrt der Custode auf (am besten in der Bar fragen).

Die **Nekropolen von Populonia** sind im Gegensatz zum Museum Pflichtbesuch. Manche Gräber der *Necropoli Arcaia* und des nahen *Poggio La Porcareccia* auf der anderen Wegseite kann man nur gebückt betreten. Besonders schön ist die hausähnliche *Tomba di Bronzetto di Offerente,* imposant das Rund der *Tomba dei Carri* (7. Jahrhundert v. Chr.) mit 28 m Durchmesser, monumental die Bauweise des Grabes *Tazze Attiche* (5. Jahrhundert v. Chr.), eine Mischung aus ›Kirche‹ und Sarkophag. Alle Gräber tragen die Namen ihrer wichtigsten Funde, die zum größten Teil das Archäologische Museum von Florenz bereichern, nicht

Nekropolen von Populonia

Die mittelalterliche Burg von Populonia

das von Populonia, was die Bewohner des Dörfchens sehr ärgert.

Zur Geschichte: Populonia war als *Pupluna* der wichtigste etruskische Verarbeitungs- und Umschlagplatz für die Kupfererze aus den Colline Metallifere und das Eisenerz aus Elba. Zur Römerzeit avancierte es gar zur Hauptlieferantin Roms. Ungeheure Mengen an Schlacke – schätzungsweise zwei Millionen Tonnen auf einer Fläche von 200 000 m^2 – bedeckten die Nekropolen am Meer. Als Italien für die Kanonenkugeln des Ersten Weltkrieges Eisen brauchte, besann man sich auf die Schlacke von Populonia: Sie enthielt noch 54% Eisen, die etruskischen Schmelzmethoden waren noch nicht ausgereift. Bald strömten auch Archäologen und Grabräuber an den Golf von Baratti, denn unter den Schlackebergen fand man die etruskischen Nekropolen. Nicht alle sind bislang ausgegraben,

man vermutet u. a. noch eine riesige Nekropole unter dem Berg.

Piombino 12 (S. 358) liegt in der Mitte der toscanischen Küste, seine Berg-Halbinsel ragt wie ein Fühler ins Tyrrhenische Meer, zu dessen Inseln ständige Fährverbindungen bestehen. Im frühen Mittelalter Rivalin Populonias, das damals sogar Bischofssitz war, im 12. und 13. Jahrhundert ein Festungsort der Pisaner, erlebte Piombino später wechselnde Herrscher und wurde 1814 endgültig der Toscana zugeschlagen.

Schon der Name sagt's: *Piombo* heißt Blei, hier wurde Metall aus Elba verarbeitet; im 19. Jahrhundert fand eine durchgreifende Industrialisierung statt. Hochöfen bestimmen noch immer das Stadtbild, obwohl der Erzabbau auf Elba der – jüngsten, EU-bestimmten – Vergangenheit angehört. Dennoch ist die Altstadt recht hübsch und der Blick auf das nahe Elba ohnehin.

Durch die Küsten-Maremma: Von Follónica bis Orbetello

Dieser Küstenabschnitt der Maremma gehört bis zur Grenze mit der Region Latium im Süden zur großflächigen Provinz Grosseto. Flußmündungen, Bäche und Kanäle prägen das Landschaftsbild ebenso wie die grüne Pineta del Tómbolo und der vielleicht schönste Naturpark der Toscana, der Parco Naturale della Maremma, auch Monti dell' Uccellina genannt. Durch drei Dämme mit dem Festland verbunden ist die frühere Insel Monte Argentario, ein Berg mit einem schönen Hafenort und einem begehrten Ferienhafen. Dazwischen liegt in der Lagune das hübsche, aber mükkengeplagte Orbetello und auf dem Festland gegenüber ein etruskisches Wunderwerk der Ingenieurbaukunst, die Tagliata Etrusca, die den damaligen Hafen vor Verlandung schützte.

Einst galt das Land zwischen Follónica und über die Latium-Grenze hinweg bis vor Tarquinia als verflucht: malariaverseucht. Die Provinz Grosseto lebt aber heute nicht schlecht vom Hinterland der inzwischen trockengelegten Maremma (von *marittima* = ›meernahe‹): Das intensiv landwirtschaftlich genutzte Gebiet ist sehr fruchtbar, Haupteinnahmequellen sind Getreide- (wie zur Römerzeit, vor der Versumpfung) und Weinanbau, Pferde- und vor allem Rinderzucht (weiß-graue, riesige sogenannte Maremmane). Die Cowboys der Maremma, die *butteri,* sind meist wie die Schäfer der Toscana bereits vor Generationen aus Sardinien eingewandert. Die Hügel des Hinterlandes gelten als begehrtes Jagdgebiet, in den Flüssen und den zahlreichen Kanälen zur Entsumpfung der Maremma schlagen die Herzen der Hobbyangler höher, wird auch kommerzielle Fischerei betrieben.

Auch von ihren Stränden lebt die Maremma nicht schlecht: Punta Ala ist der Retortenort mit dem größten Yachthafen der Küste und ein Golfer-Dorado, Castiglione della Pescaia dagegen der gewachsene Fischerort, vor allem mit regionalem Tourismus.

Streckenlänge und -verlauf: 75 km (mit Grosseto). Erst auf der schmalen S.P. 322, dann weiter auf der Superstrada Grosseto – Orbetello, die der alten S.S. 1 Aurelia Etrusca entspricht. Abstecher nach Punta Ala (9 km). Die breite Ombrone-Mündung versperrt den Weg in den Süden, man muß den Bogen nach Grosseto schlagen und südlich davon den Fluß überqueren, ein kurzes Stück die Superstrada nehmen, dann eventuell zum südlichen Ombrone-Ufer am Naturpark (13 km) fahren. Die Autobahn führt bis Orbetello und darüber hinaus zur Regionalgrenze mit Latium. Schon vor Orbetello verbindet der erste Damm, der Tómbolo della Giannella, die Küste mit Porto Santo Stefano/Monte Argentario (14 km). Abstecher von Orbetello Scalo zur Tagliata Etrusca (7 km).

Öffentliche Verkehrsmittel: Die Bahnstrecke Genua – Rom besitzt Stationen in Follónica, Grosseto und Orbetello Scalo. Busverbindungen von Grosseto nach Castiglione della Pescaia.

Golfo
di Follónica

1 Follónica

Rondelli

Valpiana

Pécora

Portiglione

Scarlino
Scalo

Punta
Hidalgo

Torre
Civette

Scarliono

Gavorrano

M. d´ Alma
559 m

Punta Ala

2 Punta Ala

Caldana

S.P.
322

Alma

Poggio Ballone
630 m

Tirli

Rigo

Vetulonia

*Etruskische
Nekropolen

Bruna

Poggio Petriccio
342 m

Mulino
dell` Ampio

Buriano

3 Castiglione
della Pescaia

C. Badiola

la Fornacette

Casotto
dei Pescatori

Tyrrhenisches

Meer

Marina
di Grosseto

4

Pineta del Tómbolo

Grosseto

Principina
a Mare

Ombrone

Spergolaia

Rispescia

Marina
di Alberese

Alberese

Poggio Lecci
415 m

M. Bottigli
319 m

5 Parco Naturale

Monti dell´ Uccellina

M. Cornuto
246 m

d. Maremma

Montiano

Talamone

(Via Aurelia)

Fonteblanda

Osa

Pereta

Magliano

S. Donato
Vecchio

S. Donato

Giglio

Porto **6**
S. Stefano

Tómbolo di Giannella

S.S.
1

Albegna

Cala
Piccola

Laguna **8**

Poggio d. Leccio
353 m

*Marsiliana

*Monte
Argentario*
il Telégrafo
635 m

Orbetello

di Orbetello

Orbetello
Scalo

*Banditella
(Nekropolen)

M. Cavallo
234 m

Tómbolo di Feniglia

7 Port`
Ercole

Tagliata
Cosa **Etrusca

Ansedonia

9

Monteti
425 m

Lago
Acquato

Capalbio

Carige

0   N   5 km

Lago
di Burano

Pescia
Fiorentina

Küsten-Maremma

189

Zwischen Retortenort und Naturschutzgebiet

Das industriell geprägte **Follónica** 1 (S. 349) mit seinen modernen Häusern und dem schmalen Strand ist alles andere als eine Schönheit. Ein dichter Pinienhain erstreckt sich weiter südlich zwischen der Landstraße und dem Meer, dort haben sich einige Campingplätze etabliert. Einer gehört sicher zu den schönsten der Toscana und trägt ausgerechnet den Namen des anschließenden Edelferienortes aus der Retorte, nämlich Punta Ala (bei Torre Civette).

Auf beiden Seiten des Alma-Flusses führt je eine Straße zur Spitze der Halbinsel, nach **Punta Ala** 2 (S. 361) inmitten eines der dichtesten und größten zusammenhängenden Pinienwälder der Toscana, bestehend aus vier Hotels der Luxusklasse und vielen feinen Appartementhäusern und Villen, Golfplatz, Yachthafen, Kongreßzentrum, Sportanlagen, Cafés, Restaurants, Geschäften. Punta Ala war früher nur eine geographische Bezeichnung, ein General Mussolinis baute sich an erhöhter Stelle ein Schlößchen – das war alles. Der Mailänder Ingenieur Pesenti hat das Gebiet nach dem Zweiten Weltkrieg erworben und erschlossen, es folgten Landverkauf, der Bau von Privatvillen und 1960 das erste Hotel. Inzwischen finden hier Golfmeisterschaften und Reitturniere statt, Segelregatten und Kongresse; alles, was gut und teuer ist, gibt es in Punta Ala, das sich selber rühmt, teurer als Forte dei Marmi und die sardische Costa Smeralda zu sein.

Ganz anders gibt sich **Castiglione della Pescaia** 3 (S. 343). Der Fischer- und Hafenort in und an der Mündung des Bruna-Flusses liegt am Rande ausgedehnter Pinienwälder, die bis nahe an den Strand reichen. Aber oben auf dem Poggio Petriccio (342 m hoch) thront das hübsche Castello (ab dem 10. Jahrhundert). Von dort oben ist am besten zu erkennen, was die wahre Schönheit des bei italienischen Familien sehr beliebten Badeortes ausmacht: Der Fluß, in den sich vorher zahlreiche Kanäle ergießen, bildet hier eine breite, lagunenartige Mündungslandschaft, teilt Castiglione in Alt- und Neustadt. Fischerkähne schaukeln in der Flußmündung, und so manche Urlauberboote. Weit und breit ist keine Industrie in Sicht, die das Meer oder die Luft verschmutzen könnte. Eine schöne heile Ferienwelt mit netten Gassen zum Bummeln, vielen Restaurants und Bars, Pensionen und einem Campingplatz am Südufer. Ein durch und durch italienischer Ferienort, den ein paar fremde Genießer sicher nicht aus der Ruhe bringen werden.

Zum Tiefdurchatmen ist auch die **Pineta del Tómbolo** 4, die sich am Meer entlang bis an die Ombrone-Mündung hinzieht. Der Name sagt's: Pinien über Pinien. Die Strände davor gehen ineinander über: **Marina di Grosseto** und **Principina a Mare,** mit Campingplätzen.

Das letzte Stück relativ wild gebliebener Maremma zwischen Principina a Mare im Norden und Talamone im Süden wurde (weil hier im Winter viele Zugvögel Station machen) zum Naturpark erklärt: **Parco Naturale della Maremma** oder **Parco Naturale Monti dell' Uccellina** 5. Undurchdringliche Steineichenwälder und Macchia gehören auf den Hügeln dazu, große Weideflächen, einst für wilde, jetzt für freilebende, gezüchtete Pferde und Rinder und die sumpfige Mündung des Ombrone, der im Norden eine zerfranste Tümpel- und Seenlandschaft bewahren

Die lagunenartige Mündungslandschaft in Castiglione della Pescaia

durfte. In **Alberese** kann man eine Besichtigungsfahrt auf der privaten Straße bis zum Meer und dem Torre di Collelungo unternehmen (mit Genehmigung; manchmal auch montags, sicherer mittwochs, samstags, sonn- und feiertags von 9 Uhr bis eine Stunde vor Sonnenuntergang).

Monte Argentario: Eine Insel, die keine mehr ist

Einen richtigen Inselcharakter hat der Monte Argentario natürlich nicht, weil er im Norden (Tómbolo della Giannella, mit Campingplätzen) und im Süden (Tómbolo di Feniglia mit feinen Villen) jeweils über eine versandete Landzunge mit dem Festland verbunden ist. Die mittlere Landzunge, auf deren Spitze der Ort Orbetello errichtet wurde, ist mit der früheren Insel über einen Damm *(La Diga)* verbunden. Eigentlich stellt der Argentario ein massives Vorgebirge der Küste dar, weshalb er selber eine recht ausgezackte Küstenlinie zeigt, fast überall steil ins Meer abfällt und sich kleine Buchten ausgebildet haben. Auf den Spitzen der Landzungen stehen Verteidigungstürme, Zeugen einer wechselvollen Geschichte. Ganz dicht mit Macchia und Pinienwald bewachsen, ist der Argentario landschaftlich eine Augenweide. Vom Charakter her recht dunkel, wären nicht die zwei zauberhaft hellen, großzügigen Hafenbuchten von Porto Santo Stefano, dem Hauptort im Nordwesten und Port' Ercole im Osten. Nur 26 km lang ist die Küstenstraße, im Süden vom höchsten Gipfel, des 635 m hohen **Monte Telégrafo,** teilweise unterbrochen.

Schon im Altertum wurde dem Monte Argentario viel Aufmerksamkeit gewidmet: Die Etrusker vom nahen Cosa hüteten diesen Besitz, die Phönizier haben angeblich Port' Ercole gegründet, unter den Römern soll die Insel einem berühmten römischen Bankier-Geschlecht, den Domizi Enobardi, genannt Argentarii (weil sie viel Silber besaßen) gehört haben, daher der Inselname Monte Argentario (Silberberg). Das ganze Mittelalter hindurch bis 1557 gehörte das Gebiet der Republik Siena, bis 1800 (unter Filippo II.) Spanien, das die mächtigen Festungen errichten ließ. Danach wurde es dem Reich Etruria und später dem Großherzogtum Toscana zugeschlagen.

Porto Santo Stefano (S. 360) entstand erst um 1600 durch Einwanderer aus Ligurien, der Toscana und aus Süditalien. Noch heute ist die Stadt Hauptort und wirtschaftliches Zentrum des Argentario, See- und Fischereihafen zugleich. Und inzwischen leben viele der 15 000 Einwohner recht gut vom Tourismus. Die Häuser der Stadt ziehen sich von den beiden Häfen die steilen Hänge hoch. Auch außerhalb der touristischen Saison herrscht hier Leben, die Bewohner machen einen ausgeglichenen Eindruck und sind zurückhaltend-gastfreundlich. Fast aus den Fugen gerät das Städtchen allerdings am Ende des *Ferragosto,* beim großen Sommerfest mit riesigem Feuerwerk.

Das kleine, lebhafte **Port' Ercole** (S. 360) besitzt einen hübschen Yachthafen, von zwei trutzigen Kastellen und einem Fort (Militärsperrgebiet) gekrönt, die totalen Überblick über das großzügige, natürliche Hafenbecken bieten. Man sieht dem Ort an, daß er trotz Tourismus noch immer ein Fischerdorf geblieben ist. In Port' Ercole, das wie die Lagune von Orbetello mehr schlecht als recht mit der Moskitoplage zurechtkommt, und auch am langen, feinsandigen Strand von **Feniglia,** haben sich viele reiche Italiener und andere Europäer niedergelassen, Villen gebaut, die sie nur ein paar Wochen im Jahr bewohnen. Die niederländische Königsfamilie hat hier einen überdimensionalen Besitz, ganz in der Nachbarschaft der Luxusherberge Il Pelicano im dichten alten Olivenhain, ein sehr schönes kleines, luxuriöses Hotel aus einzelnen Natursteinhäusern, aber auch dieses mückengeplagt.

Orbetello  (S. 357) schließlich, mitten in der Lagune beziehungsweise im gleichnamigen Naturschutzgebiet, ist ein recht verschlafenes Nest mit urbanem Charakter und bei italienischen Feriengästen sehr beliebt, weshalb es mehrere Hotels, Strandbäder, Restaurants und Kinos besitzt. Sehenswert sind hier die spanischen Befestigungsanlagen (16.–18. Jahrhundert) und der gotische Turm (14. Jahrhundert), übrigens ein gutes Beispiel Sieneser Baukunst, und vielleicht noch die archäologische Sammlung im **Palazzo della Pre-**

tura (auf Anfrage zu besichtigen), obwohl diese in Ansedonia (s. u.) eine erhebliche Konkurrenz bekommen hat. Orbetello sieht man seine klare städtebauliche Konzeption an: gerade Straßenzüge mit bescheidenen bis herrschaftlichen Wohnpalästen, nichts Protziges, einfach, aber relativen Wohlstand signalisierend. Zur Zeit der Spanier war Orbetello Hauptort des Präsidialstaates, 1708 fiel es an Österreich und 1736 an die Bourbonen von Neapel, 1808 wurde es Etrurien angegliedert, 1815 dem Großherzogtum Toscana.

Porto Santo Stefano und Port' Ercole sind ebenso wie Orbetello geeignete Ausgangspunkte für Ausflüge zu den wichtigsten Etruskerstädten der Toscana (und Latiums) sowie in unberührte

Fischer in Porto Santo Stefano

Kapitell der Kirche in Orbetello

Naturlandschaften. Im Süden schließt sich der Lago di Burano mit seinem sumpfigen Schilfgebiet an, im Norden das ausgedehnte Naturschutzgebiet der Maremma (s. o.). Am Lago di Burano hat der WWF auf 300 Hektar Land ein Tierreservat eingerichtet, hauptsächlich für Wasservögel, Stachel- und Wildschwein, Fischotter und Kormorane.

Ansedonia 9 liegt nur einen Katzensprung entfernt auf dem Festland am Ende des Tómbolo di Feniglia. Nicht wegen seiner Villen und des Strandes wichtig, sondern wegen einer besonderen Sehenswürdigkeit etruskischen Ursprungs: Die **Tagliata Etrusca** ist ein in den Felsen gehauener Kanal, der bis heute den Hin- und Herfluß des Wassers so reguliert, daß eine Versandung des Hafengebietes verhindert wird. Wie der Kanal genau funktioniert, ist noch immer nicht vollkommen erforscht. Er

bleibt ein Meisterwerk der etruskischen Ingenieurbaukunst!

Ansedonia liegt auf dem Gebiet der ehemaligen Stadt **Cosa,** die die Römer 280 v. Chr. im Kampf dem etruskischen Stadtstaat Vulci abgenommen hatten. Ab 273 v. Chr. römische Kolonie, jedoch wahrscheinlich schon im 5. nachchristlichen Jahrhundert zerstört. Auf Cosas Grundmauern errichtet, erlebte Ansedonia eine wechselvolle Geschichte: von den Franken erobert, von Karl dem Großen den Benediktinern zum Lehen gegeben, Ende des 10. Jahrhunderts von den Sarazenen eingenommen, die 1100 ihrerseits vertrieben wurden, und 1330 von Siena völlig zerstört.

Der mittelalterliche Turm am Strand trägt den Namen Puccinis, weil der große Musiker hier Teile der »Tosca« komponierte.

1982 wurde ein Museum im interessanten Ausgrabungsgebiet von Cosa errichtet, einem Hügel, auf dem 2500 Familien der römischen Kolonie gelebt haben sollen. Das **Museum** (für längere Zeit geschlossen) zeigt Funde von den Ausgrabungen 1947 bis 1971: Mosaiken und Inschriften, zahlreiche Glasscherben, Elfenbein- und Bronzefiguren, Amphoren, Münzen und mehrere Torsi sowie eine etwa 60 cm hohe Faunfigur aus Marmor. Geschmackvoll präsentiert in einer Innenarchitektur aus Holz und Plexiglas, die in angenehmem Widerspruch zur ausgestellten Antike steht. Rings um das Museum breitet sich das Ausgrabungsfeld, von uralten Ölbäumen und hohen Affodills mit ihren zarten weißen Blütendolden überwuchert. Jeden Schritt begleitet der Duft von zwergenhaften Kamillenblüten. Zu sehen sind Reste des Forums und der Akropolis, von Tempeln und Wohnhäusern sowie ein Stadttor und wunderbar angelegte Steinstraßen.

Der Toscanische Archipel

Elba: Napoleon als Maskottchen

(S. 345 ff.) Was wäre Elba ohne Napoleons kurzen unfreiwilligen Aufenthalt hier? Es hätte zumindest einige historische Gedenkstätten weniger, ebenso die Paläste, in denen der abgedankte Kaiser residierte; auch eine Einsiedelei würde kaum Romantikerherzen höher schlagen lassen, wenn nicht bekannt wäre, daß sich hier Napoleon heimlich mit seiner Geliebten traf.

30 000 Menschen leben auf der größten toscanischen Insel (224 km²). Über 12 000 Gästebetten in rund 300 Hotels und Pensionen und mehr als 15 000 Privatbetten gibt es – Platz genug für über zwei Millionen Urlauber im Jahr, ein Fünftel des gesamten Touristenaufkommens der Toscana. Mehr als 50 % der Elba-Touristen sind Italiener. Sie kommen vor allem im Hochsommer, die meisten Ausländer dagegen in der Vor- und Nachsaison, etwa im Mai und Oktober, den schönsten Monaten des Jahres (Blütezeit, Weinlese, Wild- und Pilze-Saison).

Elbas Hotellerie gilt aus ausgezeichnet strukturiert, mit Häusern in allen Kategorien, aber alle preislich etwas höher angesiedelt. Fast überall wurde so niedrig gebaut, daß die umgebenden Baumwipfel die Häuser überragen, mit einer einzigen Ausnahme in Portoferraio (ausgerechnet ein Verwaltungsgebäude der Stadt). Wassersport – insbesondere Tauchen, Segeln, Schwimmen und Wasserskifahren – ist das wichtigste Anliegen der Elba-Urlauber, die hier bei fast garantiertem Schönwetter normalerweise eher Ruhe denn Rummel suchen. Sehr begehrt sind die Strände und Buchten, auch viele kleine, einsame, nur mit einem Boot vom Meer her zugänglich. Während der sommerlichen Saison kann man die Insel, deren Küstenlänge 147 km beträgt, auch auf organisierten Bootsausflügen umrunden.

Die meisten Elbaner arbeiten in Portoferraio: im Hafen, in den Geschäften und Restaurants oder im Handel und im Tourismus, der inzwischen die besten Möglichkeiten bietet. Doch viele Einheimische finden an ihrem Arbeitsort keine Wohnung, weil mehr als 1000 Appartements an Touristen vermietet werden, die für die kurze Urlaubszeit mehr zu zahlen bereit sind. Hinzu kommt die Wasserknappheit im Sommer, und zwar inselweit: Während für die Privathaushalte zeitweise Wassersperre besteht, werden die Hotels rund um die Uhr mit dem kostbaren Naß versorgt. Freilich müssen auch diese – sicherheitshalber – noch eigene Reserven haben.

Streckenlänge und -verlauf: 140 km Inselumrundung, mit Stichstraße weitere 45 km. (Die Hauptstraßen sind gut ausgebaut, auch wenn sie zum überwiegenden Teil sehr kurvenreich sind.)

Die Strecke im Norden (zwischen der äußersten West- und der Nordostspitze) führt über Marciana Marina, Procchio, Portoferraio und Porto Azzurro (ca. 65 km), mit einem Abstecher nach Capolíveri (3 km); anschließend Umrundung der kleinen, aber bergigen Halbinsel von Capolíveri (ca. 20 km).

Die Südtour beginnt in Portoferraio und verläuft über Lacona, Marina di Campo, Cávoli zur nordwestlichen Punta Polveraia (ca. 55 km). Querverbindungen: Marina di Campo – Marciana – Mar-

◁ *Blick auf Portoferraio mit Yachthafen*

ciana Marina (sehr kurvige 25 km), Marina di Campo – Procchio (10 km), Portoferraio – Lacona (10 km).

Flug- und Fährverbindungen: Der kleine Flugplatz von Marina di Campo im Süden ist mit Pisa verbunden, zeitweise auch mit München und anderen europäischen Städten. Während der Saison bestehen dichte Fährverbindungen zwischen Piombino und Portoferraio, Cavo, Rio Marina mit Weiterfahrt nach Porto Azzurro; außerdem verkehren Fähren zwischen Livorno und Portoferraio.

Öffentliche Verkehrsmittel: Die größeren Orte der Insel sind von Portoferraio aus mit den Linienbussen von ATL erreichbar, die einsam gelegenen allerdings nicht, man ist dann auf einen Wagen oder ein Motorrad angewiesen – oder auf ein Fahrrad.

Portoferraio:
Der ›Eisenhafen‹

1 (S. 346 f.) Die meisten Elba-Touristen kommen mit der Fähre im Hauptort Portoferraio an, dem ›Eisenhafen‹, wie der Name übersetzt heißt. Er ist der wichtigste der Insel, wie schon zur Zeit der Etrusker, die mit der Ausbeutung der Eisenerze Elbas begonnen hatten und es von hier nach Populonia (s. S. 186 f.) zur Verhüttung transportierten.

Portoferraio ist ein schönes altes, lebhaftes Städtchen, die Visitenkarte der Insel. Es klettert vom großbogigen natürlichen Hafenbecken den Hausberg hinauf bis zum Palazzo dei Mulini, einem der beiden offiziellen Sitze Napoleons auf Elba an der mediceischen Doppelfestung. Breite, geradezu theatralisch wirkende Treppengassen führen hinauf und bestimmen das Bild Portoferraios, des-

Elba

sen Häuser von einer mächtigen mediceischen Mauer eingeschlossen sind.

Von der Hafeneinfahrt kommend, blickt man direkt auf das Stadttor, das eher wie ein Schlupfloch in der Mauer wirkt. Dahinter – fast überraschend – öffnet sich die querliegende, großzügige und doch provinziell-nett wirkende **Piazza Cavour.** Geschäfte, Cafés, Restaurants, eben ein typischer, südländischer Hauptplatz, lebhaft, vielbefahren, besonders an Markttagen.

Der nächste Platz liegt gleich dahinter, die **Piazza della Repubblica,** an deren linkem Rand die Via Garibaldi beginnt, die wiederum in einer der breiten Treppengassen endet, die zur Festung hinaufführt. Doch gleich zu Beginn der Treppengasse geht es rechts in die kleine Via della Misericordia mit der winzigen Kirche **San Cristino,** des Schutzpatrons der Insel. Der Blick von dieser barocken Kirche auf die Festung hoch ist recht hübsch. Und, den schweren Vorhang zur Seite geschoben, findet man innen die Totenmaske Napoleons und eine Kopie seines Sarkophages.

Zurück zur Treppengasse und hoch durch einen Torbogen gelangt man in die **Palazzina Napoleonica dei Mulini,** einen mediceischen Palast, den Napoleon zu seiner Residenz ausbauen ließ (1814–1815). Die Wohnräume Napoleons (werktags 9–14, So 9–13 Uhr) wurden in den letzten Jahren wieder hergerichtet. Ein Kleinod ist die Bibliothek, die der gerade abgedankte und dann wieder zurückgerufene Kaiser der Gemeinde von Portoferraio vermacht hatte. Von der ersten Parkanlage direkt an der Villa dei Mulini genießt man einen herrlichen Rundblick. Unten am Hafen, am Ende der Medici-Mole, wurde das restaurierte mediceische Salzmagazin mit der trutzigen **Torre della Linguella** (Turm der Landzunge) zum **Archäologischen Mu**-

seum ausgebaut (unsichere Öffnungszeiten).

Abstecher: An der Meerseite von Portoferraio liegen die schwefel- und jodhaltigen Quellen der **Terme di San Giovanni,** wo Rheuma und Hautkrankheiten kuriert werden.

Etwa im Scheitelpunkt der großen Bucht (mit Portoferraio im Visier) erreicht man die römischen Ruinen der **Villa delle Grotte,** von der erst wenig (1964–1968) ausgegraben wurde, aber die Lage der Villa des römischen Präfekten Publius Acilius Attianus (2. Jahrhundert) ist bestechend schön.

Auch wer sich nicht allzu sehr für Napoleon interessiert, besucht als sogenannte Pflichtübung auf Elba die **Villa Napoleonica** in San Martino, nur 6 km von Portoferraio entfernt (Busverbindungen). Napoleon ließ seine Residenz über der Villa Demidoff aufbauen. Der Name Villa Napoleonica stammt allerdings erst von 1851, als der russische Prinz das Anwesen erwarb und daraus ein napoleonisches Museum machte. Mit Teilen der Originaleinrichtung und einem ›Ägyptischen Zimmer‹, in dem an einer Wand, durch eine Glasplatte geschützt, Napoleon selber gekritzelt hatte: »Cum quit ... felix« – wo auch immer, er sei glücklich. Interessant sind in dieser Gedenkstätte Napoleons zwei Blätter, die eine deutsche Inschrift haben, die »Stufenleiter des Aufstiegs und Niedergangs Napoleons«: Napoleon als korsischer Knabe, Glücksritter in Paris, Konsul, Kaiser der Franzosen, Rückzug aus Rußland, Vertreibung aus Deutschland – und vor der Terrasse der Villa mit Blick auf den Hafen von Portoferraio. In der Villa Demidoff darunter befindet sich die **Pinacoteca Forsiana** mit Kunstwerken, vor allem der Malerei, aus dem 19. Jahrhundert (beide Museen werktags 9–14, So 9–13 Uhr).

Napoleons Nachlaß

Am 4. Mai 1814, nach seiner Abdankung in Fontainebleau, landete Napoleon I. als Souverän der Insel auf Elba. Ein Kaiser, der die halbe Welt zu regieren gewohnt war, mußte sich ab jetzt mit einem kleinen Eiland begnügen! Nun, Napoleons Tatendrang war auch hier nicht zu bremsen: Als er am 26. Februar 1815 Elba wieder verließ, um sein früheres Weltreich – für kurze Zeit – wiederzuerobern, hatte die Insel eine funktionierende Verwaltung und die Ansätze für eine bis heute florierende Landwirtschaft (Obst- und Weinanbau) sowie die Förderung der Eisenerzindustrie. Auch der intensive Abbau von Mineralien beziehungsweise Halbedelsteinen soll auf diese Zeit zurückgehen. Pyrit, Quarz, Turmalin, Azurit, Serpentin und Hämatit sind sozusagen die Spezialitäten Elbas, wie man bei der Besichtigung des Museo Minerario in Rio Marina erkennen kann. In vielen Geschäften wird heute eine große Auswahl glitzernder und von der Natur schön geformter Steine angeboten.

Napoleon in der Verbannung auf Elba vor seiner Rückkehr nach Frankreich, 1815

Wilder Westen

Von Portoferraio geht es nach Westen Richtung Procchio. **Le Ghiaie** 2 heißt der Hausstrand von Portoferraio, der als erster zu sehen ist, ein netter Kiesstrand zu Füßen der Festung. Über Aquaviva führt die Route zum Capo Enfola, Ginsterbüsche rechts und links, bis man plötzlich zu beiden Seiten das Meer hat: Ganz schmal ist der **Isthmus von Enfola,** beiderseits erstrecken sich kleine felsige Buchten. Das Kap erreicht man nur zu Fuß, in wenigen Minuten. Stark duftet hier der macchiabedeckte Boden des Pinienwaldes, der sehr an die grünen Wälder der Maremma auf dem Festland erinnert.

Fein ist der Strand von **Procchio** 3 (S. 347), vielleicht einer der schönsten öffentlichen der Insel, mit den typischen Einrichtungen eines Badeortes (Kabinen, Duschen, Verleih von Schirmen und Liegen etc.).

Die Nachbarbucht **Biodola** mit gröberem, aber hellem Sandstrand und schönen Hotels ist eine von Elbas Prachtbuchten, allerdings während der Saison vollkommen überlaufen.

Die Straße windet sich über der Steilküste und führt wieder ans Meer hinab. Das schönste Seebad – und bei den Italienern vom Festland wohl am beliebtesten – dürfte **Marciana Marina** 4 (S. 345) sein, das inzwischen wegen des florierenden Tourismus auf 1800 Einwohner angewachsen ist. Auch hier reichen die Pinienwälder bis ans Meer, den Bootshafen bewacht ein dekorativer Turm, die Häuser abseits des eher bescheidenen kiesigen Strandes – besonders hübsch entlang der Via Cotone am östlichen Ende des Ortes – stehen auf kantigen Felsen. Wo diese Platz lassen, liegen kleine, buntbemalte Boote. Im Hintergrund die Weinhänge von Marcia-

na und der höchste Gipfel der Insel, der Monte Capanne.

Marciana Alto 5 in 358 m Höhe, ist wahrscheinlich Elbas hübschester Bergort, überragt von einer malerischen Burgruine, der **Fortezza Pisana** (auch Auffahrt außen herum mit dem Wagen möglich). Eng und steil sind die Gassen und Treppen, Blumentöpfe mit riesenhaften Hortensien verengen sie noch. Mittendrin das **Museo Archeologico** (im Sommer tgl. 9–13 und 14–19 Uhr, im Winter auf Anfrage, ✆ 05 65–90 10 76), das vorgeschichtliche Funde und solche aus der Etrusker- und der Römerzeit besitzt.

Hier beginnt der steile, wunderschöne Aufgang zur **Madonna del Monte** 6. Eine gute Stunde sollte hierfür einberechnet werden, erst geht es über eine Treppengasse, dann über Felder und durch dichten Wald mit prächtigen Eßkastanien und Akazien. Diesen anstrengenden Weg nehmen auch viele Wallfahrer am 15. August. Zu Elbas wichtigster Wallfahrtskirche (1595 neben einer Einsiedelei errichtet), die ein wundertätiges Madonnenbild aus dem 15. Jahrhundert birgt, das auf einen Granitblock gemalt wurde.

Die meisten Besucher aber steigen hinauf wegen einer recht romantischen Geschichte, die sich an der Kirche in 630 m Höhe abspielte. Hier, an der erfrischenden Quelle und dem schönen Halbrund (Exedra), unter uralten Kastanienbäumen, traf sich am 1. September 1814 Napoleon mit seiner polnischen Geliebten, der Gräfin Maria Walewska und dem gemeinsamen Sohn Alexander. Heimlich und nur für zwei Tage. Denn Napoleon hatte nicht nur die Intoleranz seiner Gemahlin Maria Louise zu fürchten, die ihrerseits einen Besuch angekündigt hatte, sondern auch die Gefühle der strenggläubigen Inselbevölkerung

Aufstieg zur Wallfahrtskirche *Madonna del Monte*; hier traf sich Napoleon mit seiner polnischen Geliebten

zu achten. Er wollte seine Beliebtheit bei den Elbanern nicht aufs Spiel setzen, und eine öffentliche Romanze hätte auch nicht zu seiner Auffassung von staatsmännischem Auftreten gepaßt.

Marciana Alto ist auch Ausgangspunkt der Gondelbahn auf den **Monte Capanne** (1018 m). Wer keine Angst vor den schaukelnden kleinen Gondeln hat (nur für ein bis zwei Personen), sollte die Fahrt nicht missen. Abwärts geht es auf recht gemütlichen, aber auch auf steilen Wegen, man hat die Wahl. Der Aufstieg von der Bergstation auf den Gipfel ist eher etwas für Geübte. Keine Frage, daß man von dort oben den schönsten und weitesten Rundblick über fast die ganze Insel genießen kann!

Parallel zu Marciana Alto, über eine enge Schlucht hinweg (3 km), liegt das kleinere **Poggio** 7 inmitten eines dichten Kastanienwaldes in 330 m Höhe. Enge Treppengassen durchziehen auch dieses ehemalige Bergarbeiterdorf, das terrassenförmig angelegt ist.

Zurück zur Küste und weiter nach Südwesten: Steil fallen die Felsplatten hier zum Meer hin ab, herrliche Liegeplätze zum Sonnen und Genießen. Und für Einsamkeitsfanatiker ein wahres Paradies. Wo sich ein wenig Macchia an die glatten Felsen klammert, duftet es intensiv nach Rosmarin. Aus allen Felsritzen quillt das köstliche Kraut heraus: Kriechrosmarin, buschiger Rosmarin mit dicken Nadeln. Der Boden ist hier so karg und trocken, daß man sich fragt, woher die Pflanzen die Kraft zum Wachsen nehmen.

Fetovaia 8, eine tiefe Bucht mit kleinem Sandstrand, ist besonders reizvoll, kleinere Boote suchen Zuflucht hinter der natürlichen Mole. Dann folgen vor und in **Cávoli** 9 mehrere kleine Buchten. **Marina di Campo** 10 (S. 346) ist in ihrer Mitte das Zentrum der Südküste, ein altes Fischerdorf, das sich touristisch zwar stark entwickelt hat, ohne jedoch seinen ursprünglichen Charakter ganz abgelegt zu haben. Es besitzt einen herrlichen Sandstrand und als dessen Abgrenzung die längste Promenade der Insel, eine geeignete *passeggiata*-Meile für Einheimische (2000 Einwohner) wie Touristen. Die Hotellerie ist ausgewogen, ebenso Art und Anzahl der Restaurants, es gibt zahlreiche Ferienwohnungen zu mieten und die wohl begehrtesten Campingplätze im Osten Elbas.

Zu Marina di Campo gehört auch der 3 km entfernte kleine Flugplatz der Insel. Marina liegt übrigens innerhalb des Gemeindegebietes von Campo nell' Elba, dem früher bedeutenden Granit-Abbaugebiet der Insel. Einen Besuch wert sind hier die winzigen Dörfer **Sant' Ilario in Campo** 11 (Granitbrüche) und **San Piero in Campo** 12 (romanische Kirche mit – verblaßten – Fresken).

Strandleben in Marina di Campo

Den Osten kennt man eher

Von der Ebene von **Lacona** schiebt sich eine Landzunge fast 3 km weit nach Süden bis zur Punta della Stella. Im Westen bildet sich der schöne, sehr beliebte **Golfo di Lacona** 13 aus, im Osten der **Golfo della Stella** 14 mit Elbas größter Sandbucht, der Spiaggia Grande: ein Magnet für Wochenendausflügler.

Ein Anziehungspunkt ganz anderer Art findet sich auf der östlichen Halbinsel Calamita (bis 413 m hoch): das frühere Bergarbeiterdorf **Capolíveri** 15 (S. 345) in 167 m Höhe inmitten von Weinbergen. Das Bergwerk von Calamita ist zwar, weil die EU-Bestimmungen es so verlangten, stillgelegt worden, doch alle Einrichtungen für den Erzab-

bau stehen noch so da, als wollte man am nächsten Morgen mit der Arbeit fortfahren. Von der **Punta Calamita,** ganz im Süden der Halbinsel, wird berichtet, daß Seefahrer einen höllischen Respekt vor diesem Gebiet haben, weil man sich wegen der starken Kräfte der großen Magnetitvorkommen auf keine Kompaßnadel verlassen kann.

Kein Wunder, daß **Porto Azzurro** 16 (S. 346) bei Touristen, vor allem bei deutschen Urlaubern, so beliebt ist: Erstens besticht es durch seine Lage an einer vor dem rauhen Nordwind geschützten Bucht. Zweitens gibt es in der Umgebung mehrere verschiedenartige Strände, mit und ohne Sand, flach und steil abfallend. Außerdem beginnt hier ein Unterwassersportparadies, das sich bis zur Punta dei Ripalti im Südosten der Halbinsel Calamita hinzieht. Und der Ort selber zeigt sich als Bilderbuchschönheit mit Pfahlbaurestaurants am Hafen, in dem die Boote schaukeln, alles im Schatten der vom spanischen König Philipp III. 1603 errichteten **Fortezza di Portolongone,** die heute als Strafanstalt dient. Ebenfalls als Reminiszenz aus spanischer Zeit gilt die Wallfahrtskirche **Madonna di Monserrato** (17. Jahrhundert) am Monte Castello nördlich von Porto Azzuro: Die hier verehrte Marienfigur ist eine Kopie der schwarzen Madonna im katalanischen Montserrat unweit von Barcelona.

Rio nell' Elba 🛈 in 178 m luftiger Höhe inmitten des Gebirgszuges, der im Nordosten eine Halbinsel bildet, ist mit seinen steilen, engen und verwinkelten Gassen noch recht ursprünglich geblieben. Es soll einer der ersten bewohnten Flecken Elbas gewesen sein. Die Ruine der **Fortezza Volterraio** (11. Jahrhundert) steht auf einer etruskischen Akropolis. In der Nähe gab es bereits in der Antike mehrere Erzgruben. Bis zur Schließung der neuzeitlichen Gruben bildeten Rio nell' Elba und Rio Marina die Hauptindustriezentren der Insel. Zumindest für Mineralienfreunde blieb in **Rio Marina** 🛈 (S. 347) noch das **Museo Minerario Elbano** im Rathaus (April–Okt. werktags 9–12 und 15–18 Uhr) mit rund 650 Beispielen der auf Elba gefundenen Mineralien und Erze.

Bleiben wir bei den Bergleuten: Ganz im Nordosten der Insel, in **Cavo** 🛈 (S. 345), können mit Sondergenehmigung Erzgruben besichtigt werden. Hier steht auch die Kirche der Bergleute, **Santa Barbara.** In der Umgebung: dichte Pinienwälder und sonnige, sandige Buchten.

In Porto Azzurro

Schlemmerparadies Elba:
Fisch spielt die Hauptrolle

Was im Mittelmeerraum gar nicht selbstverständlich ist, nämlich daß man auf einer Insel in der Küche Fisch gut zubereiten kann, gilt zum Glück für Elba. Hier bekommt man in überraschend vielen Restaurants hervorragende Gerichte aus Fischen und Meeresfrüchten. Die *Cacciucco,* die reichhaltige Fischsuppe, die eine ganze Mahlzeit ersetzt, ist hier mindestens so gut wie in Livorno, manchmal variiert man sie

In vielen Restaurants der Insel: hervorragende Gerichte aus Fischen und Meeresfrüchten

mit verschiedenen Krustentieren. Sehr pikant eine Art Fischpüree namens *Pasato di Pesce,* sehr beliebt der *Riso Nero,* der mit Tintenfischfarbe schwarz gefärbte Reis, der einen herben Geschmack hat. Eine Besonderheit ist der marinierte Heilbutt *(Zerri Marinati).* Calamari, Langusten und Tintenfische werden gerne als eine Art Eintopf mit Gemüse zubereitet, sogenannte Lippfische *(Tordi Arrosti)* kroß ausgebacken, und sehr häufig gart man Fisch in Silberfolie *(Pesce al Cartoccio).*

Zum Nachtisch bevorzugen Elbaner sehr süße Kuchen wie die *Schiaccia Briaca,* ein nussiger mit Rosinen, in schweren Aleatico-Wein getränkt (daher Briaca, von *ubriaca* = besoffen) – oder im Herbst den *Castagnaccio,* ein Kastanienkuchen.

Sie haben ihren ureigenen Geschmack, und wer sich einmal an sie gewöhnt, mag sie nicht mehr missen, die Weine Elbas: Leicht und trocken, ein richtiger Fischwein, ist der *Procanico* aus der Trebbiano-Traube, ähnlich der *Rosato* verschiedener Trauben. Zum Rostbraten (es gibt auf Elba nicht nur immer frischen Fisch, sondern auch gute Fleischgerichte!) empfehlen die Elbaner ihren roten *Sangiovese,* der es ›in sich haben‹ kann wie der schwere *Aleatico* zum Dessert. Und wer's mag, bekommt sogar einen Elba-Sekt, ob trocken oder süß.

Ein zauberhafter Granitfels namens Giglio

(S. 350 f.) Keiner weiß bis heute so recht, wie die Existenz von Giglio geologisch zu erklären ist. Man könnte durchaus behaupten, die Insel sei ein Stück der Gallura, der nördlichen Granitlandschaft von Sardinien, die Felsen gleichen sich. Man könnte auch die Mufflons, die auf dem kleinen Bergrücken hinter dem Strand von Campese leben, als weiteren Beweis nehmen. Sie stammen aus Sardinien und haben sich hier mühelos vermehrt.

Giglio ist ein rundherum einfach zauberhafter Granitfels: zum Anfassen, zum Beschnuppern, zum Schauen und Staunen. Ein Paradies für Wasserratten, möglichst mit eigenem Boot. Auch ein Schlauchboot tut's, denn es geht nur darum, die Insel auf der Suche nach einer einsamen Bucht zu umrunden. Und sie ist ja nicht groß (21,21 km²). Autos sind nicht gern gesehen und im Sommer ist deren Transport auf die Insel eingeschränkt, man kann den Wagen aber in einer sicheren Garage in Porto Santo Stefano lassen.

Nachdem der Abbau von Granit, einst bei Bildhauern begehrt, aus Transportgründen unrentabel geworden war, entdeckte die sehr verarmte Insel erst 1965 den Fremdenverkehr. Und man ging es behutsam an, sichtbare Fehler sind kaum gemacht worden. Nun leben die meisten der 1700 Insulaner hauptsächlich vom Tourismus, der vor allem auf Badegäste gerichtet ist. Denn Giglio liegt in einer Schönwetterzone, mehr als 15 Regentage im Jahr sind normalerweise eine Seltenheit. Wassermangel wird daher wieder zum Problem, das die Gigliesen mit Zisternen und einer Meerwasserentsalzungsanlage lösen. Die wenigen Hotels versorgen sich selbst mit dem

Giglio und die kleineren Inseln

kostbaren Naß. (Unterwegs auf dem ›trockenen‹ Giglio freut man sich über ein paar schmale ›Wasserstürze‹ an den terrassierten Berghängen.)

1200 war die Insel noch in sienesischem Besitz, 1330 schon pisanisch, im 16. Jahrhundert mediceisch, und zwar als wichtiger Stützpunkt gegen die Sarazenen. Fischer aus Sizilien und Neapel wurden hier angesiedelt, in Marina, dem heutigen Giglio Porto. Die einheimische Bevölkerung, die niemals zur See fuhr oder fischte, zog sich ins *castello* zurück und lebte sehr ärmlich. Den Wein (ein schwerer, robuster *Ansonaco)* allerdings, erzählt man sich auf der Insel, habe man niemals ausgehen lassen, auch damals nicht. Den einzigen Sieg von Bedeutung errangen die Gigliesen gegen die Tunesier: Sieben tunesische Schiffe sollen die Insel angegriffen haben, nach einer anderen Version waren es zwölf algeri-

Blick auf Giglio Campese

sche Piratenschiffe, gesichert ist nur das Datum, der 18. November 1799. Die Feinde landeten in Campese, erklommen die Burg auf dem Bergrücken Il Franco – doch dank San Mamiliano konnten sie von den Bewohnern ins Meer zurückgedrängt werden. Der Arm des Heiligen, der zu Lebzeiten Bischof von Palermo war, wird als Reliquie hochverehrt und alljährlich am 18. November beim Festzug gezeigt. Wer nicht an den hilfreichen Heiligen glaubt, behauptet, ein günstiger Wind habe die tunesischen Schiffe vom Ufer abgetrieben.

Streckenlänge und -verlauf: Die Überfahrt von Porto Santo Stefano dauert eine knappe Stunde. Auf der Tour durch die Insel werden insgesamt 13,5 km zurückgelegt. Busfahrt von Giglio Porto nach Giglio Castello (6 km) und weiter nach Giglio Campese (6,5 km, von Porto direkt nur 8,4 km).

Fährverbindungen: Bootsverbindungen mit Porto Santo Stefano/Monte Argentario; im Sommer sehr dichter Fahrplan.

Öffentliche Verkehrsmittel: Auf der Insel verkehrt ein Linienbus zwischen den drei Orten.

Rundfahrt

Die kleinen Fährschiffe von Porto Santo Stefano kommen in **Giglio Porto** 1 an, einer gelungenen Mischung aus Fischer-, Hafen- und Ferienort mit buntbemalten und weißen Häusern, kleinen Pensionen, eher einfachen Restaurants. Der Linienbus steht schon am Hafen und nimmt die Neuankömmlinge auf. Er fährt meist zuerst in das 497 m hoch gelegene Dorf **Giglio Castello** 2, das einen ganz eigenen Zauber ausstrahlt. Ein echter Gigliese stammt übrigens aus Castello. Die Bewohner von Porto sagen: »Die Leute von Castello sind Gigliesen, wir sind Portolani.«

Den Eingang zum befestigten Dorf bildet ein Granitfels, der in die Mauer so integriert wurde, als schwebe er zwischen Gasse und Himmel. Am Brunnen

vor der Kirche sieht man ganz genau, wie hier das kostbare Wasser gesammelt wird: Kein Tropfen, der das Dach berührt, kann sinnlos versickern, das Regenwasser wird in Leitungen direkt von der Dachrinne in den Brunnen geführt.

Die intakte Mauer des trutzigen Castello läßt nur durch ein paar Gucklöcher Blicke ins Tal zu. Enge, verwinkelte Treppengassen mit zahlreichen Stützbögen verstärken das Gefühl, in einem Irrgarten zu sein. Immer wieder muß man hochschauen, um etwa eine kühne Bogenspannung zu bewundern oder Grün, das aus kleinen Fensterluken quillt. Dicht beisammen stehende Steinhäuser, einige mit schmiedeeisernen Balkonen. Dicke Kastanienbalken tragen die Decken der Innenräume, quer zu ihnen schlanke Pinienbalken, damit ließen sich überraschend große Räume schaffen. Jedes Haus in Castello hat seine eigene *cantina,* den Keller, der gleichzeitig der Weinkeller ist, meist direkt aus dem Granitfelsen geschlagen und nur selten mit Bausteinen überwölbt. Eine Weinpresse in einer Ecke, daneben kleine Fässer, der Wein für den Eigenbedarf. Kein Tropfen Giglio-Wein verläßt die Insel!

Oben in Castello weht die frische Meeresbrise am intensivsten, manchmal aber besonders kräftig. »Tu sei come il ponente« – du bist wie der *ponente,* sagen die Gigliesen über einen leicht aufbrausenden Menschen. Der *ponente,* der Westwind, fällt unerwartet über die Insel, verläßt sie aber genauso plötzlich, nach höchstens 24 Std. Im Sommer eine angenehme Abkühlung!

Von Castello aus kann man herrlich wandern, natürlich auch zum höchsten Gipfel, dem **Paggio della Pagana** (498 m). Frühjahr bis Hochsommer ist die intensivste Blütezeit auf Giglio: Weiß, gelb, lila, blau leuchten die Wildblumen, rot, fast schreiend, die Farbe des Klatschmohns. Maulbeerbäume und duftende Feigen, die im September zusammen mit dem Wein reif sind, Feigenkakteen vereinzelt, wilde Kirschen, immergrüne Steineichen und hohe Korkeichen setzen Akzente als charaktervolle Landschaftsgestalter. In den kleinen Weinbergen stehen winzige Bauten mit Kuppeldächern: die Weinpressen, immer aus Granit, innen eine aus dem Stein geformte Vertiefung, in der den Trauben der köstliche Saft entzogen wird. Er fließt in einer Öffnung am Boden heraus und wird zum Gären in einer anderen Granitkuhle oder einem transportablen Gefäß gesammelt.

Giglio Campese  ist der einzige richtige Badeort der Insel, dafür ein besonders hübscher mit einem schönen Sandstrand in der ausladenden, von einer kleinen Festung geschützten Bucht.

Von Giglio Porto fährt im Sommer einmal wöchentlich ein Ausflugsboot nach **Montecristo** und **Giannutri.**

Leuchtturm im Hafen von Giglio Porto

Schlitzohrige Gigliesen

Den Gigliesen, heißt es, sitzt der Schalk im Nacken, und so werden über sie hübsche Geschichten kolportiert. Etwa:

Mit 498 m ist der Poggio della Pagana der höchste Punkt der Insel. Da aber die italienische Regierung nur Bergorte in Höhe ab mindestens 500 m finanziell unterstützt, kamen die Gigliesen tatsächlich auf die Idee, ihren höchsten Berg in einer Nacht- und Nebelaktion mit Steinen aufzustocken – was zu ihrem Bedauern aufflog.

Was ist schon ein wahrer Name? Auf Giglio auf keinen Fall der Taufname. Gigliesen rufen sich nur bei ihrem Spitznamen. Wer Pech hat, trägt sogar noch den Spitznamen seines Vaters oder Großvaters. Ein gutes Beispiel für die witzigen Namen, die sich die Inselbewohner einfallen lassen: Biagio etwa wird zu Bugio oder Bagio (man nimmt es nicht so genau), was doppelsinnig sowohl Lüge/Schwindelei beziehungsweise Klingelbeutel/kirchliche Sammelbüchse bedeutet.

Die kleinen Inseln

211

Die kleineren Inseln

Da die Inseln **Gorgona** (2,23 km^2) und **Pianosa** (10,25 km^2) als Strafanstalten genutzt werden, sind sie nur mit Sondergenehmigung zu besichtigen.

Ein interessantes Reiseziel ist dagegen **Montecristo** (10,39 km^2) mit einem Benediktinerkloster aus dem 16. Jahrhundert, das Alexandre Dumas zu seinen Roman »Der Graf von Montecristo« inspirierte. Eine Insel, die weiterhin reizt mit ihrer zerklüfteten Küste und dem höchsten Granitgipfel, der bis 645 m aus dem Meer emporsteigt. Montecristo ist bei einem der Bootsausflüge von Elba oder Giglio aus zu erreichen.

Die bewohnte Insel **Capraia** (19,5 km^2; 313 Einwohner) mit ihren steilen Felsenküsten ist vulkanischen Ursprungs und bei Unterwassersportlern

ein Geheimtip. Kleine historische Attraktionen sind die inzwischen restaurierte Kirche Santo Stefano aus der Eremitenzeit der Insel (4. Jahrhundert), einige Häuser aus dem 15. Jahrhundert und die Himmelfahrtskirche aus dem 11. und 12. Jahrhundert in der kleinen Hafensiedlung sowie das Castello di San Giorgio (15. Jahrhundert) auf der Spitze von Bricco. Privatzimmer und sogar ein kleines Hotel stehen den Touristen zur Verfügung. Schiffsverbindungen mit Portoferraio/Elba und (über Gorgona) mit Livorno.

Giannutri (2,62 km^2; höchste Erhebung 88 m) gilt als Unterwasserparadies. Durchaus sehenswert sind die Ruinen einer römischen Villa aus dem 1. Jahrhundert. Im Sommer erreicht man die Insel per Boot von Porto Santo Stefano über Giglio.

Von der Küsten-Maremma nach Osten

Die Maremma

Der Name Maremma wird gerne mit *amaro,* bitter, übersetzt aufgrund der harten Arbeit ihrer Bewohner und des Leidens in den sumpfigen Gebieten, kommt aber von *marittimo,* meernahe. Die Landschaft erstreckt sich von der Küste weg, in Höhe von Massa Marittima, über Grosseto als Mittelpunkt bis in die Region Latium, nach Tuscania und Tarquinia, den beiden bedeutenden Etruskerstädten kurz vor Rom. Sie entspricht damit im großen und ganzen der Provinz Grosseto. Einer sehr ländlichen Provinz mit nur zwei bedeutenden Städten: der Hauptstadt Grosseto fast im Zentrum und Massa Marittima im Norden. Die Maremma ist Etruskerland, mit einigen interessanten und mehreren leider geplünderten oder gar völlig verschütteten Nekropolen. Und mit typisch etruskischen Gründungen wie Pitigliano und Sovana, deren heutiger Charakter freilich vom Mittelalter geprägt wurde.

Streckenlänge und -verlauf: 65 km. Massa Marittima ist von der Küstenstraße/Follónica nur 18 km, von Grosseto (über Follónica und weiter auf der S.S. 1) ca. 65 km entfernt; Grosseto liegt nur 12 km von der Küste/Marina di Grosseto entfernt.

Öffentliche Verkehrsmittel: Die Verkehrsanbindung von Massa Marittima ist relativ schlecht, Grosseto liegt auf der Bahnlinie Genua – Pisa – Livorno – Rom und ist von Piombino, Siena und Florenz per Linienbus erreichbar. Von Grosseto Busverbindungen der RAMA zu den wichtigsten Orten der Provinz.

◁ *Festungsstädtchen Pitigliano*

Massa Marittima: Ein städtebauliches Juwel

1 (S. 354 f.) Zweimal im Jahr steht Massa Marittima im Mittelpunkt des Interesses: Im Mai und August wird das historische Spiel *Balestra del Girifalco,* das Armbrustschießen auf einen hölzernen Falken in prächtigen Renaissancekostümen gespielt. Einmal zu Ehren des heiligen Bernhard von Siena (1380–1444), der in Massa Marittima zur Welt kam, zum anderen in Erinnerung an die Freie Kommune.

Die kleine Stadt (rund 10 000 Einwohner) war im Mittelalter Zentrum des Bergbaus zu Füßen der Colline Metallifere, der metallreichen Hügel. 1310 entstand hier der »Codice Minerario Massatano«, der in der Stadtbibliothek aufbewahrt wird: das erste modifizierte Bergbaugesetz. Wie Grosseto litt die Stadt damals stark unter der Malaria, Ende des 18. Jahrhunderts wurden kaum noch 400 Einwohner gezählt. Erst das 19. Jahrhundert brachte wieder Schwung in den Bergbau, der allgemeinen Industrialisierung folgend. Im 20. Jahrhundert hingegen tauchten – trotz der Trockenlegung der Sümpfe ringsum (ab 1930) – neue Entvölkerungsgefahren auf: erst durch die starke Bombardierung im Zweiten Weltkrieg, dann durch die endgültige Schließung der Minen. Nun hoffen die Stadtväter auf eine touristische Zukunft.

Stadtbesichtigung

Die Altstadt *(città vecchia)* aus dem 13. und 14. Jahrhundert rings um den Dom bietet besondere städtebauliche Reize,

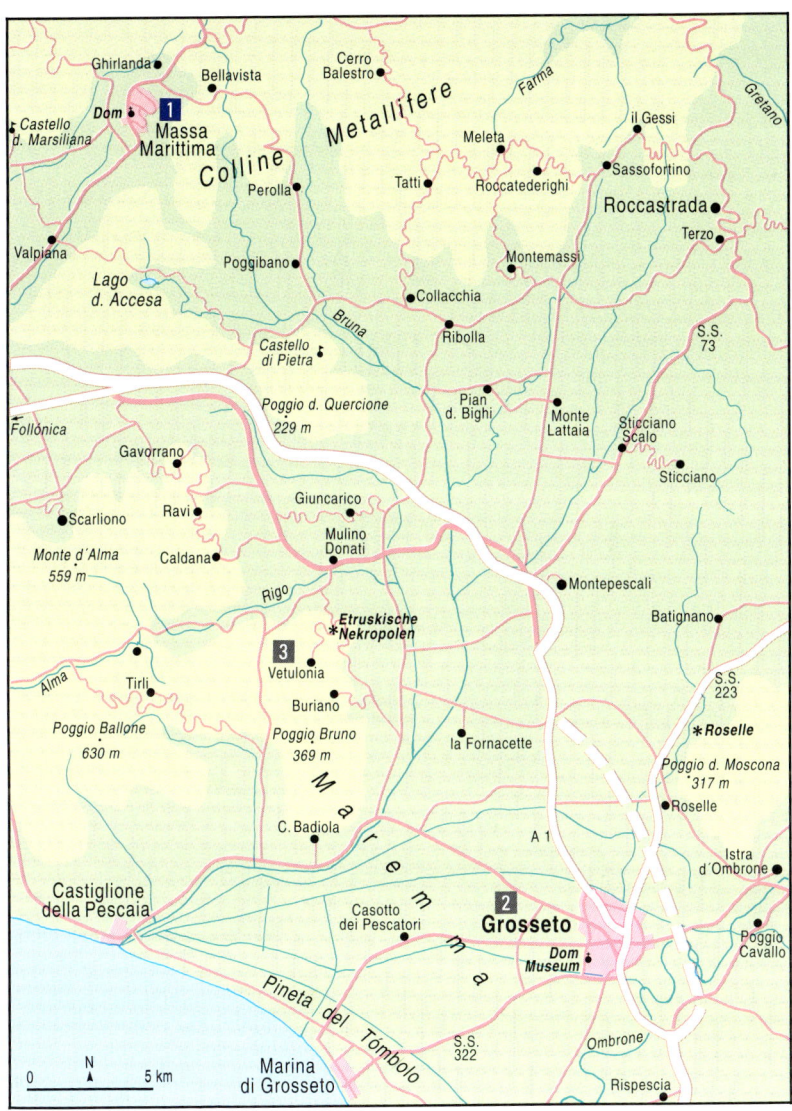

Die Maremma

ebenso die ›Neustadt‹ *(città nuova)* bei der Burg. Von mittelalterlichen Bauten umgeben ist die unregelmäßige **Piazza Garibaldi.** An ihrer Südseite steht der **Dom** mit seiner romanischen und pisanisch-gotischen Baudekoration leicht erhöht. Zu ihm führt, städtebaulich sehr hübsch, fast theatralisch, eine breite Treppe, die auch den Campanile und den Bischofspalast einbezieht. Das augenfälligste Kunstwerk in der dreischiffigen Basilika dürfte das Taufbecken aus ei-

nem einzigen Travertinblock sein, das Giroldo da Como 1267 schuf.

Die Piazza umstehen auch der **Palazzo Pretorio** (ab 1255) mit dem **Museo Archeologico** (Di–So im Sommer 10–12.30 und 15.30–19 Uhr, im Winter 9–13 und 15–17 Uhr) sowie der Pinakothek mit den größten Schätzen der Stadt. Weiter der **Palazzo Comunale** aus mehreren Turmhäusern (ab 1250) und die **Casatorre Biserno.** Alles zusammen ein schöner mittelalterlicher, sehr

wohnlicher Platz mit einer Atmosphäre, die man etwas länger, etwa in einem Straßencafé sitzend, genießen sollte. Ein Bummel durch die Altstadtgassen führt zu einigen, in den Felsen hineingebauten Kunsthandwerksläden, die Mineralien, phantasievollen Schmuck und anderes Kunsthandwerk der Region verkaufen.

Die ›Neustadt‹ mit der **Fortezza dei Senesi** (1355) liegt höher, enge, steile Gassen führen hinauf. Unübersehbar ist

10–19 Uhr) am abschüssigen Südrand der Altstadt in einer stillgelegten Stollenanlage.

Grosseto: Klein-Lucca

2 (S. 351) Der Vergleich mag hinken angesichts der Größe, aber auch Grosseto besitzt eine bewundernswerte Stadtmauer und wird deshalb von manchen Liebhabern ›Klein-Lucca‹ genannt. Im frühen Mittelalter war die heutige Provinzhauptstadt im Schwemmland des Ombrone ein kleines Kastell an der Aurelia, einer der letzten Stützpunkte der Römerstraße vor ihrem Ziel. 935 wurde Grosseto Bischofssitz. Den ersten zaghaften wirtschaftlichen Aufschwung erlebte es nach einer wechselvollen Geschichte erst unter den Großherzögen der Toscana. Die Malaria blieb aber im Nacken: Je nach Zustand der Entwässerungskanäle bildete sie eine kleinere oder eine größere Gefahr. Erst die Trockenlegung des Sumpfgebietes der Maremma (ab 1930) brachte durch die fruchtbar gemachten Ländereien Wohlstand, und die florierende Landwirtschaft zog auch einige Industrien nach sich. Für die Alliierten im Zweiten Weltkrieg ein Grund, die Stadt zu bombardieren.

der **Arco dei Senesi** (1337) mit seinem kühnen Bogen zur Festung. – Mit dem Wiederaufbau beziehungsweise der Sanierung von Massa Marittima ist man schon im vergangenen Jahrhundert sehr behutsam umgegangen und tut es weiterhin. Nur 1774 bis 1845 wurde beim Bau des Krankenhauses ein Teil der Festung zerstört.

Eine besondere Attraktion ist sicher das Bergbaumuseum, **Museo della Miniera** (geführte Besichtigungen meist

Die Stadtbefestigung mit ihren sechs Bastionen und den beiden Haupttoren ließen die Medici 1574 bis 1593 bauen. Sie umschließt das historische Zentrum, dessen sakralen wie profanen Mittelpunkt die **Piazza Dante** mit dem Denkmal für Leopold II. (1846) bildet. Hier steht der **Dom** aus dem ausgehenden 13. Jahrhundert mit der im Sieneser Stil angepaßten Fassade aus dem 19. Jahrhundert. Es war die Zeit, in der Grosseto einige Baulichkeiten mehr im historisierenden Stil erhalten sollte: etwa das **Rathaus** am Domplatz, einem Florentiner Palast nachempfunden, sowie einen Palast der Provinzialregierung im Stil des Rathauses von Siena, sogar die Farben sind gleich (unten weiß und oben backsteinrot).

Im **Museo Archeologico e d' Arte della Maremma** (Do–Di 9–13, So und feiertags auch 16–19 Uhr) befinden sich

zahlreiche Funde aus den etruskischen Nekropolen der Umgebung, aus Vetulonia, Vulci, Roselle, Populonia und Pitigliano sowie maremmanische Funde aus der Villanova-Kultur.

Die moderne Stadt zeigt in den Auslagen der Geschäfte, in mittelalterlichen Palästen eingerichtet, die *alta moda* (neueste Mode) aus Florenz; zur *passeggiata*-Zeit erkennt man leicht, daß Grosseto eine wohlhabende, lebenswerte

Stadt ist – mit auffallend vielen, sehr modebewußten jungen Menschen.

Ausflüge zu etruskischen Nekropolen

Während von den Nekropolen von **Roselle** (10 km von Grosseto entfernt), einer der Städte des etruskischen Zwölferbundes, nur noch wenig zu sehen ist,

lohnt **Vetulonia** 3 mit Umgebung am Fuße des **Poggio Bruno** (369 m) einen ganzen Tagesausflug (ca. 22 km). Das Dorf selber (700 Einwohner) in herrlicher Panoramalage besitzt noch ein imposantes Stück der zyklopischen Mauern aus der Etruskerzeit und einige mittelalterliche Häuser. Das etruskische *Vatluna* war wegen der reichen Bodenschätze in seiner Umgebung im 7./6. Jahrhundert v. Chr. ein bedeutendes Mitglied des Zwölferbundes.

In der Via Garibaldi befindet sich das kommunale **Museo Archeologico Antiquarium** (tgl. außer Mo 9.30–12.30 und 15.30–18.30 Uhr) mit einigen Funden aus der Umgebung, die wichtigsten bereichern freilich die größeren, staatlichen Sammlungen.

Das Ausgrabungsfeld der etruskischen Stadt (dem Hinweis **Scavi Città** folgen) mit einem Wohnbereich, der zur Römerzeit entstand (3.-1. Jahrhundert v. Chr.), lohnt einen Blick allein wegen der schönen Via Decumanum und der Reste von Handwerksläden, die offenbar bereits über fließend Wasser und Toiletten verfügten (unregelmäßige Öffnungszeiten, nur bei gutem Wetter zu besichtigen).

Auf dem Weg dorthin locken gelbe Hinweisschilder bereits zu den wichtigsten ausgegrabenen Nekropolen, die wegen Einsturzgefahr allerdings nur zum Teil betreten werden dürfen (welche, das kann sich ändern): **Tumulo Etrusco della Pietrera** (7. Jahrhundert v. Chr.) mit einem langen Dromos (= Gang), der zum zentralen Scheinkuppelbau mit zwei Nebenkammern führt; **Tomba del Diavolino II.** oder **O Pozzo dell' Abate** mit quadratischer Grabkammer am Ende des offenen Dromos.

Grosseto: Palazzo della Provincia

Auf den Spuren der Etrusker: Den Monte Amiata im Visier

Eine der schönsten Touren durch eine relativ unbekannte Toscana beginnt in Grosseto und führt durch dichtes Etruskerland mit interessanten Städtchen, die damals und auch im Mittelalter bedeutend waren und heute eine Augenweide sind, allein durch ihre beherrschende Lage. Die Nekropolen des Gebietes, meist schwer zu erreichen, lohnen bei gezieltem Interesse ganze Tagesausflüge und das Studium einer ausführlichen Literatur über die Etrusker (s. S. 382). Es geht kreuz und quer durch die Maremma mit ihren dichten bewaldeten Hügeln, die eindrucksvollschlichte Silhouette des höchsten Gipfels der Toscana, des 1738 m hohen Monte Amiata, fast immer im Visier.

Streckenlänge und -verlauf: 145 km. Von Grosseto auf der S.S. 322 nach Scansano (29 km), Fortsetzung nach Manciano (27 km) mit einem Abstecher (5 km) nach Saturnia, zurück auf die S.S. 322 bis Scansano, dann auf die S.S. 74 nach Pitigliano (18,5 km), von wo ein kurvenreiches Sträßchen nach Sovana hinaufführt (8 km); weiter in Richtung Sorano (10 km), nach Norden auf Santa Fiora (35 km) und Arcidosso zu (7,7 km), über Castel del Piano (4 km) zum höchsten Berg der Toscana, dem 1738 m hohen Monte Amiata (10 km). Abstecher zur Abbadia San Salvatore (12 km).

Wegvariante: Von Scansano direkt auf der sehr schönen, sehr kurvenreichen S.S. 323 quer durch die Maremma nach Arcidosso (44 km) und dann weiter wie oben zum Monte Amiata.

Schwefelthermen bei Saturnia

Schwefeltherme und mittelalterliche Dörfer

Bis **Manciano** in 444 m Höhe geht es eigentlich nur um die schöne Fahrstrecke, um das Auf und Ab durch die Maremma zwischen dem Ombrone- und dem Albegna-Lauf, über den Bergkamm von Scansano (500 m) hinweg. Kurz vor Manciano zweigt die Route nach links Richtung **Saturnia** ab. Zu Füßen des Städtchens etruskischen Ursprungs, das wohl auf noch älteren Mauern steht, erblickt man die schäumende Gischt der **Cascate del Mulino** 1 an der alten

Mühle: Sprudelnd und warm und gar nicht so übel riechend wie erwartet, fallen die Wasser der Schwefeltherme in kleinen Stufen herab, sammeln sich in Becken, in denen man sich wie in einer riesigen Badewanne räkeln und gleichzeitig etwas für die Gesundheit tun kann. Einheimische und Durchreisende nehmen hier in der freien Natur ein kostenloses Thermalbad.

Fünf Autominuten weiter sprudelt die Schwefeltherme mit einer konstanten Temperatur von 37,5 °C aus der Erde direkt in einen kleinen Vulkankrater, den man zu einem großen Hotelpool umfunktioniert hat. Das abfließende Thermalwasser wird in zwei Kanäle geleitet, die in schnellem Lauf den Cascate del Mulino zueilen. Die Therme mit Hotel wurde in den letzten Jahren zu einem

netten Erste-Klasse-Hotel (mit mehreren Kuranwendungsmöglichkeiten) aufpoliert; auch Tagesgäste sind willkommen. Ein zweites Becken wird mit weniger Schwefelwasser versorgt, man kann darin zügig schwimmen, ohne wie bei Thermalwasser schnell zu ermüden.

Das Städtchen **Saturnia** 2 (S. 364) liegt auf einem Travertinplateau über der Therme. Bis 280 v. Chr. gehörte es zum Gebiet des etruskischen Stadtstaates Vulci und lohnt einen Besuch um so mehr, als es tatsächlich noch Etruskisches zu bieten hat, im Gegensatz etwa zum nahen Marsigliana d'Albegna, dessen reichhaltiges Gräberfeld nach dem Abschluß der Ausgrabungsarbeiten (die Funde kamen ins Archäologische Museum nach Florenz) wieder eingeebnet wurde.

Saturnia, das alte *Avrinia,* war von der Villanova-Kultur (ca. 950–450 v. Chr.) bis in die römische Zeit hinein kontinuierlich besiedelt, bedeutend zwar, aber wohl niemals reich. Leider sind die meisten Funde ›verlorengegangen‹, zumindest der Wissenschaft und der Allgemeinheit. Nur ein geringer Teil fand einen gebührenden Platz im Archäologischen Museum von Florenz. In Saturnia ist eine kleine Privatsammlung zu sehen: die **Collezione Ciacci,** die im Schloß untergebracht ist (Besichtigung über das Thermalhotel möglich). Wer nur den freundlichen, recht verschlafenen Ort genießen möchte, ist hier richtig: Vor dem Schloß wachsen riesige Kastanienbäume in den toscanischen Himmel, die bei sommerlicher Hitze wohltuenden Schatten spenden.

Links unterhalb des Schlosses führt ein Weg zu einem Torbogen: Hier beginnt die römische Via Clodia, vom klaren Rund der **Porta Romana** überspannt. Auch die Reste eines römischen Aquäduktes hat Saturnia zu bieten.

Um die etruskischen Gräber zu besichtigen, muß man schon größere Anstrengungen auf sich nehmen. Am besten macht man sich zu Fuß auf, die Nekropole **Pian di Palma 3** zu besuchen – mit gutem Schuhwerk und möglichst einer Flasche Trinkwasser ausgerüstet. Dieser Ausflug ist etwas für Naturfreunde, man wird keine großartigen Baudenkmäler finden, sondern eher bescheidene, aber im tiefen Macchiawald herrlich gelegene Einzelgräber. Etwa zwei Stunden sollten für den Ausflug in die etruskische Totenstadt eingeplant werden. Der steile Weg zum Albegna-Graben nördlich von Saturnia ist recht steinig, auf der anderen Seite muß man wieder hinauf auf ein Plateau, das wie jenes von Saturnia eine aufragende Travertininsel im Tuffsteingebiet bildet. ›Steinharte‹ Inseln, in denen man nicht, wie in den weichen Tuff, Gräber aushöhlen konnte. Hier findet man daher andere Grabformen: die sogenannten *Tumuli* (s. S. 224). Viele von ihnen wurden im Laufe der Jahrhunderte zerstört. Die Beschilderung ist teilweise recht dürftig, doch nach und nach entdeckt man im Gestrüpp die Plattengräber. Immer wieder muß man Gatter öffnen und über Disteln steigen – aber die Mühe lohnt sich.

Man kann jetzt den Bogen direkt nach Sovana schlagen (32 km), oder zurück zur Hauptstraße fahren und die wenigen Kilometer nach **Manciano 4** wählen. Dieses Städtchen hat sich mit seinen verschachtelten Steinhäusern, den schmalen, verwinkelten Gassen und einer malerischen Piazza sein mittelalterliches Aussehen bewahrt, wie so viele kleine Orte hier.

Fahrtziel ist anschließend auf der S. S. 74 erst einmal **Pitigliano 5** (S.

359). Die mittelalterliche Stadt liegt in 313 m Höhe hoch oben auf einem Tuffplateau, das vollkommen ausgehöhlt zu sein scheint. Der hohe Felsrücken, von tiefen Schluchten umgeben, muß den Etruskern besonders gut gefallen haben, genaugenommen war er für sie wohl wie geschaffen, um darauf eine Stadt zu er-

richten. Denn Hauptargument des etruskischen Städtebaus war eine strategisch günstige Lage.

Es dürfte keinen verwundern, würde
vor dem netten Albergo Guastini an der
Piazza Petruccioli das Mittelalter zu
neuem Leben erwachen – sporenklir-
rend, fahnenschwingend. Palazzi und

Tore, Festungsmauern und Brunnen – als
hätte sich seit Jahrzehnten ein umsichti-
ger Denkmalpfleger um die 4500 Ein-
wohner-Stadt bemüht.

In den Tuffsteinhöhlen unter ihren
Häusern bewahren die Bewohner von Pitigliano u. a. ihren schmackhaften und
berühmten Wein, den trockenen *Bianco*

Die Grabtypen der Etrusker

Normalerweise bauten die Etrusker ihre Totenstädte in den Fels, meistens in den weichen Tuff hinein. Ein Grab neben das andere, zum Teil mit mehreren Grabkammern, die wiederum weiter im Felsen ausgehoben wurden. Einige der Gräber bauten sie geradezu palastähnlich aus wie die Tomba del Ildebrando bei Sovana (s. S. 227).

Dort, wo die Etrusker keinen Tuff vorfanden, sondern etwa Travertin wie in Pian di Palma, verlegten sie im 6. und 5. vorchristlichen Jahrhundert ihre Gräber in den Boden. Große Travertinplatten wurden für die Kammerwände und die Decke verwendet, ob tief im Boden eingelassen, oder einfach darauf gestellt. Dann umgab man dieses Gebilde zusätzlich mit einer Mauer, die sich nach oben verjüngte und schließlich eine Art Kuppel ergab (Scheinkuppel). Darauf wurde wiederum Erde gehäuft, bis das Grab

Felsengräber von Poggio Bucco bei Pitigliano

völlig bedeckt war. So entstanden die Tumuli, Grabhügel. Um große Grabanlagen mit mehreren Nebenkammern zu schaffen, wurden die Tumuli tiefer in den Boden eingelassen. Zugänglich waren sie über einen langen, kunstvoll gemauerten Gang (Dromos).

di Pitigliano, nicht anders als ihre etruskischen, römischen und mittelalterlichen Vorfahren. Im Mittelalter herrschte hier die Familie Orsini, deren Palast aus dem 14. Jahrhundert und die Säule mit dem sogenannten Orsini-Bären von 1490 immer noch die Piazza zieren. In der Nähe des Poggio Strozzoni, wo ein Orsini seine Frau erwürgt haben soll, stehen noch die Ruinen der **Villa Orsini,** deren Garten aus Tuffstein behauene Sitzbänke und Figuren hatte. Der mittelalterliche **Dom** erhielt im 18. Jahrhundert eine barocke Fassade und wurde 1970 restauriert. Über den Vicolo Manin gelangt man in das ehemalige jüdische Viertel mit Synagoge und Matze-Öfen, Zeugen einer blühenden jüdischen Gemeinde im 15. Jahrhundert. Das **Museo Civico** (unsichere Öffnungszeiten) in der ehemaligen hebräischen Schule bewahrt einige etruskische Funde auf.

Etruskisches Kleinod Sovana

Auf der Fahrt durch dichte Laubwälder, auf kurvenreicher Strecke, kommt man nach **Sovana** (S. 365), hoch über dem Tal der Fiora (in 291 m Höhe). Die Miniaturstadt sitzt, wie vergessen von ihrer Umwelt, einsam auf einem kleinen Tuffplateau, das man in immer enger werdenden Serpentinen erklimmen muß. Fast möchte man glauben, ein Bildhauer habe diesen städtebaulichen Winzling aus dem Felsplateau gehauen, so organisch fügt sich Sovana in die Landschaft ein.

Schon zur Jungsteinzeit besiedelt, später im etruskischen Magistrat von Vulci vertreten, nach der Eroberung durch die Römer Municipium, erst im 6. Jahrhundert christianisiert und bald Diözese, ab dem 7. Jahrhundert Bischofssitz. Nach der Zerstörung von Roselle wurde Sovana Hauptsitz der Gra-

fen Aldobrandeschi. Unter Hildebrand I. besaß die Grafschaft Sovana um die Jahrtausendwende »so viele Burgen wie das Jahr Tage hat«, so beschreibt es ein informativer Ortsprospekt. Zwischen 1020 und 1030 wurde hier Hildebrand, der spätere Papst Gregor VII., geboren. Den Höhepunkt seiner Geschichte erlebte Sovana aber im 13. Jahrhundert unter den beiden Grafen Guglielmo und Omberto, die in Dantes »Göttlicher Komödie« verewigt sind. In dieser Zeit lebte hier auch Graf Ildebrandino der Rote, Held der berühmten Schlacht von Montaperti.

1558 ging Sovana an das Großherzogtum der Medici, die aufgrund der häufig auftretenden Malaria in dieser Region kein großes Interesse daran hatten. 1777 verliert es den Bischofssitz an Pitigliano, 1783 wird es Sorano eingemeindet. Heute ist das Städtchen wunderhübsch restauriert und saniert, eine Augenweide und eine empfehlenswerte

Sovana

Ziborium in der Kirche Santa Maria in Sovana

Hinsehen als der **Palazzo dell' Archivio** aus dem 14. Jahrhundert.

Die Piazza und die beiden Straßen zum anderen Ende des Städtchens, Via di Mezzo und Via del Duomo, sind seit der großangelegten Restaurierung von Sovana zum größten Teil wieder wie um 1580 im Fischgrätenmuster gepflastert. Man kann durch die beiden Sträßchen einen Rundkurs gehen. Die Via del Duomo führt zum Dom aus dem 8. Jahrhundert, links steht das Geburtshaus des Papstes Gregor VII. (Inschrift). Der **Dom San Pietro** steht an der höchsten Stelle von Sovana und besticht durch seine Schlichtheit, die allerdings von den Comacini, meisterhaft arbeitenden Steinmetzen aus Como, im lombardischen Stil gestaltet wurde. Das Portal wirkt wie ein fein ziseliertes Mosaik (bei den Umbauarbeiten vom 12. bis 14. Jahrhundert auf die Seite gesetzt).

Die Nekropole von Sovana erstreckt sich über 2,5 km auf einem Tuffsteinrücken oberhalb des Calesina-Laufes: von der **Grotta Pola** im Westen bis zur **Tomba del Tifone** im Osten. Die Gräber entstanden in der Zeit zwischen dem 7. und dem 1. vorchristlichen Jahrhundert und weisen daher die verschiedensten Typen auf: Tempelchen und Häuser, Gräben und Kammern, Nischen und Tympana etc. Um sie alle zu besichtigen, müßte man sich für eine Woche in Sovana niederlassen, was bestimmt keine schlechte Wahl wäre.

Die sicherlich schönsten Gräber stammen aus der hellenistischen Spätzeit der etruskischen Kultur im 3. Jahrhundert. Die meisten kann man nur zu Fuß erreichen. (Man sollte den Wagen am besten unten an der Straße stehen lassen, um nicht jedesmal wieder den anstrengenden Weg nach Sovana hoch laufen zu müssen.) Da der Tuff leicht verwittert und die Macchia schnell alles

Station für Leute, die die Gegend erkunden wollen, zu Fuß oder mit dem Wagen.

Im Osten ist Sovana von der Rocca Aldobrandesca begrenzt, im Westen von der Kathedrale, dem früheren Bischofssitz. Die für ihren Namen doch recht winzige Piazza Maggiore (eigentlich Piazza del Pretorio) ziert der **Palazzo Pretorio** (12./13. Jahrhundert) mit den Wappen seiner Richter und Kommissare aus der Zeit der Sienesen und der Medici (1482–1686). Die eingemauerte Säule rechts vom Eingang diente dazu, öffentliche Bekanntmachungen anzubringen. Daneben steht die drei Jahrhundert jüngere Kirche **Santa Maria,** die eines der wenigen frühromanischen Kunstwerke der Toscana birgt, ein Ziborium, einen Altarbaldachin aus Travertin (8./9. Jahrhundert). Das schmale Turmhäuschen mit der Uhr, in dem heute das Postamt untergebracht ist, entpuppt sich bei näherem überwuchert, haben die Gräber zum Teil zwar schwer gelitten, aber nichts von ihrer Faszination verloren.

Am eindrucksvollsten ist sicherlich die **Tomba a Tempio Ildebranda,** wie der Name andeutet in Tempelform und nach dem Taufnamen des Papstes Gregor VII., Hildebrand, benannt, jenes Papstes, der Kaiser Heinrich IV. zum Gang nach Canossa zwang. Säulen mit prächtigen Kapitellen aus Menschen- und Pflanzenmotiven trugen früher die schwere Kassettendecke, inzwischen steht nur noch eine einzige Säule, von den anderen sind lediglich Stümpfe übriggeblieben. Vieles, das lose herumlag, wurde nach Florenz ins Archäologische Museum verfrachtet. Die Grabkammer wiederum ist überraschend klein und soll nur einen einzigen Toten aufgenommen haben. – Vom Podium der Tomba (am Poggio Felceto) genießt man einen herrlichen Blick auf das ganze Tal.

Auch von den acht kannelierten Säulen der **Grotta Pola,** etwa zehn Gehminuten weiter am Poggio Prisca, ist nur noch eine übriggeblieben, sie stützten gemeinsam eine aus dem Felsen gehauene Kassettendecke, die jetzt überhängt. Hinter dem Dromos stößt man auf eine rund 20 m lange, unterirdische Grabkammer, in der reiche Funde gemacht wurden.

Durch trutzige Festungsstädtchen zum Monte Amiata

Sorano [7] taucht auf, auf einer Tuffbergnase in 379 m Höhe thronend, ebenfalls mit einem intakten mittelalterlichen Stadtkern über dem Lente-Fluß, aber fast überdeckt vom gesichtslosen neuen Teil. Auch in Sorano residierten erst die Aldobrandeschi und dann die

Sorano

Bei Arcidosso

Orsini, 1608 wurde es Teil des Großherzogtums Toscana. Die **Fortezza Orsini,** 1552 erbaut, bildet den Südabschluß des historischen Kerns – eine richtig trutzige Militärarchitektur der Renaissance mit einem zentralen *maschio* (Turm). In der **Collegiata di San Nicola di Bari** aus dem 12. Jahrhundert ist das Travertintaufbecken von 1563 sehenswert und ein schönes Kruzifix aus dem 17. Jahrhundert. Überall in Sorano: Wappen an den historischen Hauswänden, akkurat gearbeitete Fenster- und Türrahmen. Und auch in Sorano gab es ein Viertel für die große jüdische Gemeinde im ausgehenden Mittelalter.

Die Provinzialstraßen schlängeln sich nach Norden zu immer höher hinauf, bei Selva erreichen sie fast 930 m Höhe (Monte Calvo), dann geht es wieder ein Stück abwärts und man bleibt bis Castel del Piano unter der 700-m-Marke.

Den Ort **Santa Fiora** ⑧ schmückt im Zentrum ein trutziger Festungsturm, unterhalb liegt der **Parco della Peschiera,** an der Straße vor ihm steht ein riesiger öffentlicher Waschtrog, an dem man häufig Frauen bei der Großwäsche sieht. Das Wasser sprudelt aus der Mauer dahinter; wie das genau funktioniert, kann man sehen, wenn man den steilen Weg gegenüber zum Dorf hinaufgeht: Hinter der Mauer breitet sich ein klarer Teich aus, dessen überlaufendes Wasser in einer breiten Kaskade in den Trog stürzt.

In der Kirche **San Agostino** steht in einer Nische links vor dem Chor eine anmutige hölzerne Madonna aus der Schule von Jacopo della Quercia. Sie trägt den Jesusknaben auf dem Arm, ihre Haltung zeigt die typische spätgotische S-Kurve. Das Gesicht der Madonna hat liebliche Züge, ihr rotbraunes Kleid

wird von einem dunkelgrünen Umhang mit mattschimmerndem Goldrand teilweise bedeckt. Auf den blonden Haaren sitzt eine grüne Krone.

Über dem Eingangstor zur Festung von **Arcidosso** ⑨ (679 m) drohen die fünf voluminösen Kugeln des Medici-Wappens (später waren es sechs) fast herauszukullern, so mächtig wirken sie. Es ist nicht einfach, sich in diesem Festungsort zurechtzufinden, denn er besteht praktisch nur aus verwinkelten

Treppengassen zwischen hohen Häusern, die kaum einen Durchblick ermöglichen. Aber es macht Spaß, hier einen Versuch der Orientierung zu wagen. Ohne besondere Höhepunkte, einfach so.

Von **Castel del Piano** 🔟 (637 m) geht es dann die letzten 12 km schnell aufsteigend zum höchsten Berg der Toscana, dem 1738 m hohen **Monte Amiata** 🔢: Ein erloschener Vulkan, was man seiner klaren Form noch gut anse-

hen kann. Für die südliche Toscana ist er ständiger Orientierungspunkt in der Landschaft. Im Winter fällt hier häufig Schnee, so daß sogar Aufstiegshilfen für Skifahrer geschaffen wurden. Sonst ist der Monte Amiata eine beliebte Sommerfrische.

Abstecher: Östlich der Provinzialgrenze kurzer Abstecher ins Sienesische zur **Abbadia San Salvatore** und nach **Radicófani** (s. S. 255).

Die südliche Toscana

Südtoscana: Das Land der befestigten Dörfer

Vom Monte Amiata aus über die Provinzialgrenze hinweg zur Abbadia San Salvatore, über die alte Via Cassia (S.S. 2) nach Radicófani, Sarteano und Chianciano zu fahren, wäre eine Möglichkeit. Doch wer einen eigenen Standort in der südlichen Toscana sucht, wird ihn nicht gerade am höchsten Berg der Region wählen, um von dort auf Entdeckungstouren zu gehen. Eher wählt man einen städtischen Ausgangspunkt oder eines der vielen Ferienhäuser in diesem Gebiet. Besonders geeignet ist Chianciano Terme mit seiner ausgewogenen Hotellerie. Hier kann man in jeder Kategorie, für jede Reisekasse und jeden Geschmack eine passende Bleibe finden.

Landschaftlich gehört die südliche Toscana mit dem breiten Chiana-Tal im Osten (an der Grenze zu Umbrien), den bewaldeten Hügeln und Weinbergen sowie den nackten, sanftgewellten Crete zu den sehenswertesten Gebieten der Region. Hier wirkt alles etwas kleiner, kompakter als in der nördlichen Toscana, fast wie in einer Puppenstube. Und in Anbetracht der mittelalterlichen oder Renaissancestädtchen im Schatten Sienas lohnt es sich mit Sicherheit, einen längeren Aufenthalt in diesem Gebiet einzuplanen. Am besten man teilt die lange und schöne Route auf oder unternimmt Sternfahrten von Chianciano aus.

Streckenlänge und -verlauf: insgesamt ca. 220 km; mit Anbindung an den Monte Amiata und dem Abstecher nach Chiusi nochmals ca. 60 km.

Man fährt von Chianciano Terme zunächst parallel zur Autobahn nach Norden auf der kurvenreichen S.S. 146 nach Montepulciano (6 km), weiter auf der Provinzialstraße Richtung Montefollónico (11 km), nach Torrita di Siena (8 km) und Sinalunga (6 km), dann ein kurzes Stück auf der S.S. 326, nach Lucignano (6 km) abbiegen, weiter nach Norden bis Monte San Savino (7 km), wo man auf die sehr schöne, kurvige S.S. 73 Richtung Siena stößt.

Man verläßt die S.S. 73 und fährt einen kurzen Schlenker aufwärts zum Kastell Gargonza (7,5 km) und wieder zur Strada Statale zurück, bis zu ihrer Kreuzung mit der S.S. 236, auf dieser Richtung Südosten nach Rapolano Terme fahren (22 km), südwestlich halten bis Asciano, dem Hauptort der Crete (9 km; bis Siena sind es quer durch die Crete auf der S.S. 438 nur 21 km). Südlich von Asciano liegt die Abbazia Monte Oliveto Maggiore (10 km).

Die S.S. 451 führt südwestlich nach Buonconvento (9 km), wo man auf die S.S. 2 (Via Cassia) stößt, ihr ein kurzes Stück nach Süden folgt, um dann rechts nach Montalcino (14,5 km) abzubiegen. Pflichtbesuch im Süden ist Sant' Antimo (10 km), weiter lohnt sich der Umweg über Castiglione d' Orcia (18 km), nördlich erreicht man wieder die Via Cassia.

Abseits, nach Norden fahrend, liegt linker Hand Bagno Vignoni (1 km), dann San Quirico d' Orcia (8,5 km), wo man auf das Westende der S.S. 146 stößt, die über Pienza (9,5 km) direkt nach Montepulciano führt; man sollte aber die kleine Nebenstraße nach Monticchiello wählen (5 km) und auf dieser nach Chianciano Terme zurückfahren.

Als Abstecher bietet sich eine Fahrt nach Chiusi an: Chianciano – Chiusi auf der S.S. 146 (10 km), dann über die

◁ *Marktfrau in Pienza*

Autobahn hinweg südwestlich nach Cetona (9 km), eine kurvenreiche Strecke
führt nordwestlich nach Sarteano (6,5
km), von hier wieder den Südwesten anpeilen, zunächst bis Radicófani (18 km),
und über die Via Cassia hinweg durch
die Berge zur Abbadia San Salvatore
(15 km) und weiter zum Monte Amiata
(ca. 15 km, je nach Zielpunkt).

Öffentliche Verkehrsmittel: Chiusi und
Sinalunga sind mit der Bahn zu erreichen, aber für die herrliche, jedoch kom-
plizierte Rundtour braucht man einen
Wagen.

Hauptquartier Chianciano Terme

Der zweitwichtigste Thermalort der Toscana (nach Montecatini Terme) hat sich
in den letzten Jahrzehnten so gut entwickelt, daß er schon wie ein Klein-Mon-
tecatini angesehen werden darf. Die
schwefel- und jodhaltigen Quellen von
Chianciano Terme 1 (S. 343 f.) waren
bereits den Etruskern bekannt. Der Blick
nach Südwesten auf den Monte Amiata
und die umliegenden Hügel mit ihren
mittelalterlichen Städtchen oder ihren
ausgedehnten Weinbergen zeigt: Hier
lebt man abseits von Industrie, abseits
von jeder Umweltverschmutzung, in
einer Lage, die allein schon aus Chianciano einen heilklimatischen Kurort gemacht hätte. Der Ort gilt bei Toscana-
Reisenden aber auch als ein ausgezeichnetes Quartier für Fahrten in die Umgebung.

Chianciano Terme ist ein freundlicher,
angenehmer Aufenthaltsort. Vielleicht
gerade deshalb, weil er inmitten des
südtoscanischen Reichtums an kunsthistorischen und historischen Sehenswürdigkeiten so unglaublich bescheiden

wirkt. Hier geht das Leben trotz Thermal-
tourismus seinen ganz normalen Gang,
die Einheimischen halten sich an ihre
althergebrachte Lebensform, an ihre Tra-
ditionen, ohne sich allzusehr um die
Fremden zu kümmern. Diese treffen sich
tagsüber im ausladenden Kurpark oder
bei den Kuranwendungen in den Thera-
piezentren, abends bei der obligatorischen *passeggiata* auf der geräumigen
Piazza und suchen dort vielleicht, wie
die Leute von Chianciano auch, die Cafés auf. Spätabends gibt es *aste,* die
ebenfalls obligatorischen Versteigerungen, wie man sie auch von Montecatini
kennt.

Fast greifbar breitet sich auf dem nahen Hügel **Chianciano Alto** 2 aus, das
meistens übersehen wird. An kunsthistorischen Sehenswürdigkeiten hat der
Ort zwar wenig zu bieten, ist aber ein
schönes Beispiel mittelalterlichen Städtebaus mit ein paar Renaissance-Ergän-
zungen. Den Wagen sollte man auf dem
großen Parkplatz vor dem Tor stehen lassen, weil man sonst Gefahr läuft, plötzlich auf einer Treppengasse zu landen.
Überhaupt sind die Gäßchen so eng und
verwinkelt, daß auch dem besten Autofahrer bald der Angstschweiß auf der
Stirn steht und er nicht weiß, ob die
nächste Hausecke heil bleibt. Bürger-
steige gibt es nicht, haarscharf geht es
entlang der Hauswände und um unüber-
sichtliche Ecken, die schmalen, steilen
Gassen hinauf und hinunter – als Fuß-
gänger hat man gewiß mehr vom Ort.
Hübsche Souvenirläden und Boutiquen
laden zum Einkaufsbummel ein, und die
Lokale sind hier auf jeden Fall origineller
und preiswerter als die im benachbarten
Ferien- und Kurort.

Montepulciano: Die Perle der Renaissance

3 (S. 357) Die Landschaft ist weithin offen, nur leicht gewellt. Montepulciano liegt malerisch, von trutzigen Mauern umgeben, auf einer Tuffsteinkuppe in 605 m Höhe. Bereits im 6. vorchristlichen Jahrhundert wurde die Stadt von den Einwohnern Chiusis errichtet, die sich vor den Barbareneinfällen hierher in Sicherheit gebracht hatten. Die Römer gaben dem Ort den Namen *Mons Politianus,* und noch heute werden die Bewohner der Stadt *Poliziani* genannt. Daher war es für den hier geborenen Humanisten und Dichter Agnolo Ambrogini (1454–1494) eine Selbstverständlichkeit, als Pseudonym den Namen *Poliziano* zu wählen. Der geschätzte Rhetoriker lehrte an der Florentiner Universität griechische und lateinische Literatur, später wurde er am Hofe des Lorenzo de' Medici Kanzler und – ein Zeichen besonderen Vertrauens – Lehrer der Fürstensöhne Piero und Giovanni. Historisch herausragende Bedeutung jedoch erlangte Poliziano als Philologe: Er führte die textkritische Methode ein und schrieb das italienische Drama »La Favola d'Orfeo« – das Drama, mit dem sich in der italienischen Literatur der Übergang vom mittelalterlichen Mysterienspiel zum weltlichen Schauspiel vollzog.

In seiner architektonischen Geschlossenheit und Harmonie ist Montepulciano eine der schönsten Städte der Toscana. Und ihre Einwohner sorgen dafür, daß es auch so bleibt: Der Domplatz hat wieder seinen ursprünglichen Cotto-Belag in Fischgrätenmuster, die Renaissancefassaden der schönen Palazzi ihren warmen, bräunlichen Ton, alles wirkt

Die südliche Toscana

gepflegt, sauber, wenn auch durch die enge Bebauung entlang der schmalen Gassen teilweise recht drückend. Trotzdem ist Montepulciano ein lebhaftes Handels- und Dienstleistungszentrum mit 14 000 Einwohnern, die in einem gewissen Wohlstand leben.

Eine lange Hauptstraße durchzieht die Altstadt. Man betritt sie durch die wehrhafte **Porta delle Farine.** Der lange Corso ist von Palazzi gesäumt, bis zur **Porta al Prato** mit dem toscanischen Wappen und dem Marzocco, dem Löwen von Florenz. Weitere wichtige Straßen (Via del Poggio, Via Ricci, Via San Donato) umschließen den Ortskern mit dem Domplatz, der **Piazza Grande.** Sie wird von unregelmäßig gesetzten Häusern aus verschiedenen Epochen umstanden: dem **Palazzo Nobili Tarugi** im Renaissancestil Sangallos (1520), dem **Palazzo Contucci** (1519 von Sangallo für den späteren Papst Julius III. errichtet) sowie dem **Palazzo Comunale** (1440–1465) nach Entwürfen von Michelozzo: Mit Zinnen und Pechnasen und einem viereckigen Turm ähnelt er dem Palazzo Vecchio von Florenz, wenn auch wesentlich kleiner. Und wie dieser ist er noch immer das Rathaus der Stadt. Der Aufstieg auf den Turm lohnt sich (im Rathaus darum bitten): Man hat einen hinreißend schönen Blick über Stadt und Umgebung bis hin zum Trasimenischen See im Osten, nach Pienza im Westen, Siena im Norden und zum Monte Amiata im Südwesten.

Der **Dom** ist mit seiner unvollendeten Fassade eher bescheiden, birgt aber einSchmuckstück: ein sehr farbiges Triptychon mit Mariä Himmelfahrt von Taddeo di Bartolo aus dem beginnenden 15. Jahrhundert.

In der Via Ricci steht der **Palazzo Neri-Orselli,** ein Backsteinbau aus dem 14. Jahrhundert mit dem **Museo Civico** (im Winter Di–So 9.30–13 Uhr, im Sommer Mi–So auch 16–19 Uhr).

Auf der Piazza Grande von Montepulciano

Vino Nobile di Montepulciano

Viele italienische Dichter haben den guten schweren Rotwein des Städtchens gelobt, den rubinroten *Vino Nobile di Montepulciano.*

Den vielen *cantine,* den tiefen, gewölbten Kellern unter den alten Palazzi, entgeht man in Montepulciano nur schwer. Die kleinen Gläschen, in denen der Wein hier ausgeschenkt wird, gestatten es, sich durchzuprobieren. In der Cantina Contucci an der Piazza Grande (Eingang an der abwärts führenden Straße links) gibt es außer dem schmackhaften Wein einen grandiosen Blick vom kleinen Garten aus (Eintritt frei): auf die Ebene des Chiana-Flusses und auf die ziegelroten Dächer der etwas neueren Unterstadt. – Diese Cantina ist übrigens gut ausgerüstet: Wenn einem der Wein zusagt, kann man ihn sich auch ins Ausland verschicken lassen.

Extra-Tip: Arnaldo Crociani ist alljährlich sehr gefragt beim traditionellen Faßrennen *Bravio delle Botti* (s. u.), weil er wie kein anderer die Weinfässer zu rollen versteht. Im normalen Leben ist er Winzer, auf seinem nur drei Hektar kleinen Weingut produziert er einen köstlichen *Nobile* sozusagen in Handarbeit, den man in seiner Cantina an der Via del Poliziano 15 probieren und kaufen kann.

Montepulciano ist fraglos das lebhafteste und liebenswerteste Städtchen der südlichen Toscana, mit guten Einkaufsmöglichkeiten und empfehlenswerten, nicht ganz billigen Restaurants und Trattorien. Vom 14. bis 16. August und am letzten Sonntag im August gerät Montepulciano aber aus den Fugen: erstens beim historischen Minne-Fest, bei dem mittelalterliche Verse und Lieder unter einem Bäumchen *(arboscello),* daher *Bruscello* genannt, vorgetragen werden, zweitens beim Weinfässer-Rennen *Bravio delle Botti:* Die Vertreter der acht ›feindlichen‹ Stadtteile (nach der Gemeindeverfassung von 1374) rollen ihre fünf Doppelzentner schweren Weinfässer durch die steilen, engen Gassen, ein gar nicht ungefährliches Unterfangen, bei dem die Favoriten mit großem Geschrei angespornt werden. Anschließend gedenkt man bei einem historischen Umzug des Stadtpatrons. 16 Vertreter der Stadtgebiete ziehen in Renaissancekostümen, begleitet von Fahnenschwingen und Trommelwirbel, durch die Straßen. Höhepunkt des Festes aber ist das abendliche Festmahl in den malerischen Gassen rings um die Piazza Grande. Gefeiert wird – von allen gemeinsam – natürlich der Stadtteil, dessen Vertreter Sieger beim Fässerrollen geworden ist.

Unterhalb der Stadt, durch eine etwa 150 m lange Zypressenallee (eine Art Kriegerdenkmal für die Gefallenen des Ersten Weltkrieges) zu erreichen, steht die Kirche **Madonna di San Biagio:** ein

Montepulciano

237

Henze und die »Kulturarbeit in einem ländlichen Zusammenhang«

Südtoscana

238

Einmal jährlich im Hochsommer (etwa letztes Juli-Wochenende bis Mitte August) verwandelt sich die Piazza Grande von Montepulciano in eine lebendige Theaterkulisse – für diejenigen Veranstaltungen, die beim *Cantiere Internazionale d' Arte* keinen Platz im Teatro Poliziano finden. Initiator dieser Musikfestspiele ist der deutsche Komponist Hans Werner Henze, sehr engagiert in seinen Bemühungen, der Musik eine neue gesellschaftliche Funktion zuzuweisen. Seit 1976 wird Montepulciano so einmal jährlich kulturelles Zentrum für bekannte und kaum bekannte Künstler, für Neulinge und einfach für Interessierte aus aller Welt.

»Kulturarbeit in einem ländlichen Zusammenhang«, nannte Henze die Idee des Musikfestivals. Denn dahinter steckt mehr als Kulturarbeit im üblichen Sinne: Der ganze Ort hat durch Henzes *Cantiere* neue Impulse bekommen, wurde ermutigt, zu einer neuen Identität zu finden. Montepulciano vor Henze – obwohl Bürgermeister Coloianni und den Förderern des Festivals vielleicht sogar noch mehr Ehre gebührt –, das war eine vor sich hin schlummernde, leicht verfallene Kleinstadt von nur 6000 Einwohnern mit profilloser Kulturszene. Fast hatte Montepulciano den Zauber seiner mediceischen Herrlichkeit verspielt. Im Montepulciano von heute wird die umfassende Idee spürbar, auch andere kulturelle Bedürfnisse und Fähigkeiten der Bürger zu fördern und zu verwirklichen.

Die Stadt bietet keine theoretische, museale Theaterkulisse, sondern eine lebendige, in den täglichen Ablauf integrierte Kulturarbeit, die Wirkung zeigt. Ein Beispiel: Seit 1980 bildet die Musikhochschule den aktiven Kern des neuen Musiklebens von Montepulciano, die Schüler tragen über die Musik ein neues, aufgeschlossenes Verhältnis zur Kunst in die jahrhundertealten Steinhäuser, die eher aussehen, als könne man aber auch gar nichts an ihrer Tradition ändern. Viele junge Leute, die längst in die Großstädte gezogen wären, versuchen nun, neue soziale und kulturelle Strukturen zu entwickeln. Und siehe da, das Städtchen kann seit Jahren einen beachtlichen wirtschaftlichen Aufschwung verzeichnen, insbesondere auf dem Dienstleistungssektor.

Dennoch: Die finanzielle Unterstützung überregionaler Geldgeber bleibt notwendig, ja lebenswichtig für Montepulcianos *Cantiere,* obwohl der Ort mit etwa 2 % seines Gesamthaushaltes den höchsten Anteil einer toscanischen Stadt für ihre Kulturarbeit leistet. Ein Drittel dessen, was die Musikwerkstatt kostet, trägt die Gemeinde selber! Bürgermeister und viele Bürger sehen in der kulturpolitischen Arbeit nämlich eine persönliche Verpflichtung!

Madonna di San Biagio

architektonisches Juwel, das unverkennbar die Handschrift von Antonio da Sangallo trägt. Der 1518 aus Travertin begonnene Zentralbau in schönstem Renaissancestil mit zwei klar gegliederten Türmen, von denen nur einer vollendet wurde, erhielt im Barock ein Presbyterium mit goldverziertem Stuck und Fresken hinzu. San Biagio, von der Bevölkerung *Tempio della Madonna del buon viaggio* genannt, die Kirche der Reisenden sozusagen, konnte durch die Spendenfreudigkeit vieler namhafter Reisender (s. Spenderliste im Innenraum) restauriert werden. Sie steht einsam inmitten einer fast immergrünen Wiese, die oftmals von Schafen bevölkert wird. Eine einmalige Aussicht in die südtoscanische Landschaft!

Gegenüber der Kirche, zu Füßen des Hanges, über den die schmale Via San Biagio steil nach Montepulciano hinauf-

führt, steht die **Canonica,** das frühere Haus der Domherren, mit einer anmutigen Loggia. In den Kellergewölben darunter wurde eine Cantina mit Weinverkostung und -verkauf eingerichtet. Daneben, in einem schönen Garten unter hohen Bäumen mit ausladenden Kronen, hat sich das freundliche Restaurant La Grotta etabliert, wo typische Gerichte der Südtoscana zubereitet und natürlich ein guter *Nobile* ausgeschenkt wird.

Von Montepulciano nach Buonconvento

Auf dem Weg nach Pienza ist bald (nach 6,5 km rechts ab und weiteren 2 km) **Montefollónico** 4 (S. 356) erreicht: Hierher fahren viele, nicht, um das ummauerte mittelalterliche Dorf mit seinen grobbehauenen Steinhäusern und den engen Gassen zu bewundern, sondern eines der Spitzenrestaurants der Toscana wegen: La Chiusa, inzwischen mit ein paar sehr exklusiven Appartements.

Zurück zur Hauptstraße und weiter nach Norden über **Torrita di Siena** nach **Sinalunga** 5 (S. 365), wo Garibaldi 1867 während der Vorbereitung für seinen Marsch nach Rom verhaftet wurde. Ein hübscher Ort auf einem Hügel in 364 m Höhe, und ein tüchtiger dazu. Sinalunga, Lucignano, Monte San Savino, das sind Ortsnamen, die für Reichtum durch Viehzucht stehen. Von den Gütern der Umgebung kommen die besten weißen Rinder der Toscana, die berühmten *Chianine* aus der Valdichiana (s. auch S. 258 ff.), unentbehrlich für eine echte *Bistecca Fiorentina*. Auf den Farmen werden hier nicht nur Rinder gezüchtet, sondern auch Federvieh, Forst- und Landwirtschaft mit modernsten Mitteln betrieben, aber auf relativ kleinen Ländereien, die sich im Besitz des Stadtadels befinden, wie eh und je.

Man versteht hier aber nicht nur viel von der Landwirtschaft, sondern auch von der Verarbeitung der erzeugten Produkte. Wie Sinalunga verarbeitet auch **Lucignano** 6 vor allem Gemüse, Wein und Öl. Auch hier ist die Lage typisch, ein Hügel bis 400 m über dem Chiana-Tal, und ein gutes Beispiel für die Entstehung vieler Dörfer in der südlichen Toscana aus einer mittelalterlichen Burganlage (13. Jahrhundert): drei elliptisch verlaufende Ringe, dazwischen Treppengassen. Das Zentrum bilden die beiden Kirchen **San Francesco** (13. Jahrhundert) und **Collegiata** (1594) sowie das Rathaus.

Monte San Savino 7 (S. 355) in 331 m Höhe ist aus einem Kastell der Ubertini hervorgegangen. Seine starken Mauern machen einen fast abweisenden Eindruck. Doch tritt man durch eines der Stadttore, am besten durch die **Porta Sangallo** gegenüber dem netten, gleichnamigen Hotel, so gelangt man in eine freundliche Stadt. Rechts öffnet sich gleich der langgestreckte Marktplatz: Monte San Savino ist ein Einkaufsparadies für Wurst und Schinken, die Metzger sind stolz auf ihre Eigenproduktion. Auch das Handwerk wird hier groß geschrieben. Die Palazzi sind relativ einfach, die Gassen schmal und schattig, einige Antiquitätenläden bieten Möbel aus aufgelösten Landguthaushalten an.

Den einzigen bedeutenden Palast hat Antonio da Sangallo um 1516 für den reichen Kardinal Del Monte gebaut, auch die Loggia gegenüber – als Stiftung für die Händler des Städtchens. Wenn der Kardinal hier seine Feste feierte, wurden diese zu einem öffentlichen Ereignis.

Eine schmale Serpentinenstraße führt nach 6,5 km von der Strada Statale rechts hinauf durch einen dichten Wald nach **Gargonza** 8. Das Kastell, seit dem Ende des 16. Jahrhunderts im Besitz der Familie des Grafen Roberto Guicciardini (aber mütterlicherseits der Corsari Salviati), stand bereits im 13. Jahrhundert. Damals gehörte es Florenz. Dante wohnte hier in seinen ersten Exiltagen beim Grafen Ubertini.

Bis zum Ende des Zweiten Weltkrieges wurden in Gargonza Forst- und Landwirtschaft in großem Stil mit 60 bis 70 Landarbeitern betrieben. Dann begann die Landflucht, 1960 mußte die Schule aus Mangel an Schülern geschlossen werden, 1974 zeichnete Conte Guicciardini selber die ersten Pläne zur Rettung des Castello.

Zunächst ging es um die Konservierung der alten, baufälligen Gebäude. (Von der 9000 m^2 großen Fläche innerhalb der trutzigen Mauern sind 3000 bebaut.) Dann wurde die Kanalisation komplett neu angelegt, moderner Komfort mit fließend Wasser, Heizung und Telefon hielt Einzug. 1984 waren die Restaurierungsarbeiten und die Einrichtung von 84 Gästebetten in den 19 Häusern praktisch abgeschlossen, doch Erhaltung und Management dieser wunderschön gelungenen Ferienwohnungen und des Kongreßzentrums lasten schwer auf dem Budget der Wiederbeleber.

Manche bedauern, daß aus einem einst intakten Dorf ein touristisches Objekt wurde – aber wie sonst hätte das befestigte Castello, das bereits dem Verfall preisgegeben war – erhalten werden können? Die Denkmalpflege war einsichtig und ausnahmsweise, wie Graf Guicciardini betont, auch finanziell großzügig.

Wieder auf der S.S. 73 geht es nach Süden auf die 326. Mit den nackten Hügeln der Crete im Blick, ist bald das kleine Thermen-Dreieck auf dem sprichwörtlich flachen Land von **Rapolano Terme**  erreicht, zusammen mit der auf alten Grundmauern top-modernen **Terme Querciolaia** und der **Terme San Giovanni Battista,** die eigentlich nur aus dem freundlich-familiären Kurhotel gleichen Namens besteht.

Über die S.S. 438 an der Ostflanke der Crete vorbei kommt man nach **Asciano** , dem nicht gerade aufregenden Hauptort, Zentrum der Schafzucht und der Pecorino-Herstellung, inmitten einer eindrucksvollen und doch eigentlich durch Erosion zerstörten Landschaft aus lehmigem Boden. Auf ihr wird nur mühsam Getreide angebaut, oder die Hügel werden als Weideland für Schafe genutzt.

Eine schöne Provinzialstraße führt genau nach Süden an besonders steilen, ausgewaschenen Graten vorbei zur

In der Crete

backsteinroten, festungsgleichen **Abbazia di Monte Oliveto Maggiore** in 273 m Höhe. Durch ein trutziges Tor gelangt man in die natürliche Parklandschaft des 1313 gegründeten Benediktinerklosters des Olivetanerordens, der strengere Regeln als der Hauptorden beachtete. Man kann die Klosteranlage zum Teil besichtigen (9–12.45 und 15–18.45 Uhr, im Winter nur bis 17.45 Uhr). Sehenswert ist vor allem der Kreuzgang mit Signorellis (1497/1498) und Sodomas (1505–1508) 36 Fresken, die Szenen aus dem Leben des Ordensgründers Benedikt darstellen. Leider darf die wertvolle Bibliothek, zu deren Rettung und Auswertung 1954 ein spezielles Institut gegründet wurde, wegen eines schmerzlichen Diebstahls nur noch durch zwei Gucklöcher in der Tür betrachtet werden. – Man kann sich im Kloster sogar, nach Geschlechtern ge-

Fresko im Kreuzgang des Klosters Monte Oliveto Maggiore

trennt, für ein paar Tage einmieten und im Restaurant davor echt toscanisch speisen.

Die Straße Nummer 451 führt direkt nach **Buonconvento** 12 an der Via Cassia. Das Festungsstädtchen, von Siena als Bollwerk errichtet, erlebte seine Blütezeit im 13. Jahrhundert. Noch immer ist es ganz ummauert, wie zu der Zeit, als der deutsche Kaiser Heinrich VII. hier am 24. August 1313 am Fieber starb, kurz nachdem er im Lateran in Rom zum Kaiser gekrönt worden war. Auf seinem Rückweg nach Pisa, wo er gegen das kaiserfeindliche Florenz ziehen wollte, machte er in Buonconvento Station.

Montalcino gab dem teuersten Wein seinen Namen

13 (S. 355) Das Städtchen mit dem weichklingenden Namen zu kennen, war bis 1980 sozusagen nur eine Verpflichtung für Weinkenner. Seitdem aber hat Montalcino eine weitere Attraktion, geeignet, den intakten mittelalterlichen, ummauerten Ort zumindest auch bei Theaterfreunden in aller Welt bekannt zu machen: das *Festival Internazionale dell' Attore,* das Festival der Schauspieler, eigentlich aller Mitwirkenden. Im Juli und August verwandelt sich Montalcino für sechs Wochen zu einer einzigen und einzigartigen Bühne. Die dicht aneinander gedrängten Häuser lassen nur schmalen Gassen Platz, schlanke Türme ragen aus dem scheinbaren Gewirr, kleine Plätze schaffen wenige Freiräume …

Gespielt wird im Hof der herrlichen Burg, in einer aufgelassenen Kirche, auf dem Marktplatz – und im Kino. Und zwar traditionelles Theater, dafür bietet sich die mittelalterliche Kulisse des Ortes so-

Blick auf Montalcino

zusagen an. Dennoch wird auch Experimentelles gezeigt. Die Akteure sind nicht allein Profi-Schauspieler, auch der Nachwuchs darf zeigen, was er kann, und auch Laien können an den meisten Kursen teilnehmen. So werden die Zuschauer, wenn sie wollen, zu Schauspielern. Dabei kann der berühmteste Wein der Toscana, der *Brunello di Montalcino,* ein schwerer, vollmundiger Rotwein der Spitzenklasse, durchaus helfen, die ersten Hemmungen abzulegen. Treffpunkt: die Fiaschetteria, eine Cantina mit der Originaleinrichtung von 1880, direkt am Hauptplatz. Diese und Montalcino überhaupt sind natürlich auch ohne Festival einen Besuch wert.

In den letzten Jahren wurde hier viel restauriert, jedoch ohne die mittelalterliche Struktur zu zerstören. Außer der trutzigen Burg sind gotische Kirchen mit Bildern der Sieneser Schule zu besichtigen, zwei kleine Museen und das Rathaus mit dem geradezu übertrieben

hoch wirkenden, schlanken Turm im Vergleich zur schmalen Fassade. Die Ausblicke in die Umgebung, vor allem von der Burgmauer aus, sind von typisch südtoscanischem Reiz. In den umliegenden Wäldern lassen sich wunderschöne Spaziergänge unter Steineichen und Kastanienbäumen unternehmen.

Von Montalcino nach San Quirico d' Orcia

Größter Anziehungspunkt der Südtoscana bleibt die 10 km südlich liegende Abtei **Sant' Antimo** . Karl der Große soll die Benediktinerabtei gegründet haben. Im 12. Jahrhundert wurde die Kirche im französisch beeinflußten Zisterzienserstil neu aufgebaut und präsentiert sich heute als eines der besterhaltenen Exemplare romanischer Klosterbaukunst Italiens in wundervoller Lage: einsam in einem kleinen Tal zwi-

schen Feldern, Wald und Olivenbäumen. Die hellen Steine aus Muschelkalk und Travertin passen vollkommen in diese verträumte Landschaft.

Nach seiner langjährigen Restaurierung ist Sant' Antimo mittlerweile zu einem Pilgerziel für Toscana-Reisende geworden. Löwen und Fabeltiere zieren die romanischen Portale, die sorgfältig restauriert wurden. Säulen mit Alabasterkapitellen tragen den dreischiffigen Innenraum, über den Säulen befindet sich eine von gotischen Arkaden überwölbte Galerie – einst Platz für die Frauen, wenn sie am Gottesdienst teilnahmen. Vom Kloster ist nur noch der Kapitelsaal zu sehen, auf der Südostseite des Komplexes ist man dabei, das winzige karolingische Ursprungskirchlein von späteren Zutaten zu befreien. – Was die wenigsten beachten: Der Ort **Castelnuovo** oberhalb auf einem Hügel besitzt in seinen engen Gassen recht sehenswerte Renaissancepaläste.

Jetzt schlägt man am besten den Bogen über Ansedonia wieder nach Nordosten. An der 323 steht in markanter Höhe (540 m) über dem Orcia-Tal das kleine **Castiglione d' Orcia** 15, wo 1412 der Maler Lorenzo di Pietro, genannt ›Il Vecchietta‹, geboren wurde. Ein hübscher, backsteinerner Ort mit einem schlicht-schönen Travertinbrunnen (1618) auf der nach dem berühmtesten Sohn der Stadt benannten Piazza. In der **Pieve SS. Stefano e Degna** befinden sich drei sehenswerte Madonnendarstellungen: von Il Vecchietta, Pietro Lorenzetti und Simone Martini. In der **Rocca d' Orcia** mit imposantem polygonalem Turm oberhalb des Ortes machte Friedrich I. mehrmals Station.

Benediktinerabtei Sant' Antimo, eines der besterhaltenen romanischen Klöster

Ein Kleinod besonderer Art aber ist ein winziges Stück weiter nördlich und abseits der Via Cassia das beschauliche **Bagno Vignoni** 16, für das man sich ein wenig Zeit nehmen sollte. Es verwundert nicht, daß diese Oase der Ruhe Tarkowski zu seinem Film »Nostalgia« inspirierte. Das Thermalwasser ist konstant 51 Grad warm und wird seit der Renaissance in einem großen Becken mitten im Ort gespeichert, in dem früher auch gebadet wurde.

Zur Zeit der Republik von Siena waren es verwundete Soldaten, die sich hier auskurierten, aber auch die heilige Caterina von Siena und Lorenzo II Magnifico sollen ebenso wie Papst Pius II. gerne in Bagno Vignoni geweilt haben. Seit 1900 ist das Baden in dem Thermalbecken verboten. In seinem Wasser spiegelt sich auf einer Schmalseite eine Art offene Wandelhalle, gegenüber das steinerne Kurhaus, aus dessen Fenstern mittags die Wäsche zum Trocknen hängt. Rechts mag ein breiter Palast mit schönen Steinquadern erstaunen: die sommerliche Kurresidenz der Piccolomini, deren Mondsichel-Wappen über dem eher bescheidenen Eingang auszumachen ist. Kein Geringerer als Rossellino, der für Pius II. u. a. Pienza plante, zeichnete auch für diese spezielle Kurarchitektur verantwortlich. Heute beherbergt der Renaissancepalast mit schöner Repräsentativhalle im ersten Stockwerk das herzerfrischend-freundliche Hotel Le Terme, das mit einer Super-Küche zu ganz normalen Preisen aufwartet!

Eher touristisch geht es dagegen am Rande des kleinen Zentrums im Vier-Sterne-Hotel Posta Marcucci zu, aber hier können auch Tagesgäste das Thermalbecken in wunderschöner Lage vor dem breiten Hügelpanorama der Südtoscana benutzen.

Die kleinen Thermen der Provinz Siena

Montecatini Terme ist die Nummer eins, dicht gefolgt von Chianciano Terme, dem Leber-Kurort der Toscana. Doch außer diesen beiden Paradepferden besitzt die Region eine Menge kleinerer bis kleinster Thermen, speziell in der Provinz Siena, im weiten Umkreis um den Monte Amiata, der bekanntlich vulkanischen Ursprungs ist.

Alle Kurorte sind spezialisiert auf Balneotherapie, Fango und Inhalationen. Außer diesen in den letzten Jahren tatkräftig von der Region mit einem Sonderprogramm auch finanziell unterstützten und ausgebauten Thermen bietet das Gebiet versteckte, von den Einheimischen als ihr Geheimnis gehütete *bagnacci*, das sind meistens nur einfache Kuhlen im Boden, mit schwefligem Thermalwasser gefüllt: herrliche Naturbadewannen!

Die historischen Thermalorte der Etrusker und Römer erhielten in der Renaissance neuen Aufschwung. Papst Pius II., der Erbauer von Pienza und große Badefreund, dessen Familie Piccolomini sich überall dort verewigt hat, wo das Wappen mit den vier Mondsicheln zu sehen ist, ließ beispielsweise **Bagni di Petriolo** (am schmalen Farma-Lauf, bevor er sich in den Ombrone ergießt) zu einer kleinen Festung ausbauen. Vom modernen, architektonisch reizvollen, sonst aber wenig einladenden Kurhotel oben an der Schnellstraße läßt sich die alte Therme wunderbar überschauen. Unten am Fluß holen sich diejenigen ein wenig Gesundheit per Thermalwasser, die dafür nicht zahlen wollen oder können: unter der Kaskade stehend, die dem Fels mit 43 Grad entspringt, oder liegend in den kleinen warmen Tümpeln mitten im Fluß.

Bagno Vignoni gehört zum größeren **San Quirico d' Orcia** [17] (S. 363) in 424 m Höhe, das etruskischen Ursprungs ist. Arezzos und Sienas Bischöfe stritten sich bereits um 550 um den Platz in strategisch günstiger Lage über der Via Francigena beziehungsweise in diesem Streckenabschnitt der Via Cassia. Der Ort wechselte seine Zugehörigkeit mehrfach, bis er 1772 an Montalcino ging, zu dessen Diözese er immer noch gehört. Hier wurde 1154 im Beisein Friedrichs I. Barbarossa von einem Abgesandten des Papstes Adrian IV. seine Krönung zum Kaiser beschlossen, was heute im Juni mit einem pompösen Fest begangen wird. Als Durchgangsort der Heere, Kaiser (auch Friedrich II. hielt hier Hof), Päpste und anderer berühmter Männer herrschte San Quirico d' Orcia über ein großes Gebiet mit mehreren Städtchen – geblieben sind lediglich zwei Gemeinden mit knapp 2300 Einwohnern, die vor allem von den kleinen und mittleren Industriebetrieben leben.

Petriolos Thermalwasser soll das schwefelhaltigste der gesamten Region sein und sich daher besonders für die Heilung von Knochen-, Muskel- und Gelenkkrankheiten eignen.

Fast totale Ruhe herrscht in **Rapolano Terme** mit der modernst ausgebauten historischen **Terme Antica Quercíolaia** und dem netten Hotel mit Therapiezentrum und Schwimmbad der **Terme San Giovanni Battista.**

Bagno Vignoni mit seinem 51 Grad warmen Thermalwasser kann man

sich als komfortable oder romantische Oase der Ruhe gut vorstellen (S. 245).

Das mittelalterliche **San Casciano Bagni** in Panoramalage mit einem ausgedehnten Park aus uralten Steineichen, Kastanien und Pinien erhielt den Zusatz *Bagni* wegen seiner Terme mit 43 Grad warmem Thermalwasser.

Zu den eher bescheidenen Thermen gehören die **Terme San Filippo** in Castiglione d' Orcia und die **Terme di Montepulciano** zu Füßen von Montepulciano (im Vorort Sant' Albino).

Thermen in Bagno Vignoni

Ein Bummel lohnt sich wegen der angenehmen Atmosphäre des gepflegten und in den letzten Jahren großartig sanierten Ortes und seiner Sehenswürdigkeiten. Einzigartig sind die Portale der **Stiftskirche** (Collegiata di Osenna, 12./13. Jahrhundert): figural skulptierte romanisch-gotische Portale (13. Jahrhundert) mit auf Löwen stehenden Karyatiden und ein romanisch-lombardisches Portal (12. Jahrhundert) mit verknoteten Rundpfeilern. Sehr sehenswert auch der monumentale barocke **Pa**lazzo Chigi** neben der Kirche, der seit Jahren restauriert wird, 1679 für Kardinal Chigi erbaut, in dessen Familienbesitz sich der Ort bis heute befindet. Die Kirche **San Francesco** am Hauptplatz soll Franziskus selber begonnen haben, daneben die **Orti Leonini,** ein zweigeteilter Park in italienischem (unten) und englischem (oben) Stil, in dem im Herbst alljährlich eine Skulpturenausstellung junger Künstler stattfindet; schließlich die klobige, mehreckige **Porta Cappuccini** (12.–15. Jahrhundert).

Pienza: Renaissance-Puppenstube eines Papstes

18 (S. 358) Eine *città ideale,* eine Ideal-stadt, wollte der 1405 im damaligen Cor-signano geborene Enea Silvio Piccolo-mini, der spätere Papst Pius II., bauen lassen. Pienza, das sich in 491 m Höhe aus der leichtgewellten Ebene erhebt, erhielt denn auch den Namen des Pap-stes – Pienza, die Stadt des Pius.

Als der gelehrte Humanist Piccolo-mini 1458 zum Papst gewählt wurde, er-innerte er sich seines inzwischen recht verfallenen Familienbesitzes und kam auf den Gedanken, daß sich an der Stelle des alten Corsignano ein vollkom-menes städtebauliches Kunstwerk wohl hübsch ausnehmen könnte. Einer der be-sten Florentiner Baumeister seiner Zeit, Bernardo Rossellino, schien dem Papst geeignet, seinen Traum in die Wirklich-keit umzusetzen – nach den Plänen des ganz Großen unter den Renaissancear-chitekten, Leon Battista Alberti. Papst Pius gelang es, nicht zuletzt durch List und gesellschaftliche Erpressung, sei-nen Freunden – Kardinälen, Bischöfen, bedeutenden Adeligen – die Idee einer ›idealen Stadt‹ so schmackhaft zu ma-chen, daß sie gar nicht anders konnten, als sich am Projekt Pienza zu beteiligen. Mit erheblichen finanziellen Mitteln, vor allem, wenn man bedenkt, daß es sich ja nur um einen Sommersitz handeln sollte.

Ganz am Rande sei erwähnt, daß we-der der Papst noch sein Architekt die Vollendung ihres gemeinsamen Werkes erlebten, weshalb nur das Zentrum der Stadt um den Hauptplatz so gebaut wurde, wie es sich die beiden vorgestellt hatten. Dennoch: Den Charakter einer wahren Renaissancestadt erhielt Pienza und konnte ihn dank den Bemühungen ihrer 3000 Einwohner auch behalten,

nur eben im Puppenstuben-Format. Trotz der Mini-Ausmaße besitzt Pienza eine stark urbane Atmosphäre, so wie sie Alberti auf dem Reißbrett geplant hatte, einer der wenigen Architekten, die das Glück hatten, ihre Gebäude nicht in ein fertiges städtebauliches Konzept einfügen zu müssen, sondern selber eines planen zu dürfen. Alberti, der Vorläufer der modernen Städteplaner! Er zeichnete Straßen und Plätze, Palazzi, Kirchen und Brunnen, im Zentrum die **Piazza Pio II:** ein Meisterwerk der Perspektive, der Harmonie, fast wie eine Theaterkulisse. Und ein wenig Theater ist sicher dabei gewesen, Pracht- und Machtentfaltung, die gesehen, erlebt werden sollte. Aber ganz im Sinne des Humanismus, in dem der Mensch Mitte und Maß aller Dinge war: die Stadt als Haus für ihre Bewohner, die Piazza als Audienzsaal.

Rossellino hatte für solche Großzügigkeit zwar viel Sinn, aber wenig Platz auf dem Hügel des alten Corsignano. Daher befreite er sich von der mittelalterlichen Technik, Baukörper isoliert, ohne kompositionelle Beziehung zueinander aufzustellen (siehe Pisa, Piazza dei Miracoli), auch von der damals noch üblichen Konstruktion rechteckiger, geschlossener und daher mächtig wirkender Plätze (siehe Volterra), ebenso von der Form des planmäßig geschwungenen Arena-Rundes (siehe Il Campo, Siena). Rossellino hat zum ersten Mal, vielleicht nicht nur aus Raumnot, die Baumonumente in ihrer Individualität

Papstpalast und ...

... Brunnen auf der Piazza Pio II ▷

als Komposition gesehen, eine Baugruppe geschaffen, Raumwirkung aber auch durch einen perspektivischen Trick vermittelt: Der Platz ist abschüssig und für die geplanten Baukörper zu klein. Also ließ er, vom Rathaus gesehen, die Fronten der Seitenpaläste auseinandergehen, es entstand ein nach hinten breiteres Trapez. Das nicht genug: Den Dom rückte er ein Stück vor in das Trapez, so daß die Seitenpaläste den Eindruck machen, als führten sie ins Unendliche weiter. Damit gelang es ihm, den relativ kleinen Platz optisch zu vergrößern. Die weißen Marmorstreifen in der Pflasterung mit Florentiner Fischgrätenmuster (aus roten Backsteinen) laufen auf den Dom zu und ziehen den Blick des Betrachters zusätzlich an.

Schaut man vom Rathaus auf die klar gegliederte **Dom**fassade, hinter der sich eine sehr gepflegte dreischiffige Hallenkirche verbirgt, wie sie Pius in Deutschland kennengelernt hatte, befindet sich auf der linken Seite der gelbliche **Bischofspalast** und Sitz der Domherren, heute mit kleinem **Museum** (Mi–Mo 10–13 und 16–18 Uhr, im Winter 15–17 Uhr). Rechts steht der **Piccolomini-Palast** (Di–So 10–12.30 und 16–19 Uhr), dem Florentiner Palazzo Rucellai nachempfunden. Allerdings so komponiert, daß die Arkaden der drei offenen Loggien übereinander, auf der Seite der herrlichen ›hängenden Gärten‹, als Rahmen für die südtoscanische Landschaft des Orcia-Tales dienen sollten.

Vor dem Palast steht der Renaissancebrunnen von Rossellino. Dem Dom gegenüber: das Rathaus, der **Palazzo Pubblico,** zweistöckig-klein, aus hellem Travertin, mit überdimensional hohem Turm, von dem aus man einen grandiosen Blick über das Orcia-Tal genießen kann (während der Amtsstunden im ersten Stock um Erlaubnis bitten).

Der Corso Rossellino durchzieht das historische Zentrum zwischen den beiden Stadttoren, aber in einem kurvigen Verlauf, so daß man nicht von einem Tor zum anderen schauen kann und damit nochmals eine nicht vorhandene Größe vorgetäuscht wird. An dieser Hauptstraße können Feinschmecker ganz schön viel Geld lassen: Pienza hat sich nämlich in den letzten Jahren zu einem wahren Paradies für Schlemmer entwickelt. Nicht wegen der Restaurants allein, sondern auch wegen der guten Einkaufsmöglichkeit typischer Erzeugnisse. Echtpienzanisch ist der *Cacio,* ein würziger *Pecorino* (Schafskäse) besonderer Güte, nach einer jahrhundertelangen Tradition hergestellt. Am ersten September-Sonntag findet alljährlich die *Fiera del Cacio* statt, die traditionelle Käsemesse von Pienza. Wie vor Jahrhunderten, als die Schafzüchter der ganzen Umgebung, die auf den Ländereien der Piccolomini und der anderen Großgrundbesitzer als Halbpächter lebten und arbeiteten, nach Pienza kamen, um den Käse zu verkaufen, den sie nicht für den Eigenbedarf benötigten. Am besten kauft man natürlich beim Hersteller, in der Südtoscana locken inzwischen mehrere Schafzüchter auf kleinen und größeren Landgütern, aber auch Winzer und Olivenölproduzenten mit meist noch handgeschriebenen Hinweisschildern.

Nur 500 m, außen entlang der Stadtmauer (Weghinweis), geht man bis zur alten Pfarrkirche, zur **Pieve di Corsignano** (11./12. Jahrhundert). In ihrem Taufbecken wurde auch der spätere Papst Pius II. getauft. Das Portal ist ein schlichter Rundbogen mit figuralem Türsturz, das Biforienfenster darüber wird von einer menschlichen Figur gestützt, die den Eindruck erweckt, eine sehr schwere Last zu tragen. Vor dem Kirchlein plätschert ein Brunnen, liefert klares

Wasser aus der gemauerten Felswand. Schön ist es hier, unter den alten, ausladenden Kastanien, ringsum Ölbäume und Eichen; der geeignete Platz für eine Ruhepause nach der Besichtigung von Pienza, vielleicht mit toscanischem Brot, frisch eingekauftem Pecorino und dem roten schweren Wein der Gegend.

Monticchiello

[19] Ein anderes urbanes, allerdings allmählich gewachsenes Kleinod am Rande der S.P. 146 ist Monticchiello in 546 m Höhe mit seinen intakten Mauern. Der kleine Ort hoch über dem fruchtbaren Tresa-Tal hat sich um die antike Villa Rustica der Cleli herum entwickelt. Schon der Name weist darauf hin, denn er ist aus *Mons Cleli* oder *Mons Clelus* entstanden. Steht man auf dem abfallenden Platz vor der kleinen Pfarrkirche, kann man es sich kaum vorstellen, welche bewegte Geschichte dieser heute so ruhige Ort im Laufe der Jahrhunderte erleben mußte.

Die erste Erwähnung bezieht sich auf die **Pieve Santa Maria allo Spino** (753), etwa 2 km entfernt. Unter den Langobarden wurde diese Pieve der Badia San Salvatore am Monte Amiata angegliedert. 973 kam sie zum Hause der Aldobrandeschi. Schon zu einem kleinen Ort entwickelt, riß die römische Kirche Monticchiello an sich und gab es dem Deutschen Ritterorden zum Lehen. 1240 wurde es mit Hilfe Sienas freie Kommune, das die 900 m lange Mauer mit ihren 17 Türmen bauen ließ. Monticchiello blieb Siena treu und verteidigte wiederum 1553 als Grenzfeste die Republik – immerhin gegen die Truppen Karls V. Am Eingangstor kann man noch heute die Wunden sehen, die die Kanonenkugeln des Feindes hinterlassen haben.

Am 6. April 1944 schließlich war der Ort Schauplatz eines dramatischen Widerstandskampfes.

Monticchiello heute, das ist ein kleiner südtoscanischer Ort in etwa einem Drittel seiner mittelalterlichen Mauern, der sich durch eine kulturelle Veranstaltung einmal im Jahr ins Scheinwerferlicht rückt. Für sein *Teatro Povero,* armes Theater, weil es mit einfachsten Mitteln arbeitet, bildet der Ort eine einzigartige Naturkulisse. Fast die Hälfte der 300 Einwohner des Bauernstädtchens ist Mitte bis Ende Juli auf den Beinen, um Stücke in Szene zu setzen, die von der bewegten Geschichte erzählen oder von aktuellen Sorgen. Leidenschaftlich wird gespielt, in stimmungsvollen Gassen, auf Treppen und mittelalterlichen Plätzen, die wunderbar restauriert wurden und sich um eine kleine Kirche gruppieren, die man hier stolz Kathedrale nennt. Diese Kirche **SS. Leonardo e Cristoforo** besitzt sogar mehrere Schätze: ein Gemälde von Pietro Lorenzetti (1320), ein hölzernes Kruzifix (15. Jahrhundert) und Fresken verschiedener Schulen des 14. und 15. Jahrhunderts.

Chiusi, schon recht umbrisch

[20] (S. 344). Nun geht es zurück nach Chianciano, von wo aus sich ein Ausflug südöstlich jenseits von Autobahn und Bahnlinie nach Chiusi anbietet. Die alte Etruskerstadt, an der Regionalgrenze zu Umbrien, wird aufgrund dieser Grenzsituation oft übersehen und ist dabei doch recht bedeutend: wegen ihres archäologischen Museums und natürlich wegen ihrer Nekropolen. Aber auch, und das ist relativ neu, wegen der Möglichkeit, selbst unter der Stadt auf etruskische Spurensuche zu gehen.

Etruskische Grabfigur im Archäologischen Museum von Chiusi

Das heute relativ kleine Chiusi (etwas mehr als 9200 Einwohner) war als *Chamars* einer der mächtigen etruskischen Stadtstaaten. Man hat den Eindruck, in einem weltvergessenen Nest gelandet zu sein. Kaum jemand kommt hierher, um sich das Städtchen selber (oberhalb des neueren Chiusi Scalo anzuschauen, dabei ist es sogar recht hübsch, irgendwie unverdorben. Hauptanziehungspunkt ist das **Archäologische Museum** (werktags 9–13.30, So und feiertags 9–12.30 Uhr; im Sommer zeitweise auch nachmittags), das hinter der klassizistischen Fassade mit den vier kannelierten Säulen die kostbaren etruskischen Funde aus der Umgebung zeigt. Nur ein Bruchteil (etwa ein Zehntel) der Sammlungen kann in dem kleinen Museum ausgestellt werden, die Magazine sind zum Überquellen voll, und die Restauratoren haben noch eine Menge Arbeit mit noch nicht gesichteten oder präparierten Stücken. Allein 350 Urnen bleiben vor der Öffentlichkeit verborgen.

Chiusi wurde von den Etruskern völlig unterhöhlt – und die heutigen Bewohner graben fleißig, um die etruskischen Funde ans Tageslicht zu bringen, auch wenn es eigentlich nicht erlaubt ist! Dort, wo der Glockenturm des Domes steht, haben sie einen Wasserbehälter aus dem weichen Tuff geschlagen, zwischen den einzelnen Kammern Gänge gebohrt, die bislang erst zu einem Teil freigelegt wurden. Teile der unterirdischen etruskischen Welt können zeitweise vom **Kathedralmuseum** (✆ 05 78–22 64 90) aus begangen werden.

Mit entsprechender Vororganisation kann man in Begleitung eines Museums-Custoden die nahen **Nekropolen** besichtigen, die als einzige im Gebiet der heutigen Toscana freskiert sind. Hinter einer schweren Steintür verbirgt sich die **Tomba del Colle** aus dem 5. vorchristlichen Jahrhundert mit einem faszinierenden Fresko, das ein Wagenrennen zeigt: Jeweils zwei schlanke Pferde ziehen einen Rennwagen, auf dem ein peitschenschwingender Etrusker die Rösser antreibt. Die **Tomba della Scimmia** erhielt ihren Namen von dem Fresko, das einen kleinen Affen zeigt, der Liebling aller Besucher: Er ist an einen Baum gebunden und wartet beim Grabfest, wie es üblich war, auf seinen Auftritt. Man sieht den Verstorbenen unter einem Baum sitzen und zuschauen.

Um sich einen Eindruck davon zu verschaffen, wie die Gräber ursprünglich aussahen, bevor sie entweder ausgeraubt oder von den Archäologen geleert wurden, sollte man die **Tomba della Pellegrina** besichtigen, das Grab der Pilgerin: Nach seiner Restaurierung wurden die Gegenstände wieder unter die Fresken mit den griechischen Sagenmotiven

gestellt, die Sarkophage ebenso wie die Ascheurnen.

Chiusi Scalo, 3 km vom Etruskerort entfernt, hat sich zu einem regen Handelsstädtchen entwickelt: ziemlich gesichtslos, zu schnell gewachsen, ein Verkehrsknotenpunkt an der Bahnlinie Florenz – Rom mit Abzweigung nach Cortona und Arezzo. Es eignet sich aber hervorragend als Einkaufsort, etwa für Ferienhausmieter in der Umgebung. Ganz in der Nähe von Chiusi Scalo liegt der **Lago di Chiusi,** eine wahre Sommer- und Wochenend-Idylle, ruhig und sozusagen mit eigenem Autobahnanschluß.

Von Chianciano zur Abbadia San Salvatore

Ab jetzt führt die Route Richtung Monte Amiata; natürlich kann sie auch rückwärts, also vom Monte Amiata Richtung Chianciano, gefahren werden.

In der Nähe von **Cetona** 21 (westlich des Chiana-Tales in 384 m Höhe) fand man Spuren menschlicher Besiedlung aus der Mittelsteinzeit (bis 4. vorchristliches Jahrhundert). Die **Collegiata-Kirche** (13. Jahrhundert) birgt das Fresko »Himmelfahrt Mariae«, das Pinturicchio zugeschrieben wird.

Historisch mit Cetona eng verbunden war über Jahrhunderte das größere **Sarteano** 22, das bereits 525 m hoch liegt. Trutzig überragt die Festung (ab dem 10. Jahrhundert), die von den Sienesen 1467 bis 1474 grundlegend verändert und ausgebaut wurde, den Ort. In der Kirche **San Francesco** befindet sich eines der seltenen Werke von Giacomo di Mino del Pelliciaio, das Triptychon »Madonna mit Kind und den Heiligen Johannes und Bartholomäus«.

Auf der Weiterfahrt durchquert man eine merkwürdig ›zerfressene‹ Landschaft, als habe ein Riesenbagger das Mittelgebirge mit großen Klauen angenagt und das Innere bloßgelegt: fast eine Mondlandschaft, entstanden durch Erosion. Es folgen baumlose Hügel, Akkerland und Weideflächen, Weizen wiegt sich hell im Wind, dazwischen weinrote Luzernenfelder, für die Toscana so typische, satt-dicke Pflanzen, die kniehoch werden. Nur vereinzelt Ginster, aber dann von prallgelber Farbe. Weit kann man blicken. Plötzlich taucht **Radicófani** 23 (S. 361) auf, in 718 m Höhe auf kleinem Plateau thronend, mit zinnenbesetztem Turm. An der weitläufigen Festung haben viele Besitzer gebaut, u. a. Päpste, Kaiser und die Medici.

Hinter Radicófani ändert sich das Landschaftsbild: Dichte Laubwälder, die auf dem weichen Tuff besonders gut zu gedeihen scheinen, prägen ab jetzt die Umgebung. Jenseits der Via Cassia, schon 822 m hoch, befindet sich die **Abbadia San Salvatore** 24 mit dem gleichnamigen Kloster in erhöhter Lage. Die ungewöhnliche Saalkirche des Klosters lohnt ebenso den Aufstieg wie seine Krypta, die aus dem 8. Jahrhundert stammen könnte. Der Ort ist Ausgangspunkt für Wanderungen in der herrlichen Umgebung, der Ostflanke des Monte Amiata, eine bei italienischen Familien schon lange beliebte Sommerfrische. Und nirgendwo kann es in der Toscana mehr Vergnügen bereiten, einfach draufloszufahren, einem unauffälligen Schild zu folgen, einem zinnenbekrönten Turm entgegen, der auf einem bewaldeten Gipfel hockt. Um zum Beispiel **Piancastagnaio** zu entdecken. Eine imposante mittelalterliche Festung rechts vom Stadttor weckt Erwartungen: Die **Rocca Aldobrandesca** besitzt quadratische Wohntürme und einen kleinen Wachturm – mit dem Gipfel des Monte Amiata vor den Augen.

Valdichiana und Casentino, die ›Toscana Minore‹

Die östliche Valdichiana bis Arezzo

Bereits die Medici legten im 16. Jahrhundert, als sie ihre Interessen von der Stadt Florenz stärker auf den Flächenstaat Toscana verlagerten, die Sümpfe des Chiana-Tales trocken und machten es zu einem sehr fruchtbaren Gebiet. Sogar auf der Autobahn ist es ein Vergnügen, das Tal zu durchfahren. Vom Chiana-Fluß und seinen Sümpfen ist nur noch ein kanalisiertes Rinnsal geblieben, im Süden gleich hinter Chiusi erstreckt sich der kleine Lago di Chiusi und weiter nördlich der noch kleinere Lago di Montepulciano, beide fischreich und schilfbedeckt, scharf an der umbrischen Grenze, hinter der sich der dagegen riesenhafte Lago di Trasimeno Richtung Perugia ausdehnt.

Um Chiusi herum sieht das Land teilweise aus, als habe man zu seiner Veränderung Riesenbagger planlos herumfahren und Erdmassen verschieben lassen – ein trauriger ›Zivilisationsstempel‹, der durch Regen- und Winderosion verstärkt wird. Rechts und links vom Chiana-Fluß, nach Norden zu: üppiges Grün, das Weide- und Ursprungsland der *Chianine,* der weißen Rinder, der besten Fleischlieferanten für die *Bistecca Fiorentina.*

Es gibt zwei Möglichkeiten, die Valdichiana zu erkunden: Die im folgenden beschriebene Route führt an der Ostflanke des Tales ein Stück durch umbrisches Gebiet zum Lago Trasimeno mit Castiglione del Lago und zu den größeren historischen Zentren Cortona, Castiglion Fiorentino und Arezzo. Die zweite Möglichkeit, die Strecke von Chiusi bis Monte San Savino, konzentriert sich auf

den westlichen Rand der Valdichiana mit ihren kleinstädtischen Höhepunkten, s. dazu S. 240 bis 255.

Streckenlänge und -verlauf: 64 km. Von Chiusi über die umbrische Grenze auf die S.S. 71 nach Castiglione del Lago (23 km) und zurück in die Toscana nach Cortona (17 km) und Castiglion Fiorentino (11 km) sowie Arezzo (13 km).

Öffentliche Verkehrsmittel: Von Chiusi Scalo führt die alte Eisenbahnverbindung nach Castiglione del Lago/Lago Trasimeno und weiter nach Norden über Cortona und Castiglion Fiorentino nach Arezzo (bis Florenz). Auf der gleichen Strecke verkehren auch Überlandbusse.

Ausflug nach Umbrien

Von Chiusi (S. 344) verläßt man für ein kurzes Stück die Toscana, um auf der S.S. 71 durch die liebliche Hügellandschaft Peruginos zu fahren, der im nahen (umbrischen) Città della Pieve das Licht der Welt erblickte. Die Staatsstraße führt weiter zum **Lago Trasimeno,** für toscanische Verhältnisse geradezu ein Meer! An seinem westlichen Ufer liegt **Castiglione del Lago** **1** auf einer kleinen Landzunge, der wichtigste Ort (13 600 Einwohner) des größten umbrischen Sees. Er thront recht hübsch in 305 m Höhe auf einem Felsen über dem See, umgeben von einer zinnenbekrönten Mauer.

Imposant ist die **Rocca del Leone** (Löwenburg), in deren Innenhof im Sommer kulturelle Veranstaltungen stattfinden. Sie ist sichtbar vom Rest des Städtchens, seinem *borgo,* getrennt, wo an

◁ *Flohmarkt in Arezzo*

der Piazza Gramsci den **Palazzo della Corgna** (16. Jahrhundert, heute Rathaus) noch manieristische Fresken von Pomarancio (nach 1550) zieren, mit mythischen Szenen wie dem »Urteil des Paris« (während der Bürostunden 8–13.30 Uhr zu besichtigen). Nahe der Piazza Mazzini, der ›guten Stube‹ von Castiglione del Lago, birgt die klassizistische Kirche **Santa Maria Maddalena** eine »Thronende Madonna« des Perugino-

Schülers Eusebio da San Giorgio (um 1500), die früher sogar Raffael zugeschrieben wurde, und ein Fresko der Sieneser Schule (14. Jahrhundert).

Am Nordwestzipfel des Sees, bei **Borghetto** (9 km), schlug Hannibal in der berühmten ›Schlacht am Trasimenischen See‹ 217 v. Chr. das römische Heer, indem er die Römer im dichten Nebel in einen Hinterhalt lockte und umzingelte.

Cortona: Auf vier Terrassen angelegt

2 (S. 345). Wieder auf toscanischem Gebiet. Schon von weitem ist Cortona zu sehen, liegt es doch wunderbar terrassenartig am Hang des Monte Sant Egidio zwischen 494 und 650 m Höhe. Den Wagen muß man unten vor dem Stadttor stehen lassen, sonst kann man sich der Faszination der städtebaulich so interessanten etruskischen Siedlung nicht hingeben. Am Beispiel Cortona läßt sich gut vorstellen, wie sicher sich hier die Etrusker gefühlt haben mochten, wie ihre Stadt ausgesehen haben mag und was die Römer daraus machten. Oder das Mittelalter, nachdem die Stadt 1411 in den Machtbereich von Florenz kam. Spätere Jahrhunderte haben kaum vermocht, im Altstadtbereich gravierende Änderungen durchzusetzen: Cortona ist im Charakter eine mittelalterliche Stadt geblieben.

An der 2800 m langen Stadtmauer lassen sich noch zahlreiche Reste aus der Etruskerzeit finden. In der Nähe entdeckte man mehrere etruskische Nekropolen (sensationell: **Melone del Sodo I,**

Die östliche Valdichiana von Chiusi bis Arezzo

2 km Richtung Arezzo), mit Grabbeigaben, die nun oben im Museum zu sehen sind.

Das Gefälle der Gassen Cortonas ist so stark, daß gummibesohltes Schuhwerk für den Stadtgang wegen Rutschgefahr unentbehrlich ist. Man muß in Cortona entweder klettern oder über unebene Wege gehen oder viele Treppen steigen. Fast wirken die Gassen düster, denn, obwohl zumindest die Hauptgassen so breit sind, daß durchaus zwei Fahrzeuge nebeneinander Platz hätten, sind die Stadtpaläste doch so hoch, daß kaum ein Sonnenstrahl auf das auch noch dunkle Steinplattenpflaster fällt. Auf einen sensiblen Menschen mag daher Cortona kalt und verschlossen wirken. Aber die Bewohner der Stadt (mehr als 22 000) machen eher den Eindruck, sich in dieser Atmosphäre besonders wohl zu fühlen. Es herrscht buntes Trei-

ben in den dunklen Gassen und vor allem dort, wo sie sich zu Plätzen treffen oder ausweiten. An diesen Orten scharen sich morgens Frauen um kleine Marktstände, sparen sich den Weg in die auch hier typisch gesichtslose Unterstadt mit ihren Supermärkten. Aus den vielen Werkstätten in den Altstadtgassen erklingt emsiges Sägen, Hämmern und Schleifen.

Faszinierend ist die Lage der Stadt. Sie bietet ein Totalpanorama der Valdichiana, besonders schön die Aussicht von der oberen Piazza del Duomo. Doch es gibt in Cortona – so verschwenderisch können Städtebauer sein – noch zwei weitere, noch höhere, noch großartigere Ausblicke über das Tal: von der ehemaligen Medici-Festung (16. Jahrhundert) in 651 m Höhe und von der Terrasse des Santuario di Santa Margherita.

Cortona

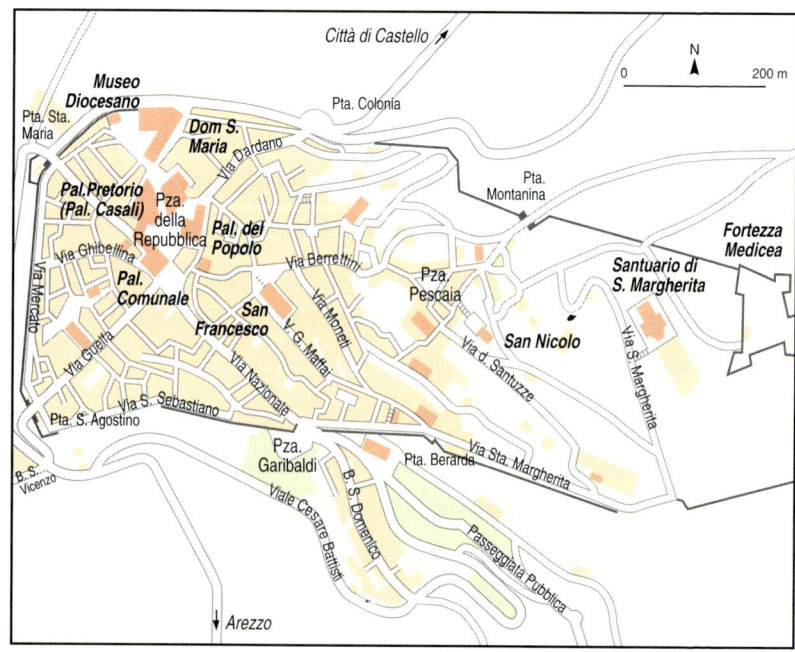

*Monumentaler
Aufgang zum
Palazzo Comunale
in Cortona*

Stadtbesichtigung

Cortona selber ist kompakt und übersichtlich, und außerdem nicht sehr groß.
Zunächst sollte man zum Hauptplatz
hochsteigen, zur **Piazza della Repubblica** und damit zum **Palazzo Comunale,** dem Rathaus (1236 erstmals erwähnt) mit seiner monumentalen Freitreppe. Durch die steile Hanglage wirkt
sie von unten noch gewaltiger, als sie in
Wahrheit ist.

Einen schönen Komplex bilden Rathaus und der dahinter liegende ehemalige **Palazzo Casali** (später Palazzo Pretorio) derjenigen Adelsfamilie, die Cortona im 14. Jahrhundert aufblühen ließ.

In seinen schönen Sälen befindet sich
das **Museo dell' Accademia Etrusca**
(Di–So 10–13 und 16–19 Uhr, im Winter
9–13 und 15–17 Uhr), das in den letzten
Jahren zu einem wahren Juwel der
toscanischen Museenlandschaft ausgebaut wurde. Das kostbarste und historisch bedeutendste Stück der recht um-
fangreichen etruskischen Sammlung ist
eine bronzene Grablampe mit 16 Schnä-
beln. Kaum zu glauben, daß hier 57 kg
bestes Kunsthandwerk aus dem 5. vorchristlichen Jahrhundert von der Decke
hängen! Die Gemäldegalerie beherbergt
Bilder aus dem Mittelalter bis in die Neuzeit, vor allem eine »Geburt Christi« von
Luca Signorelli (ca. 1445/1450–1523),

der hier in Cortona zur Welt kam; der Vorläufer Michelangelos, sogar in der Sixtinischen Kapelle! Auch der Maler Pietro da Cortona, eigentlich Pietro Berettini (1596–1669), stammt aus Cortona, was bereits sein Künstlername aussagt.

Vom Museum ist es nicht weit zur **Piazza del Duomo** mit der herrlichen Aussicht über das Chiana-Tal. Der **Dom Santa Maria,** dem man es trotz starker Veränderungen ansieht, daß seine Anfänge bis ins 11. Jahrhundert zurückreichen, ist nach ewigen Restaurierungsarbeiten wieder zugänglich, aber ohne besondere Sehenswürdigkeiten. Da bietet ihm gegenüber das **Museo Diocesano** (Di–So 9–13 und 15–18.30 Uhr) um so mehr, nämlich eine reiche Gemäldesammlung, einer relativ kleinen Stadt wie Cortona kaum zuzutrauen. Natürlich ist Signorelli mehrfach vertreten. Schön sind auch die Werke sakraler Goldschmiedekunst aus dem 16. Jahrhundert.

Eine typische Gasse aus dem Mittelalter ist die **Via del Gesù** (zwischen der Porta Santa Maria und dem Dom) mit ihrem Steinplattenpflaster und den auf Holzkonstruktionen vorkragenden oberen Stockwerken an den altehrwürdigen Häusern.

Fra Elia, auf dessen Spuren man in Cortona trifft, war einer der letzten Weggefährten von Franz von Assisi und derjenige, der die sterblichen Überreste des Heiligen vor Reliquiensammlern rette: So gründlich verbarg er den Sarkophag in der Grabkirche von Assisi in Umbrien, daß man ihn erst im 19. Jahrhundert nach anstrengender Grabungs-

Convento delle Celle in der Nähe von Cortona; Franz von Assisi, der das Kloster gründete, soll hier auch für kurze Zeit gewohnt haben

arbeit wiederfand. Elia Coppi, wie der Pater mit bürgerlichem Namen hieß, fand selber aber kaum Freunde in der Runde der fanatischen Franziskaner im Cortona des 13. Jahrhunderts. Als er starb, wurde sein Leichnam vor die Stadt geworfen, wo sich keifende Hunde um ihn gestritten haben sollen, bis man ihn wie-

der aufnahm und schließlich in der Krypta der Kirche San Francesco, die Pater Elia begonnen hatte zu bauen, zur letzten Ruhe brachte. Die Leute von Cortona, sagt man, lassen sich auch sieben Jahrhunderte später nicht gerne an diese nicht gerade glorreiche Geschichte erinnern.

Franz von Assisi selber hat in der Nähe 1211 das Kapuzinerkloster **Le Celle** gegründet. Dort wird noch die Zelle gezeigt, in der er kurz vor seinem Tod gewohnt haben soll – ein ruhiger Ort des Friedens.

Abbazia di Farneta

Genau auf halber Strecke zwischen Cortona und Sinalunga (jeweils 10 km, südlich der Autobahntrasse vom Trasimenischen See zur A 1) steht die **Abbazia di Farneta** [3], nahe dem Chiana-Rinnsal. Don Sante Felice entdeckte am 1. März 1973 unter seiner kleinen romanischen Abteikirche ›Linda‹, einen zwei Millionen Jahre alten, 4,20 m hohen Elefanten. Er brachte ihn in die Paläontologische Sammlung der Universität Florenz, von wo er nie wiederkam. Dem greisen Pater Felice blieben nur die Postkarten, die ihn, den letzten Etrusker, wie er sich selber nennt, mit Linda zeigen. Aber unter seinem Pfarrhaus hat er ein kleines Museum eingerichtet, das zahlreiche andere Funde enthält. Besonders sehenswert sind die beiden Terrakottafiguren der Apostel Petrus und Paulus (14. oder 15. Jahrhundert).

Die kleine Kirche hat eine bewegte Baugeschichte. Funde aus dem Tertiär und Quartär beweisen, daß die Hügel des Chiuccio über dem Chiana-Tal bereits in der Steinzeit besiedelt waren. Dann kamen die Etrusker und nach ihnen die Römer. Aus einem anscheinend dem Bacchus geweihten, römischen Tempel holten sich die Schwarzen Benediktiner (die Cassineser) das Material für den Bau ihrer Kirche, T-förmig, wie bei ihnen üblich.

Vor der Westfassade sind zwei römische Säulen aufgestellt, beide aus orientalischem, grauen Granit.

Don Sante hatte die eine in einem Bauernhaus von Farneta horizontal eingemauert gefunden, die andere in einer Mauer des Pfarrhauses. Im Inneren der Kirche geht es so weiter: Der Fuß des Weihwasserbeckens besteht aus zwei römischen Kapitellen, eines in schönster korinthischer Form.

Als Don Sante Felice 1937 nach Farneta kam, fand er eine schlichte, fast schon namenlose und unbekannte Kirche vor. Das 18. Jahrhundert hatte ihr übel mitgespielt: Umbauten, Verkürzung um 14 m, Abriß des Glockenturms. Der emsige Geistliche fand u. a. an der Außenwand eines Bauernhauses einen Inschriftenstein mit folgendem Text: »Dieser Glockenturm wurde von Abt

Krypta der Abbazia, 9. Jh.

Ado im Jahr 1100 begonnen.« Mit anderen Steinen aus dem ›Steinbruch Farneta‹ wurde das großherzogliche Gutshaus in Chianacce gebaut...

In dem Architekten Guido Morozzi, dem späteren Leiter des Denkmalschutzamtes von Florenz, fand Don Sante einen Komplizen und Helfer. Sie mauerten die überflüssigen Fenster zu, klopften den Putz ab, rissen den dreifarbigen Zementboden heraus und ersetzten ihn durch bodenständige Terrakotta, bauten neue Altarstufen und Altäre, präparierten den hölzernen »Auferstandenen Christus« aus dem 16. und 17. Jahrhundert und stellten dabei fest, daß er von Niccolò di Smeraldo Salvi aus Lucignano geschnitzt wurde, der fast eine Zwillingsfigur für Castiglion Fiorentino schuf.

Aber die Krönung der Arbeit dürfte die Wiederentdeckung der Krypta aus dem 9. und 10. Jahrhundert unter dem Dreiconchenchor sein. Sie war voller Wasser, Abfälle und Kadaver, übersät mit Schlangen. Das Volk nannte den Ort nur ›die Gräber‹. Da es damals keinen Zugang aus dem Innenraum gab, mußten die Erdarbeiten und die Beseitigung des Unrats vom Acker aus erfolgen. 1940 konnte man erstmals die Krypta wieder betreten, und man begann mit der aufregenden Wiederentdeckung nach viereinhalb Jahrhunderten des völligen Vergessens. Heute, nach der vorbildlichen Restaurierung, betritt man die Krypta wieder vom Chorraum aus und wird unvermittelt von einer katakombenartigen Atmosphäre eingefangen: Tonnengewölbe und ein mittleres Kreuzgewölbe werden von römischen Säulen getragen, der Grundriß zeigt zehn Apsiden. Besonders erwähnenswert ist eine der römischen Säulen. Sie hat eine Basis aus rotem Assuan-

Petrus und Paulus, Terrakottafiguren, 14./15. Jh.

Granit und ein romanisches Kapitell, das unter anderen Figuren einen menschlichen Kopf mit Hörnern zeigt, so, wie man ihn von etruskischen Gottheiten auf den Toren von Volterra und Perugia sowie vom etruskischen Leuchter in Cortona kennt. Zwischen dem Zentral- und dem Nordraum ist unten in der Mauer eine römische Grabstele zu sehen, waagrecht eingemauert, den Text muß man von unten nach oben lesen.

Nach den Benediktinern gehörte Farneta 1500 bis 1783 den Olivetanern. Großherzog Peter Leopold von Lothringen, der die Chiana-Ebene endgültig trockenlegen ließ, löste das Kloster schließlich auf – Don Sante Felice konnte durchsetzen, daß Farneta wieder zur Abtei erhoben wurde. Am 9. Juni 1974 überreichte der Abt des Klosters Monte Oliveto Maggiore dem unermüdlichen Pater das Wappen der Olivetanermönche in Terrakotta, das nun über der Seitentür des Querschiffs angebracht ist.

Zwischen Cortona und Arezzo

Die Route verläuft weiter auf der S.S. 71 nach Norden. Rechts der Landstraße (über einen 3 km langen, schmalen Weg erreichbar) ragt dekorativ auf kleinem Hügel in 363 m Höhe das **Castello di Montecchio Vesponi**  (aus dem 11. bis 13. Jahrhundert) mit seinem weithin sichtbaren, hohen Turm und dem zinnenbekränzten Mauergürtel.

Im Mittelalter war die Burg Wohnsitz des berüchtigten Söldnerführers Sir John Hawkwood im Dienste von Florenz, dem die Sienesen Schreckliches nachsagen, während die Aretiner bewundernd seinen Namen nennen. Hier soll er nach seinen abenteuerlichen Kriegszügen gestorben sein. Heute, in privaten Händen und saniert, ist die trutzige Festung ein beliebtes Ausflugsziel und darf normalerweise nur montags mit Führung (9, 10, 11 und 12 Uhr) besichtigt werden.

Castiglion Fiorentino 5, wahrscheinlich römischen Ursprungs, hat ähnlich wie Cortona eine hübsche Hanglage, ist aber mit 11 200 Einwohnern bedeutend kleiner, obwohl es sich ebenfalls jenseits seiner mittelalterlichen Mauern weit ins Tal ausgedehnt hat. Die beiden imposanten Stadttore könnten noch heute geschlossen werden. Eine lebhafte Provinzstadt mit sauberen mittelalterlichen Gassen, an denen meist schöne, wenn auch renovierungsbedürftige Renaissancepaläste stehen. In der **Pinacoteca Comunale** (werktags 8–14 Uhr) am Rathausplatz wird eine erstaunlich große Gemäldesammlung gezeigt. Gegenüber öffnet sich eine harmonische ›vasarianische‹ Loggia (um 1560), die einen hinreißenden Blick ins Chiana-Tal bietet.

Die S.S. 71 peilt nordwestlich führend den Chiana-Kanal an, biegt aber kurz davor wieder gen Nordosten nach **Arezzo** 6 ab, die dritte Etruskerstadt über der Valdichiana.

Castello di Montecchio Vesponi im Chiana-Tal

Arezzo: Die Mutter berühmter Söhne

(S. 338 ff.) Gaius Maecenas war ein Etrusker mit römischem Geist, einer der Großen Italiens und ein Sohn Arezzos. Er, der im Jahre 8 v. Chr. starb, galt u. a. als Förderer von Vergil und Horaz. Wegen seiner Großzügigkeit nennt man noch heute Förderer, vor allem von Künstlern, *Mäzene.*

Arezzo (92 000 Einwohner), das sich in seinen mediceischen Mauern an die Ausläufer des Casentino (296 m Höhe) schmiegt, hat noch eine Reihe weiterer großer Söhne hervorgebracht. Etwa den Benediktinermönch Guido d' Arezzo (ca. 990–1050), der als Erfinder der Intervall-Notenschrift gilt. Und Francesco Petrarca (1304–1374), der Repräsentant des Humanismus (s. S. 33). Auch Pietro Aretino (1492–1556) stammt, wie sein Name sagt, von hier, ein Schriftsteller, der sich durch Schmähbriefe und satirische Komödien sowie durch seine »Kurtisanengespräche« nicht überall sehr beliebt gemacht hatte. Bedeutend ist auch sein Briefwechsel mit berühmten Zeitgenossen in den Jahren 1537 bis 1557.

Schließlich Giorgio Vasari (1511–1574), durch seine »Viten der Künstler« vor ihm und zu seiner Zeit als ›Vater der Kunstgeschichte‹ zu bezeichnen. Doch Vasari war mehr als nur ein fleißiger Sammler von Lebensdaten und -geschichten: Er war auch Maler sowie einer der größten Architekten und Baumeister. Man muß nicht weit gehen, um seine Spuren in Arezzo zu finden: An der Piazza Grande zeigt sich der Glockenturm der Palazzo della Fraternità dei Laici fast filigran; der monumentale Palazzo delle Logge mit seiner klaren Bogenarchitektur (Loggia del Vasari), so wie man ihn ›zur Ehre und zum öffentlichen Nutzen der Stadt‹ von Vasari bauen ließ; sein eigenes Haus, das Vasari nur halbfertig erwarb und daher nach seinem Geschmack ausgestalten und vollenden konnte, erhielt von ihm wunderschöne Fresken.

Schon zur Zeit der Etrusker war Arezzo ein bedeutender Stadtstaat innerhalb des Zwölferbundes. Im 4. Jahrhundert, bereits Bischofssitz, wurde die Stadt berühmt für ihre Keramikproduktion, vor allem für die sogenannten Korallenvasen (s. Archäologisches Museum). Langobardisch war sie und dann kurz freie Kommune. In dieser Zeit, um 1200, wurde eine neue Stadtmauer errichtet, die Ende des 13. Jahrhunderts abwechselnd gegen die Florentiner und die Sienesen Schutz bieten sollte. 1298 unterliegt Arezzo in der blutigen Schlacht bei Campaldino der Rivalin Florenz. Eine dritte Stadtbefestigung wird nötig, nach mehrmaligem Hin und Her wird Arezzo schließlich 1384 von einem Söldnerführer an Florenz verkauft – eine Schmach, die bei den geschichtsbewußten Aretinern noch immer tief sitzt, auch wenn die Medici später (1538–1560) die vierte Stadtmauer bauen lassen, die bis heute das historische Zentrum umschließt – übrigens ein kleineres als 1317.

Mit dem Bau der ersten Eisenbahnstrecke Florenz–Rom (1826–1866) und der später parallel dazu verlaufenden Autobahn nimmt die wirtschaftliche Stellung von Arezzo, bis dahin am Rand des toscanischen Geschehens, an Bedeutung zu, die Stadt kann sich erneut entwickeln.

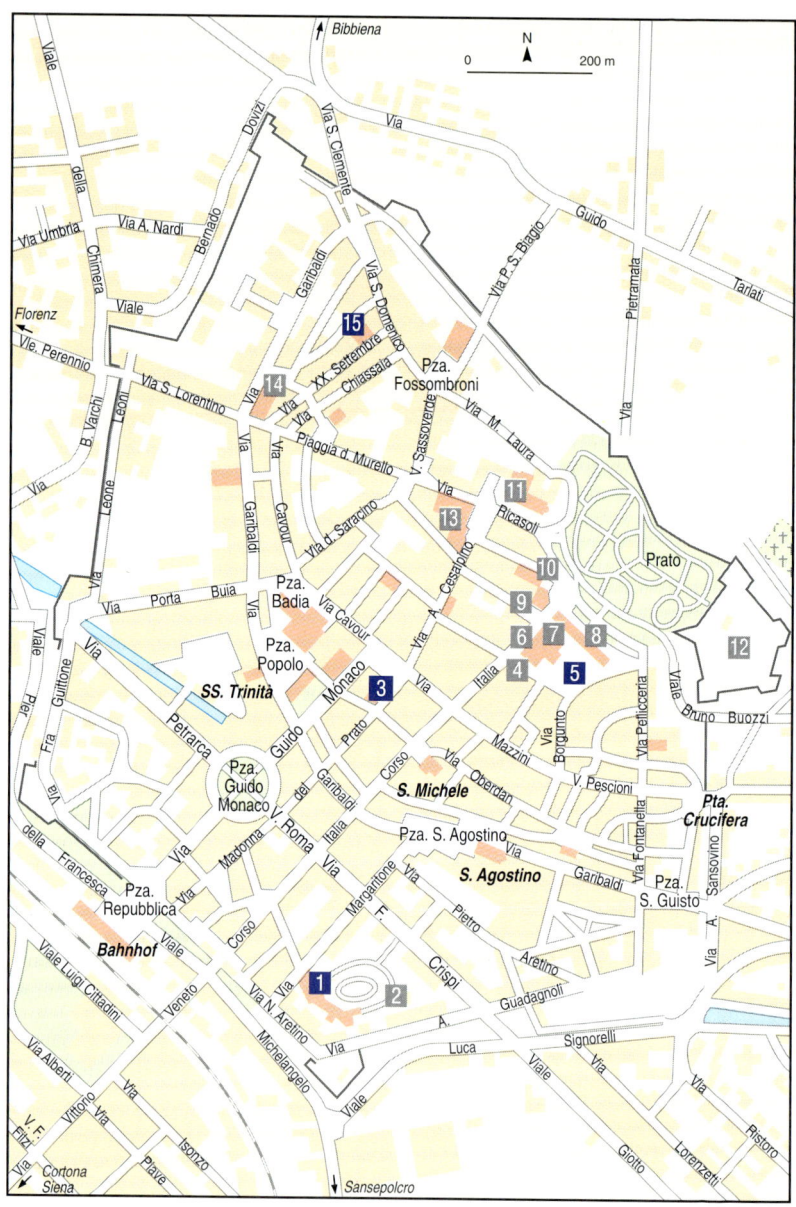

Arezzo: *1 Museo Archeologico 2 Römisches Amphitheater 3 San Francesco 4 Santa Maria della Pieve 5 Piazza Grande 6 Palazzo del Tribunale 7 Palazzo della Fraternità dei Laici 8 Loggia del Vasari 9 Palazzo Pretorio 10 Casa Petrarca 11 Dom San Donato 12 Fortezza Medicea 13 Palazzo Comunale 14 Museo Statale d' Arte Medioevale e Moderna 15 Casa Vasari*

Stadtbesichtigung

Man sollte den Rundgang im Süden vor dem Bahnhof, gleich an den Viali, beginnen, wo zwei Kopien der Chimäre zu sehen sind. Das Original hatten bereits die Medici zusammen mit anderen beweglichen Zeugnissen der etruskischen Vergangenheit Arezzos bei Umbauarbeiten entdeckt und nach Florenz bringen lassen (jetzt im Archäologischen Museum). Jenseits der Viali steht an der Via Margaritone das **Museo Archeologico** **1**, eines der besonders schön eingerichteten Museen in einem architektonischen Rahmen, der besser nicht hätte ausfallen können: im ehemaligen Benediktinerkloster, das teilweise auf den Grundmauern des römischen Amphitheaters errichtet wurde. 1934 zog hier das Museum ein. Im Zweiten Weltkrieg zerbombt, wurde es großartig wiederaufgebaut und neu eingerichtet. Es enthält außer antiken Münzsammlungen etruskische, griechische und vor allem aretinische Vasen von besonderem Wert (Di-Sa 9–14 Uhr): die sogenannte Korallenkeramik, wegen des rötlichen Tones, mit zartesten Reliefs bearbeitet und unglaublich dünnwandig, sozusagen die Spezialität Arezzos und einst eine der wichtigsten Handelswaren der Stadt (vom ersten vorchristlichen bis zum ersten nachchristlichen Jahrhundert). Den Grundstock für das Archäologische Museum bildete übrigens die Sammlung der Laienbruderschaft unter der Obhut dominikanischer Mönche, deren Sitz sich an der Piazza Grande befand.

Das **Römische Amphitheater** **2** entstand wohl zwischen dem zweiten und ersten vorchristlichen Jahrhundert und bot bis zu 10 000 Zuschauern Platz. Mit seinen 122 m Länge dürfte es das größte Etruriens gewesen sein. 1362 kam es in den Besitz von Bernardo Tolo-

mei, dem Begründer des Olivetanerordens am Monte Oliveto, dessen Mitglieder gegen Ende des 15. Jahrhunderts auf einem Teil der früheren Tribünen das Kloster errichtete.

Die Via Margaritone hochsteigend, gelangt man nach links in die Via Francesco Crispi. An der Kreuzung mit dem Corso Italia, der Hauptstraße des historischen Zentrums, biegt man nach rechts ab. Überall Geschäfte, in den Seitengassen kleine Trattorien. Links der Via Oberdan folgt die Kirche **San Francesco** **3** an der gleichnamigen Piazza, Arezzos sicher bedeutendstes Gotteshaus, allein durch die Chorfresken Piero della Francescas. Man gab dem Malergenie den Namen der Kirche, in der er sein Hauptwerk vollbrachte. Die Kirche steht nach ihrer Erweiterung, die Viali inbegriffen, genau im Zentrum der Stadt. Was man hier im Innenraum sieht, wenn nicht gerade wieder ein Restaurierungsgerüst das Bild trübt, ist ein Meisterwerk der Perspektive. Von 1452 bis spätestens 1465 soll Francesco die Fresken im Chor der Kirche gemalt haben, bevor er nach Urbino ging, wo der zweite Schwerpunkt seines Schaffens begann. Die Aretiner mogeln ihn gerne zu den berühmten Einheimischen. Wie sie es auch mit Michelangelo, der aus Caprese stammt, mit Paolo Uccello, der eigentlich di Dono hieß und aus Pratovecchio kam, und auch mit Masaccio aus San Giovanni Valdarno tun. Obwohl auch Piero ›nur‹ in der Nähe, in Sansepolcro (s. S. 282), geboren wurde, irgendwann zwischen 1410 und 1420. Die 500. Wiederkehr seines dagegen gesicherten Todesjahres wurde 1992 sowohl in Arezzo als auch in Sansepolcro ganz groß gefeiert.

Im Freskenzyklus des Chores von San Francesco, der »Kreuzeslegende«, zeigt sich, daß Piero die Perspektive vollkommen beherrschte – dies dokumentiert

Teil des Freskos »Kreuzeslegende« von Piero della Francesca mit der Darstellung Arezzos

auch seine Schrift »De prospectiva pingendi«. Die Fresken wurden erst zu Beginn des 20. Jahrhunderts wiederentdeckt und freigelegt und seitdem mehrmals restauriert und immer wieder mit allen nur erdenklichen Maßnahmen vor Feuchtigkeit und weiterem Verfall geschützt. – Die Stadtansicht von Arezzo als Sinnbild für das himmlische Jerusalem bildet übrigens den Hintergrund des Freskos »Ausgrabung der drei Kreuze« (etwa in der Mitte der linken Seitenwand).

Gegenüber der Kirche pflegen die Aretiner in dem sehr beliebten histori-

schen Caffè dei Costanti – wie alle Italiener – ihr Frühstück im Stehen einzunehmen, und zur Aperitifzeit ihren Drink, vielleicht mit ein paar Kleinigkeiten zum Knabbern. Neben der Kirche befindet sich ein weltberühmter Antiquitätenladen (Antiquario Bruschi, s. auch S. 274).

Zurück zum Corso Italia und links bis zur Kirche **Santa Maria della Pieve** 4, Arezzos ältester Kirche. Der Vorgängerbau als Pieve, also Taufkirche, ist bereits 1008 aktenkundig. Ihr ›Turm der hundert Löcher‹ mit in Wahrheit nur 80 Klangöffnungen, erhielt seine heutige Form bereits 1330. Besonders eindrucksvoll

ist die Fassade (12. Jahrhundert) zum schmalen Corso Cavour hin (daher schwer als Ganzes zu erfassen) mit der wegen Zersetzung des Sandsteins recht mitgenommenen vorgesetzten zweiten Schicht (13. Jahrhundert) aus Zwerggalerien und Blendarkaden.

Auf der rückwärtigen Chorseite der Pieve mit der markanten Zwerggalerie öffnet sich die wirklich großartige **Piazza Grande** 5 . Zwar ohne besondere Akzente und großen Schwung wie etwa der Campo von Siena, aber auch dieser Platz ist der leichten Hanglage exzellent angepaßt: ein unregelmäßiges

Rechteck, kein rechter Winkel drängt ihm Symmetrie auf, auch am Rande nicht, an den Häuserfronten.

Man kann sich keinen schöneren Rahmen für Arezzos größtes historisches Fest vorstellen, das Sarazenenturnier, die *Giostra del Saracino,* wenn im schönen spätsommerlichen Licht die acht Reiter als Vertreter der vier alten Stadtteile mit ihren schweren Lanzen gegen die ›Sarazenen‹ – hölzerne Puppen – ziehen. Die Piazza Grande von Arezzo ist ein echter ›Salon‹, wie ihn das Mittelalter im Zentrum des städtischen Geschehens brauchte und sich schuf, auch

Piazza Grande in Arezzo

wenn dieser Platz eher am Rande liegt, im Nordosten der Stadt zu Füßen des Festungshügels.

Im wesentlichen ist der fast trapezförmige Platz so geblieben, wie er im Mittelalter (13. und 14. Jahrhundert) gebaut wurde, mit schmalbrüstigen Häusern und hohen *casatorri*, nur die Nordseite wurde später von Vasari verändert. Die Chorpartie der Pieve bildet den Nordwesten des Platzes. Sie konnte nur hier angrenzen, weil sie als die Tauf- und Volkskirche im Gegensatz zum höheren Dom im Zentrum stehen mußte, nahe dem Volk. Neben ihr erhebt sich der **Palazzo del Tribunale** 6 aus dem 17. Jahrhundert, der Justizpalast; rechts von ihm der zierliche **Palazzo della Fraternità dei Laici** 7 (einer religiösen Laienbruderschaft), in dessen Fassade ab 1262 Gotik und Renaissance (1433, Bernardo Rossellino) eine zauberhafte Ehe eingegangen sind, vollendet durch das Glocken- und Uhrtürmchen von Vasari. An der Nordostflanke des Platzes steht der

Palazzo delle Logge (1573–1595) mit der sogenannten **Loggia del Vasari** 8, unter der man wunderschön flanieren kann (Antiquitätenläden, Schreinerei, Bar und Restaurant).

Die Südostseite der Piazza Grande prägt der schmale **Palazzo Lappoli** mit seinem hohen Turm, die kurze Südwestseite der **Palazzo Cofani** mit einem ebenfalls zinnenbekrönten, aber niedrigeren Turm. Das weiße Streifenmuster des Steinpflasters sollte wohl eine Waagerechte des Platzes vortäuschen. Die breite, im Nordwesten besonders ausgeprägte, vorspringende Treppenfront jedenfalls gibt ihm ein wahrlich monumentales, großzügiges Gesicht. Wenn die Fassaden der ungleichmäßig vorspringenden, schmalen und unterschiedlich hohen mittelalterlichen Häuser gegen Abend von den warmen Sonnenstrahlen beschienen werden, bekommen ihre Farben – zwischen Grau, Ockergelb und Rotbraun sind so ziemlich alle Erdfarben vertreten – einen wohltuend warmen Ton. In der Basilika San Francesco zeigt ein Fresko von Piero della Francesca (»Kreuzeslegende«) die gleiche Atmosphäre, das gleiche Farbenspiel: Arezzo, wie es war, und wie es ist.

Der Loggia Vasaris, die sich über den Platz hinaus bis zur Via de' Pilati hinzieht, der Verlängerung des Corso Italia (an der Ecke: Erinnerungstafel an Vasari), kann man nach links folgen und stößt auf den **Palazzo Pretorio** 9, der aus drei Gebäuden besteht (ab 1290). 1404 bis 1926 diente der Komplex als Gefängnis und wurde nach den Restaurierungsarbeiten Sitz der **Stadtbibliothek** mit einer bedeutenden Handschriftensammlung.

Um die Ecke steht links die **Casa Petrarca** 10 (Mo–Fr 10–12 und 15–17 Uhr, Sa nur vormittags, So und feiertags geschlossen). Das Gebäude aus dem 16. Jahrhundert mit der Accademia Petrarca ist natürlich nicht identisch mit dem Geburtshaus Petrarcas. Man weiß nur, daß dieses in der Via dell' Orto stand, aber nicht genau wo. Petrarca, der in Florenz und Avignon aufwuchs, hat seine Vaterstadt später nur noch einmal auf der Durchreise besucht. Das stört die Aretiner freilich nicht weiter, wenn sie ihre Stadt stolz *Città di Petrarca* nennen. Seit 1974, dem 600. Todesjahr des Humanisten, wird übrigens ein Petrarca-Preis für Literatur vergeben.

Gegenüber der Casa Petrarca steigt man ein kurzes Stück bergauf, zum einladenden Stadtpark, in den der **Dom San Donato** 11 integriert ist (im Sommer 7–12 und 15.30–19.30 Uhr, im Winter bis 18.30 Uhr). Erst 1510 wurde das Gebäude vollendet, der Campanile 1857 bis 1869 angefügt. 1900 bis 1914 erneuerte man die Fassade. Innen besticht der Dom durch die herrlich strahlenden Glasfenster. Geschaffen hat sie (wie auch die Deckenfresken der ersten drei

Mittelschiffsgewölbe) der Franzose Guillaume de Pierre de Marcillat (1518–1524), der hier so bewundert wird, daß man ihn gar zum Ehren-Aretiner erklärte. Ein besonderes Kleinod ist das Fresko »Maria Magdalena« von Piero della Francesca, neben dem Kenotaph für den Bischof Guido Tarlati (gest. 1327), im linken Seitenschiff zu finden.

Der von Kindern und Jugendlichen gern besuchte Stadtpark *(Prato)* dehnt sich in schöner Panoramalage (mit Blick ins Casentino hinein) bis zur **Fortezza Medicea** 12 aus. Cosimo I. de' Medici ließ sie an der Stelle des alten Stadtteils auf dem Colle di San Donato, dem Domhügel, errichten, als der gesamte Mauergürtel durch Francesco da Sangallo erneuert wurde (1538–1569).

Zurück zum Dom, dann nach Westen zum eher bescheidenen **Palazzo Comunale** 13, der ab 1330 entstanden ist und mehrfach fast bis zur Unkenntnis verändert wurde. Via Ricasoli und Piaggia di Murello führen zum **Museo Statale d' Arte Medioevale e Moderna** 14, im bereits 1445 begonnenen, wunderschönen **Palazzo Bruni-Giocchi** untergebracht (werktags 9–19, So 9–13 Uhr), mit einer bedeutenden Sammlung mittelalterlicher Bilder und Skulpturen, einer reichen Majolika-Sammlung sowie einer ›modernen‹ Abteilung (von der Renaissance bis zu den Macchiaioli).

Ein Stück die Via Ricasoli zurück und hinein in die Via XX Settembre im Nordwesten des Altstadtkerns. Oben auf der linken Straßenseite steht das Wohnhaus Vasaris, die **Casa Vasari** 15 (werktags 9–19 Uhr, So und feiertags 9–16 Uhr). 1540 erwarb Giorgio Vasari, der in der Nähe geboren wurde, das Gebäude im Rohbau und baute es nach seinem Geschmack aus. Er bewohnte den *piano nobile,* den er reich mit Fresken ausstattete. Besonders hübsch das Schlafzim-

Die schönsten Antiquitätenmärkte im Chiana-Tal

Die Städte im oberen Chiana-Tal sind eine Fundgrube für Antiquitätenfans. Hier haben sich gute Fachgeschäfte und Restaurierungswerkstätten etabliert. Und hier werden regelmäßig die wohl bekanntesten Antiquitätenmessen der Toscana abgehalten.

Arezzo: Jedes letzte Wochenende des Monats findet von der Piazza Grande bis zum Dom und in den Seitengassen, der wohl größte Antiquitätenmarkt der Toscana statt, am bekanntesten ist der Markt im September, gleichzeitig mit der historischen *Giostra del Saracino*.

Der Antiquitätenladen von Ivan Bruschi ganz in der Nähe der Kirche San Francesco, deren Chorpartie Piero della Francesca so herrlich freskiert hat, ist weit über Europas Grenzen bekannt (der Export wird problemlos organisiert). Aber wer Ivan Bruschi sympathisch ist, darf bei ihm zu Hause seine Privatsammlung genau gegenüber der Kirche Santa Maria

della Pieve besichtigen. Und gleichzeitig einen typischen Palast in der Wende zwischen Mittelalter und Renaissance kennenlernen mit einer wunderschönen Dachterrasse.

Cortona: Um den 25. August bis zum 15. September lohnt ein Besuch der *Mostra Mercato del Mobile Antico* in den Renaissancesälen des Palazzo Vagnotti (seit 1961).

mer mit den Musen. Die Muse der Liebeslyrik, Erato, zeigt das Portrait der jungen Frau Vasaris, Nicolosa aus der reichen Familie Bacci, die u. a. die Fresken von San Francesco finanzierte.

Die Via XX Settembre zurück, die in die Via Cavour übergeht und weiter zur großen Piazza del Popolo.

Über Eck befindet sich die Piazza San Francesco mit ›Pieros‹ Kirche, und rechts führt die geschäftige Via Guido Monaco über die gleichnamige Piazza (mit einem Denkmal für den berühmten Mönch) hinweg direkt auf den Bahnhofsplatz, den Ausgangspunkt der Stadtbesichtigung, zurück.

Das Casentino nördlich von Arezzo

Kurz hinter Arezzo ergießt sich der Chiana in den Arno, der ab hier ein breites Tal, die Valdarno, mit Knick kurz vor Florenz, bildet. Diese Ebene ist ein riesiges Gebiet industrieller Ansiedlungen. Dafür ist das Casentino östlich, hinter dem dicht bewaldeten Bergrücken des Pratomagno bis zum Tibertal an der Grenze zu Umbrien, um so schöner, sauberer, unzerstört – ein rundum intaktes Stück Natur im nordöstlichen Zipfel der Toscana. Und ein historisch wie kunsthistorisch interessantes dazu.

Das Casentino, sagen die Aretiner, wurde stets als eine ›leckere Beute‹ angesehen, natürlich insbesondere von den Florentinern. Dante, der hier als junger guelfischer Ritter bei Campaldino kämpfte (s. u.), dann als Verbannter lebte, lobte die Schlösser der Herren Guidi von Poppi, die zum Teil die schönsten Punkte auch heute noch krönen. Bibbiena und ähnlich fette Grundbesitze gehörten den Tarlati und Ubertini aus Arezzo. In der Nähe des Bergmassivs von Poppi wurde am 11. Juni 1289 jene Schlacht entschieden, die den jahrhundertelangen Kämpfen zwischen Guelfen und Ghibellinen ein Ende setzte: Florenz besiegte Arezzo, Dante war dabei, und Bischof Ubertino mußte sein Leben lassen. Sein Helm, nach anderen Überlieferungen gar sein Kopf, wurde als Trophäe nach Florenz getragen.

Streckenlänge und -verlauf: 162 km. Man verläßt Arezzo im Norden auf der S.S. 71 (Verlängerung der Strecke von Cortona) und folgt dem oberen Arno-Lauf durch das Casentino bis Bibbiena

(32 km), Abzweigung auf die S.S. 70 bis Poppi (6 km), dann über eine Provinzialstraße zurück auf die S.S. 71. Abstecher nach Camáldoli und zu den Camerelle (15 km), eventuell auch nach Pratovecchio (15 km). Am Passo Fangaggi (in 1234 m Höhe) wieder südostwärts zur S.S. 71, von Badia Pratáglia südwärts auf die Provinzialstraße nach La Verna am Monte Penna (1283 m) und nach Chiusi La Verna (35 km), weiter nach Ca-

Im Casentino

Das Casentino nördlich von Arezzo

prese Michelangelo (13 km). Dem oberen Tibertal (Valtiberina) folgend bis Anghiari (20 km), von dort führt die schnurgerade Provinzialstraße durch das Tal und das Schlachtfeld von Anghiari auf die Ostseite der Valtiberina nach Sansepolcro (8 km). Auf schmalen Sträßchen geht es wieder auf die Westseite des Tales nach Citerna hinauf (11 km), weiter

nach Monterchi (7 km) und am Certone-Bach entlang nach Arezzo (28 km) zurück.

Öffentliche Verkehrsmittel: Busse verkehren vor allem zwischen Arezzo und Bibbiena beziehungsweise Poppi, aber für die ganze Tour ist ein Wagen praktisch unerläßlich.

Eine geschichtsträchtige Sommerfrische

Verläßt man Arezzo im Norden auf der S.S. 71, trifft man bald auf den oberen Arno-Lauf, dem man durch das waldreiche Casentino in Schlangenlinien folgen kann, vorbei an kleinen Sommerfrische-Orten. Und an so hübschen Kirchen wie die **Pieve a Siestina** voller Fresken der Aretiner Schule (15. Jahrhundert) oder die **Pieve a Socano** mit einem etruskischen Heiligtum unter den strengen romanischen Mauern mit dem achteckigen Glockenturm.

Der erste größere Ort auf der Strecke ist **Bibbiena** ▮1▮ (S. 340), als *Vipena* etruskischen Ursprungs, dann Feudalsitz der Bischöfe von Arezzo, weshalb hier noch etliche Adelspaläste stehen. Das Paradestück: der **Palazzo Dovizi** (16. Jahrhundert). Heute ist Bibbiena das vielleicht bedeutendste Industrie- und Handelszentrum des Casentino, ohne in seiner Struktur viel Schaden erlitten zu haben, sieht man von den gesichtslosen Neubauten am Ortsrand ab. Zu einigem Wohlstand gekommen, haben die Bibbiener großräumig mit Restaurierungsarbeiten des historischen Zentrums begonnen. Einen herrlichen Ausblick ins Casentino genießt man von der höchsten Terrasse (mit Parkplatz) aus, besonders auf das Nachbarstädtchen Poppi.

Bis Pratovecchio weitet sich das Casentino. Der Teil der hellen Ausläufer des Tosco-Emilianischen Apennin wirkt jetzt fast wie ein Amphitheater. Ein kurzes Stück auf der S.S. 70, und man kommt nach **Poppi** ▮2▮ (S. 359 f.), in das antike *Papium*. Vom kleinen Marmorbrunnen im Zentrum schlängelt sich die Via Cavour, arkaden- und palästegeschmückt mit unregelmäßig vorspringenden Fassaden zur Kirche **San Fedele** hoch, die

man auch La Badia nennt. Es ist die größte Kirche des Casentino überhaupt, mit sechs kostbaren Renaissancealtären im Hauptschiff. In ihrer Krypta befinden sich die Gebeine des Beato Torello, des Heiligen von Poppi und des Casentino.

Die *portici* von Poppi, die Bogengänge, die sich durch die ganze Stadt ziehen, gehören den verschiedensten Stilepochen an, meist sind sie gedrungen, als sollte möglichst wenig Sonnenlicht ins Erdgeschoß gelangen. Ihre Säulen und Pfeiler sind teils fast unförmig grob, teils sehr grazil. Die Paläste, die diese Portici schmücken, zeugen vom Geschmack und Geld der Familien, die sie erbauten und bewohnten. An einem dieser Häuser, dem **Palazzo Ranucci** wenige Schritte von der Badia entfernt, wird an Eleonore erinnert. Die Tochter des Francesco de' Medici und spätere Gemahlin des Vincenzo Gonzaga, Fürst von Ferrara, war hier zu Gast.

An beherrschender Stelle, auf dem höchsten Hügel von Poppi, haben die Herren des Gebietes, die Conti Guidi, ihre Burg errichtet: Das **Castello dei Conti Guidi**, auch **Palazzo Pretorio** genannt (13. Jahrhundert), ist nicht nur ein wahres Schmuckstück, es ist das wichtigste Kastell dieses Grafengeschlechts im Casentino und eines der besterhaltenen Baumonumente der Toscana überhaupt. Dazu eines der trutzigsten, ein wundervolles Stück Mittelalter – es würde einen nicht wundern, träten aus dem Innenhof Burgfräulein und Ritter...

Nur wenig wurde an seiner ursprünglichen Architektur (1261–1265) verändert, lediglich von Arnolfo di Cambio, der als vermeintlicher Sohn des von Vasari genannten Architekten Lapo Tedesco ein paar Erweiterungsbauten leitete. Zinnenbewehrt ist der Fassadenabschluß ebenso wie der Turm und die umgebende Mauer mit dem vorgelagerten

Tor – auch dieses mit Zinnen. Über den wieder instandgesetzten Burggraben gelangt man in das Kastell. Ein Blick in den Innenhof zeigt herrlich intaktes Mittelalter mit wappengeschmückten Wänden, kühn geschwungener Steintreppe und Holzgalerien.

Von besonderer Schönheit sind auch die Fresken in der Burgkapelle – von ganz besonderem Wert aber die Bibliothek, der ganze Stolz des Ortes: Grundstock war die Sammlung des Grafen Fabrizio Rilli Orsini. Am 1. Dezember 1825 vermachte er sie feierlich der Stadt Poppi. Immerhin 9000 Folianten und 200 Handschriften. Hinzu kamen die Bibliothek von Camáldoli und die der Kapuziner von Poppi. Insgesamt besitzt die Bibliothek heute mehr als 20 000 Folianten und Handschriften aus dem 10. bis 15. Jahrhundert.

Der Platz vor dem Castello ist vor einigen Jahren zu einer großen luftigen Parkanlage umgestaltet worden – eine Dante-Büste ziert sie und der *Marzocco*, der Florentiner Löwe, auf einer Säule. Schön der Blick ins Tal des jungen Arno und auf Bibbiena, glyzinienbedeckt die Pergola vor dem früheren Reitstall, jetzt Restaurant (gegenüber der freundlichen Pension Casentino). Hier zu sitzen bei einem schlichten Mahl oder einem *caffè* und darüber nachzusinnen, wie wohl die Grafen von Guidi im Mittelalter hier gelebt haben mögen, wäre bestimmt keine schlechte Idee.

Von Poppi führt eine kurze Provinzialstraße zurück auf die S.S. 71; von ihr wiederum fährt man links ab nach **Camáldoli** 3, wo der heilige Romuladus (952–1027) den Grundstein für die Einsiedelei legte und damit für das Stammhaus der Camaldoleser Benediktinermönche – in einem wunderschönen, alten und dichten Mischwald, wie es nicht viele davon in Italien gibt. Zum Kloster-

komplex gehören das Hauptgebäude mit Hospiz, Kirche, Kreuzgängen, Apotheke und Gästetrakt (in 816 m Höhe). Außerdem fast 300 m höher und 6 km weiter die Einsiedelei **Eremo di Camáldoli** mit den Zellen der Eremiten, die Frauen bis heute nicht betreten dürfen, sowie der barockisierten Kirche **San Salvatore**. Camáldoli wurde nicht zuletzt von Lorenzo Il Magnifico besonders gefördert, als kulturelles und geistiges Zentrum zugleich, mit Sitz einer humanistischen, neuplatonischen Akademie.

Von Poppi oder Camáldoli lohnt sich ein Abstecher nach **Pratovecchio** 4, ebenso bietet sich der Rundkurs Poppi – Pratovecchio – Camáldoli (je 15 km) an: zum möglichen Geburtsort des Frührenaissancemalers Paolo Uccello beziehungsweise Paolo di Dono (um 1397–1475), der gerne mit der Perspektive spielte.

Ab Camáldoli am Passo Fangaggi (1234 m) fährt man wieder südostwärts zur S.S. 71, auf die man in Badia Prataglia trifft und gegenüber auf einer Provinzialstraße südwärts nach **La Verna** 5 am Monte Penna (1283 m). Zu einem der wichtigsten Orte franziskanischer Verehrung, wo der heilige Franziskus 1224 auf dem ›rauhen Felsen‹ seine Wundmale empfing. Einst war dies ein Ort der Stille, heute eher ein Rummelplatz für Wallfahrer und andere Reisende, vor allem am 4. Oktober, dem Franziskus-Tag.

Die erste Kirche hier erbaute Franziskus 1216 bis 1218: **Santa Maria degli Angeli** (links auf dem Weg in den Klosterkomplex), mit einigen Della-Robbia-Terrakotten, von denen es im Kloster insgesamt 15 gibt! Besonders schön: »Madonna mit dem Stieglitz« im Museum des Refektoriums.

Die **Chiesa Maggiore** rechts am großen Platz stiftete 1348 Graf Tarlato di

Tabakernte in der Nähe von Arezzo

Pietramala zusammen mit seiner Frau, Besitzer des Kastells Chiusi; die Vollendung und Weihe der Kirche fand erst 1568 statt. Auch hier sind wieder viele Arbeiten der Della Robbia zu bewundern, u. a. das Wappen der Wollweberzunft (mit Lamm und Florentiner Lilie), die hauptsächlich für die Fertigstellung der Kirche sorgte. Links von ihr befindet sich die **Cappella della Pietà** (ab 1532) mit einer herrlichen Terrakotta-Pietà von Giovanni della Robbia auf dem Altar.

1578 wurde der **Corridoio delle Stigmate** vor dem Eingang der Grotte gebaut, in der sich Franziskus seine Kammer eingerichtet hatte, ein bedeutender Ort des Gebetes für die Franziskanermönche (täglich um 14 und um 1 Uhr), aber von keiner besonderen kunsthistorischen Qualität. Anders die **Cappella delle Stigmate** (1263), an der Stelle errichtet, in der Franziskus die *stigmate*, die Wundmale, empfangen hatte: mit schönen Della-Robbia-Arbeiten und einer Reliefdarstellung der Stigmatisierung. – Als Mann kann man im perfekt funktionierenden Franziskanerkloster übernachten, als Frau muß man in das Frauenkloster zu seinen Füßen gehen.

Über **Chiusi della Verna** fährt man nach **Caprese Michelangelo** 6 weiter, das den Beinamen zu Ehren seines bedeutendsten Sohnes trägt, Michelangelo Buonarroti, der hier am 6. März 1475 geboren wurde. Nicht, daß der Ort besonders attraktiv wäre, und im **Palazzo del Podestà** gibt es nur Gipsabdrucke seiner bekanntesten Werke (tgl. 9–12 und 15.30–17 Uhr). Aber die Lage ist hübsch, und ein paar Originale zeitgenössischer Künstler bereichern das Museum innen und außen.

Dem oberen Tibertal (Valtiberina), nach Süden folgend fährt man bis **Anghiari** 7 (S. 338), das in 429 m Höhe über dem im Osten breiten Tal liegt. Ein kleines Provinzstädtchen (8400 Einwohner) mit einem interessanten Kulturleben: Seit 1978 wird hier der Internationale Kulturpreis von Anghiari verliehen, an Handwerker des Ortes und an Leute aus der toscanischen Provinz, die mit

Anghiari

den Bewohnern von Anghiari in Diskussionsrunden zusammentreffen. Antiquitätenfreunde finden hier sonntags einen preisgünstigen Markt, Weltenbummler eine recht interessante städtebauliche Komponente in dem nur scheinbaren Gewirr von Gassen, Kirchen und Palästen.

In der Via Mameli 16 befindet sich das **Museo Statale delle Arti e Tradizioni Popolari dell' Alta Valle del Tevere** (tgl. 9–19, im Winter 9–13 Uhr) mit abgenommenen Fresken, Bildern und Skulpturen sowie liturgischen und Haus-

haltsgegenständen aus der oberen Valtiberina. In der Via Fenci dagegen, im **Museo della Confraternità della Misericordia** (Besichtigung auf Anfrage), sind nur religiöse Kunstwerke ausgestellt.

Vom Rathaus (nach 1384) ziehen sich – unterbrochen durch die beiden Stadtmauern – mehrere Plätze hinunter zur Piazza Grande und weiter bis zum schnurgeraden **Stradone:** das Werk des Aretiner Bischofs Guido Tarlati, der die Welt 1321 so – strategisch gesehen – in Ordnung bringen wollte. Aufgelockert wird die Gerade durch Plätze, Loggien

Die Cucina Povera im Castello di Sorci

Im kleinen **Castello di Sorci** (ab 10. Jahrhundert), nahe Anghiari, wird allmorgendlich die Pasta handgemacht und ein Tagesmenü zusammengestellt, das der Tradition der *cucina povera,* der armen Küche, der Toscana folgt. Nur echte toscanische Hausmannskost kommt auf die das Kulinarische durchaus als Teil der toscanischen Kultur verstanden wird. Außerdem verkauft man an den Wochenenden im kleinen Laden Produkte der Toscana und des nahen Umbrien wie Wein und Grappa, Wurst und Schinken, Käse und Gebäck und natürlich die hausgemachte Pasta der

einfach gedeckten Tische. Täglich wird ein neues mehrgängiges Menü angeboten, dazu toscanischer Landwein, alles zu einem recht niedrigen Festpreis. Wer keinen Platz reserviert hat, muß sich zumindest an den Wochenenden und an Feiertagen wieder mit knurrendem Magen zurückziehen.

In dem weitläufigen Park des Castello kann man sich vor und nach dem reichhaltigen Essen ergehen. Hier stehen auch die kleinen Bauernhäuser, die, in Ferienwohnungen eingeteilt, vermietet werden. In dem Schloß selber werden kulturelle und kulinarische Veranstaltungen organisiert, wobei *locanda* des Castello. Adresse: Locanda di Castello di Sorci, Anghiari/Arezzo, ✆ 05 75–78 90 66. Montags geschlossen.

Wer keinen freien Tisch mehr bekommt, kann nach Città di Castello ins nahe Umbrien ziehen, wo dieselbe Familie ein uriges Lokal in einem mittelalterlichen Backsteingewölbe direkt am Dom unterhält, mit einer ähnlichen Philosophie der *cucina povera,* die hier mehr der umbrischen Tradition folgt. Adresse: Enoteca Altotiberina, Città di Castello/Perugia, ✆ 075-8 55 30 89. Dienstags geschlossen.

und Loggia-Brunnen – für die Leute von Anghiari heute ein herrlicher *passeggiata*-Bereich. Die Fortsetzung des Stradone führt ebenso schnurgerade ins Tal, über das ›Schlachtfeld von Anghiari‹, auf dem 1440 die Entscheidungsschlacht zwischen Florenz und Arezzo stattfand, die Leonardo da Vinci in Florenz im Palazzo Vecchio bildlich nachzuvollziehen suchte (im Saal der Fünfhundert).

Auf der Fortsetzung der Geraden über den Tiber hinweg gelangt man zur Ostseite der Valtiberina, nach **Borgo Sansepolcro** 8 (S. 363 f.). Anders als Anghiari wirkt Sansepolcro (330 m Höhe, 15 650 Einwohner) sehr geordnet. Die einzige Straße, die nicht wirklich gerade verläuft, ist denn auch die älteste, die heutige Via XX Settembre von der Porta Fiorentina im Westen zur Porta Romana im Osten. Man darf sich aber durch das Schachbrettmuster der Straßen nicht irritieren lassen: Es beruht nicht auf einer römischen Siedlung, sondern zeugt in diesem Fall von der ständigen Erweiterung der Stadt, insbesondere im Osten. Hier hatten sich viele Handwerker niedergelassen, das ist Tradition und in den Gassen des Städtchens noch immer spürbar (Spitzen- und raffinierte Goldschmiedearbeiten sowie Armbrüste).

Ganz im Nordosten liegt vor der Zwingburg das Arme-Leute-Viertel mit der Kirche der Misericordia. Und zwischen Rathaus und dieser Kirche (in der Via Aggiunti 65) das **Geburtshaus Piero della Francescas** (1415–1420), des Malers und engagierten Ratsherren von Sansepolcro. Das Gebäude wurde wie die ganze Stadt anläßlich Pieros 500. Todesjahres 1992 restauriert und zu einem Kulturzentrum, spezialisiert auf die Piero della Francesca-Forschung, ausgebaut.

Sansepolcro, nach dem Heiligen Grab in Jerusalem benannt (*sepolcro* = Grab), war im Mittelalter eine der großen freien Kommunen, bis die Medici kamen. Die Demokratie hat hier also ebenso wie das Handwerk Tradition. Kein Wunder, daß ausgerechnet gegenüber dem Rathaus mit der Pracht-Loggia der Medici ein Partisanenmuseum eingerichtet wurde. Das sehenswerteste Haus von Sansepolcro ist aber mit Gewißheit das herrlich ausgestattete Stadtmuseum, das **Museo Civico e Pinacoteca Comunale** (tgl. 9.30–13 und 15–18.30 Uhr, im Winter 14.30–18 Uhr), mit den Schätzen des Doms, Bildern und abgenommenen Fresken, speziell die »Wiederauferstehung« von Piero della Francesca.

Auf schmalen Sträßchen geht es wieder auf die Westseite des Tales mit ihrer kleinhügeligen Landschaft bis **Citerna** 9 in Umbrien hinauf, mit herrlichen Talblicken und den dunklen Gassen innerhalb einer mächtigen Stadtmauer. Dann auf kleinen Nebenstraßen zurück ins Toscanische nach **Monterchi** 10, in 350 m Höhe gelegen. Die kleine, unscheinbare Friedhofskapelle – die wohl bald gänzlich in Vergessenheit geraten wird – war früher ein ganz bedeutendes Ausflugsziel. An ihrer Stirnseite befand sich eines der berühmtesten Fresken von Piero della Francesca, die »Madonna del Parto« (Schwangere Madonna, etwa 1452–1455), eine Schutzmantelmadonna, die unmißverständlich durch den Schlitz ihres Kleides auf ihren Bauch deutet. Seit seiner erneuten Restaurierung befindet sich das abgenommene Fresko nun in der Volksschule, ob für immer, ist nicht gewiß. Aber dort ist sie jedenfalls sicherer aufbewahrt als in der alleinstehenden Kapelle.

Am Certone-Bach entlang führt die Route auf der S.S. 73 nach Arezzo (28 km) zurück.

Piero della Francesca

Seine Welt blieb zeitlebens das Gebiet in und um seine Geburtsstadt San Sepolcro, heute hauptsächlich Borgo Sansepolcro genannt. Mit wenigen Ausnahmen arbeitete Piero della Francesca, oftmals als genialster Maler der Frührenaissance bezeichnet, nur hier.

In zwei Manuskripten hat er seine Gedanken zur Kunst niedergelegt: »De Prospectiva pingendi« (Über die Perspektive) und »Libellus de V corporibus regularibus« (Über fünf regelmäßige Körper). Aus den Titeln dieser Schriften geht bereits hervor, welch

»Schutzmantelmadonna« von Piero della Francesca, Sansepolcro

große Bedeutung die perspektivische Raumdarstellung und die klare, strenge Form der Gestalten für Pieros Kunst hatten. So zeigen etwa die Umrißlinien seiner Frauenfiguren häufig die Form eines Dreiecks. Der Linearperspektive widmete er eingehende Studien, zeichnete auch Schnitte und Aufrisse von Köpfen, die er als geometrische Körper behandelte. Diese stilisierte Regelmäßigkeit erklärt (nach Wolfgang Braunfels: Kleine Italienische Kunstgeschichte) die kraftvolle und gelassene Ruhe seiner Idealgestalten.

Drei Wesenszüge kennzeichnen Pieros Kunst:
– eine dichte Maloberfläche mit nuancenreicher Farbigkeit,
– der Aufbau des Bildes nach den Gesetzen von Proportion und Perspektive, der eben für jene Ruhe der Gestalten und Szenen sorgte,
– der enge Zusammenhang seiner Werke mit den politischen Ereignissen seiner Zeit und die Darstellung von ›Männern und Frauen aus dem Volk‹.

Piero gilt als ein perfekter Ausführender dessen, was seine Auftraggeber wollten, allerdings mit einer eigenen Vertiefung der Themen. »Er schuf Menschen eigener Prägung, deren Kennzeichen ihre Stille und ihr Ernst gewesen ist... Die Vielfalt Italiens... kommt auch darin zum Ausdruck, daß eine solche Kunst sich in dem kleinen San Sepolcro ohne alle Vorläufer entfalten konnte und auch ohne Nachfolger blieb«. (Braunfels)

Siena
und
das Chianti-
Gebiet

Siena: Die gotische Metropole der Toscana

(S. 364 f.) Für Sienesen keine Frage: Ihre Stadt ist die schönste der Toscana, wenn nicht gar ganz Italiens und überhaupt. Jedenfalls haben die Sienesen bereits 1956 zugunsten ihres historischen Stadtkerns darauf verzichtet, diesen für den Straßenverkehr so zu erschließen, wie es manche Geschäftsleute und Händler zur schnelleren wirtschaftlichen Entwicklung der Stadt für nötig hielten: Der Kern wurde Fußgängerzone.

Siena ist fast unverändert gotisch geblieben. Auch die Renaissance, prägend für Florenz, ging eher spurlos an Siena vorüber, als hätte man hier dieses Zeitalter in punkto Architektur nicht mitbekommen. Nicht zum Nachteil der Stadt! Charakteristisch sind hohe Backsteinpaläste, so hoch im Verhältnis zu den engen Gassen, daß kaum ein Sonnenstrahl bis auf das Pflaster fällt. Die Fassaden sind großzügig mit Fenstern gegliedert, durch die viel Licht in das Innere der Häuser fällt. Trumpf ist der sogenannte Sieneser Bogen, eine eigenständige Fensterform. Ein Spitzbogen sitzt auf einem flachen Rundbogen oder auf drei gotischen Spitzbögen mit Dreipaß, im Zwischenraum ist Platz für Schmuck, meist Wappen.

Zahlreiche Paläste schmücken die schöne Stadt. Denn wer vom Landadel Bürgerrecht erwerben oder behalten wollte, mußte einen Palazzo errichten. An die 50 Adelsfamilien kauften sich auf diese Weise in Siena ein und bestimmten somit den zauberhaft urbanen Charakter der Stadt, in der jeder noch schöner als der andere bauen wollte.

Zur Etrusker- und Römerzeit dürfte Siena oder eine Vorläuferstadt nicht gerade bedeutend gewesen sein. Aber da

es schon 313 Bischofssitz wurde, darf man auf eine urbane Besiedlung zur späteren Kaiserzeit schließen. Wappen und Wahrzeichen Sienas jedenfalls, parallel zu Rom, beruhen auf einer Gründungsgeschichte, die erst im Mittelalter nachgewiesen werden konnte: Senius und Aschinus, Söhne des Remus, gründeten auf der Flucht vor ihrem Onkel Romulus hier das Castello Senio. Die römische Wölfin hatten sie bei sich, das Wahrzeichen Sienas (wie Roms). Und das Wappen der Stadt, die *balzana,* trägt die Farben der beiden Satteldecken: weiß für Senius' Pferd, schwarz für das des Aschinus.

Spätestens seit 1114 befehdeten sich Florenz und Siena. Es ging um die Sicherung der Handelswege und um Wegzölle. Florenz war guelfisch, also papsttreu, Siena ghibellinisch, also kaisertreu. Verdankte doch Siena Friedrich Barbarossa (1186) die Rechte der eigenen Münzprägung, der Gerichtsbarkeit und der Wahl der Konsuln. Insgesamt fuhren die Bürger nicht schlecht damit: Die Regierung, die das freie Siena 1236 bildete, der ›Rat der Vierundzwanzig‹, bestand nur noch zur Hälfte aus adeligen Ghibellinen, vier aus jedem Stadtviertel, und aus zwölf *popolani* des Großbürgertums. Der Bürgermeister, der *podestà,* bekam ab 1252 aus Ausgewogenheitsgründen einen *capitano del popolo* an die Seite, der für die Sicherheit der Stadt zuständig war. 1260 siegte Siena bei Montaperti über Florenz. Der kleine Hügel, knapp ein Dutzend Kilometer östlich von Siena, zypressenbestanden, wird heute selten besucht, obwohl dieser Sieg im Bewußtsein der Sienesen jahrhundertelang tief verwurzelt blieb. Auch wenn es 1269 Florenz gelang, wiederum Siena zu

Richig Reisen
Thema

Die Feindschaft der 17 Contrade

An jeder Straßenecke fallen sie auf: kleine Keramiktafeln mit Wappen, meist in Tiergestalt. Sie zeigen an, zu welcher Contrada der Straßenzug gehört, in etwa mit ›Stadtteil‹ zu übersetzen. Die 17 Contrade hatten früher (ihre Zahl stieg zeitweise bis auf 80) weitgehende Verwaltungsvollmachten, Gerichtsbarkeit u. ä. Die wichtigsten Aufgaben bewegen sich heute im sozialen und gesellschaftlichen Bereich, in der Jugendarbeit, Altenpflege, Veranstaltung von Festen und an erster Stelle in der Vorbereitung und Durchführung des Palio (s. S. 47 ff.). Die Grenzen der heutigen Contrade hat übrigens die bayerische Prinzessin Violante 1729 durch eine Verordnung festgelegt. Fremde haben – unter Fremden versteht man auch die Mitglieder anderer Contrade – im geistigen Nerv einer Contrada nichts verloren.

Alle zwei Jahre werden in einer Contrada Wahlen abgehalten. Jeder, der über 18 Jahre alt ist, kann gewählt werden, insgesamt 40 ehrenamtliche Mitglieder, denen der *capitano* vorsteht, auch *duce* genannt. Man ist sich in Siena bewußt, daß ohne die Tradition des Palio die Contrade nicht bis in unsere Tage überlebt hätten. Trotz des starken gesellschaftlichen und sozialen Engagements.

Feindschaft? Ein wenig schon, aber sehr zivilisiert. Natürlich zieht man bei der Wahl eines Mitarbeiters oder bei der Vergabe einer begehrten Arbeit einen aus der eigenen Contrada vor! Aber trotz größter Emotionen und unbändiger Aufopferung beim Wettlauf hat es in den sechs Jahrhunderten seit Bestehen des Palio insgesamt nur drei Tote gegeben: 1619, 1620 und 1719.

Contrade

287

besiegen, und es dann noch häufig Kriege gegeneinander gab, bis Siena im Jahre 1555 endgültig kapitulierte.

In ihrer größten Not pflegten sich die gläubigen Sienesen an die Madonna zu wenden, auch im Kampf gegen Florenz. So legten sie dem Altarbild im Dom (»Madonna mit den großen Augen«, heute als Duccios »Maestà« im Dombaumuseum) den Stadtschlüssel zu Füßen. Die Jungfrau half: Das Gemetzel am Montaperti nahm für die Florentiner ein

schreckliches Ende, 10 000 wurden getötet, 12 000 gefangen. Dante schrieb später, der Arbia-Fluß habe sich rot gefärbt. »Stadt der Jungfrau« nannte sich Siena fortan, trotz der Exkommunizierung durch den Papst, der sich an den Kaisertreuen rächte: Weil die Sieneser Bankiers im Kirchenbann standen, zahlten die Kreditnehmer nicht …

Siena blieb die Stadt der Jungfrau: Thronende Madonna im Dom, thronende Madonna im Palazzo Pubblico (die »Maestà« von Simone Martini in der Sala del Mappamondo). Speziell beim Palio spielt die Madonna bis heute eine besondere Rolle: Am 2. Juli findet das Rennen zu Ehren der Madonna di Provenzano statt, am 16. August zu Ehren der Madonna dell' Assunta.

Den Reichtum an Schätzen der Malerei, Bildhauerei und Baukunst verdankt Siena einer, historisch gesehen, kurzen, für die Stadt jedoch langen Friedenszeit: Von 1287 bis 1355 regierte die Stadt der Rat der Neun *(consiglio dei noveschi),* aus neun reichen Kaufleuten bestehend. Der Adel war ausgeschlossen. Die Neun hatten richtig erkannt, daß Frieden die Voraussetzung für gute Geschäfte ist. Und gute Geschäfte machten die Stadt reich, sie konnte sich ihrer Verschönerung widmen.

Siena engagierte dafür u. a. Duccio di Buoninsegna und Simone Martini, beide jeweils Schöpfer einer *Maestà* (s. o.). Was Pietro und Ambrogio Lorenzetti im Siena des 14. Jahrhunderts, in der Nachfolge Duccios, in der Malerei einführten, sollte bis ins 15. Jahrhundert als ›Sieneser Schule‹ fortgeführt werden: die wirklichkeitsnahe Darstellung von Stadtarchitektur und Landschaft, zum Beispiel die Darstellung der ›Guten Regierung‹ in den Fresken im Palazzo Pubblico. Man sieht darin wohlhabende Kaufleute in der Stadt, gotische Paläste, von hohen Türmen überragt – und in der sanft gewellten Hügellandschaft befestigte Dörfer und Landgüter, Bauern bei der Arbeit, die geometrischen Muster der bestellten Äcker an den Hängen und – wie hingetupft – ausladende Pinien.

Die berühmtesten Bildhauer und Baumeister jener Zeit, Nicola und Giovanni Pisano, rief man ebenfalls nach Siena. Die Pisano-Kanzel im Dom zählt zu den besonders wertvollen Schätzen der Stadt, deren Paläste zum größten

Teil ebenfalls aus dieser Friedenszeit stammen. Auch der Palazzo Pubblico.

Dem Größenwahn freilich waren die Sienesen verfallen, als sie beschlossen, den Dom so zu verändern, daß er mit dem von Pisa konkurrieren könnte: Der alte Dombau sollte nur noch das Querschiff des neuen Domes bilden! Das wird noch heute deutlich an der Südseite, dort, wo sich der Eingang zum Dombaumuseum befindet: Der Raum zwischen der Südwand des Domes und dem hohen Bogen hinter dem Museum, auf dem Siena-Besucher herumklettern, sollte das Langhaus des neuen Domes werden. Zu mehr als diesen Bauteilen kam es freilich nicht: 1348 dezimierte die Pest die Bevölkerung Sienas auf ein Drittel. Ebenso schnell versiegte die Finanzkraft der Stadt und damit waren Macht und Herrlichkeit – und Bauwut – dahin.

In der Neuzeit erging es Siena fast so wie im Mittelalter: Als die Frankenstraße an Bedeutung verlor, weil es bequemere Wege durch die trockengelegten Sumpfgebiete gab, fiel die schöne Stadt wirtschaftlich zusammen. Heute führt die Autobahn Florenz – Rom in hohem Bogen an Siena vorbei, die hervorragende (kostenlose) Superstrada Florenz – Siena wirkt fast schon wie eine Entschuldigung dafür.

Wer mit dem Wagen anreist, sollte ihn am besten in einer abgeschlossenen Hotelgarage oder auf einem der übersichtlich gekennzeichneten Parkplätze abstellen, etwa an der Fortezza Medicea oder im Oval des Stadio Comunale. Im Zentrum wäre ein Wagen nur lästig, weil Siena schon seit langem eine Fußgänger-Stadt ist und man sie ohnehin nur zu Fuß begreifen kann. Busreisende steigen an der Kirche San Domenico aus, wo sich die Bus-Zentralstation befindet (der Bahnhof liegt unten an der Hauptstraße); mit Überland-Busverbindungen erreicht man von hier praktisch die gesamte Toscana.

Das Touristenamt hat während der Sommersaison am Busbahnhof eine kleine Filiale eingerichtet, wo Stadtpläne und Informationsbroschüren ausgegeben und kostenlos Zimmer vermittelt werden.

Stadtbesichtigung

Von der Mauer hinter der Unterkirche von San Domenico genießt man einen der schönsten Blicke auf Siena, über die tiefe Schlucht hinweg zum *Terzo di Città,* hochaufsteigend, backsteinrot; darüber thronend der weiße Marmor des Domes und links im Hintergrund der Rathausturm mit seinem weißen Travertinaufbau. Drei Hügel, steil abfallend und y-förmig zueinander stehend, hatten die Sienesen für ihre Stadt zur Verfügung. Das ergab natürliche Stadtdrittel, die *Terzi: Terzo di Città* im Westen, *Terzo di San Martino* im Südosten, *Terzo di Camollia* im Nordosten. Im Kreuzpunkt, in einer Vertiefung: *Il Campo,* das ›Feld‹, der Platz der Plätze überhaupt (s. u.).

Keine andere toscanische Stadt hat es so durchdacht, gekonnt geschafft, sinnvoll Hinweisschilder anzubringen. An jeder wichtigen Straßenkreuzung findet man kurze und prägnante Wegangaben: zum Dom, zum Campo, zur Kirche San Francesco, zum Busparkplatz, zu den numerierten Parkplätzen etc. In Sienas Altstadt kann man sich nicht verlaufen. Es sei denn, man ist der Meinung, von einem zum nächsten Stadtteil gelangen zu können, ohne über den Campo zu gehen. Mitnichten! Die Bergrücken der *Terzi* sind durch tiefe Einschnitte voneinander getrennt, die es in sich haben ... Man sollte sich vor dem Stadtgang den

Plan genauer ansehen und wird bald erkennen, wie groß die Höhenunterschiede sind. Etwa: Campo am Rathaus 318,9 m, Dom 346,4 m. Logisch, daß man aufsteigen muß. Piazza San Domenico 335 m, Casa Santa Caterina 326,4, die Fontebranda 295, Porta Fontebranda dahinter 286,8 m. – Gummibesohltes Schuhwerk ist wegen der zum

Teil mit Kopfstein gepflasterten Gassen angebracht.

An der Piazza San Domenico steht die mächtig ausladende Hallenkirche **San Domenico** **1**, erbaut 1225 bis 1254. Darin rechts, auf der Westseite, das einzige authentische Bild der heiligen Katharina von Siena (Fresko um 1380, barock eingerahmt). Die Kapelle der Heiligen ist in der Mitte der Ostseite eingelassen (1488) und wurde 1526 von Sodoma mit Freskenbildern zur Lebensgeschichte Katharinas ausgestattet, an

Siena:

1 San Domenico 2 Santa Caterina 3 Fontebranda 4 Baptisterium
5 Dombaumuseum 6 Dom Santa Maria 7 Ospedale di Santa della Scala

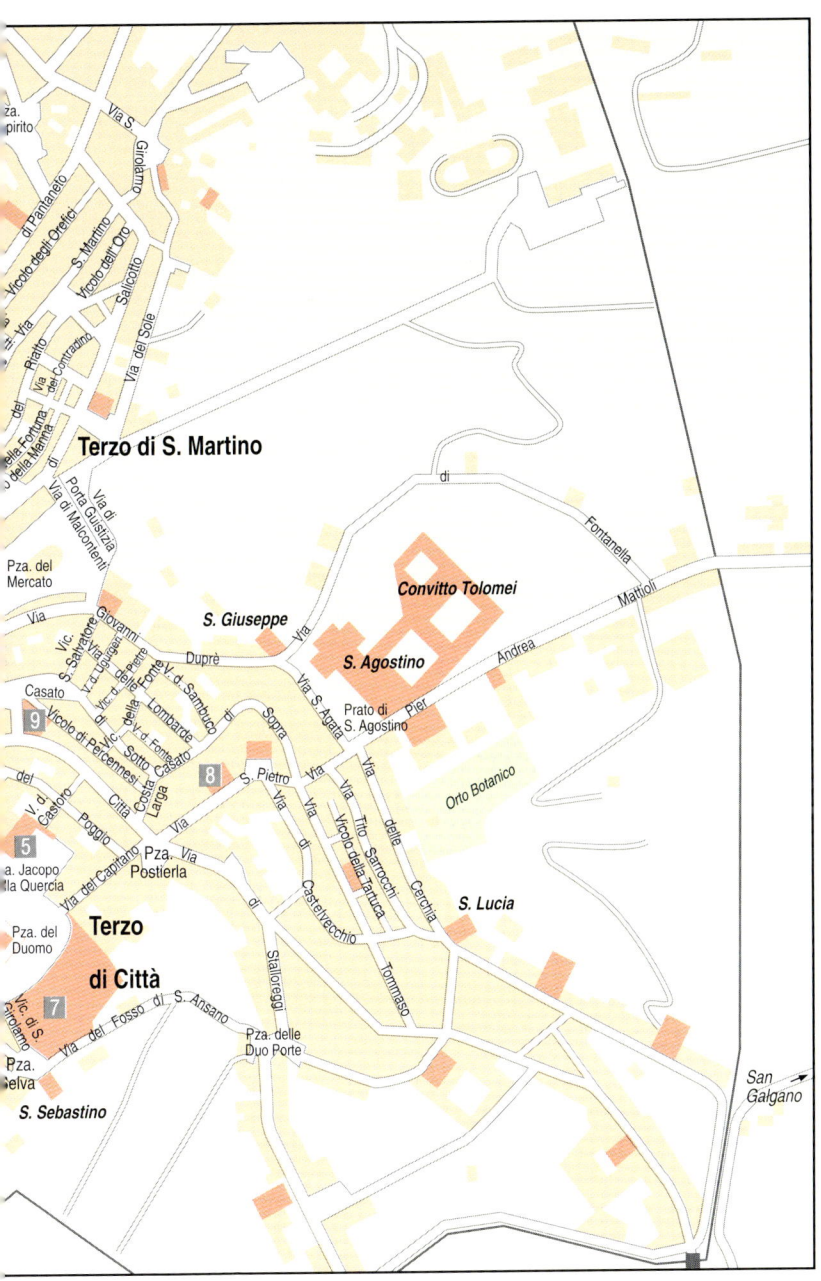

Terzo di S. Martino

Convitto Tolomei

S. Giuseppe

S. Agostino

Pza. del
Mercato

Casato

9

8

5

Terzo

di Città

7

S. Sebastino

Prato di Pier
S. Agostino

Orto Botanico

S. Lucia

Pza. del
Duomo

Pza. delle
Duo Porte

San
Galgano

S. Pietro

Pza.
Postierla

8 *Pinacoteca Nazionale*   9 *Palazzo Chigi-Saracini*   10 *Campo*   11 *Palazzo Pubblico*
12 *Palazzo Sansedoni*   13 *Palazzo Piccolomini*   14 *Loggia del Papa*   15 *Piazza Tolomei*
16 *Piazza Salimbeni*

Die Hallenkirche San Domenico

der Schauwand die Kopfreliquie der Heiligen. Die Unterkirche, im 14. Jahrhundert zur Errichtung des Querschiffes als Fundament notwendig geworden, ist sowohl rechts gleich nach der Katharinen-Kapelle über eine steile Treppe oder von außen direkt zu erreichen. Sie wird heute als Kultur- und Konzertzentrum benutzt und ist meistens nur dann zugänglich: herrlich die Raumwirkung der hohen Backsteingewölbe auf Bündelpfeilern!

Mit dem *Terzo di Città* im Blick geht man links von San Domenico erst in die Via Camporeggio mit der schön restaurierten Häuserzeile zur Linken, um dann in spitzem Winkel nach rechts die steile Treppe anzupeilen. An der Ecke stößt man auf die Chorseite der kleinen Kirche **Santa Caterina** **2**, Wallfahrtsort und Haus der Katharina von Siena, immer gut besucht, immer bedrückend eng,

aber sehenswert (tgl. 9–12.30 und 15.30–18 Uhr). Wegen der Hanglage etwas kompliziert gestaltet, aber durch eine weitere kurze Treppe mit der Via Santa Caterina verbunden. Man kann beide Wege auf die andere Seite der Schlucht wählen, von beiden Seiten gelangt man zur **Fontebranda** **3**, zum wohl schönsten Brunnenhaus Sienas. Solche Brunnen machten die Stadt bei Belagerungen autark – wer Wasser hat, kann lange ausharren. Besonders schön sieht der festungsgleiche Brunnenbau (in der jetzigen Form von 1246) mit seinen Spitzbögen und dem Zinnenkranz von unten aus, mit dem mächtig aufsteigenden Querschiff von San Domenico darüber – städtebaulich gut durchdacht.

Die Via Fontebranda verläuft am Brunnen vorbei – einmal hinab und hinaus zum gleichnamigen Stadttor, einmal hinauf Richtung Campo. Wählt man den

Weg hinauf Richtung Zentrum, durchquert man einen eher reichen Stadtteil: das Gebiet der Contrada dell' Oca, der mächtigsten Sienas. Dort, wo man durch einen Hausbogen (Arco di Porta Salaria) treten muß, verengt sich die Straße stark. Sie stößt anschließend auf die Via di Città, die sich zusammen mit den Banchi di Sopra als Hauptgasse durch die Stadt zieht, der Rundung des Campo parallel folgend.

Bald käme man auf den Platz, doch vorher sollte man einen Schlenker zum sakralen Zentrum der Stadt einfügen (es sei denn, man spart es sich für einen Extra-Besuch auf). Dazu zweigt man von der Via di Città nach rechts ab und biegt gleich wieder rechts in die Via dei Pellegrini. Sie führt direkt zur **Piazza San Giovanni**. Über ein paar breite Stufen auf ihrer linken Seite gelangt man zum **Baptisterium** ☑. Auch hier eine städtebaulich sehr gute, für Siena typische Lösung, quasi das Aufstapeln von Gebäuden übereinander. Denn die Taufkirche der Stadt bildet die untersten Bauteile des Komplexes Dom, Krypta, Baptisterium. Überraschend ist die geringe Tiefe des Raumes angesichts der breiten Fassade – 1316 notwendig geworden bei der geplanten Erweiterung des Domes (ähnlich der Unterkirche von San Domenico). Daß die Pfeiler so voluminös sind, ist klar: Schließlich sollten sie den schweren Chorraum darüber – und die Krypta – tragen! Die leider übermalten Fresken aus dem 15. Jahrhundert sind zu vernachlässigen, wichtigstes Kunstwerk des Baptisteriums ist das 1417 begonnene **Taufbecken:** von Jacopo della Quercia, Donatello, Ghiberti und Giovanni Turino, ein jeder von ihnen ein Renaissancemeister eigenen Stils, und dennoch wirken die Szenen aus dem Leben Johannes des Täufers als homogene Einheit.

Eine steile Treppe führt links vom Baptisterium nach oben. Zuerst zur **Cripta delle Statue** (nur 1. 4.-31. 10. von 10–13 und 14.30–18 Uhr), eigentlich die Krypta des Doms, heute ein kleines Museum mit einigen der vom Dom außen entfernten Statuen.

Am oberen Ende der Treppe gelangt man auf die **Piazza Jacopo della Quercia** mit den Maßen des geplanten und nie vollendeten Neuen Domes. Den einzigen fertigen Teil mit dem hohen Bogen sollte man unbedingt besuchen. Es ist das **Dombaumuseum** ☑, dessen Sammlung zwei der größten Schätze Sienas birgt: den Duccio-Saal mit der *Maestà* und die schönsten Holzschnitzereien von Jacopo della Quercia.

Im zweiten Stock kommt man durch die Sala dei Parati mit reichgeschmückten Meßgewändern zu einer kleinen Flügeltür mit der Aufschrift ›Scala del Facciatone‹: 60 Stufen Wendeltreppe, die sich lohnen! Im ersten Abschnitt gelangt man unter den großen Bogen des Neuen Domes und steht genau gegenüber der Südwand des Domes; der Campo ist, rückwärts schauend, nur zum Teil zu erkennen. Links führt nochmals eine beängstigend enge Wendeltreppe zum schönsten Aussichtsplatz über dem Bogen, dem *facciatone*, der die Fassade des Neuen Domes überwölben sollte. Von hier liegt einem ganz Siena zu Füßen: das Halbrund des Campo und der schlanke Turm des Rathauses, der wie der Zeiger einer Sonnenuhr seinen Schatten, langsam wandernd, über den Platz wirft. An erhöhten Punkten thronend, die Kirchen: San Domenico, backsteinwuchtig, mit zinnengekröntem Turm, hinter dem Dom im Nordwesten; auf der anderen Seite des Doms im Südosten die Basilica dei Servi oder Santa Maria dei Servi; im Nordosten das Kloster San Francesco, dessen schlichte Fassade mächtig aufsteigt. Läßt man den Blick über die drei Stadt- hügel schweifen, so ist leicht zu erken- nen, wie sehr Siena nur im Zentrum ur- ban ist: Das Land frißt sich durch die Schluchten optisch in die Stadt hinein. Weit reicht der Blick über die Hügelland- schaft, bis hin zum markanten Schatten- riß des Monte Amiata. Am eindrucksvoll- sten aber sind ganz einfach die nahen Dächer von Siena. Dicht aneinander zie- hen sich die Häuserzeilen aus Siena- Backstein mit siena-roten Tonziegeln an den Hügelkämmen entlang, machen da einen Bogen mit, um sich wieder gerade zu stellen oder über Treppengassen Kon- takt zur nächsten Gasse am Hang zu be- kommen. In viele Innenhöfe fällt der Blick, die gepflastert und mit einem Ziehbrunnen oder einem einzigen ausla- denden Baum versehen sind: bevorzugt Zedern. Das schönste Exemplar befindet sich wohl im früheren Klosterhof von **San Francesco,** wo heute Teile der Uni- versität von Siena untergebracht sind (die juristische Fakultät, Wirtschafts- und Bankwissenschaften). In einem ange- schlossenen Bau mit dem Oratorio San Bernardo davor, rings um den kleinen Kreuzgang, ist der Sitz der Carabinieri.

Wieder unten an der Treppe ange- langt, sollte man nicht durch das Süd- portal gegenüber in den **Dom Santa Ma- ria** **6** eintreten, sondern zur Hauptfas- sade vorgehen. Sie ist eine Schauseite im besten Sinne, für manche zu sehr im Zuckerbäckerstil geraten, aber insges- amt doch imposant. Der Bau des Doms (tgl. 7.30–19.30 Uhr, im Winter bis 17 Uhr), der an der höchsten Stelle der Stadt steht (346,4 m), wurde um etwa 1210 begonnen und bis ins 14. Jahrhun- dert fortgeführt. Seine Fassade (1284–

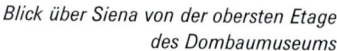

Blick über Siena von der obersten Etage des Dombaumuseums

1297), eine völlige Neukonzeption von Giovanni Pisano mit späteren Änderungen bis ins 14. Jahrhundert, ist fast schon im Sinne der französischen Gotik figural geschmückt.

Bereits auf der Terrasse zum Hauptportal fallen die **sgrafittiähnlichen Bilder** auf, die den Bodenbelag überziehen. Außen sind es zwar Kopien, innen aber die Originale vom beginnenden bis zum späteren 15. Jahrhundert. Die ältesten Bilder wurden zum Schutz vor den kratzenden Besucherschuhen abgedeckt und werden nur an hohen Feiertagen gezeigt, etwa eine Woche vor Mariä Himmelfahrt. Ansonsten sind abwechselnd einige Bilder freigelegt und mit Kordeln abgesichert, damit Kunstinteressierte in den Genuß ihres Anblicks und Studiums gelangen. Die ältesten Bilder wurden in den Marmor (Punkt für Punkt) eingeritzt, die Rillen dann mit Teer ausgefüllt. Die jüngeren Bilder sind eine Art Einlegearbeit aus verschiedenfarbigem Marmor, zum Beispiel König David im letzten Rund vor dem Chor: schwarz, rot, weiß.

Der Sieneser Dom gehört zu den am prächtigsten ausgestatteten Kirchen. Wunderbar hat ab 1503 Fra Giovanni da Verona das **Chorgestühl** von 1363 bis 1397 intarsiert. Wenn man es mit Hilfe des Münzautomaten beleuchtet, kann man besonders gut die perspektivischen Spielereien Fra Giovannis erkennen: schräg geöffnete Fenster, eine weite Landschaft dahinter, Straßenzüge, viel Architektur, Stilleben. Die zweite Rückenlehne von rechts zeigt Dürers »Hasen« – man sieht, die Technik der Vervielfältigung durch Druck war inzwischen verbreitet. Ursprünglich bestand das Chorgestühl aus 90 Sitzen, von denen rechts und links nur noch 36 erhalten geblieben sind. Das mittlere, nur geschnitzte Chorgestühl, ist später, 1567 bis 1570, entstanden.

Prachtvoll leuchtet das runde Glasfenster über dem Chor, das nach einem Entwurf von Duccio 1287/1288 geschaffen wurde: Tod, Himmelfahrt, Krönung Mariä.

Die **Kanzel** (1266–1268), an der Nicola Pisano mit Gehilfen, darunter Sohn Giovanni, gearbeitet hat, ist die zweite der berühmten Pisano-Kanzeln nach Pisa (Baptisterium, 1259) und vor Pistoia (Sant' Andrea, 1298–1301) und wieder Pisa (Dom, 1302–1311). Sienas Kanzel zeigt eine noch genauere Ausarbeitung charaktervoller Köpfe, ›Menschen von der Straße‹, die Gefühle, vor allem Ängste zeigen, schon sehr französisch-gotisch, aber nicht verniedlicht, sondern real. – Im August soll für kurze Zeit die Sonne ihren Strahl so auf die Kanzel werfen, daß sie in ihrer ganzen Zartheit und Feinheit wie durchsichtig wirkt. Das war sicher nicht die Absicht Pisanos, denn die Kanzel stand ursprünglich in der Mitte der Vierung,

nicht wie jetzt links vor dem Chorraum, auf den übrigens die Blicke der vier Löwen der Kanzel gerichtet sind.

Links in der Kirche hat Francesco Todeschini Piccolomini, der spätere Papst Pius III., zum Andenken an seinen Onkel Papst Pius II. 1495 die sogenannte **Libreria Piccolomini** einziehen und ausstatten lassen. Speziell, um darin dessen wertvolle Handschriftensammlung aufzunehmen. Leben und Wirken des Papst-Onkels, der mit bürgerlichem Namen Enea Silvio de' Piccolomini (1405–1464) hieß und den Bau der Stadt Pienza veranlaßte, zeigen wunderbar erhaltene Fresken von Pinturicchio (1502/1503). Der Zyklus beginnt rechts neben dem Fenster. Auch hier das Spiel mit der Perspektive. Eine Mondsichel als Schmuckornament: das Wappen der Piccolomini, das in Siena häufig zu sehen ist.

Dem Dom gegenüber steht der mächtige Komplex des **Ospedale di Santa**

Dom: Fassadendetail

della Scala `7` aus dem 13. und 14. Jahrhundert. Der Name ist einfach zu erklären: Dieses Krankenhaus wurde gegenüber der – damals noch höheren – Domtreppe errichtet (Treppe = *scala*). Erst 1988 zog das Krankenhaus endgültig um, und man baute einige Räume im linken Seitenflügel für das **Museo Archeologico** um (werktags 9–13.30, So und feiertags 9–12.30 Uhr). Schon immer zu besichtigen war die **Sala del Pellegrino** des Krankenhauses, die im Freskenzyklus von Domenico di Bartolo und anderen Malern nach ihm Szenen aus den Aufgabenbereichen des Ospedale zeigen: natürlich Krankenpflege, aber auch die Betreuung von Waisen und die Verteilung von Almosen.

Die Via del Capitano geht an der Kreuzung mit der Via di Città in die Via San Pietro über und führt somit zur **Pinacoteca Nazionale** `8`, bereits seit 1932 im früheren Palazzo Buoninsegni (Di–Sa 8.30–19, So 8.30–13 Uhr). Sie zeigt eine reiche Sammlung mit Malereien Sieneser Künstler und ist normalerweise ein herrlich ruhiger, weil wenig besuchter Ort – mit einem schönen Renaissancebrunnen im Innenhof.

Zurück zur Via di Città und dieser nun nach rechts folgend, schlendert man zwischen den vielleicht schönsten Stadtpalästen Sienas hindurch. Es ist auch *die* Bummelmeile der Stadt überhaupt mit einladenden Geschäften und Restaurants. Dichte Menschenmassen schieben sich meistens durch diese Fußgängerzone, nicht nur Touristen, auch viele Studenten, italienische und ausländische. Denn in Siena haben sich mehrere Institute etabliert, die die italienische Kultur, Sprache und Musik vermitteln möchten. Vor allem Musik: Die **Accademia Chigiana** im wunderschönen **Palazzo Chigi-Saracini** `9` existiert bereits seit 1932 und ist eine Stiftung, de-

ren kostbare Ausstattung, vor allem die Gemäldegalerie, leider nur mit Sondergenehmigung besichtigt werden kann. Die Musikstudenten haben es einfacher: Sie üben unter manch' streng blickender Dame aus der Renaissance und dürfen sich in den Pausen die Kostbarkeiten des Palastes in Ruhe ansehen. – Für Fremde bleibt der Innenhof mit seinem Renaissancebrunnen. Der Palast, bereits im 12. Jahrhundert begonnen, wurde im 14. Jahrhundert in seine heutige Form gebracht (erhielt u. a. die schönen Sieneser Fenster) und im 18. restauriert.

Schräg gegenüber befindet sich der **Piccolomini-Palast delle Papesse,** für Caterina Piccolomini, die Schwester von Papst Pius II., 1460 bis 1465 ganz im Stile der Frührenaissance, sehr florentinisch, gebaut und 1864 ordentlich restauriert.

Kurz darauf öffnet sich der schmale Chiasso del Bargello. Wer nicht zu schnell vorbeieilt, erblickt die Torre della Mangia, den herrlichen Rathausturm Sienas mit seinem so leicht wirkenden Glockenaufsatz. Die Treppengasse abwärts führt hinab zum **Campo** `10`, dem wohl schönsten Platz der Toscana. Wie eine Muschel liegt er von hier oben dem Betrachter zu Füßen, fällt sichtbar ab zum Rathaus, was die weißen Travertinstreifen des Pflasters, die sich unten treffen, noch verstärken. Ringsum – die Rathausseite ausgenommen – Restaurants und Cafés, die sich im Erdgeschoß der Paläste eingenistet haben.

Die Schönheit und vor allem die Harmonie des Platzes sind kein Zufall. 1309, manche meinen schon früher, wurden Vorschriften erlassen, wie die Hausfassaden auszusehen hätten. 1359 wurde gar eine ›Verschönerungsbehörde‹ eingerichtet. Galerien, Vorsprünge und Vordächer waren verboten, und nur zwei-

Brunnentour durch Siena

Die Brunnen von Siena sollten die Stadt in Belagerungszeiten autark machen. Sie sind eine städtebauliche Meisterleistung und verdienen auch wegen ihrer Architektur besondere Beachtung.

Während die **Fonte Gaia** auf dem Campo, ursprünglich ein Werk della Quercias, keine echte Brunnenfunktion hat, sondern lediglich ein Zierbrunnen ist, bildet die **Fontebranda,** die prächtigste und trutzigste Brunnenkonstruktion der Stadt zu Füßen von San Domenico, das Musterbeispiel eines Sieneser Brunnenhauses. Drei Bögen, gotisch gespitzt, jeweils ein höherer über einem niedrigeren, tragen es, darüber feingegliedert ein Rundbogenfries, von einem geometrisch verzierten Zinnenkranz bekrönt. Stark befestigt, das war wichtig, vor allem bei diesem nachweislich ältesten Brunnen-

Die Kopie des Zierbrunnens Fonte Gaia auf dem Campo

haus Sienas (erste Dokumente von 1081, 1193 vergrößert). Weshalb diese wehrhafte Bauweise?

Siena ist und war schon immer arm an Wasser gewesen (heute wird die Stadt mit Überlandleitungen vom Monte Amiata versorgt). Zu allem Überfluß hatten sich die Sienesen seit dem 13. Jahrhundert auch noch auf die Verarbeitung von Wolle, Seide und Leder spezialisiert, Handwerksarbeiten, die ohne Wasser unmöglich sind. Die drei Hügel der Stadt aber bestehen aus Kalk- und Tonböden. Fazit: Man mußte tief, sehr tief bohren, um überhaupt auf Wasser zu stoßen. Der gesamte Untergrund unter den Häusern der Stadt wurde ausgehöhlt, um das Wasser der gefundenen Quellen weiterzuleiten. 25 km lang sollen die sogenannten *bottini* sein, die tonnengewölbten Wassergalerien. Die Stadtingenieure hatten viel zu tun: das nötige Gefälle berechnen, Lüftungsschächte einplanen, die Brunnen dort fassen, wo sie für die Einwohner sicher vor Feinden sein konnten. Die eigentlichen Quellbrunnen mußten verteidigungsbereiten Festungen gleichen, weil sie meistens in den Tälern zwischen den Hügeln lagen, oft sogar außerhalb der Mauern. Nicht nur als Spender für Trinkwasser für Mensch und Tier waren die Quellen wichtig, sondern auch zum Löschen von Bränden, die besonders in Kriegszeiten die Stadt bedrohten. Es entstanden daher neben den öffentlichen auch viele private Brunnen, und natürlich hatte jede Contrada möglichst einen eigenen.

Neuerdings werden Neugeborene mit dem Quellwasser des eigenen Stadtviertels getauft, symbolhaft für die lebenslange Zugehörigkeit zu einer Contrada.

Die schönsten Brunnen

Fontebranda (s. o.): Ecke Via Santa Caterina und Via Fontebranda, westlich vom Campo.

Fonte Gaia: auf dem Campo, eine Kopie von Tito Sarrocchi (1868), das Original von Jacopo della Quercia im Rathaus.

Fonte Nuova: im Norden der Stadt von 1298 bis 1303 und bis ins 16. Jahrhundert hinein umgestaltet.

Fonte Ovile: von 1262, mit Erweiterungen im 14. und 15. Jahrhundert, an der Porta Ovile im Nordosten weit unterhalb von San Francesco, auf einem schönen Weg durch kleine Gärten erreichbar.

Fonte della Contrada del Bruco: als Brunnen von San Francesco gebaut, unterhalb der Via dei Rossi mit weitem Bogen; seit 1513 Brunnen von San Bernardino, 1878 von der Contrada der Raupe restauriert und wieder in Funktion gesetzt.

Fonte del Casato: unterhalb der Treppengasse, die vom Casato di Sotto hinter dem Campo, am Palazzo Ugurieri mit seiner beige-braun stuckierten Fassade vorbei, zum Vicolo del Fonte abwärts führt.

Fonte di San Maurizio (1531 und 1583): im Südosten Richtung Basilica dei Servi di Maria an der Kreuzung Via San Martino mit der Via San Girolamo.

Fonte di Cerbaia: im Nordwesten der Stadt, unterhalb der Via di Montluc, ab dem 13. Jahrhundert, mit Renaissanceaufbauten.

Ziehbrunnen im Innenhof der Pinakothek im **Palazzo Buonsisegni** (s. Pinakothek) an der Via San Pietro.

Ziehbrunnen im Innenhof des **Palazzo Chigi-Saracini** (s. o.) an der Via di Città nahe dem Campo.

und dreibogige Fenster nach dem Muster des Palazzo Pubblico erlaubt. Hohe Ämter wurden verliehen, Schulden erlassen – all' dies, damit die betroffenen Bürger genügend Geld hatten, um die vorgeschriebenen Verschönerungsmaßnahmen durchzuführen.

Mitten auf dem Platz steht die taubenumschwirrte Kopie der **Fonte Gaia** (Original oben im Rathaus), der beliebte Treffpunkt von Jung und Alt, von Einheimischen wie Touristen.

Der **Palazzo Pubblico** 11 oder auch **Comunale,** das Rathaus, wurde 1297 begonnen (der Palazzo Vecchio in Florenz erst 1299!). Ursprünglich ist nur der mittlere Block mit drei Geschossen. Das Obergeschoß kam 1305 hinzu, die Seitenflügel 1307. Die **Torre della Mangia,** der 102 m hohe, alles überragende Turm, obwohl er an der niedrigsten Stelle der Stadt (1325–1344) errichtet wurde, hat 1680 eine herrliche Travertinbekrönung erhalten, die ihm eine unglaubliche Leichtigkeit verleiht. Leider ist die Besteigung des Turmes immer wieder wegen Einsturzgefahr, wie es heißt, verboten. Gleichzeitig mit dem Turmaufsatz erhielt der Unterbau des Palazzo eine Travertinfassade, darüber die Backsteingeschosse mit Fenstern und Portalen, wie sie uns in ganz Siena begegnen.

Vielsagend für Siena: Über dem riesigen Medici-Wappen beherrscht der Strahlenkranz des heiligen Bernardino mit dem Christus-Monogramm IHS die Fassade. Das ungeliebte Zeichen der Eitelkeit einer Dynastie in einer eitlen Stadt (Dante meinte, in ganz Italien gäbe es nicht so eitle Menschen wie in Siena) überstrahlt vom Symbol des Stadtheiligen, der gegen die Eitelkeit predigte.

Das **Museo Civico** (werktags 9.30–19.30 Uhr, im Winter bis 13.45 Uhr, So

nur vormittags) im Rathaus ist aus mehreren Gründen einen Besuch wert, u. a. wegen der **Sala del Mappamondo** mit den Fresken von Simone Martini (besonders sehenswert die »Maestà«, 1315) und der **Sala della Pace** mit den Fresken von Ambrogio Lorenzetti: »Die gute Regierung« und »Die schlechte Regierung«, letztere nur in Teilen erhalten (1337–1339). Von der offenen Loggia im Obergeschoß auf der Rückseite des Rathauses (mit dem verwitterten Original der **Fonte Gaia** von Jacopo della Quercia) bietet sich ein wunderschöner Blick über den Marktplatz und das *Terzo di San Martino* mit der Basilica dei Servi di Maria hinweg auf die umgebenden Weidehügel.

Schräg gegenüber des Palazzo Pubblico (vom Rathaus aus gesehen rechts der Fonte Gaia) drückt der herrliche **Palazzo Sansedoni** 12 dem Platz seinen Charakter auf. Er entstand 1339 durch die Zusammenfassung verschiedener Privathäuser, ganz im Sinne der ›Verschönerungsbehörde‹, denn er folgt der Rundung des Platzes in vollendeter Form. Heute befindet er sich im Besitz des Bankhauses Monte dei Paschi di Siena (s. S. 302 f.).

An die Nordostecke des Platzes stößt ein mächtiger Bau mit einer Fassade aus Buckelquadern zu den Banchi di Sotto: der **Palazzo Piccolomini** 13. Die Piccolomini haben die Renaissance in die gotische Stadt gebracht, zwar mit auffälligen Bauten, aber ohne damit den gotischen Charakter nachhaltig verändert zu haben (vgl. auch Palazzo delle Papesse).

Bernardo Rossellino baute den Palazzo Piccolomini in Anlehnung an den Palazzo Rucellai in Florenz. Er wirkt düster und schwer und birgt in seinen repräsentativen Räumen das **Staatsarchiv.** Werktags vormittags zwar nur kurz

Die sienesische Wölfin, das Wahrzeichen der Stadt

zugänglich, aber es lohnt sich, wegen einer besonderen Kostbarkeit wiederzukommen: einer Sammlung kunstvoller Einbandtäfelchen der Rechnungsbücher der Sieneser Finanzverwaltung von 1258 bis 1659. Gestaltet von Giovanni di Paolo und den Brüdern Lorenzetti. Das 1775 gegründete und 1885 neu geordnete Staatsarchiv umfaßt insgesamt über 60 000 Pergamente ab 736, Buchdeckel, Testamente etc.

Gleich um die Ecke Richtung Via del Porrione steht die großbogige **Loggia del Papa** 14, 1462 im Auftrag von Papst Pius II. zu seiner eigenen und der Verherrlichung seiner Verwandten, den Piccolomini, errichtet.

Die Banchi di Sotto zurück, dann im spitzen Winkel rechts in die Banchi di Sopra einbiegen und ihrem großzügigen Bogenverlauf folgen, bis sie sich zu einem kleinen, engen Platz öffnet: **Piazza Tolomei** 15 mit der Sieneser Wölfin auf einer hohen Säule in der Mitte, der **Christopherus-Kirche** rechts (früher Sitz des Rates der Republik Siena, noch vor dem Palazzo Pubblico) und dem gleichnamigen **Palazzo** auf der linken Seite. Dieser Palast gilt als der älteste erhaltene Profanbau Sienas, schon 1205 entstanden. Nur sein Erdgeschoß wurde 1267 festungsartig umgestaltet. Jetzt wirkt er, zweifach aufgestockt, schmaler und dennoch sehr robust. Nur die Rückseite zeigt noch, wie uneinnehmbar diese kleine Stadtfestung ursprünglich war. Nach der neuesten Restaurierung hat hier die Sparkasse von Florenz ihren Sitz – und einen Platz weiter, an der **Piazza Salimbeni** 16, *die* Bank von Siena, Monte dei Paschi di Siena.

Größter Mäzen Sienas: Eine Bank

Das Wappen mit den drei bienenkorbartigen Gebilden – die Hügel von Siena darstellend? – taucht überall in der Stadt auf. Auch in vielen anderen toscanischen Orten und immer mehr in ganz Italien und sogar weltweit. Es ist das Wappen der Monte dei Paschi di Siena, Sienas bedeutendster Bank, mit weltweiter Anerkennung. Die **Piazza Salimbeni,** von den drei Bankpalästen gerahmt, wirkt geradezu erhaben, museal, viele Siena-Touristen glauben sich vor einem bedeutenden Museum und wollen eintreten. Links steht der Renaissancepalast **Tantucci,** der travertin-weiße gotische **Palazzo Salimbeni** mit seinen spitzbogigen Fenstern in der Mitte, rechts der Renaissancepalast **Spanocchi** (mit den Schalterräumen der Bank), dessen Namensgeber Pius II. in Geldsachen zur Hand ging.

Mittags treffen sich hier gutgekleidete Herren zu Füßen des marmornen Ökonomen Sallustio Bandini (1677–1760) und schlendern zur Bar gegenüber: die Angestellten der Bank, die Sienas größter Mäzen war und ist.

Was von der Piazza Salimbeni aus so erhaben wirkt, erweist sich auf der Rückseite des Komplexes (von der kleinen Piazza Abbadia aus) als uneinnehmbare Festung: Schwer stützt sich das dicke Gemäuer der Rocca Salimbeni (der Festungsturm) an den leich-

ten Abhang. Im unteren Teil ist sie völlig fensterlos, oben zinnenbekrönt. Sie ist der vierte Bauteil des Gebäudekomplexes, von vorne nicht zu erkennen.

Am 4. März 1472 gab der Große Rat von Siena die Statuten einer neuen Institution bekannt: Die Stiftung bekam den Auftrag, den Bürgern zinsgünstige Kredite zu gewähren, sozusagen ein Balanceakt gegen die Wucherzinsen mancher Privatbanken. Gewinne dürfen nur für soziale Projekte oder zur Aufstockung des Eigenkapitals genommen werden. Während zunächst nur Viehzüchter von den günstigen Krediten für ihre Weiden (daher *Monte dei Paschi,* ›Berg‹, ›Haufen‹ im Sinne von ›Vermögen der Schafhirten‹) profitierten (erst zu 7,5 und später sogar nur 5% Zinsen), gab es später auch Gelder für den Getreideanbau.

Eine der ältesten und reichsten Banken Italiens hat ihre Tradition, verwurzelt im Süden der Toscana, bis heute bewahrt. Hinzugekommen sind, im Sinne von Mäzenatentum, die Wohnungsbaufinanzierung und vor allem die Restaurierung kulturhistorisch bedeutender Bausubstanzen. So besitzt Monte dei Paschi di Siena in der Stadt und in der Toscana überhaupt zahlreiche Villen und Paläste, sogar ein historisches Weingut im Piemont. Ihr repräsentatives Zuhause aber befindet sich auf der Piazza

Salimbeni mit den drei Monumental-
palästen.

Die Bank mit weltweit, inklusive
Beteiligungen, mehr als 20 250 Mitarbeitern, hat trotz der eigentlich
schwierigen Kunden (lokale Leichtin-
dustrie wie Möbel, Schuhe und Kleidung sowie Kleinbauern), die mehr
oder weniger ständig mit Geldproble-
men ringen, immer gute Geschäfte
gemacht. Und zwar in der Hauptsache mit hochverzinslichen Staats-
papieren.

Die Bank als Mäzen heute: Neben
Fiat und der Florentiner Versicherungs-
gesellschaft La Fondiaria (inzwischen
in deutschem Besitz) hat Monte dei
Paschi di Siena das Etruskerprojekt
der Toscana zusammen mit der
Region finanziert und beteiligt sich an
den meisten Aktivitäten der Region,
die mit Kunstförderung oder -erhalt
zu tun haben. Inzwischen nicht nur,
weil Mäzenenatentum in Italien schon
immer großes Ansehen brachte,
sondern auch, weil 1982 ein Gesetz
in Kraft trat, das die steuerliche
Abzugsfähigkeit von Spenden fest-
schreibt.

1972, zum 500jährigen Bestehen
der Bank, wurde die architektonische
Pracht des Komplexes an der Piazza
Salimbeni vollendet: die geschickte
Verbindung von drei der vier historischen Bauelemente mit dem modernen Werkstoff Beton. Die Rocca
Salimbeni (der Festungsturm) wurde
mit dem Palazzo Salimbeni, beide aus
weißem Travertin, verbunden und
diese wiederum mit dem Palazzo Tantucci. Die unterschiedlichen Stock-
werkshöhen wurden durch den
schneckenförmigen Verlauf der Beton-
galerien so ausgeglichen, daß alle
vom Aufzug her erreichbar sind. Der

entstandene Lichthof bekam einen
Backsteinfußboden mit einer dreistufi-
gen Vertiefung darin, um den Forum-
charakter, den Treffpunkt der Bank zu
markieren.

In einem Raum unter dem Backsteingewölbe des Erdgeschosses der
Rocca wurde das Archiv der Bank
untergebracht mit allen Schriften,
Schuldscheinen, Verträgen etc., eine
lückenlose Bankgeschichte seit der
Gründung, also mehr als 500 Jahre.
Im angrenzenden Raum: der Studien-
saal des historischen Archivs, von
einer akribisch geschwungenen Beton-
decke mit einem schmalen Lichtstrei-
fen in der Mitte geprägt.

Unterhalb des Gebäudekomplexes,
der auf der Rückseite bis zum Unterbau der San- Donato-Kirche gegenüber reicht, befindet sich der moderne
Konferenzraum mit edler Lederbestuh-
lung und ganz wenigen, punktuell
angestrahlten Kunstwerken. Hinter
einer Geheimtür gelangt man in die
Privat-Pinakothek der Bank, um die
sie so manches Museum beneiden
könnte. In der Hauptsache mit Sieneser Kunstwerken und Schätzen ange-
füllt, etwa ein von Giuseppe Zocchi
1739 für Maria Theresia gemalter
Palio. Ein eigener Saal ist den Manieristen gewidmet.

Daß der ›Salon‹ der Bank, ihr
Repräsentationssaal im Obergeschoß
der Rocca, von besonderer Pracht ist,
braucht eigentlich nicht mehr erwähnt
zu werden. Dafür aber der Blick vom
Turm: die ganze Stadt überschauend,
etwa zwei Etagen tiefer als vom
Rathausturm, dafür aber irgendwie
eindringlicher, Siena fast zum Anfassen nahe, das Rot der Dächer
intensiver, die umliegenden Hügel
weiter weg.

Ausflug von Siena nach San Galgano

Bei dieser landschaftlich sehr schönen Rundtour werden im Westen die Ausläufer der Montagnola mit **Sovicile** im Zentrum berührt und das ausladende Gebiet der Colline Metallifere, der ›metallreichen Hügel‹. Sie ziehen sich küstenwärts bis zur Pisaner Maremma und besitzen ein 200 km² großes geothermisches Feld mit dem Zentrum Larderello. Hier werden im Jahr etwa 650 Megawatt Strom erzeugt (u. a. für die Versorgung des Eisenbahnnetzes Mittelitaliens).

Die Colline Metallifere sind von dichter Macchia, alten Eichen und Steineichen bedeckt, es duftet nach wilden Kräutern. Viele, meist versteckt liegende, kleine Bauerngehöfte sind hier inzwischen in fremden Händen, es wird immer mehr *Agriturismo* betrieben, Ferien auf dem Bauernhof.

Streckenlänge und -verlauf: 32 km bis San Galgano; die hier beschriebene Rundtour geht über ca. 70 km.

Eine romantische Ruine erwacht zu neuem Leben

Zunächst fährt man von Siena zur Porta Fontebranda hinaus Richtung Grosseto, biegt dann rechts ab auf die S.S. 73 Richtung Massa Marittima und folgt ihr ins Merse-Tal nach Südwesten. Vorbei an den Abhängen der dicht mit Steineichen bewaldeten Montagnola und teilweise in engen Schleifen entlang der Ostausläufer der Colline Metallifere zum historisch-kunsthistorisch bedeutenden Ausflugsziel **San Galgano** ■1

Ihr Dach ist der Himmel und ihr Boden eine kräuterduftende Wiese – eine eindrucksvolle Ruine. Zu Füßen des Montesiepi-Hügels, ganz allein auf einer flachen Ebene gelegen. Entstanden ist das ehemalige Zisterzienserkloster aus einer Einsiedelei des Galgano (1148–1181). Als dieser im Jahre 1185 von Papst Lucio III. heiliggesprochen wurde, stand bereits eine runde Kapelle zu seinen Ehren auf dem nahen Hügel. Ambrogio Lo-

Von Siena nach San Galgano

Die eindrucksvolle Ruine des Klosters San Galgano

renzetti hatte sie mit Fresken ausgemalt. Wenige Jahre später kamen die ersten Mönche vom Kloster Casamari hierher, in ihrer Begleitung französische Ordensbrüder aus Clairvaux und Adelige aus Siena. Die einen brachten das künstlerische Können, die anderen das nötige Geld, um eine so hervorragende Klosteranlage zu finanzieren. Um 1224 konnte mit dem Bau begonnen werden, der etwa 80 Jahre gedauert haben soll. Die Zisterziensermönche von San Galgano waren Impulsgeber im kulturellen, wirtschaftlichen und natürlich religiösen Sinne im gesamten Gebiet der Sieneser Maremma.

Warum dann das Kloster im 15. Jahrhundert plötzlich jegliche Bedeutung verlor und im darauf folgenden verlassen wurde, ist noch immer ungeklärt. 1776 fiel der Campanile in sich zusammen, 1789 wurde das Kloster säkularisiert, für die folgenden Jahrzehnte dienten seine Steine als Baumaterial. Vom Kloster geblieben sind heute die Sakristei, der Kapitelsaal und die Schreib-stube. Das rote Backsteingewölbe der Kirche ruhte auf mächtigen Pfeilern aus weißem Travertin. Sie sind stehen geblieben ebenso wie die Wände der dreischiffigen Basilika und die Gewölbeansätze. Besonders beeindruckend ist der Blick vom Hauptschiff zum Chor, möglichst früh am Morgen.

1961 bekam ein Zisterziensermönch aus Rom, Pater Romualdo Gilli, die Erlaubnis, nach San Galgano überzusiedeln und die Abteiruine wieder zum Leben zu erwecken. Er baute ein paar Zellen aus und begann damit die Wiederbelebung des Klosters für den Olivetanerorden, der San Galgano zu einem Ort klösterlicher Abgeschiedenheit erklärte, in dem die Mönche zu sich selber finden wollen. Eine kleine Werkstatt (u. a. Ikonenmalerei und Stickerei) wurde eingerichtet, ab und zu erklingt Musik: kleine, konzertante Veranstaltungen stehen mit auf dem Programm.

Über Monticiano und eine schöne Paßstraße geht es ins Merse-Tal zurück auf die S.S. 223 bis Siena.

Von Siena auf Umwegen nach San Gimignano und Volterra

San Gimignano und Volterra werden meistens in einem Atemzug genannt, gehören bei Ausflügen und Rundreisen immer gemeinsam ins Programm. Dabei könnten zwei Städtchen, auch wenn sie beide im Kern mittelalterlich geblieben sind, kaum unterschiedlicher sein. San Gimignano hat die UNESCO entdeckt, gerettet, saniert, aber leider auch etwas über-restauriert. Wegen der hochaufragenden, typischen Geschlechtertürme wird es gerne als das ›Manhattan der Toscana‹ bezeichnet. Volterra dagegen mag wegen seiner hohen, geradezu würdigen Paläste etwas düster und ernst wirken.

Auf der Fahrt zu diesen beliebten Höhepunkten einer Toscana-Reise sollten jedoch weder die anderen Städtchen noch die zauberhaften Landschaften mit ihren Aussichtspunkten vernachlässigt werden.

Streckenlänge und -verlauf: 120 km. Von Siena nach Monteriggioni (11 km), Colle Val d' Elsa (9,2 km), San Gimignano (10,5 km), Certaldo (13,4 km), Volterra (38 km), und über Colle Val d' Elsa (36,5 km) zurück nach Siena (20 km).

Öffentliche Verkehrsmittel: Zwar werden San Gimignano und Volterra mit Linienbussen angefahren, aber für diese abwechslungsreiche Rundfahrt sollte man lieber einen Wagen benutzen.

Von Siena nach San Gimignano und Volterra

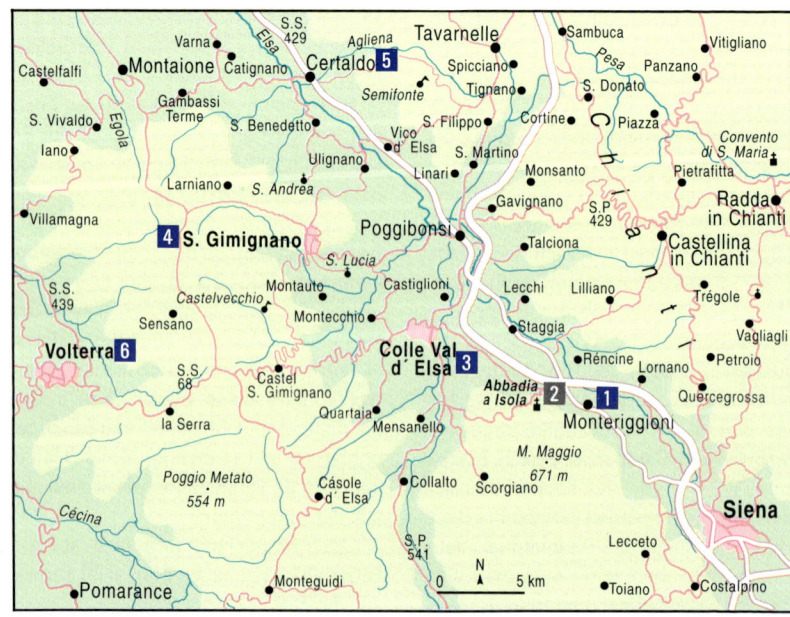

Über Monteriggioni
nach Colle Val d' Elsa

Von Siena führt die Route über die ge-wundene S.S. 429 nach **Monteriggioni**  (S. 357), auf einer Hügelkuppe thro-nend. Der einstige Vorposten Sienas ge-gen Florenz, 1203 in 274 m Höhe (heute über der Superstrada) gegründet, steckt in einem mächtigen Mauerring, den frü-her 16 Tor- und Wachtürme krönten – heute sind es noch elf. Dante nannte sie »Giganten, die in der Hölle stehen«. Sonst ist fast alles intakt geblieben: die 570 m lange Mauer und der Charakter des mittelalterlichen Castello mit der kleinen Kirche im Übergang von der Ro-manik in die Gotik.

Zwei Plätze, versetzt hintereinander, bestimmen innen das Bild des winzigen Dörfchens. Ein berühmt-gutes Restau-rant (Il Pozzo), eine Enoteca mit Weinen der Umgebung und eine Trattoria, ein gut sortiertes Antiquitätengeschäft, eine nicht sonderlich einladende Bar. Das ist alles, falls nicht schon wieder ein Restaurant eröffnet hat. Erstaunlich viel Platz bleibt für Obst- und Gemüsegärten innerhalb der Mauer, herrliche Aus-blicke sind sicher, und rings um die Mauer stehen Olivenbäume und Wein-stöcke.

Jetzt nicht auf die Superstrada über-wechseln, sondern die direkte, enge Ver-bindungsstraße links davon wählen, die nach Colle Val d' Elsa führt. Gleich unten kommt die Abzweigung nach **Abbadia a Isola** ②. Den Namen erhielt das ein-stige kleine Zisterzienserkloster im 11. bis 12. Jahrhundert durch seine dama-lige Lage – einsam, wie eine Insel, inmit-ten eines Sumpfgebietes. Der lombar-disch-romanische Stil der dreischiffigen Basilika mit drei runden Apsiden über-

Trutzig ummauert: Monteriggioni

rascht. Sechs Joche bilden das Langhaus, abwechselnd von rechteckigen Pfeilern und halbrunden Pilastern und von Rundpfeilern getragen. Einige Freskenreste, im linken Seitenschiff eine sogar recht gut erhaltene »Mariä Himmelfahrt«. Die Kapitelle sind schlicht, nur rechts im Chor zwei menschliche Gestalten zu erkennen. Unter dem Hochaltar: eine einfach restaurierte Krypta. Im Haus rechts von der Fassade wird der Schlüssel zur einsamen Kirche verwahrt, dem interessierten Fremden wird meist mit erstauntem Blick geöffnet. Das schönste an der Abbadia a Isola ist der Blick auf Monteriggioni über die Weizen- und Maisfelder hinweg.

Ein historischer Hinweis: Zwischen Colle Val d' Elsa und Monteriggioni in der Ebene, also etwa auf dem Gelände der Abtei, schlug Florenz 1269, neun Jahre nach der vernichtenden Niederlage von Montaperti, Siena.

Immer parallel zur Superstrada fahrend, erreicht man bald **Colle Val d' Elsa** **3** (S. 344), das schon von weitem zu sehen ist, eine Stadt auf zwei Etagen. Zwar ist es gerade in der Toscana nicht ungewöhnlich, daß zu einer meist mittelalterlichen Oberstadt eine neuere Unterstadt gebaut wurde, aber Colle Val d' Elsa ist bereits auf dem langgestreckten Hügel oben zweigeteilt: ganz oben das Castello, der älteste Teil von Colle Alto, der Oberstadt, mit Häusern und Türmen aus dem Mittelalter und der Renaissance. In der Hauptstraße des Castello, Via Castello 63, kam 1232 angeblich Arnolfo di Cambio, u. a. der Dombaumeister von Florenz, zur Welt. Dieses Turmhaus aus dem 13. Jahrhundert steht in guter Nachbarschaft: Der **Palazzo Pretorio** wurde im 13. und 14. Jahrhundert errichtet (heute **Museum;** Besichtigung nach Vereinbarung, ✆ 05 77–92 00 15), der **Dom** stammt

von 1603, mit Werken von Giambologna und Giuliano da Maiano.

Bogenüberspannt ist die Via delle Ronite in diesem höchsten Teil von Colle, parallel dazu die fast tunnelartig völlig überwölbte mittelalterliche Via delle Volte, genau 110 m lang. Man hat beim Durchschlendern ständig das Gefühl, sich bücken zu müssen ...

Den Zugang zu beiden Gassen findet man gleich rechts nach dem Eingang zum Castello, noch vor dem **Palazzo del Capitano** aus dem 15. Jahrhundert, einem schlichten Bau mit zwei kleinen Balkonen. Zwischen dem befestigten Castello und dem ›Vorhof‹ steht der **Palazzo Campana,** den Giuliano di Baccio d' Agnolo 1539 errichtete. Trennend und verbindend zugleich ist der Torbogen des Palastes, mit der Schauseite zur Via Campana hin, wo rechter Hand das **Rathaus** steht, mit dem mächtigen, sechskugeligen Medici-Wappen das Straßenbild bestimmend – bis zur Piazza Santa Caterina (schon auf leicht abschüssigem Gelände). Von der Terrasse des Hotel-Ristorante Arnolfo vor der Kirche genießt man einen hinreißenden Blick in die Val d' Elsa. Hinter der Kirche macht die Via Campana einen Knick und führt immer steiler hinab ins Tal, in die Unterstadt. Die **Porta Volterrana,** natürlich Richtung Volterra, stark befestigt mit zwei vorspringenden Bastionen, trägt unverkennbar die Handschrift Sangallos.

Der Fußweg führt von Colle Castello über die Via delle Ronite abwärts. Mit den eingebauten Stufen ist diese Backsteinstraße bis zu 2,5 m breit und führt direkt nach **Colle Piano** oder **Basso:** mit garantierter Aussicht auf die Stadt und die Landschaft. Schnell ist unten die fast quadratische **Piazza Arnolfo** erreicht. Hinter feinsten Spitzengardinen verheißt hier die Antica Trattoria kulinarische Verwöhnung. In der schmalen Gasse dahinter bietet die Trattoria Moccia Vittorio gute Hausmannskost.

Die Kristallverarbeitung hat Colle Val d' Elsa zu neuzeitlichem Wohlstand verholfen, dafür mußte die Unterstadt rings um den Kern ihr historisches Gesicht weitgehend aufgeben: Glas und bunt gestrichene Stahlkonstruktionen hielten hier Einzug.

San Gimignano:
Die kleine Stadt der hohen Geschlechtertürme

4 (S. 362) San Gimignano ist von Colle Val d' Elsa fast zum Greifen nahe, die weltberühmten Geschlechtertürme des ›Manhattan‹ der Toscana schon von weitem zu sehen. Die schmalen Landstraßen zwischen den beiden Städtchen bieten gute Gelegenheit, die noch feingliedrigere Hügellandschaft in diesem Teil der Region auf sich einwirken zu lassen. Und: San Gimignano ist, wenn man darin übernachtet und sich für die Besichtigung Zeit nimmt, viel besser als sein Ruf. Kaum hat ein Teil der Touristen (der Fremdenverkehr ist die Haupteinnahmequelle neben dem *Vernaccia,* dem herben Weißwein) bei anbrechender Dunkelheit den Ort verlassen oder sich in die Hotels zurückgezogen, kommt wieder die Atmosphäre eines mittelalterlichen, festummauerten Städtchens zur Geltung.

Dreifach ist der Mauergürtel, eng sind die Gassen, hoch die Wohnhäuser und Paläste, noch höher freilich die Geschlechtertürme, die *casetorri:* rechtekkig, klobig, fast fensterlos. Eben kleine private Festungen der im Mittelalter reichen Woll-, Wein- und Gewürzhändler. Erbaut zum Schutz gegen die Nachbarn,

die der ›falschen‹ Partei angehörten – auch in San Gimignano bekämpften sich Guelfen und Ghibellinen. Zwar konnte sich die Stadt bereits früh, schon im 12. Jahrhundert, als freie Kommune durchsetzen, doch untereinander waren sich die Geschlechter spinnefeind. Und daran änderte auch die Machtübernahme durch Florenz (1353) nichts.

72 Türme ragten einst aus dem mittelalterlichen Gewirr der Gassen empor, übrig geblieben sind 15. Die privaten Türme durften freilich die beiden Stadttürme (des Palazzo del Podestà mit 51 und des Palazzo Comunale mit 54 m) nicht überragen. Des öfteren wurden aufmüpfige Bürger zum Abtragen heimlicher Aufstockungen verurteilt.

Eine wohlgeordnete, im Sinne des Fremdenverkehrs durch die UNESCO-Sanierung überordentliche, im Charakter nach wie vor aber mittelalterliche Kleinstadt empfängt den Besucher, der sie normalerweise durch die **Porta San Giovanni** im Süden betritt. (Parkplätze gibt es reichlich entlang der westlichen Stadtbefestigung und im Südwesten; das Informationsbüro mit Hotelbuchung und Wechselstube befindet sich auf dem Domplatz.)

Vom Tor aus spaziert man die Via San Giovanni hoch. In der ehemaligen kleinen romanischen Kirche (Haus Nummer 69, rechts) ist heute die Weinhandlung der Fattoria Tollena untergebracht, in der man vielleicht die erste Bekanntschaft mit dem typischen Wein des Städtchens, dem *Vernaccia di San Gimignano* machen könnte. Der Durchgang zum Garten hinten ist frei und bietet einen hinreißend schönen Blick ins Elsa-Tal bis nach Colle Val d' Elsa.

Die hohen Wohntürme in San Gimignano: ehemals Statussymbol der herrschenden Familien und Wehrtürme in einem ▷

Kurz darauf folgt das gekonnt in den mittelalterlichen Mauern eingerichtete Hotel Bel Soggiorno mit gutem Restaurant und gleichem Panorama-Blick. Noch einige Schritte bergan, und man steht im Zentrum des kleinen Städtchens, auf der etwas dreieckigen **Piazza della Cisterna.** Ihr Mittelpunkt wiederum der Renaissancebrunnen, dessen Travertinränder die tiefen Spuren der Seile zeigen, mit deren Hilfe die Wassereimer hochgezogen wurden. Rechts das Hotel Cisterna mit Restaurant, ähnlich anspruchsvoll wie das erstgenannte, gegenüber das bescheidenere Hotel Leon Bianco. Die Cafés stellen Tische und Stühle natürlich auch draußen auf die einladende Piazza, sobald ein Sonnenstrahl darauf fällt.

Aber die schönere ist die **Piazza del Duomo,** auch sie unregelmäßig, weder Quadrat noch Dreieck, von Treppen geprägt. Eine breite Treppe führt zur einfa-

chen Domfassade, niedrigere Stufen zum früheren Kreuzgang links, ein steiler Aufgang zum **Palazzo Comunale** mit dem sogenannten Dante-Saal. Das **Museo Civico e Pinacoteca** im selben Gebäude betritt man vom Kreuzgang her (Di–So 9.30–12.30 und 15.30–18.30 Uhr, im Winter 10–13 und 14.30–17.30 Uhr; gemeinsame Eintrittskarte auch für die Kapelle der heiligen Fina).

Zur Piazza della Cisterna hin steht die erste öffentliche Loggia der Toscana (Ende 13./Anfang 14. Jahrhundert), sie bildet das Untergeschoß des **Palazzo del Podestà** (1239, vergrößert 1337) mit seinen guelfischen Zinnen und dem angebauten Turm der Useppi, später der Chigi (1280). Städtebaulich geradezu raffiniert ist der **Voltone,** der große Bogen gegenüber dem Dom, der beide Plätze trennt und doch verbindet. Schließlich rundet der mächtige Doppelturm eines Familienpalastes (der Sal-

Piazza della Cisterna in San Gimignano

vucci, 13. Jahrhundert) das imposante Bild des Domplatzes ab.

Alles in allem: Koexistenz von kirchlicher Macht und weltlichem Einfluß. Der **Dom** aus dem 12. Jahrhundert gilt als eines der Schmuckstücke der Toscana, aufgrund der fast vollständig erhaltenen Ausstattung. Fresken, wohin man schaut: Bildergeschichten aus dem Alten Testament im linken Seitenschiff von Bartolo di Fredi, ca. 1367. Und die Bilder aus dem Neuen Testament im rechten Seitenschiff, um 1350 in der Nachfolge Simone Martinis entstanden, gelten als einer der monumentalen Zyklen sienesischer Malerei überhaupt. Die Innenseite der Hauptfassade schmückt das »Martyrium des heiligen Sebastian« von Benozzo Gozzoli (ca. 1421). Vor dem Querschiff im Süden befindet sich die Kapelle der heiligen Fina, der Schutzpatronin von San Gimignano. Ihre Fresken stammen zum Teil von Domenico Ghirlandaio (Geschichte des Lebens und des Todes der Stadtheiligen; 1482).

Dante war 1319 im **Palazzo Comunale** zu Besuch, weshalb der Ratsherrensaal im *piano nobile* nach ihm benannt wurde. Dante sollte einen erneuten Streit zwischen den verfeindeten Parteien schlichten. Draußen, rechts vom Dom, weist ein Weg ›Al Castello‹ zur Ruine der Rocca, jetzt von einem Stadtpark umgeben und unbedingt zu erklettern: Zum Abschied gibt es den schönsten Blick auf San Gimignano und meistens Ruhe vor dem Rummel des Touristentreibens im Zentrum.

Man kann von San Gimignano direkt nach Volterra fahren oder einen Bogen über Certaldo schlagen, ein Umweg, der zwar viel Zeit beansprucht, aber sich unbedingt lohnt. Denn Certaldo ist ein wenig besuchter, ruhiger, mittelalterlich geprägter Ort – und die Stadt des Dichters Boccaccio.

Certaldo: Boccaccio blieb arm

5 (S. 343) Von San Gimignano führt eine kleine Landstraße über die Bahnlinie hinweg geradewegs nach Norden zur S.S. 429 nach Certaldo. Giovanni Boccaccio, der bedeutendste Sohn dieser Stadt, sollte erst lange nach seinem Tod zu Ruhm und Ehren kommen: 1313 als uneheliches Kind geboren, 1375 in Certaldo gestorben, hat er es zwar in Florenz bis zum Kämmerer im Rathaus gebracht, aber sein »Decamerone« (im Jahr der Pest 1348 entstanden) verhalf ihm nicht aus seiner ewigen finanziellen Not. Das vermeintliche Haus, in das Boccaccio sich 1361 nach Certaldo zurückgezogen und das er bis zu seinem Tod bewohnt haben soll, ist heute als Studienzentrum und Museum eingerichtet (**Casa del Boccaccio,** Mo–Sa 9–12 und 16–18, im Winter 15–18 Uhr). Die Souvenirverkäufer gegenüber verdienen nicht schlecht vom späten Ruhm des Dichters.

Certaldo, in nur 130 m Höhe über dem Elsa-Tal und der neueren Unterstadt gelegen, wurde ursprünglich von Florenz als Bollwerk gegen Siena ausgebaut und wirkt noch heute wie eine kompakte, uneinnehmbare Festung: Eine einzige Straße auf einem Hang mit steil aufragenden Mauern – das ist eigentlich alles. Eine Seite liegt immer im Schatten. Den Beginn der Via Boccaccio markiert der hübsche, zinnenbekrönte **Palazzo Strozzi Ridolfi** (13./14. Jahrhundert), heute ein angenehmes kleines Hotel-Restaurant mit einem zauberhaften Innenhof – der richtige Ort für eine Siesta nach dem Essen.

Oben am Ende der backsteingepflasterten Straße steht, leicht nach links versetzt von dieser Achse, der **Palazzo del Vicario,** das historische Rathaus aus

Schafherde bei Volterra

Backstein mit weit offener Loggia. Die Fassade schmücken Wappen (einige von Della Robbia) all jener, die hier das Sagen hatten. Der harmonische Renaissanceinnenhof wurde vor einigen Jahren restauriert und führt nicht nur zu den Räumen des Palastes, sondern auch zur ältesten Kirche von Certaldo, **SS. Tommaso e Prospero** (13. Jahrhundert), deren spätgotische Fresken im Laufe der Jahrhunderte schwer gelitten haben – teilweise wurde die Kirche als Töpferwerkstatt benutzt. Immer wieder einladend ist rechts des Palazzo del Vicario (auch Pretorio genannt) der Albergo Osteria del Vicario. Er ist im früheren Rektoratsgebäude mit einem zierlichen romanischen Kreuzgang (ca. 1210) untergebracht, der an schönen Tagen vom Restaurant mitbenutzt wird: nicht nur ein herrlicher Aussichtsbalkon, sondern auch eine wahre Oase der Stille.

Certaldo Castello wurde nach den Zerstörungen des Zweiten Weltkrieges

behutsam restauriert und zählt zu den sehenswertesten Städtchen der Toscana.

Volterra: Hauptstadt des Alabasters

6 (S. 367) Man kann die Fahrt nach Westen fortsetzen und gelangt über Gambasi Terme auf kleinen Landstraßen zur S.S. 439, die von Norden direkt auf Volterra zuführt. Beim Auf und Ab durch die hügelige Landschaft tauchen noch öfter die Türme von San Gimignano hervor, einem kleinen Versteckspiel ähnlich.

Velathri, eine der wichtigsten Städte des Zwölferbundes Etruriens, wurde auf den Resten der älteren Villanova-Kultur von den Etruskern errichtet. Seine höchste Blütezeit erlebte es im 4. vorchristlichen Jahrhundert, wie die zahlreichen Grabfunde beweisen. Der etruskische Mauergürtel, über 7 km lang, muß damals wohl außer den Wohnhäusern und öffentlichen Gebäuden Weide- und Akkerland umschlossen haben. So war die Stadt auch in Belagerungszeiten autark. (Die mittelalterlichen Mauern sind bedeutend enger um den Stadtkern gezogen.) 260 unterwarf sich Velathri den Römern und blieb auch unter ihnen als *Volaterra* bedeutend, wie unschwer am imposanten römischen Amphitheater abzulesen ist.

Das Mittelalter aber sah Volterra von internen Machtkämpfen zwischen kirchlichen und weltlichen Herrschern erschüttert, die Renaissance erlebte immer wieder rebellierende Volterraner gegen die Medici, was wenig fruchtete:

Mit der Herrschaft des Großherzogs der Toscana begann der unaufhaltsame Verfall der Stadt, bis ins ausgehende 18. Jahrhundert. Auch die Wiederaufnahme des Alabastergewerbes im 16. Jahrhundert verhalf Volterra zu keinem besonderen Aufschwung, diente lediglich künstlerischen Zwecken. Trotzdem wuchs die Zahl der Alabasterwerkstätten von acht oder neun im Jahre 1780 auf mehr als 60 zu Beginn des 19. Jahrhunderts. Die ersten ›Handelsreisenden‹ machten sich auf, Hersteller und gleichzeitig Verkäufer von Alabastergegenständen, die bis in die entferntesten Winkel Europas kamen, um dort ihre Waren anzubieten. Den Anstoß gab die Schulwerkstatt des

Straße in Volterra: Im Gegensatz zum ›lichten‹ San Gimignano wird Volterra oft als düster empfunden. Vielleicht ist der dunkle Stein der einfachen, relativ schmucklosen Häuser Schuld daran.

So erkennt man echten Alabaster

Die Volterraner selber sind äußerst darum bemüht, ihr Handwerk nicht in Verruf zu bringen. Hier wird man also selten einen Fehlkauf tätigen. Aber in den typischen Souvenirzentren kann das schon passieren.

Alabasterimitationen aus Kunststoff lassen sich am einfachsten erkennen, weil sie ein geringeres spezifisches Gewicht haben, also sehr viel leichter sind als Alabaster. Oft werden sie auf einen kleinen Sockel aus Alabaster gestellt, der dann den Stempel ›echt‹ trägt (was ja nicht ganz gelogen ist).

Imitationen aus Alabasterpulver und Kunstharz sind schon schwieriger von echten Alabastergegenständen zu unterscheiden: Nur die Oberfläche des richtigen Alabasters glitzert kristallin. Imitationen sind matt und klingen (beim leichten Anschlagen mit einem Bleistift oder dem Fingernagel) tönern (wie Ton oder Gips).

Alabasterwerkstatt in Volterra

sowohl künstlerisch genialen als auch wirtschaftlich denkenden Marcello Inghirami, die zwar nur 1791 bis 1799 bestand, aber mehr als hundert Schüler unter der Anleitung in- und ausländischer Meister ausgebildet hatte. 1870 erlahmte die Produktion wieder, Europa hatte andere Sorgen, Frankreich und Preußen, damals zwei wichtige Kunden, bekriegten sich. Das 20. Jahrhundert brachte technische Neuerungen und damit die erneute Wiederbelebung der traditionsreichen Alabasterindustrie von Volterra: Die arbeitererleichternde elektrische Drehscheibe hielt Einzug in die Werkstätten. Nach den Weltkriegen hat sich die Produktion wieder mehr auf künstlerische Arbeiten verlegt: ›Souvenirs‹, Schmuck, Kopien alter Kunstwerke, Alabasterblumen und -früchte, Vasen, Lampenfüße, Rahmen. Immerhin: Es sind Mitbringsel mit Tradition!

Das Material, ein mineralischer Gips (schwefelsaures Kalziumhydrat), wird im Tagabbau in unterirdischen Gruben gewonnen. Die beiden Gruben von Volterra (in Santa Luce und Castellina Marittima), etwa 20 km Luftlinie entfernt Richtung Meer, besitzen ein Netz von Gängen, das mehr als 25 km messen soll. Hier wird die beste Alabasterqualität abgebaut, der sogenannte weiße Statuenalabaster von Castellina, rein, opalbleich, fast durchsichtig, leicht gestreift wie Onyx, selten von dunklen Adern durchzogen. Zeigt er aber leichte, tiefschwarze Adern, wird er Opalalabaster oder der ›schiefrige‹ von Castellina‹ genannt. Abstufungen in allen Farben und Effekten, sogenannte Blondachate und Gelalabaster, auch Marmor in allen Schattierungen bis zu Grün und Rötlich werden gefunden, je näher die Vorkommen bei Volterra liegen. Also: Die eigentlich beste Qualität ist am weitesten von der Stadt des Alabasters entfernt.

Fast 250 Betriebe verarbeiten Alabaster in und um Volterra, 800 Beschäftigte finden hier Arbeit; 80% der Werkstätten sind Kleinbetriebe mit bis zu drei Mitarbeitern. Schlendert man durch Volterra, hört man aus fast allen Gassen ein leises Klopfen und Schleifen. Die Alabasterschule von Volterra (seit 1822), in der Nachfolge der Inghirami-Schule, kann sich über Nachwuchsmangel nicht beklagen.

Volterra besitzt ein großes Parkhaus an der Piazza dei Martiri della Libertà – aber auch im Norden kann man seinen Wagen entlang der Stadtmauer abstellen. Parkplätze und Sehenswürdigkeiten sind, ähnlich wie in Siena, hervorragend ausgeschildert.

Einen Stadtgang sollte man an der Porta a Selci im Süden (von der S.S. 68 kommend), zu Füßen der riesenhaften **Fortezza Medicea** beginnen, die Lorenzo Il Magnifico 1472 bis 1475 bauen ließ. Seit 1880 ist sie eine der am strengsten bewachten Strafvollzugsanstalten Italiens. Hinter dem Tor beginnt die Via Don Minzoni. Hier steht rechter Hand, nach etwa 250 m, das berühmte **Museo Etrusco Guarnacci** (tgl. 9.30–13 und 15–18.30 Uhr), das allein über 600 Dekkel etruskischer und römischer Graburnen besitzt. Thematisch übersichtlich geordnet sind auch Schmuckgegenstände, Spiegel und Vasen. Sehr schön: Nummer 105 im Saal VII/Erdgeschoß, eine Alabasterurne: ein Pferd und zwei geflügelte Gestalten in der Mitte, rechts und links davon Reiter und Begleiter.

Der Via Gramsci folgend, zweigt der Rundgang nach rechts Richtung Porta Fiorentina ab. Kurz vor dem Tor biegt man in die Via Panoramica ein, die links an der Stadtmauer entlangführt: Rechts sieht man tief unten das **Römische Amphitheater**. Die Gasse steigt steil an (schöne Aussicht auf die Volterraner Hügellandschaft) und macht dann einen Knick nach links zum Zentrum: In der Via del Mandorlo ist eine der besten Alabasterwerkstätten zu besichtigen.

Über die Via Ricciarelli, nach links, gelangt man zur **Piazza dei Priori,** dem Herzen der mittelalterlichen Stadt. Kompakt und doch großzügig, der Platz der weltlichen Macht (auf der Rückseite, am Domplatz, konzentriert sich die geistliche Macht).

Der **Palazzo dei Priori** war von Anfang an (1208) fast so geplant, wie er sich heute präsentiert, und ist damit das älteste noch erhaltene Rathaus der Toscana (einige gotische Umbauten, vor allem der Fenster, 1254). Einer Festung gleich mit wenigen Öffnungen im Erdgeschoß, etwas großzügiger in den oberen drei Stockwerken. (An der Ecke zur Via Turazza befindet sich das Touristenamt.)

Der **Palazzo del Pretorio** oder del Podestà oder del Popolo, wie er auch genannt wird, steht mit seiner dreigeteilten Loggia gegenüber, entstanden aus mehreren privaten Palästen und Wohntürmen aus dem 12. und 13. Jahrhundert. Der eingebaute Turm trägt oben das Porcellino, eine Art Wahrzeichen Volterras In den Wäldern der Hügel ringsum leben noch heute viele Wildschweine.

Wunderbar restauriert zeigt sich der **Palazzo Incontri** um die Ecke, beste Renaissance des 15. Jahrhunderts. Hier hat heute die Sparkasse von Volterra ihren repräsentativen Sitz.

Am Campanile des Domes vorbei erreicht man den **Domplatz,** den das Oktogonal des **Baptisteriums** schmückt (teilweise wird es als Ausstellungsraum benutzt). Lange war Volterra Bischofssitz, was man dem **Dom Santa Maria Assunta** nach langjährigen Restaurierungsarbeiten wieder ansieht. Die dreischiffige Basilika stammt aus dem 12.

Jahrhundert und wurde mehrfach umgebaut: Fast erdrückend wirkt die schwere Kassettendecke des Hauptschiffes und wenig passend die stuckierten Kapitelle der Granit vortäuschenden Säulen. Sehr schön ausgearbeitet ist dagegen die rechteckige Kanzel, die von vier Fabelwesen getragen wird – zwei Löwen, einem Kalb und einem Kalb mit menschlichem Kopf.

Hinter dem Baptisterium führt eine schmale Gasse abwärts zur Via Porta dell' Arco und zum **Arco Etrusco,** dem etruskischen Stadttor, das in die römischen Mauern eingebaut wurde. Durch die schweren Steinquader im unteren Bereich wirkt es recht wuchtig (4. vorchristliches Jahrhundert, mit rund hundert Jahre jüngeren Bögen innen und außen). Die drei verwitterten Köpfe am äußeren Bogen könnten Zeus und die beiden Dioskuren zeigen – gesichert ist es nicht. Jedenfalls werden sie häufig als das Sinnbild Volterras abgelichtet. Im Zweiten Weltkrieg wurde das Tor, um die drohende Sprengung durch die deutschen Truppen wegen der nahenden Alliierten abzuwehren, von den Volterranern in kürzester Zeit völlig zugemauert. Blick aufs Land: die Volterrana zu Füßen, bei gutem Wetter angeblich bis zum Meer.

Vom Tor aus ist das Parkhaus schnell erreicht. Steigt man aber wieder die Via Porta dell' Arco hinauf ins Zentrum zurück, zwischen hohen Häusern mit Alabasterwerkstätten im Erdgeschoß, sollte man auf das Steinpflaster achten: Es ist voller versteinerter Muscheln.

Von Volterra fährt man am besten die schöne S.S. 68 über Colle Val d' Elsa (36,5 km) und weiter die S.S. 2 Via Cassia über Monteriggioni nach Siena zurück (20 km).

Römisches Amphitheater

Balze, die schlimmere Variante der Crete

Den Nordwesten Volterras bedrohen seit Jahrhunderten die Balze, tief eingeschnittene Grate und Abbrüche, vom starken Wind und Regen ausgewaschen. Nach jedem Regenguß verschlingen sie erneut ein Stück des Bodens, auf dem die Stadt erbaut mitgerissen wurden: Die Kirche San Giusto knapp an der etruskischen Mauer und der Porta Menseri ist bereits die dritte gleichen Namens, immer mehr Richtung Zentrum gebaut, um sie vor erneutem Absturz zu schützen. Doch anscheinend haben

wurde. So rissen sie bereits Zeugnisse aus der Villanova- und der Etrusker-Kultur in den Abgrund. Nichts kann inmitten dieses kargen, zerfurchten Hügelgebietes mehr Halt finden, nichts wachsen.

Im Nordosten von Volterra zeigt sich, daß auch häufig Teile der Stadt sich die Balze an dieser Stelle etwas beruhigt. Die Kirche wurde vor kurzem renoviert.

Inzwischen ist die kaum aufzuhaltende Naturkatastrophe zu einer Attraktion für Volterra-Besucher geworden, ähnlich wie die weit harmloseren Crete für Siena.

Das Chianti-Land zwischen Siena und Florenz

Chianti ist für die meisten Toscana-Urlauber das Synonym für eine Bilderbuchlandschaft mit sanftgewellten, von Weingärten und Ölbaumpflanzungen überzogenen Hügeln, Burgen und Schlössern, großen Gütern und kleinen Gehöften, weiten Sonnenblumenfeldern – dabei besteht das Gebiet noch etwa zur Hälfte aus wilder Macchia mit undurchdringlichen Steineichenwäldern, Lorbeer und Erdbeerbäumen.

Ein hervorragender Ausgangspunkt für Reisen ins Chianti, das sich zwischen Florenz und Siena in Nord-Süd-Richtung und den Tälern von Arno und Pesa in Ost-West-Richtung ausdehnt, ist die Stadt Siena. Die Statistiken zeigen jedoch, daß auch viele Toscana-Urlauber Ferienhäuser auf dem Land bevorzugen und gleich einen Aufenthalt im Chianti buchen, das bereits auf eine lange Ferienhaus-Tradition zurückblickt. Nirgendwo wurden so viele Landgüter unter die früheren *mezzadri,* die Halbpächter (s. S. 40), aufgeteilt, nirgendwo so zahlreiche Bauernhäuser gerettet, restauriert: Ein für den Fremdenverkehr gut erschlossenes Gebiet!

Streckenlänge und -verlauf: 120 km. Von Siena über die S. S. 222, die Chiantigiana, führt die Route zunächst nach Quercegrossa (10 km) mit einem Abstecher nach San Leonino (2 km), weiter nach Castellina in Chianti (11 km), Greve (16 km) und Radda in Chianti (ca. 25 km), von dort zur S.S. 408 Richtung Gaiole in Chianti (10 km) und zum Castello di Meleto (7 km), auf der S.S. 484 weiter zum Castello di Brolio (8 km) und nach Castelnuovo di Berardegna (11 km). Die S.S. 326 führt über Montaperti (8 km) zurück nach Siena (10 km).

Öffentliche Verkehrsmittel: Busverbindung zwischen Siena und Florenz auch entlang der Chiantigiana, aber für die Rundfahrt ist ein Wagen vorzuziehen.

Die Chiantigiana, die Chianti-Straße

Man verläßt Siena in nördlicher Richtung, um auf die S.S. 222, die sogenannte Chiantigiana zu gelangen. Sie ist die schönste Verbindungsstraße zwischen Siena und Florenz, östlich der römischen, heute sehr stark befahrenen Via Cassia.

Erste Station ist **Quercegrossa** ▮1▮, der Geburtsort des feinsinnigen Künstlers Jacopo della Quercia (1371–1438), der wunderschön realistische Bildwerke schuf, vor allem in Marmor (das Grabmal der Ilaria in Lucca) und Holz (die eindringliche »Maddalena« im Dombaumuseum von Florenz). In seinem früheren Wohnhaus, dem sogenannten Castello, sind einige recht hübsche Ferienwohnungen eingerichet worden (von Siena kommend links vom kleinen Ortszentrum).

Ein kurzer Abstecher führt ins verträumte Nest **San Leonino** (2 km) mit seiner kleinen romanischen Pieve: Altartisch von Jacopo della Quercia und andere Werke der Sieneser Schule aus dem 15. Jahrhundert.

Dann folgt schon, in 578 m Höhe das Chianti überschauend, **Castellina in Chianti** ▮2▮ (S. 342). Umgeben von Wein- und anderen landwirtschaftlichen Gütern, Schlössern und Burgen, eine Art touristisches Zentrum für das Chianti-Gebiet: Zahllose Ferienhäuser sind hier zu vermieten, viele ländliche Restau-

Das Chianti-Land

rants und gute Lebensmittelläden bieten ihre Dienste an. Castellina ist im Kern, um die mächtige Rocca, ein hübsch gebliebenes Provinznest. Im Mittelalter war es eine der freien Kommunen im Chianti und Mitglied der Lega del Chianti (s. S. 326). Durch das *centro storico* windet sich die Hauptstraße, die jetzt den Fußgängern vorbehalten ist. Zur Altstadt gehören ebenso ein dunkler Bogengang und der Platz vor der Rocca darüber. Nur mittags läßt sich die Sonne in der Fußgängerzone blicken, denn die zweistöckigen Häuser rücken recht eng zusammen. Bis tief in den Herbst hinein stehen farbenfroh bepflanzte Blumentröge vor den Türen, an den Fenstern hängen Geranien und prächtig blühende Kapuzinerkresse. Die beiden Türme, die aus dem Häusergewirr herausragen, sind Reste der Befestigungsanlage von 1400, die allerdings bereits 1478 zum größten Teil zerstört war.

Castellina ist ein wunderbarer Standort, mit weiten Ausblicken bis nach Monteriggioni und Siena, dessen Türme

Wochenplan für Ferienhausbewohner

Täglich um 8 Uhr früh gibt es aktuelle deutsche Zeitungen. Aber Deutsch spricht in Castellina niemand. Die Zeitungen sind für die Ferienhausbewohner ringsherum, die auch zum Einkauf von Lebensmitteln und Wein nach Castellina kommen, seltener zum Essen.

Für Castellina gibt es, wie in jedem funktionierenden, noch so kleinen Ort in der Toscana, einen regelrechten ›Wochenplan‹: Montag vormittag ist Castellina ein totes Städtchen. Nur die beiden Bankfilialen, das winzige Postamt, der COOP-Laden und die beiden Metzger haben geöffnet. Richtung Siena im ›neuen‹ Teil auch der *Forno,* der Bäckerladen, der nur aus Backöfen und großen Körben zu bestehen scheint. Der Duft frischen Brotes erfüllt den Laden, des echt-toscanischen weißen, festen und salzlosen. Wie durch ein geheimes Zeichen kommt erst ab 16.30 Uhr Leben in die Stadt.

Dienstags wird geschlachtet, bei einem der Metzger schon frühmorgens. Wenige Stunden später stehen die Hausfrauen Castellinas Schlange, um frische Leber und andere Innereien zu kaufen. Ein Toscaner ißt leidenschaftlich gerne Innereien, aber sie müssen schlachtfrisch sein. Auch für Obst und Gemüse, Fisch und Pilze (vor allem die kostbaren Steinpilze) gilt die Frische als die einzige Voraussetzung für den Kauf. Dienstags hat die Bar mit dem Münztelefon Ruhetag, aber in der *Pizzicheria* gibt es hausgemachte *tagliatelle* und *gnocchi,* die richtigen aus Kartoffeln. Die Nachfrage ist so groß, daß man *pasta* am besten vorbestellt.

Am Mittwoch erst wird das andere Fleisch zurechtgeschnitten, vormittags, denn am Nachmittag schließen die Metzger ihre Läden. Die schönsten Fleischstücke werden den Stammkunden reserviert und den Restaurants der Umgebung.

Freitags kommt ein Fischhändler nach Castellina und bietet frische Meeresfrüchte an. Auf dem Programm der *Pizzicheria* stehen heute hausgemachte Ravioli mit Ricotta- oder Spinatfüllung.

Samstags schließlich wird von 7 bis 14 Uhr Markt auf der Piazza vor der Rocca gehalten, dann trifft man dort mit Sicherheit einen *Porchetta*-Verkäufer, der seine Stammkunden mit einem frischen *Rosso di Montalcino* zum beliebten Brötchen beglückt. Weiterhin verkaufen die Händler Pecorino und alles, was die Gärten und Felder der Umgebung hergeben.

und Kuppeln gut zu erkennen sind. Am phantastischsten ist natürlich der Blick vom hohen Turm der Rocca oder des Castello von Castellina, falls man ihn besteigen darf. Die Belohnung für den anstrengenden Aufstieg: Das ganze Chianti liegt einem zu Füßen, man befindet sich an einem der höchsten Punkte des Gebietes überhaupt. Die Rocca wurde in den letzten Jahren wieder hergerichtet. Im Sommer finden hier – durch die Initiative eines deutschen Galeristen – Ausstellungen und andere Veranstaltungen statt.

Der nahe **Monte Calvario** im Nordwesten Castellinas birgt einen etruskischen Grabhügel innerhalb einer später römischen Siedlung, die bereits im 6. oder 7. Jahrhundert zerstört worden sein soll. In einer Archivaufzeichnung von 1924 (»Notizie Storiche di Castellina in Chianti«) steht zu lesen, 1904 seien noch, in den fast vollständig ausgeraubten Gräbern unter dem Tumulus, Bronzebeschläge mit Ornamenten (Opfer- und Schlachtszenen) sowie ein Löwenkopf gefunden worden. Doch am interessantesten dürfte der Tumulus selber sein: Je ein Korridor führt aus den vier Himmelsrichtungen fast bis zur Mitte des Hügels, wo sich die eigentlichen Grabkammern befinden. Während die südliche Kammer nur in Spuren erhalten ist, besteht die nördliche aus zwei hintereinanderliegenden Räumen. Die östliche Grabkammer hat vom Hauptraum aus je einen weiteren Seitenraum, und die westliche stößt noch weiter vor, indem sich nach dem verzweigten Raum ein weiterer geradeaus anschließt. – Vorsicht bei Regenwetter: Dann wird es glatt und man rutscht leicht aus!

Weinberge im Chianti bei Panzano

Die Lega del Chianti

1270 gründeten die freien Gemeinden Castellina, Radda und Gaiole einen Schutzbund, unter der Schirmherrschaft von Florenz, gegen Siena und Pisa. Das Oberhaupt der *Lega* war der Bürgermeister von Radda, dessen Wappen ein schwarzer Hahn *(gallo nero)* auf gelbem Feld zeigte. Seit 1924 ist der *Gallo Nero* auch Schutz- und Qualitätszeichen des berühmten *Consorzio del Vino Chianti Classico.* Daß dies nun nicht mehr weltweit gültig ist, liegt daran, daß man es versäumt hatte, das Markenzeichen zu schützen und ein schlauer Kalifornier italienischer Abstammung zum Erstaunen der Wein-Welt den Prozeß um den Namen gewann!

Dabei hatte schon Cosimo III., Großherzog der Toscana, der *Lega del*

Chianti den welt-ersten Herkunftsschutz als Weinanbaugebiet 1716 verliehen und an strenge Bestimmungen geknüpft. 1932 wurde, weil Winzer inzwischen auch außerhalb des Classico-Gebietes Chianti produzierten, eine weitergehende Einteilung vorgenommen. Sieben Chianti-Zonen gibt es seitdem, für den wenig ambitionierten Weintrinker sicherlich verwirrend: das klassische Anbaugebiet des *Chianti Classico* – identisch mit dem Gebiet der *Lega* zuzüglich Greve – und die sechs Hügelweine, die im Wappen den *Putto* tragen *(Chianti Putto),* nämlich *Chianti Colli Fiorentini* südlich von Florenz, *Chianti Colli Senesi* für Siena, *Chianti Colline Pisane* bei Pisa, *Chianti Montalbano* westlich von Florenz und südlich von Montecatini, *Chianti Rufina* nordöstlich von Florenz und *Chianti Aretino* bei Arezzo.

1967 wurde der *Chianti Classico* zu einem DOC-Wein erhoben, also mit kontrolliertem Ursprung. Inzwischen, seit 1984, mit noch strengeren Bestimmungen für Anbau und Erzeugung zu einem DOCG-Wein, also mit kontrolliertem und garantiertem Ursprung. DOCG-Weine dürfen übrigens nicht offen verkauft werden.

Aus den drei *Lega*-Gemeinden haben sich berühmte Weinbauzentren entwickelt (Radda, Gaiole und Castellina), zumindest den Fremden nicht unbekannt, die hier Ferienwohnungen und -häuser entweder besitzen oder mieten.

Fährt man von Castellina gleich nach Osten, erreicht man bald die beiden anderen, ebenfalls im Mittelalter bedeutenden Gemeinden Radda und Gaiole (s. u.), im Abstand von jeweils 10 km voneinander entfernt. Doch die Route folgt zunächst weiter der Chiantigiana, hoch Richtung Florenz und trifft erst auf dem Rückweg auf die beiden östlichen Nachbarkommunen von Castellina.

Die Chiantigiana schlängelt sich durch die Weinhügel mit ihren dicht bewaldeten Kuppen abwärts Richtung Florenz. Vor einer scharfen Rechtskurve lockt Kenner linker Hand der kurze Weg nach **Panzano** in eines der berühmtesten wenn auch teuersten Restaurants der ländlichen Toscana, in die Trattoria del Montagliari, wo Hausgemachtes und eigener Wein vom Feinsten Selbstverständlichkeiten sind.

Zurück zur Chiantigiana nach **Greve** **3** (S. 351) mit seinem berühmten Marktplatz, dem **Mercatale:** ein Dreieck,

sich zur Kirche hin verjüngend, vorgebaute Arkadengänge, darüber Terrassen für die Fortsetzung des Familienlebens im Freien, und doch privat. Zum Markt hin, zum Hauptgeschehen im Ort, der in diesem landwirtschaftlich bedeutenden Zentrum wöchentlich abgehalten wird. Auch die Weinmesse des *Chianti Classico* findet hier statt, im September, mit Volksfeststimmung und Probierständen.

Durch die Monti del Chianti

Jetzt schlägt man von der Chiantigiana am besten einen Bogen nach Osten und fährt wieder südlich, auf die sogenannten ›geographischen‹ Chianti-Hügel (Monti del Chianti) zu. Quer durch die Berge erreicht man zunächst **Radda in Chianti** **4** (S. 361). In 603 m Höhe ist es das höchstgelegene Städtchen des Chianti-Gebietes. Als ein Kastell der reichen und mächtigen Grafen Guidi

Café Lepanto in Greve

(Stammsitz in Poppi im Casentino, s. S. 277) stach es den Florentinern natürlich sehr ins Auge, bis sie es 1203 einnehmen konnten. Die Ausblicke sind hier, an der Wasserscheide zwischen den Flüßchen Pesa und Arbia, weit und hinreißend schön, die Hügel ringsum dicht bewaldet: Eichen und Steineichen, Kastanien und dichte Macchia; ab und zu hängen Akazienäste über die Straße und leuchten die roten Beeren der Erdbeerbäume heraus. Eine langgezogene Ellipse bildet den Grundriß der mittelalterlichen Stadtstruktur, Mauerreste sind in Häuser integriert. Der **Palazzo del Podestà** hat schon fünf Jahrhunderte erlebt.

Im regen Radda kann man gut einkaufen: Wein, Olivenöl, Schinken und Wurst, alles echt toscanisch, garantiert von den umgebenden Chianti-Hügeln.

Entlang der Burgenstraße

Die Querverbindung weiter nach Osten führt zur S.S. 408 und nach **Gaiole in Chianti** 5 (S. 350), dem dritten Weinort der historischen *Lega* (in nur 356 m Höhe). Es ist ein nettes Städtchen mit noch besseren Einkaufsmöglichkeiten als in Radda. Die langgestreckte Hauptstraße täuscht fast darüber hinweg, daß Gaiole auf mehreren kleinen Hügeln gebaut wurde, die durch Brücken miteinander verbunden sind. Diesen, im Mittelalter reichen Ort machte sich Florenz etwas später, erst 1308, zu eigen.

Die zahlreichen Burgen und Schlösser der nächsten Umgebung beweisen, daß Gaiole bereits im Mittelalter nicht nur ein bedeutendes landwirtschaftliches Zentrum, sondern auch eine Handelsmetropole war. Im übrigen befindet

Weinlese bei Radda

man sich hier inmitten der *Strada dei Castelli,* der eigens für Touristen ausgeschilderten Burgenstraße.

Anfangen kann man die Besichtigung bei der befestigten **Badia a Coltibuono** 6, von Radda kommend direkt an der Kreuzung mit der S. S. 408 auf einer kurzen Stichstraße nach Norden (links) erreichbar. Hier, in 628 m Höhe, soll der erste Chianti-Wein kultiviert worden sein.

Eines der ältesten Klöster der Toscana, datiert aus dem Jahre 770, wurde für die Vallombroser Mönche zum Zentrum des Weinanbaus, heute ist das Kloster aufgelassen. Was erhalten geblieben ist, stammt allerdings zum größten Teil aus dem 15. Jahrhundert. Die wunderschönen Fresken im früheren Refektorium – heute Bibliothek – sind ein Jahrhundert später entstanden.

Napoleon säkularisierte das Kloster, 1842 kam es in den Familienbesitz der Stucchi Prinetti. Piero Stucchi und sein Verwalter Claudio Marenghi empfangen alljährlich bekannte Weinkenner und organisieren zur kulturellen Belebung des Chianti, wie sie betonen, im August und zeitweise auch im Herbst Konzerte im früheren Kreuzgang und geben sporadisch eine ›Hauszeitung‹ heraus. Die Produkte des Landgutes können in der freundlichen Trattoria im Nebengebäude gekostet und unten vor dem Eingang auch gekauft werden.

Nur 1 km westlich von Gaiole liegt ein winziges befestigtes Kloster aus dem 13. Jahrhundert, heute **Castello di Spaltenna** 7 genannt. Die romanische Kirche der Burganlage stand schon im 11. Jahrhundert, darin ein – leider selten zu besichtigendes – hölzernes Kruzifix aus dem 14. Jahrhundert, das Wunder wirken soll. Inzwischen ist im ehemaligen Klosterkomplex aus einem schlichten Hotel-Restaurant eine feine, teure Her-

Ein nützlicher Wegweiser durch die Strada dei Castelli

Auch die Toscaner haben erkannt, daß es nicht genügt, Kunst- und Naturschätze zu besitzen. Man sollte sie auch ordentlich präsentieren. So faßten sie etwa die wundervollen Burgen und Schlösser im Herzen des *Chianti-Classico*-Gebietes in einer ›*Strada dei Castelli del Chianti*‹ zusammen. Sie stellten Hinweisschilder auf und erarbeiteten einen hübsch gemachten und informativen Prospekt (im Rathaus von Gaiole kostenlos erhältlich) mit Routenvorschlägen in verschiedenen Farben, die dem unbefangenen Reisenden Gelegenheit bieten, sich einen Überblick über die charakteristischen Landsitze der Toscaner – vom 12. Jahrhundert an – zu verschaffen. Da viele Burgen im Privatbesitz sind, können jedoch nicht alle besichtigt werden. Dafür bieten einige ein Restaurant an oder gar die Möglichkeit zur Übernachtung.

Hinweisschilder am Straßenrand führen durch die romantische Burgenstraße

berge geworden: Durch den verträumten Innenhof mit Brunnen gelangt man in das Restaurant, dessen hoher, schlichter Raum durch eine Galerie im oberen Teil (Durchgang zu den Zimmern) aufgelockert wird. Der große Kamin strahlt auch dann Wärme aus, wenn er nicht brennt, die aufgereihten Weinflaschen die Zuversicht, hier gut aufgehoben zu sein. Gekocht wird bodenständig-verfeinert, die kleine Weinauswahl

zeigt Fingerspitzengefühl und beschränkt sich auf die Toscana. Übernachten kann man in einem der wenigen, geschmackvoll restaurierten Zimmer mit Blick ins Arbia-Tal, früher schliefen hier die Mönche.

Südlich von Gaiole folgt eine Burg der anderen, ob ebenfalls aus kleinen Klöstern oder Festungen entstanden oder von vornherein als Landvilla konzipiert. Gleich südwestlich von Gaiole beherrscht das **Castello di Vertine**  die Hügellandschaft, östlich der S.S. 408 das mittelalterliche Anwesen von **Barabischio** 9 . Eine Augenweide im Süden ist das mächtige **Castello di Meleto** 10 mit seinem wunderhübschen Renaissanceinnenhof.

Landschaftsbestimmend auf einem Hügel hockt weiter südlich an der S.S. 484 das **Castello di Brolio** 11 in 533 m Höhe. Auf einer Lichtung inmitten eines dichten Steineichenwaldes erstreckt sich der eigene Weingarten des Landschlosses.

Seit 1147 befindet sich das durch Anbauten der Jahrhundertwende in ›historisierenden Formen‹ noch imposantere Gebäude in Familienbesitz. Böse Zungen behaupten, Graf Bettino Ricasoli habe diese Verschönerungen des jahrhundertealten Familienbesitzes durchführen müssen, um seiner lebenslustigen Frau, in den Festräumen des Florentiner Adels gerne zu Hause, einen ›gebührenden Rahmen‹ zu verschaffen. Weiterhin erzählt man sich von dem Grafen, er habe den Chianti als Weinsorte ›erfunden‹: durch seine geschickte Vermischung von Wein aus roten und weißen Trauben, damals aus 70 bis 80 % *Sangiovese* und *Canaiolo,* einer uralten toscanischen Rebe, mit zwei weißen, dem toscanischen *Trebbiano* und dem *Malvasia.*

Der Blick von der Burg, die teilweise vermietet wird, ist überwältigend: bis

Castello di Poppiano

nach Siena, Volterra und zum Monte Amiata. Die Aussicht genießen und die berühmten Weinkeller besichtigen darf man auf Anfrage, der Garten oberhalb der Mauer und die Kapelle sind außer in der Mittagszeit zur allgemeinen Besichtigung freigegeben (an der Glocke links vom mächtigen Tor ziehen).

Die weiß-grauen Travertinmauern steigen so trutzig am Ende der Zypressenallee auf, daß man befürchten könnte, davon erdrückt zu werden. Geht man um die Mauer links vom Eingang herum, Richtung Tal, erkennt man erst die eigentliche Burganlage aus rotem Sandstein, mit neugotischer, fensterreicher Fassade, zinnenbewehrt.

Weiter südlich (11 km) folgt schließlich **Castelnuovo Berardegna** , ein überdimensionales, privates Anwesen noch heute, beherrscht von der Villa Chigi-Saracini (derselben Familie, die den gleichnamigen Palast in Siena besaß; s. S. 297) inmitten einer riesigen Parkanlage.

Die S.S. 326 führt im Westen nach **Montaperti** und weiter nach Siena zurück. Wenigstens ein Kurzbesuch des zypressenbestandenen Hügels muß sein, dem für Siena bedeutendsten Schlachtfeld: Hier besiegte es die Rivalin Florenz am 4. September 1260 in einer blutigen Schlacht. Kaum ein Sieneser bleibt auch im 20. Jahrhundert davon unberührt. In Dantes »Göttlicher Komödie« kann man über die Schlacht nachlesen (Hölle, 32. Gesang). Wie über vieles andere auch, dem man in der Toscana täglich begegnet.

*Zahlreiche Landhäuser im Chianti-Gebiet
sind auch zu vermieten*

Information

Unterkunft

Camping

Restaurant

Aktivitäten

Einkaufen

Cafés/Eisdielen/Weinlokale

Serviceteil

Serviceteil

So nutzen Sie den Serviceteil richtig

▼ Das erste Kapitel, **Adressen und Tips von Ort zu Ort,** listet die im Reiseteil beschriebenen Orte in alphabetischer Reihenfolge auf. Zu jedem Ort finden Sie hier Empfehlungen für Unterkünfte und Restaurants sowie Hinweise zu Einkaufsmöglichkeiten, sportlichen Aktivitäten etc. Piktogramme helfen Ihnen bei der raschen Orientierung.

▼ Die **Reiseinformationen von A–Z** bieten von A wie ›Anreise‹ bis Z wie ›Zeitungen‹ eine Fülle an nützlichen Hinweisen – Antworten auf Fragen, die sich vor und während der Reise stellen.

Bitte, schreiben Sie uns, wenn sich etwas geändert hat!
Alle in diesem Buch enthaltenen Angaben wurdem von der Autorin nach bestem Wissen erstellt und von ihr und dem Verlag mit größtmöglicher Sorgfalt überprüft. Gleichwohl sind – wie wir im Sinne des Produkthaftungsrechts betonen müssen – inhaltliche Fehler nicht vollständig auszuschließen. Daher erfolgen die Angaben ohne jegliche Verpflichtung oder Garantie des Verlages oder der Autorin. Beide übernehmen keinerlei Verantwortung und Haftung für etwaige inhaltliche Unstimmigkeiten. Wir bitten daher um Verständnis und werden Korrekturhinweise gerne aufgreifen:
DuMont Buchverlag, Mittelstr. 12–14, 50672 Köln

Inhalt

Tips von Ort zu Ort

337

Adressen und Tips von Ort zu Ort

Abkürzungen der Provinzen:
AR (Arezzo), FI (Florenz),
GR (Grosseto), LI (Livorno),
LU (Lucca), MS (Massa-Carrara),
PI (Pisa), PO (Prato), PT (Pistoia),
SI (Siena).

Touristenämter heißen meistens
Azienda di Promozione Turistica (APT),
in einigen Städten Azienda Autonoma
per il Turismo (AAT), in kleineren
Orten Pro Loco (Informazioni)
u. a. m.

Abetone (PT)
PLZ 51021, Vorwahl 0573.

 Information: APT, Piazza Piramidi, ℘ 6 00 01 und 6 03 83.

 Unterkunft: Palazzacchio**,**
Piazza Piramidi, ℘ 6 00 67.
Abetone**,** Via Brennero 456,
℘ 60 00 05.
Miramonti**,** Via Brennero 260,
℘ 6 00 17.

Restaurants: La Casina, Via
Brennero 171, ℘ 6 00 73; Imbiß-
Hütte mit Restaurant inmitten eines
Tannengartens; kräftige Hausmannskost wie Risotto und Polenta mit
Steinpilzen, Pizza und Focaccia, hausgemachte Schnäpse; ein Skifahrer-
Treff.
Enoteca, Via Brennero 345/349, Località Valbuia, ℘ 6 01 34; rustikale und
gemütliche Weinschenke; das Fleisch
wird im Kamin gegrillt; sonst gibt es
wenige, aber perfekt zubereitete typi-

sche Gerichte der toscanischen Berge
mit reichlich Steinpilzen.

 Aktivitäten: Skischulen: Zeno
Colò, Via Uccelliera 2,
℘ 6 00 32.
Montegomito, Piazza Piramidi,
℘ 6 03 92.
Alpenverein: CAI, Sezione Montagna
Pistoiese, San Marcelo Pistoiese/
Maresca, Via della Repubblica 27,
℘ 64 88 01.

Anghiari (AR)
PLZ 52031, Vorwahl 0575.

 Information: im Rathaus.

 Unterkunft: Oliver Hotel**,** Via
della Battaglia 16 (außerhalb),
℘ 78 99 33.
La Meridiana,** Piazza IV Novembre 8,
℘ 78 81 01.

**Restaurant: Locanda di
Castello di Sorci,** mit Ferienwohnungen (s. S. 281).

Arezzo (AR)
PLZ 52100, Vorwahl 0575.

 Information: APT, Piazza Stazione 28, ℘ 2 08 39.

 Unterkunft: Continentale**,**
Piazza Guido Monaco 7,
℘ 20251; freundliches Stadthotel am

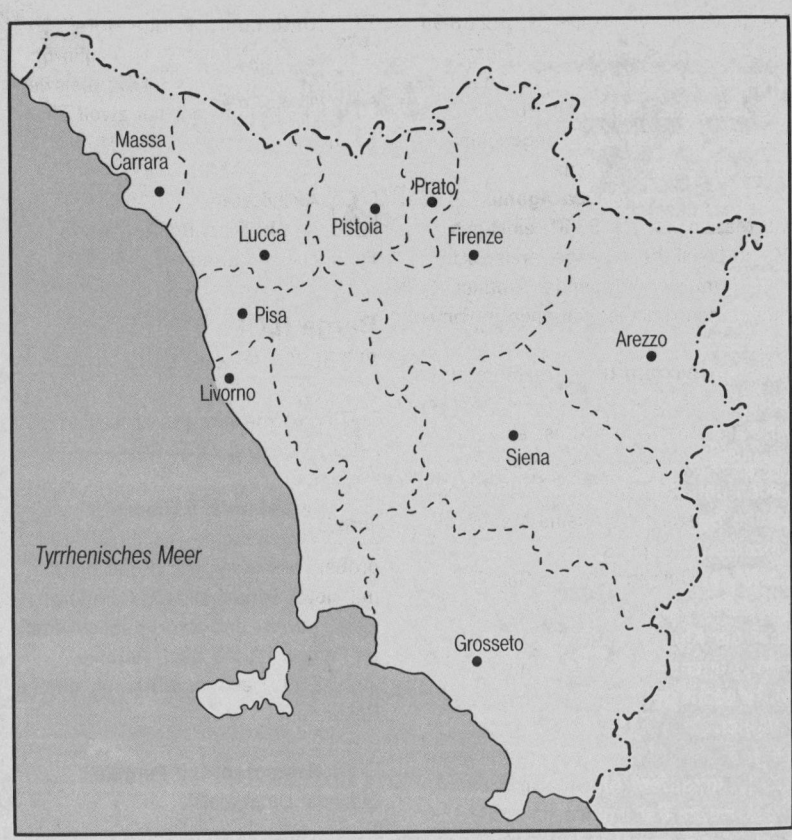

Die zehn Provinzen der Toscana

zentralen Platz zwischen Bahnhof und der Kirche San Francesco.
Europa***, Via Spinello 43, ✆ 357701; beliebtes, schlicht-modernes Hotel nahe dem Bahnhof innerhalb der Stadtmauer.
Minerva***, Via Fiorentina 6, ✆ 370390; modernes Hotel am Stadtrand direkt beim Kongreßzentrum (mit Parkplatz!), Richtung Florenz/Autobahn.
Cecco**, Corso Italia 215, ✆ 20986; modernisiertes altes Haus in zentraler Lage; mit traditioneller Pizzeria.

Jugendherberge: Ostello Villa Severi, Via Redi, ✆ 29047 und 21658.

Restaurants: Buca di San Francesco, Piazza San Francesco 1, ✆ 23271; Restaurant in historischen Gewölben direkt an der Kirche San Francesco, leider zu überlaufen und nicht mehr so gut wie früher.
Le Tastevin, Via de' Ceni 9, ✆ 28304; rustikal-elegantes Ambiente mit Piano-Bar; typische Gerichte der Toscana, gute Vorspeisen, hausgemachte Süßigkeiten.

Logge Vasari, Via Vasari 19, ℘ 2 58 94 und 30 03 33; direkt an der Piazza Grande unter den Arkaden der Vasari-Loggia, etwas touristisch, aber im Sommer sitzt man sehr angenehm unter der offenen Loggia.

Vecchia Osteria Antica Agania, Via Mazzini 10, ℘ 2 53 81; einstiges Milieu-Lokal, heute urige, preiswerte Kneipe mit hervorragender Aretiner Küche; seit drei Generationen in Familienbesitz.

Vecchia Svizzera (Petit Restaurant), Corso Italia 55, ℘ 2 12 60; sieht wie eine alte Apotheke aus, ist aber eine köstliche Mischung aus Delikateß-Laden und Schnell-Imbiß; echt toscanische Spezialitäten; keine Menüs, nur Einzelgerichte, preiswert.

Caffè dei Costanti, Piazza San Francesco 19; traditionelles Café gegenüber der Kirche San Francesco mit hervorragendem Eis; im Sommer bis Mitternacht geöffnet; Treff der Aretiner.

Einkaufen: Antiquario Bruschi, Piazza San Francesco 1; der beste Antiquitätenkenner und Sammler von Arezzo, mit Privatmuseum (s. auch S. 274).

Aktivitäten: Bogenschießen: Club Arcieri, Via Garibaldi 170, ℘ 32 04 18.
Trekking: Club Alpino Italiano, Via San Giovanni Decollato 37, ℘ 35 58 49.

Bagni di Lucca (LU)
PLZ 55021, Vorwahl 0583.

Information: APT Lucca, Viale Umberto I. 139, ℘ 87 9 46.

Unterkunft: Bridge Hotel***, Piazza di Ponte a Serraglio 5a (1,5 km westlich), ℘ 8 71 47; preiswertes, kleines Hotel mit nur zwölf Zimmern.

Aktivitäten: **Kajak:** Fuori Rotta, Località Fabbriche di Carregine, ℘ 8 58 02.

Barga (LU)
PLZ 55051, Vorwahl 0583.

Information: Pro Loco, Piazza Angelo, ℘ 72 34 99.

Unterkunft: Il Ciocco****, Via Castelvecchio Páscoli, ℘ 71 91; großer Ferienkomplex in den Bergen mit Hotel, Ferienhäusern, Camping; viele Freizeit- und Sportmöglichkeiten.
La Pergola***, Via Sant' Antonio, ℘ 711 2 39; kleineres Hotel mit gutem Restaurant.

Restaurant: La Pergola (s. Unterkunft).

Aktivitäten: Radsport: MTB Giornale di Barga, ℘ 72 30 03.

Bibbiena (AR)
PLZ 52011, Vorwahl 0575.

Information: APT Arezzo, Via Berni 29, ℘ 59 30 98.

Unterkunft: Brogi***, Piazza Mazzoni 3–7, ℘ 53 62 55.
Verdi Colli *, Piazza Garibaldi 8, ℘ 56 00 33.

Aktivitäten: Radsport: MTB Club Casentino, Via Carlo Marx, ℘ 59 42 31.

Borgo San Lorenzo (FI)

PLZ 50032, Vorwahl 055.

Unterkunft: Villa Ebe***, Via Ferracciano 11, ✆ 84 57 07.
Degli Artisti *, Piazza Romagnoli 1, ✆ 8 45 90 41.

Restaurant: Feriolo, an der S.S. 302 (15 km südwestlich), ✆ 8 40 99 28.

Camaiore (LU)

s. Lido di Camaiore

Caprese Michelangelo (AR)

PLZ 52033, Vorwahl 0577.

Information: COO.VAL.TOS, Località Il Cerro 120 B, ✆ 79 35 53 und 79 35 79.

Unterkunft: Fonte Galletta***, Località Faggeta, ✆ 793662; kleines Hotel mit Dependance.

Restaurant: Il Cerro, Strada Fossa da Bagno, ✆ 79 39 23; beste Hausmannskost: Hasenragout, Steinpilze, Kastanienkuchen, alles typisch aus den aretinischen Bergen; am Wochenende überfüllt.

Carrara (MS)

PLZ 54033, Vorwahl 0585.

Information: APT Massa Carrara, Piazza Menconi 6b, Marina di Carrara, ✆ 63 22 18.

Unterkunft: Maestrale****, Via Fabbricotzi 2, Marina di Carrara, ✆ 78 53 71.

Michelangelo***, Via Fratelli Rosselli 3, ✆ 77 71 61.
Tenda Rossa**, Viale Colombo 114, Marina di Carrara, ✆ 6 31 74.

Restaurants: Gargantou, Via Luni 4, Località Avenza, ✆ 5 26 69; Osteria mit solider und preiswerter, bodenständiger Küche, vorzügliche Vorspeisen, darunter *Lardo di Colonnata* (weißer Speck, der in einer Marmorwanne reift, vom nahen Colonnata).
Venanzio, Piazza Palestro 3, Località Colonnata (7 km östlich), ✆ 7 36 17; kleine umgebaute traditionelle Trattoria, etwas höhere Preise für die allerdings hervorragend zubereiteten und verfeinerten bodenständigen Gerichte der Apuanischen Alpen; als Vorspeise zu empfehlen der *Lardo di Colonnata* (s. o.); ansonsten hausgemachte Pasta und im Herbst Steinpilze.

Aktivitäten: Reiten: ANTE, Via Ceccardi 41, ✆ 77 71 27.
Trekking: Club Alpino Italiano, Via Giorgi 4, ✆ 48 80 81.

Castelfiorentino (FI)

PLZ 50051, Vorwahl 0571.

Information: Centro Culturale Comunale, Via Tilli 27 (ganz in der Nähe der Fresken Benozzo Gozzolis).

Unterkunft: Lami**, Piazza Gramsci 27, ✆ 6 40 76.

Restaurant: Pizzeria Rosticceria Martini Giancarlo, Via Bobio 26r.

Castellina in Chianti (SI)

PLZ 53022, Vorwahl 0577.

 Information: im Rathaus.

 Unterkunft: Villa Casalecchi********, Località Casalecchi,
(1 km vom Ortszentrum entfernt),
℘ 74 02 40; angenehmes Hotel in
einer einladenden Villa inmitten einer
parkartigen Steineichen-Landschaft
mit Pool; leicht renovierungsbedürftig,
aber mit besonderer Atmosphäre;
etwas für Ruhesuchende.
Belvedere***, Località San Leonino
(9 km südlich), ℘ 74 08 87; in zauberhafter Hügellage beim Dörfchen San
Leonino gelegen, mit Rundumblick ins
Chianti; umgebauter Bauernhof mit
Pool; nur Übernachtung mit Frühstück,
gemeinsames Abendessen (toscanische Küche) nach Absprache.
Salivolpi***, Via Fiorentina,
℘ 74 04 84; am Rande von Castellina
in leichter Hügellage, in einem
geschmackvoll umgebauten kleinen
Gutshof mit Pool, nur 19 Zimmer, kein
Restaurant.

**Camping: Camping Piscina
Luxor Quies,** Castellina Scalo,
℘ 74 30 47; auf einem mit Stein-
eichen bewaldeten Hügel, in kleinen
Terrassen angelegt; mit öffentlichem
Freibad.

**Restaurants: Albergaccio di
Castellina,** Via Fiorentina 35, ℘
74 10 42; gemütliches kleines Restau-
rant am Rande des Städtchens.
Antica Trattoria La Torre, Piazza
Castello, ℘ 74 02 36; einst eine
Top-Adresse, jetzt eher normale
Trattoria, dennoch das In-Lokal des
Städtchens.

Il Pestello, Località Sant' Antonio al
Ponte, ℘ 74 02 15; am Wochenende
besonders gut besuchte, typische
Land-Trattoria (wegen des *Girarosto,*
des Drehspießes über dem Holz-
feuer).

Castelnuovo di Garfagnana (LU)

PLZ 55032, Vorwahl 0583.

Information: Pro Loco, Via
Vallisneri 10, ℘ 64 43 54.

Unterkunft: Da Carlino**,
Via Garibaldi 13, ℘ 6 20 45;
mit Restaurant (Via Garibaldi 15).
Vittoria**, Piazza Umberto I 6,
℘ 6 21 65.

**Restaurants: Locanda Mar-
chetti,** Via Fulvio Testi 10,
℘ 6 31 57; preiswerte Osteria unter
einer alten Loggia mitten im Ort; den
ganzen Tag gibt es etwas Kleines zu
essen, immer deftig und typisch für
die Garfagnana, z. B. Gerichte aus
Kastanienmehl.
Triti, Via Roma 29, ℘ 6 21 56;
traditionelles Restaurant, das aus
einer Osteria hervorgegangen ist, mit
den Spezialitäten der Garfagnana;
hausgemachte Pasta, im Herbst
gegrillte, gebratene oder geschmorte
Steinpilze.
Vecchio Mulino, Via Vittorio Emanuele 12, ℘ 6 21 92; ein herrlicher
Laden, in dem man steingemahlenes
Mehl aus Kastanien, Buchweizen und
Mais kaufen und außerdem hervorragend und preiswert in der Osteria
speisen kann – wenn man die deftige
Kost der Garfagnana mag: mit
Schinken, Innereien und Buchweizen-
mehl.

Aktivitäten: Radsport: MTB Garfagnana, ✆ 6 22 17.
Reiten: Sport Club Il Ciocco, Adresse s. Unterkunft, ✆ 71 91.
Trekking: Garfagnana Vacanze, Piazza Erbe 1, ✆ 6 51 69.
Club Alpino Italiano, Via Vittorio Emanuelle, ✆ 6 50 92.

Castiglioncello/Rosignano Marittimo (LI)
PLZ 57012, Vorwahl 0586.

 Information: APT, Via Aurelia 967, ✆ 75 20 17; nur Mai–Sept.

 Unterkunft: Atlantico*, Via Martelli 12, ✆ 75 24 40; mit Dependance in der Nähe.
Guerri, Via Roma 12, ✆ 75 20 47.
Park*, Via Roma 16, ✆ 75 22 29.

Castiglione della Pescaia (GR)
PLZ 58043, Vorwahl 0564.

 Information: APT, Piazza Garibaldi, ✆ 93 36 78.

 Unterkunft: L' Approdo**, Via Ponte Giorgini 29, ✆ 93 34 66.
Sabrina*,** Via Ricci 12, ✆ 93 35 68.

 Restaurants: Da Romolo, Corso della Libertà 10, ✆ 93 35 33.
Il Gambero, mit Fremdenzimmern, Via Ansedonia 29, ✆ 93 71 10.

 Aktivitäten: Segeln/Windsurfen: Club Velico Molo di Levante, ✆ 93 70 98.

Cerreto Guidi (FI)
PLZ 50050, Vorwahl 0571.

 Unterkunft: Il Tegolo,** Via Corliano 16, ✆ 55 90 11.

Certaldo (FI)
PLZ 50052, Vorwahl 0571.

 Information: Pro Loco, Via Boccaccio.

 Unterkunft: Vicario*,** Via Boccaccio, ✆ 66 82 28; ein sehr gemütliches kleines Hotel im ehemaligen Vikarenpalast mit gutem Restaurant (toscanische Küche) und Garten im zauberhaften romanischen Kreuzgang.
Il Castello,** Via della Rena 6, ✆ 66 82 50; kleines Hotel mit ambitioniertem Restaurant (toscanische Küche) in einem mittelalterlichen Palast mit wunderhübschem Garten.
Jugendherberge: Posto Tappa, Località Fiano, Via de' Gasperi, ✆ 66 11.

 Restaurants: s. Hotels **Castello** und **Vicario.**
La Tinaia, Via Boccaccio 35, ✆ 66 71 35; eher bescheidenes Pizzeria-Ristorante in Backsteingewölben, Panoramalage über der Stadtmauer.

 Aktivitäten: Reiten: Gruppo MTB, Via Don Minzoni.
Trekking: Gruppo Trekking DODO, ✆ 055–66 41 33.

Chianciano Terme (SI)
PLZ 53042, Vorwahl 0578.

 Information: APT, Piazza Italia 67, ✆ 6 31 67.

Unterkunft: Grand Hotel Ambasciatori********, Viale della Libertà 512, ℘ 6 43 71.
Grand Hotel Excelsior********, Via Sant' Agnese 6, ℘ 6 43 51.
Michelangelo********, Via delle Piane 146, ℘ 6 40 04; mit Pool und schattigem Park.
Mediterraneo*******, Via Guido Baccelli 22, ℘ 6 42 56.
Dolomiti******, Viale della Libertà 206, ℘ 6 37 57.
Da Giancarlo*****, Viale della Libertà 37, ℘ 3 12 30.

 Restaurants: Gallo Nero, Via delle Piane 54, ℘ 6 36 80; freundliche Restaurant-Pizzeria in zentraler Lage.
La Tavernetta, Piazza Gramsci 15, ℘ 3 12 49; nahe dem Tor zum historischen Zentrum von Chianciano an der Bushaltestelle gelegen: kein schöner Platz, aber innen angenehme Restaurant-Pizzeria mit lokalen Spezialitäten; bis früh um 3 Uhr geöffnet.

Chiusi (SI)

PLZ 53043, Vorwahl 0578.

 Information: Ufficio Turismo, Via Porsenna 67, ℘ 22 76 67.

Unterkunft: Il Patriarca*******, Località Querce al Pino (4 km westlich), ℘ 27 44 07; nur 18 Zimmer; mit Park und Parkplatz.
La Fattoria*******, Lago di Chiusi (3,5 km nördlich), ℘ 2 14 07; sehr freundliches Haus direkt am See mit hervorragendem Restaurant.

Restaurants: La Fattoria, s. Unterkunft; hervorragendes Restaurant, familiäre Atmosphäre

direkt am Lago di Chiusi, mit toscanischen Spezialitäten, hausgemachte, lokale Pasta *(Picci)*.
Zaira, Via Arunta 12, ℘ 2 02 60; typisches Restaurant im Zentrum mit Trattoria-Atmosphäre und einem interessanten Weinkeller in den Tuffgängen und -grotten darunter.

Colle Val d' Elsa (SI)

PLZ 53034, Vorwahl 0577.

 Information: Pro Loco, Via Campana 18, ℘ 92 27 91.

Unterkunft: Arnolfo*******, Via Campana 8, ℘ 92 20 20.
La Vecchia Cartiera*******, Via Oberdan 5–9, ℘ 92 11 07.
Villa Belvedere*******, Località Belvedere (2,5 km östlich), ℘ 92 09 66; preiswert und angenehm, in einer Villa des 17. Jahrhunderts mit Garten.

Restaurants: Arnolfo, Piazza Santa Caterina 2, ℘ 92 05 49; von Michelin mit einem Stern bedachtes Restaurant mit nur wenigen Tischen und einheimischer Küche, Service auch im Freien.
L' Antica Trattoria, Piazza Arnolfo 23, ℘ 92 37 47; hervorragende einheimische Küche in zentraler Lage.
La Vecchia Cartiera, s. Unterkunft; gute Hausmannskost in zentraler Lage.

Collodi (PT)

PLZ 51014, Vorwahl 0572.
S. auch Pescia.

Restaurant: Gambero Rosso, ℘ 42 93 64; Osteria direkt beim Pinocchio-Garten mit toscanisch-italie-

nischen Spezialitäten; trotz Touristen-
andrang überraschend gut.

Cortona (AR)
PLZ 52044, Vorwahl 0575.

 Information: APT, Via Nazionale
70/72, ✆ 60 31 57 und 63 03 52.

 Unterkunft: San Michele**,**
Via Guelfa 15, ✆ 60 43 48; in
einem Palast des 16. Jahrhunderts im
Altstadtkern untergebracht, ohne
Restaurant.
Italia,** Via Ghibellina 5, ✆ 63 03 54;
typisches Stadthotel im historischen
Zentrum.
Jugendherberge: Ostello San Marco,
Via Maffei 57, ✆ 60 13 92.

 Restaurant: Il Falconiere, Località San Martino (3 km nördlich), ✆ 61 26 79; in einem umgebauten Bauernhaus unterhalb der Stadt
mit Blick darauf und auf das Tal darunter, Sommerterrasse; echt-toscanische Küche zu stark angehobenen
Preisen; mit einigen Zimmern.

Elba (LI)

 Information: Ente Valorizzazione
Isola d' Elba, Calata Italia 26,
57037 Portoferraio, ✆ 0565–91 46 71.

Capolíveri (LI)
PLZ 57031, Vorwahl 0565.

 Unterkunft: Lacona**,**
Località Lacona di Capolíveri,
✆ 96 40 54.
Da Pilade*,** Località Mola di Capolíveri, ✆ 96 86 35; familiäres Hotel zu

Füßen von Capolíveri mit für die
Kategorie hervorragendem Restaurant
(elbanische Küche).
Frank's*,** Località Narengo,
✆ 96 81 44; einfaches, sehr beliebtes
Familienhotel vor eigenem, schmalem
Strand; etwas abseits gelegen.

 Restaurant: Il Chiasso, Via
Nazzario Sauro 20, ✆ 96 87 09;
sehr beliebtes, charakteristisches,
daher überlaufenes kleines Abendlokal
im Herzen des hübschen Dorfes.

 Aktivitäten: Bergsport:
Climbing The Elba, Via Badi
Sugarello 19.
Radsport: Gruppo Costa dei
Gabbiani, Stradone S. Fermo 13,
✆ 96 84 02.

Cavo (LI)
PLZ 57030, Vorwahl 0565.

 Unterkunft: Maristella*,**
Via Kennedy 4, ✆ 94 98 59;
Familienhotel im Bergdorf, mit gutem
Restaurant.

Marciana Marina (LI)
PLZ 57033, Vorwahl 0565.

 **Unterkunft: Gabbiano
Azzurro***,** Viale Amedeo 48,
✆ 9 92 26.

 Restaurants: Rendez-Vous,
Piazza della Vittoria, ✆ 9 92 51;
vielleicht das beste Fischrestaurant
der Insel; direkt am Meer mit Tischen
auch im Freien.
La Vecchia Marina, Piazza Vittorio
Emanuele 18, ✆ 9 94 05; freundliches
kleineres Fischrestaurant am zentralen
Hauptplatz der Altstadt.

Marina di Campo (LI)
PLZ 57034, Vorwahl 0565.

Unterkunft: Select****, Via Mascagni 2, ℘ 97 77 02; modernes, gut ausgestattetes Hotel mit Garten zur Mee2espromenade; sehr gute Küche.
Santa Caterina***, Viale Elba, ℘ 97 64 52.
Elba**, Via Mascagni, ℘ 97 62 24.

Restaurants: La Lucciola, Via degli Eroi 2, ℘ 97 63 95; direkt am Strand; am Abend exklusives Restaurant bei Kerzenlicht, tagsüber Strandlokal.
Da Gianni, Località La Pila, im Flughafengebäude, ℘ 97 69 65; echte Trattoria mit hausgemachter Pasta (Orecchiette) zu normalen Preisen.
Ghirlo Grigio, Piazza Giovanni XXIII, Località La Pila, ℘ 97 75 14; winziges, charakteristisches Lokal mit Enoteca gegenüber.

Aktivitäten: Paragleiten: Aeroclub, Flughafen La Pila.
Segeln/Windsurfen: Club del Mare, Via Generale Micelli 2, ℘ 97 69 42.

Porto Azzuro (LI)
PLZ 57036, Vorwahl 0565.

Unterkunft: Belmare***, Banchina IV Novembre 21, ℘ 9 50 12.

Restaurants: Delfino Verde, im Hafen, ℘ 95 78 87; charakteristisches Pfahlbau-Restaurant im Hafenbecken; Fischspezialitäten.
La Caravella, im Hafen, ℘ 9 50 66; freundliches Pfahlbau-Restaurant im Hafenbecken mit elbanischen Fischspezialitäten.

All' Arco Antico, Via d' Alarcon 40; kleine Enoteca mit Bar in der ›zweiten Reihe‹ in der Fußgängerzone; für kleine Mahlzeiten zwischendurch; Mittagspause, bis nach Mitternacht geöffnet.

Aktivitäten: Radsport: Gruppo Protezione Civile, Via Kennedy 4, ℘ 92 02 02.
Segeln/Windsurfen: Ciclo Velico, Banchina IV Novembre 25.

Portoferraio (LI)
PLZ 57037, Vorwahl 0565.

Information: Ente Valorizzazione Isola d' Elba, Calata Italia 26, ℘ 91 46 71.

Unterkunft: Biodola****, Località Biodola, ℘ 93 68 11; schönes Strandhotel an der Biodola-Bucht (9 km westlich der Hauptstadt), in einem blühenden Garten.
Hermitage****, Località Biodola, ℘ 93 69 11; luxuriöses Bungalow-Hotel, im Pinienhain über der Biodola-Bucht mit herrlichem Sandstrand; Poolanlage im terrassenartig angelegten Garten; bekannt-gutes Restaurant.
Villa Ottone****, Località Padulella (11 km östlich), ℘ 93 30 42; Villenhotel in einem schattigen Park mit Pool.

Camping: Rosselba Le Palme, Località Ottone 3, ℘ 93 31 01; weitläufige Terrassenanlage (1 km vom Strand), mit schönem Palmengarten in der Mitte, umgeben von subtropischer Bepflanzung; öffentliches Schwimmbad; Animationsprogramm für Kinder; Tennis. Auf Elba beste Einstufung im ADAC-Campingführer.

Restaurants: Da Olga, Via dell'
Amore 54, ☎ 917446; ambitioniertes Mini-Restaurant im Altstadtzentrum; erlesene Einrichtung, exzellente Küche.
La Barca, Via Guerrazzi 60/62,
☎ 918036; echte Familien-Trattoria in der Altstadt mit typisch elbanischen Gerichten (sehr gut: Fisch).

Aktivitäten: Tauchen: Sirena Diving Center, Località Enfola.

Procchio (LI)
PLZ 57030, Vorwahl 0565.

Unterkunft: Desirée**,** Località Spartaia, ☎ 907311; schöne, ruhige Anlage an eigener Sandbucht.

Rio Marina (LI)
PLZ 57038, Vorwahl 0565.

Unterkunft: Mini Hotel Easy Time*,** Panoramica Porticciolo, ☎ 962531.

 Restaurant: Da Orste La Strega, Via Vittorio Emanuele 6, ☎ 962211; beliebte familiäre Trattoria mit elbanischen Spezialitäten.

Fiesole (FI)
PLZ 50014, Vorwahl 055.

Information: APT, Piazza Mino 37, ☎ 598822.

 Unterkunft: Villa San Michele***,** Via Doccia 4, ☎ 59451; der absolute Luxus in und um Florenz, in einem ruhiggelegenen kleinen Kloster unterhalb von Fiesole mit dem schönsten Panoramablick auf Florenz; hervorragendes Restaurant.
Villa Aurora**,** Piazza Mino 39, ☎ 50100; am Hauptplatz gelegenes, traditionelles Hotel mit Florenz-Blick.
Bencistà*,** Via da Maiano 4, ☎ 59163; freundliches, familiäres Hotel unterhalb von Fiesole.

Camping: Camping Panoramico (7 km nördlich), ☎ 599069; schmale Terrassen um einen steilen Hügel, schattig, teilweise schöne Ausblicke auf Florenz.

Florenz (FI)
PLZ ab 50100, Vorwahl 055.

Information: APT, Via Cavour 1r, ☎ 290832.
Weitere Auskunftsbüros (auch für die Provinz) am Bahnhof S.M.M. und nahe der Piazza della Signoria.

 Unterkunft: Regency***,** Piazza d'Azeglio 3, ☎ 245247; eine der besten Adressen von Florenz in ruhiger Lage (Mitglied von Relais & Chateaux und Leading Hotels; s. auch S. 87)
Anglo American**,** Via del Giglio 9, ☎ 239 8095; angenehmes, sehr gepflegtes Haus mit individuellen Zimmern am Rande des lauten Zentrums nahe dem Arno; Jugendstil-Ambiente.
Brunelleschi**,** Piazza Santa Elisabetta 3, ☎ 562068; zentrales Hotel aus mehreren historischen Palästen zwischen der kleinen Piazza und der lauten Via dei Calzaiuoli; internationales Publikum.
Cavour**,** Via del Proconsolo 3, ☎ 282461; wunderschön restaurierter Hotelpalast zwischen Bargello und Piazza Signoria, dennoch ruhig mit

herrlicher Dachterrasse, die auch als Frühstücksterrasse benutzt wird; angeschlossenes Restaurant **Beatrice** mit Jugendstildekoration (Fresken und Kassettendecke von Galileo Chini).

Croce di Malta****, Via della Scala 7, ℘ 57 05 40; modernes Ambiente in restaurierten historischen Mauern zwischen Bahnhof und Zentrum.

J & J****, Via di Mezzo 20, ℘ 24 09 51; Romantik-Hotel in einem Kloster des 16. Jahrhunderts mitten in der Stadt mit nur 19 Zimmern und 2 Appartements.

Monna Lisa****, Borgo Pinti 27, ℘ 2 47 97 51; aus einer antiquitätengeschmückten Pension wurde eine begehrte Hoteladresse mit besonderer Atmosphäre; nicht in allen Zimmern Vier-Sterne-Komfort; nahe dem Dom.

Le Due Fontane***, Piazza della SS. Annunziata 14, ℘ 28 00 86; zentral und doch ruhig am schönen Annunziata-Platz gelegenes Stadthotel ohne Schnörkel, aber auch ohne Restaurant.

Porta Rossa***, Via Porta Rossa 19, ℘ 287551; etwas enges, sehr beliebtes Hotel im Zentrum, ohne Restaurant.

Jugendherberge: Villa Camerata, s. Camping Villa Camerata.

Camping: Camping Michelangelo, zu Füßen des Piazzale Michelangelo, ℘ 6 81 19 77; vor allem von Jugendlichen stark frequentierter Platz mit Florenz-Panorama; inmitten von Olivenbäumen, aber mit wenig Schatten.

Camping Villa Camerata, Viale Righi 2, ℘ 60 14 51; günstiger Übernachtungsplatz zwischen Florenz und Fiesole um die Jugendherberge herum.

Restaurants: Acqua al Due, Via dell' Acqua 2r, ℘ 28 41 70; sehr beliebte Trattoria im Santa-Croce-Viertel, eng; toscanische Küche und Weine.

Cantinetta Antinori, Piazza Antinori 3, ℘ 29 22 34; im Renaissancepalast der alteingesessenen Adels- und Winzerfamilie Antinori; sehr gemütlich eingerichtete kleine Enoteca/Weinprobierstube mit köstlichen toscanischen Kleinigkeiten zum Essen; gehobene Preise.

Cantinetta dei Verrazzano, Via de' Tavolini 18/20, ℘ 26 85 90; drei Räume, jeweils im Stil einer Bar, einer kleinen Trattoria und einer Osteria eingerichtet, aus der Idee einer Probierstube für die Weine des Castello di Verrazzano entstanden, mitten in Florenz (nahe **Paoli**). Kleine Gerichte und Häppchen, preiswert und frisch, mit *Focaccia* aus dem Holzofen und köstlichem Espresso. Eine Kombination aus drei verschiedenen Betrieben: der Bäckerei Galli, der Kaffeerösterei Piansa und der Metzgerei Falorni.

Enoteca Pinchiorri, Via Ghibellina 87, ℘ 24 27 77; einziges Drei-Sterne-Restaurant (Michelin) von Florenz, in einem großartig erhaltenen Renaissancepalast mit kühlem Innenhof (im Sommer die beliebtesten Plätze); französisch-toscanische Küche vom Feinsten, perfekter Service, ausgesuchter Weinkeller mit Raritäten; auch preislich ganz oben angesiedelt.

Le Mosacce, Via Proconsolo 55r; winziges, uriges Lokal (nahe Bargello) mit kleinem Verkaufsstand für belegte Brötchen.

Omero, Località Arcetri (wenige km südlich), Via Pian de' Giullari 11r, ℘ 22 00 53; typisches Landgasthaus in den südlichen Hügeln über Florenz, bei Florentinern sehr beliebt, vor

allem am Wochenende; riesiges Vorspeisenbuffet, köstliche toscanische
Gerichte; im Sommer Terrassen-Service.
Paoli, Via dei Tavolini 12, ✆ 21 62 15;
eines der bekanntesten Restaurants
zwischen Dom und Piazza Signoria
mit Freskenimitationen (13. Jahrhundert), die dem charakteristischen
Lokal ein besonderes Ambiente verleihen; ordentliche toscanisch-
italienische Spezialitäten.
Penello, Via Dante Alighieri 4r; typische Trattoria im Dante-Viertel mit
hervorragend zubereiteten toscanischen Spezialitäten; mittags sehr eng.
Toto, Via Borgo Sant' Apostoli 6,
✆ 21 20 96; uriges Restaurant, versteckt im Altstadtzentrum zwischen
Uffizien und Ponte Vecchio; mit Holz-
feuergrill für die *Bistecca Fiorentina*
und andere toscanische Spezialitäten;
historischer Rahmen, freundlicher
Service.
Trattoria Da Sergio, Piazza San
Lorenzo 8, kein Telefon; urige kleine
Kneipe direkt am Markt, wo man eng
mit den Marktleuten zusammenhockt
und echt-florentinische Küche ganz
preiswert bekommt.
Trattoria Marione, Via della
Spada 27r; sehr preiswerte, von
Florentinern in der Mittagspause gut
besuchte kleine Trattoria nahe dem
Palazzo Strozzi.

Cafés/Eisdielen: Rivoire, Piazza
della Signoria; *das* Café am Rathausplatz mit Tischen im Freien; direkter Blick auf den Palazzo Vecchio.
Gilli, Piazza della Repubblica; edel
und teuer, mit Tischen im Freien unter
langen Markisen; seit 1773.
Paszkowski, Piazza della Repubblica,
direkt neben dem Gilli; von 21–1.30
Uhr (außer Mo), mit Piano-Bar.

Aktivitäten: Bogenschießen:
Prima Compania Arcieri Ugo di
Toscana, Via Nuova de' Caccini 4,
✆ 2 34 07 92.
Kajak: Federazione Italiana Canoa,
Borgo Ognissanti 39, ✆ 2 30 28 74.
Paragleiten: Aero Club L. Gori, Flug-
hafen Peretola (6 km), ✆ 31 73 13.
Radsport: Federazione Ciclistica Ita-
liana, Piazza Stazione 2, ✆ 28 39 26.
Reiten: Lega Equitazione, Via Boc-
chi 32, ✆ 68 50 25 und 68 50 31.
Trekking: Scuola di Alpinismo Tita
Piaz, zusammen mit dem Club Alpino
Italiano, Via Studio 5, ✆ 23 98 80.
Gruppo Trekking Firenze, Piazza San
Gervasio 12, ✆ 58 53 20.

Follónica (GR)
PLZ 58022, Vorwahl 0566.

Information: APT, Viale Italia,
✆ 4 01 77.
Pro Loco, Via Roma 20, ✆ 4 45 37.

Unterkunft: Giardino***, Piazza
Vittorio Veneto 10, ✆ 4 15 46.
Parco dei Pini***, Via delle Collac-
chie 7, ✆ 5 32 80.

Camping: Orizzonte, nordwestlich von Follónica, ✆ 2 80 07;
vom ADAC hervorgehobener Campingplatz auf Wiesengelände, Plätze mit
eigener Sanitärkabine, durch Hecken
voneinander getrennt, Mattendächer
als Schattenspender; kostenloser
Bustransfer zum Strand; Animationsprogramm für Kinder.

Aktivitäten: Radsport: Tecno-
bike Team, Via Alighieri 1e,
✆ 4 50 12.
Trekking: Follónica Trekking Club,
Via Bicocchi 86, ✆ 4 54 07.

Forte dei Marmi (LU)

PLZ 55042, Vorwahl 0584.

 Information: APT Versilia, Via Franceschi 8, ℘ 8 00 91 und 8 32 14.

Unterkunft: Augustus***,** Viale Morin 169, ℘ 78 72 00; erstes Haus am Platze mit einem zauberhaften Garten; beheizter Pool.
Raffaelli Park Hotel**,** Via Mazzini 64, ℘ 78 72 94; familiär geführtes, freundliches Hotel mit besonders gutem Service, im Pinienhain gelegen, nahe der Strandpromenade, mit Dependance Villa Angela*** und eigenem *bagno* (Strandbad).
Eden*,** Via Gramsci 26, 54030 Cinquale (direkt im Norden von Forte dei Marmi), ℘ 0585–80 76 76; mit modernem, sehr gemütlichem Anbau; familiär, freundlich geführt; sehr gutes Restaurant zu normalen Preisen; in Höhe des kleinen Bootshafens.

Restaurants: Il Bottaccio, 54038 Montignoso (MS, oberhalb von Forte dei Marmi), ℘ 0585–34 00 31; mit einem Michelin-Stern bedachtes Ristorante Relais; oberhalb des kleinen Ortes in einer Olivenölmühle aus dem 18. Jahrhundert (mit ein paar sehr feudalen Zimmern).
La Barca, Viale Italico, 3, ℘ 8 93 23; traditionsreiches Fischrestaurant direkt am Meer.
Lorenzo, Via Carducci 61, ℘ 8 40 30; mit einem Michelin-Stern bekröntes Restaurant, raffinierte toscanisch-italienische Küche, Spezialität: Fische.

Aktivitäten:
Golf: Versilia Golf Club, Via Sipe 100, bei Pietrasanta.

Segeln: Compagnia della Vella, Piazza Navari, ℘ 8 97 71.
Tennis: Tennis Versilia Club, Via Emilia, ℘ 8 36 56.
Tennis Versilia Holidays, Via Vico, ℘ 8 40 01.
Außerdem zahlreiche Tennisplätze in den Hotelanlagen.

Gaiole in Chianti (SI)

PLZ 53013, Vorwahl 0577.

 Information: im Rathaus, Via Ricasoli 83.

Unterkunft: Castello di Spaltenna**,** Località Spaltenna (1 km), ℘ 74 94 83; feines kleines Hotel in der früheren Abtei von Spaltenna mit vielgerühmtem Restaurant.
Park Hotel Cavarchione**,** Località Cavarchione, ℘ 74 95 50; freundliches Haus unter deutscher Leitung oberhalb von Gaiole.
Residence San Sano**,** Località San Sano, ℘ 74 61 30; ganz feine kleine Herberge in einem Gehöft, mit viel Liebe zum Detail restauriert.

 Restaurant: s. **Castello di Spaltenna.**

Giglio (GR)

PLZ 58012, Vorwahl 0564.

 Unterkunft: Arenella*,** 2,5 km nordwestlich von Giglio Porto, ℘ 80 93 40.
Campese*,** Giglio Campese (8,5 km von Giglio Porto), ℘ 80 40 03; das beliebteste Hotel am einzigen langen Sandstrand der Insel.

Restaurants: Arcobalena, Giglio Castello, ✆ 80 61 06; Gemüse von der Insel und frischer Fisch sind die Spezialität dieses vielleicht besten Restaurants Giglios; mit gehobenen Preisen, die aber reell sind.
Da Maria, Giglio Castello (6 km von Giglio Porto), ✆ 80 60 62.
Da Santi, Giglio Castello, ✆ 80 61 88.

Greve in Chianti (FI)
PLZ 50022, Vorwahl 055.

 Unterkunft: Del Chianti*,** Piazza Matteotti 86, ✆ 85 37 63.
Giovanni da Verrazzano*,** Piazza Matteotti 28, ✆ 85 31 89.
Villa Le Barone*,** Località Panzano (6 km), Via San Leolino 19, ✆ 85 26 21; luxuriöses Hotel mit nur 27 Zimmern auf einem historischen Weingut (nur Halbpension möglich).

 Restaurant: Trattoria del Montagliari, Località Panzano, ✆ 85 21 84; ländliche Trattoria auf dem gleichnamigen Weingut, dessen Produkte hier auch verkauft werden; echt-toscanische Hausmannskost zu Preisen, die es wert sind.

 Einkaufen: Enoteca del Gallo Nero, Piazzetta Santa Croce 8; hier gibt es die besten Chianti-Weine und Erzeugnisse der gesamten Toscana, Honig, Marmeladen etc.

Grosseto (GR)
PLZ 58100, Vorwahl 0564.

Information: APT, Viale Monterosa 206, ✆ 45 45 27.
Pro Loco, Piazza del Popolo, ✆ 2 52 13.

Unterkunft: Bastiani Grand Hotel**,** Piazza Gioberti 64, ✆ 2 00 47; geschmackvoll und luxuriös neu eingerichtetes Haus mit geradezu intimer Atmosphäre mitten in der Altstadt (Domnähe).
Leon d' Oro*,** Via San Martino 46, ✆ 2 21 28; nettes Stadthotel in Domnähe.
Milano*, Via Carducci 70, ✆ 41 51 34; einfaches Hotel im Zentrum.

Restaurants: Buca di San Lorenzo, Via Manetti 1, ✆ 2 51 42; gilt als bestes Restaurant der Stadt; gehobene Preise.
Osteria del Ponte Rotto, Località Istia d'Ombrone (6 km), ✆ 40 93 73; in der umgebauten alten Einkehr am Ombrone-Fluß, neben der romantischen Ruine einer Brücke, vor allem Fischgerichte nach traditionellen wie auch eigenen Kreationen.

Lido di Camaiore (LU)
PLZ 55043, Vorwahl 0584.

Information: APT Versilia, Viale Colombo, ✆ 8 00 91 und 8 32 14.

Unterkunft: Caesar**,** Viale Colombo 325, ✆ 61 78 41.
Villa Ariston**,** Viale Colombo 355, ✆ 61 06 33; traditionsreiches Haus mit 36 Zimmern und 7 Appartements in einem großen Park mit Pool und Tennis.
Biagi*,** Viale Pistelli 12, ✆ 6 76 74/5.
Valdinievole,** Viale Pistelli 18, ✆ 6 74 88.
Piccolo Hotel*, Via del Fortino 158, ✆ 6 61 40.

Restaurants: Da Dante, Località Fibbialla, Via delle

Gavine 72, ℘ 95 60 46; am Rande der Altstadt gelegene Trattoria, deren modernes Gebäude nicht abschrecken sollte; hier werden deftig-schmackhafte Spezialitäten der nördlichen Toscana serviert.

Le Monache, Via IV Novembre 8, ℘ 98 92 58; Trattoria direkt neben dem Nonnenkloster, das dem traditionellen Lokal (seit fünf Generationen) seinen Namen (*le monache* = die Nonnen) gab; echt-toscanische Küche, hausgemachte Pasta, Steinpilze, Kaninchen; mit Fremdenzimmern.

 Einkaufen: Enoteca Dionisio, Via Vittorio Emanuele 187; Weine und Spirituosen aus aller Welt, aber auch Honig, Marmeladen, Olivenöl etc.

Livorno (LI)
PLZ 57100, Vorwahl 0586.

Information: APT, Piazza Cavour 6, ℘ 89 81 11; im Sommer mit Büro am Hafen.

Unterkunft: Grand Hotel Palazzo**,** Viale Italia 195/197, ℘ 80 53 71; bestes Haus am Platze, mit vier Suiten, im Zentrum.
Touring*,** Via Goldoni 61, ℘ 89 80 35.
Etruria,** Viale Italia 231, ℘ 80 20 77.
Ariston*, Piazza della Repubblica, ℘ 88 01 49.

Restaurants: Cantina Nardi, Via Cambini 6, ℘ 80 80 06; Enoteca mit der besten Weinauswahl von Livorno; vorne Theke für Weinproben und Kleinigkeiten zu Essen, hinten das Restaurant für warmes Essen (nur mittags); bevorzugt junges Publikum; nur bis 20.30 Uhr geöffnet.

Cantina Senese, Borgo Cappuccini 95, ℘ 89 02 39; historische Osteria, die letzte im alten Stadtviertel, preiswert, gemütlich, mit traditionellen Gerichten, vor allem die Antipasti, *Baccalà* oder *Stoccafisso,* Risotto mit Tintenfischsauce etc., im Herbst Wildgerichte.

Da Cecco, Via Cavallotti 2; einfache Einkehr; Spezialität: *Farinata* oder *Cécina,* eine Art Pizza aus Kichererbsenmehl.

Enoteca Doc, Via Goldoni 42, ℘ 88 75 83; geschmackvoll in herrlich restaurierten Mauern nahe dem Goldoni-Theater eingerichtete klassische Weinschenke mit kleinen, auserlesenen Gerichten; bis spät in die Nacht geöffnet.

La Barcarola, Via Carducci 63, ℘ 40 23 67; als bestes Restaurant mit Livorneser Küche gerühmt.

Oscar, Via Franchin 78, ℘ 50 12 58; nettes Lokal mit frischem Fisch und Pasta-Spezialitäten.

Einkaufen: Mercato Centrale, Scali Sassi; sehenswert und ideal zum Einkaufen von kulinarischen Mittbringseln.

Aktivitäten:
Bogenschießen: Compagnia Arcieri Dino Dani, Piazza Bartelloni 34, ℘ 40 60 04.
Radsport: Team Bike, Via Pantalone 13.
Segeln/Windsurfen: Circolo Nautico, Località Porticciolo, Viale Nazario Sauro 12, ℘ 80 73 54.
Yacht Club, Molo Mediceo 21, ℘ 89 61 42.
Tauchen: Spazio Sub, Viale Caprera 17.

Lucca (LU)

PLZ 55100, Vorwahl 0583.

 Information: APT, Piazza Guidiccioni 2, ℘ 49 12 05 und 41 96 89.

Unterkunft: Villa La Principessa****, Località Massa Pisana, Richtung Pisa über S.S. 12 (4,5 km), ℘ 37 00 37; eine Villa aus dem 19. Jahrhundert in einem schönen Park mit Pool, ein Relais & Chateaux-Hotel mit luxuriöser Ausstattung (auch Suiten).
La Luna***, Via Fillungo/Corte Compagni 12, ℘ 49 36 34.
Universo***, Piazza del Giglio 1, ℘ 49 36 78.
La Pace*, Via Corte Portici 2, ℘ 4 49 81.
Jugendherberge: Ostello Il Serchio, Via Brennero 673, ℘ 37 18 11.

Restaurants: Antica Locanda dell' Angelo, Via Pescheria 21, ℘ 4 77 11; mit Sommer-Terrasse.
Buatino, Via Borgo Giannotti 503, ℘ 34 32 07; traditionelle Luccheser Trattoria (mit Zimmern) mit piemontesischen Wirtsleuten, die aber alles beim alten gelassen haben; typische lokale Gerichte wie Dinkel und Kaninchen, *Baccalà* und Kräuterkuchen; preiswert und sehr gut.
Buca di Sant' Antonio, Via della Cervia 1/5, ℘ 5 58 81; von Michelin mit einem Stern bedachtes, viel gelobtes Restaurant, mit toscanischen Spezialitäten und Weinen.
Del Teatro, Piazza Napoleone 25, ℘ 49 37 40.
Erasmo, Località Ponte a Moriano, Via del Brennero 54, ℘ 40 63 62; die älteste Trattoria von Lucca und

Umgebung, mit schönem Garten, unter knorrigen Platanen am Serchio gelegen; frischer Serchio-Fisch und hausgemachte *Tortelli,* Dinkelsuppe, herrliche *Crostini.*
Giglio, Piazza del Giglio, ℘ 49 40 58; mit Sommer-Terrasse.

 Aktivitäten: Reiten: Centro Ippico Lucchese, Località Ai Rocchi, ℘ 5 95 81.
Trekking: Club Alpino Italiano, Cortile Carrara 18, ℘ 58 26 69.

Marina di Carrara (MS)

PLZ 54036, Vorwahl 0585.

Information: APT, Piazza Menconi 6/b, ℘ 63 22 18.

Unterkunft: Maestrale****, Via Fabbricotti 2, ℘ 7 83 71.
Miramare***, Via Genova 21, ℘ 63 47 43.
La Pineta**, Viale Colombo 119bis, ℘ 63 33 90.

Restaurants: Da Gero, Viale XX Settembre 305, ℘ 5 52 55.
Il Muraglione, Località Avenza, Via del Parmignola 13, ℘ 5 23 37; charakteristisches Lokal mit wenigen Plätzen.
L' Enoteca, Viale Verrazzano 11/e, ℘ 63 44 20; Bar, Enoteca und Osteria im Erdgeschoß, den ganzen Tag geöffnet, abends speist man elegant im Untergeschoß; typische Spezialitäten wie verschiedene Risotti und gefüllte Tintenfische sowie ausgelöstes Kaninchen mit Kräutern und freitags geschmorter Stockfisch.

 Aktivitäten: Segeln und Surfen: Club Nautico, ℘ 78 51 50.

Marina di Massa (MS)

PLZ 54037, Vorwahl 0585.

 Information: APT, Lungomare Vespucci 34, ✆ 24 00 46 und 54 23 44.

 Unterkunft: Excelsior**,** Viale Vespucci, ✆ 24 01 41.
Tropicana**,** Località Ronchi (2 km südöstlich), Via Verdi 47, ✆ 30 90 41; ohne Restaurant, aber mit schattigem Garten und beheiztem Pool.
Villa Irene*,** Poveromo bei Ronchi, Via delle Macchie 125, ✆ 30 93 10; mit beheiztem Pool im Park.

Restaurant: Da Riccà, Lungomare di Ponente, ✆ 24 10 70; Terrassen-Restaurant mit Fischspezialitäten.

Aktivitäten: Segeln und Surfen: Club della Vella, ✆ 24 00 00.

Marina di Pietrasanta (LU)

PLZ 55044, Vorwahl 0584.

Information: APT, Località Tonfano, Via Donizetti 14, ✆ 2 03 31.

Unterkunft: Palazzo della Spiaggia***,** Via Libertà 2, ✆ 2 11 95/6; Luxusherberge mit eigenem *bagno* (Strandbad).
Lombardi**,** Località Fiumetto, Viale Roma 27, ✆ 20 43.
Coluccini*,** Località Fiumetto, Piazza D' Annunzio 13, ✆ 74 56 20.
Grande Italia,** Località Tonfano, Via Torino 5, ✆ 2 00 46; mit Service im Garten.

Marina di Pisa (PI)

PLZ 56013, Vorwahl 050.

Information: s. Pisa.

Unterkunft: Manzi*,** Via Repubblica Pisana 25, ✆ 3 58 99.
Milena,** Via Padre Agostino 15, ✆ 3 68 63.

Restaurant: La Taverna dei Gabbiani, Via Crosio 2, ✆ 3 57 04; im besonderen Fischspezialitäten; außer So nur abends geöffnet.

Aktivitäten: Segeln und Surfen: Yacht Club Repubblica Marinara, ✆ 3 58 45.
Gruppo Vela LNI Arno, Viale D' Annunzio 250, ✆ 3 66 52.

Massa (MS)

PLZ 54100, Vorwahl 0585.

 Information: s. Marina di Massa.

Restaurants: La Ruota, Località Bergiola Maggiore (5,5 km nördlich), ✆ 4 20 30; mit schöner Aussicht auf Stadt und Küste.
Taverna de' Batti, Via Cavour 71, ✆ 4 31 60; in einem historischen Kellergewölbe mit Holzofen; einheimische Spezialitäten wie heiße *Focaccine*, *Colonnata*-Speck und Stockfisch aus dem Holzofen.

Massa Marittima (GR)

PLZ 58024, Vorwahl 0566.

Information: Pro Loco, Piazza Garibaldi; nur in der Sommersaison.

 Unterkunft: Il Sole***, Via della Libertà 43, ✆ 9 01 97.
Duca del Mare**, Piazza Dante 1/2, ✆ 90 22 84.

 Restaurants: Antica Trattoria Ricordi Riflessi, Via Parenti 17, ✆ 90 26 44.
Da Tronca, Vicolo Porte 5, ✆ 90 19 91; echte Osteria mit guter Weinauswahl und heimischen Spezialitäten der Maremma (Tortelloni, Kutteln, Kichererbsen-Gerichte); nur abends geöffnet.
Taverna del Vecchio Borgo, Via Parenti 12, ✆ 90 39 50; typisches Ambiente einer gehobenen Trattoria, nahe der Piazza Garibaldi; Pflege der traditionellen Küche mit *Crostini* und *Bruschetta,* Hülsenfrüchten und Dinkel, *Picci* mit Steinpilzen, Kaninchen und Spanferkel.

Monsummano Terme (PT)
PLZ 51015, Vorwahl 0572.

 Information: s. Montecatini Terme.

 Unterkunft: Grotta Giusti****, 2 km östlich von Monsummano, ✆ 5 11 65; gelungene Mischung von Hotel und Kuranstalt, auch für Kulturreisende als Station geeignet (s. auch S. 121).

Montalcino (SI)
PLZ 53024, Vorwahl 0577.

 Information: Pro Loco, Via Mazzini 41, ✆ 84 82 42.

 Unterkunft: Al Brunello***, 1,5 km südlich von Montalcino, ✆ 84 94 30.
Il Giglio***, Via Soccorso Saloni 5, ✆ 84 81 67.

 Restaurants: La Cucina di Edgardo, Via San Saloni 33, ✆ 94 82 32; winziges Restaurant mitten im historischen Zentrum mit fein zubereiteten lokalen Spezialitäten und Montalcino-Wein; sehr freundlicher Service.
Taverna dei Barbi, 5 km südöstlich, Fattoria dei Barbi, ✆ 84 93 57; rustikale Taverne auf dem Weingut der Familie Barbi mit ihrem eigenen Montalcino-Wein; auch Kellereibesichtigung und Weinkauf möglich.

 Weinprobe: Enoteca della Fortezza, Fortezza di Montalcino; in einer großartigen panoramareichen Festung untergebracht; Weinproben zu Festpreisen.
Fiaschetteria Cantina del Brunello, Piazza del Popolo 6; die erste, sehr schmucke Adresse in Montalcino mitten im Ort am schlanken Rathaus; echtes Caféhaus-Ambiente; Weinproben nach *gusto,* also auch gläschenweise, weil es sich um ein typisches italienisches Café handelt.

Monte San Savino (AR)
PLZ 52048, Vorwahl 0575.

 Unterkunft: San Gallo***, Piazza Vittorio Veneto 16, ✆ 81 00 49; freundliches, renoviertes Hotel direkt vor dem Stadttor, ohne Restaurant.

Montecatini Alto (PT)

PLZ 51010, Vorwahl 0572.

 Information: s. Montecatini Terme.

Unterkunft: L' Etrusco*, Via Talenti 2, ℘ 79645; renoviertes kleines Hotel an der Ecke der Piazza Giusti mit ordentlichem Restaurant. **Miravalle***, Via Leon Livi 4, ℘ 74561.

Restaurant: La Torre, Piazza Giusti 8/9, ℘ 70650; nettes Restaurant direkt am Hauptplatz; nicht ganz billig.

Eisdiele: Caffè Giusti, Piazza Giusti 24, ℘ 70186; einladendes, bereits 1898 gegründetes Café; Spezialität *Fettunta*.

Montecatini Terme (PT)

PLZ 51016, Vorwahl 0572.

 Information: APT, Viale Verdi 66a, ℘ 772244.

 Unterkunft: Grand Hotel Bellavista Palace*****, Viale Fedeli 2, ℘ 78122; modernisiertes Grandhotel mit Atmosphäre in einem schönen Garten nahe dem Kurpark; Pool-Restaurant im Sommer; Kur- und Schönheitsabteilung; Tiefgarage.
Grand Hotel e La Pace*****, Via della Torretta 1, ℘ 75801; das traditionsreichste Kurhotel der Stadt im Zentrum mit viel Atmosphäre, in einem dichtbewachsenen Garten mit hohen Bäumen. (ein Haus der Leading Hotels); eigener Parkplatz.
Grand Hotel Croce di Malta****, Viale IV Novembre 18, ℘ 75871; traditionelles Hotel direkt am Kurpark mit vielgelobter Küche; im Sommer Frühstücksservice auf der Pool-Terrasse im Garten.
Mediterraneo***, Via Baragiola 1, ℘ 71321; gepflegtes kleines Familienhotel am Kurpark mit bekannt-guter Küche.
Torretta***, Viale Bustichini 63, ℘ 70305/6/7; traditionelles Familienhotel oberhalb des Kurparks mit ein paar neueren Zimmern, eigener Parkplatz; Pool im kleinen Garten; hervorragende Küche.

Montefollónico (SI)

PLZ 53040, Vorwahl 0577.

 Unterkunft/Restaurant: La Chiusa, Via della Madonnina 88 (am Ortsrand), ℘ 669668; Spitzenrestaurant auf einem alten Landgut in Panoramalage mit eigener Gärtnerei; kreative Küche, hervorragende Weinauswahl; wenig Plätze, daher unbedingt reservieren; 12 sehr hübsche Appartements in einem Seitengebäude.

Montelupo Fiorentino (FI)

PLZ 50056, Vorwahl 0571.

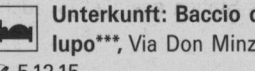 **Information:** im Keramikmuseum (s. S. 108).

Unterkunft: Baccio da Montelupo***, Via Don Minzoni 3, ℘ 51215.

Restaurant: Trattoria del Sole, Via XX Settembre 35, ℘ 51130.

Montepulciano (SI)

PLZ 53045, Vorwahl 0578.

 Information: Pro Loco, im Rathaus, ✆ 7 70 80.

 Unterkunft: Il Marzocco, Piazza Savonarola, ✆ 75 72 62; im historischen Zentrum gelegenes, einfaches, aber typisch eingerichtetes Stadthotel.

Restaurants: Diva, Via Gracciano del Corso 92, ✆ 71 69 51; der ›Treff‹ in Montepulcianos Zentrum in angenehmer Atmosphäre; typische Gerichte der Südtoscana und eine gute Weinauswahl.
La Grotta, Località San Biagio, ✆ 75 76 07; angenehmes Ambiente einer alten Osteria mit schattigem Garten zu Füßen der Stadt und mit Blick auf die schöne Kirche San Biagio; echte Küche der Südtoscana zu guten Montepulciano-Weinen.

Monteriggioni (SI)

PLZ 53035, Vorwahl 0577.

Restaurant: Il Pozzo, Piazza del Pozzo, ✆ 30 41 27; sehr berühmtes und dennoch typisch und gut gebliebenes kleines Restaurant am Brunnenplatz des kleinen historischen Ortes mit toscanischen Spezialitäten, gehobene Preise.

Montignoso (MS)

PLZ 54038, Vorwahl 0585.

Information: APT Massa Carrara, Località Cinquale, Via Grillotti, ✆ 80 87 51.

 Unterkunft: Eden*,** Località Cinquale (am Meer), ✆ 80 76 76; Familienhotel mit modernem, lichtdurchfluteten Anbau, großzügige Zimmer; Pool im schattigen Garten, sehr freundlicher Service, im Sommer auch draußen; sehr gute Küche.

Restaurant: Il Bottaccio, ✆ 34 00 31; luxuriöses, teures Restaurant in einer historischen Ölmühle, Mitglied von Relais & Chateaux; kreative Küche, süditalienisch angehaucht; 8 individuelle Appartements – für Ruhesuchende.

Orbetello (GR)

PLZ 58015, Vorwahl 0564.

Information: APT, ✆ 86 05 60.

 Unterkunft: Corallo*,** Albinia, ✆ 87 00 65.
I Presidi*,** Via Mura di Levante 34, ✆ 86 76 01.
Lido di Giannella,** Giannella, ✆ 82 10 34.

 Restaurant: Il Nocchino, Via dei Mille 64, ✆ 86 03 29; hervorragende, dafür recht teure Osteria mit wenigen Tischen um die Marmortheke; typische Spezialitäten aus dem Meer und vom Gemüsemarkt; im Sommer nur abends geöffnet.

Pescia (PT)

PLZ 51017, Vorwahl 0572.

Unterkunft: Villa delle Rose*,** Località Castellare di Pescia, Via del Castellare 4–6, ✆ 45 13 01; in einem herrlichen Park (mit Swimming-pool) gelegenes Hotel mit 3 Appartements.

🍴 **Restaurants: Cecco,** Via Forti 84, ℘ 47 79 55.
La Fortuna, Via Colli per Uzzano 32/34 (Richtung Uzzano), ℘ 47 71 21; kleines Restaurant mit Terrassen-Service; außer an Feiertagen nur abends geöffnet.
La Buca, Piazza Mazzini 4, ℘ 47 73 39; kleines Restaurant mit freundlichem Ambiente im Untergeschoß, direkt an der schönen Haupt-Piazza.
Monte a Pescia, Località Monte a Pescia (5 km nordwestlich), Via Monte a Pescia, ℘ 47 68 87; aus der einfachen Osteria (belegte Brote und Gegrilltes vom offenen Kaminfeuer) hat sich ein beliebtes Ausflugsziel mit großer Terrasse entwickelt, das dennoch eine unverfälschte ländlich-toscanische Küche bietet; herrliche Aussicht.

Pienza (SI)
PLZ 53026, Vorwahl 0578.

🛏 **Unterkunft: Corsignano***,** Via della Madonnina 11, ℘ 74 85 01.
La Saracina***, an der S.S. 146 (7,5 km nordöstlich), ℘ 74 80 22; exklusives kleines Hotel auf einem alten Landgut mit nur 4 Zimmern und einem Appartement.

🍴 **Restaurants: Il Prato,** Piazza Dante 25, ℘ 74 86 01; nette, einfache und preiswerte Trattoria mit typischen Gerichten der Südtoscana.
La Buca delle Fate, Corso Rossellino 38a, ℘ 74 84 48; anspruchsvolles Lokal im historischen Zentrum in über-

wölbten Räumen; traditionelle toscanische Küche zu etwas hohen Preisen.

Pietrasanta (LU)
PLZ 55045, Vorwahl 0584.

 Unterkunft: Palagi***, Piazzale Carducci 23, ℘ 7 02 49; kleines, zentrales Stadthotel ohne Restaurant. Weitere Hotels s. Marina di Pietrasanta.

Piombino (LI)
PLZ 57025, Vorwahl 0565.

ℹ **Information:** APT, Piazzale Premuda, ℘ 22 44 32.

🛏 **Unterkunft: Centrale***,** Piazza Giuseppe Verdi 2, ℘ 22 01 88.
Collodi***, Via Collodi 7, ℘ 22 42 72.
Italia**, Via XX Settembre 39, ℘ 22 09 22.

 Restaurants: Centrale, Piazza Edison 2, ℘ 22 18 25.
Demos, Località Baratti, bei Populonia (11,5 km nordwestlich), ℘ 2 95 19.

🚶 **Aktivitäten: Radsport:** Grizzly MTB Club, Via Galilei 36.

Pisa (PI)
PLZ ab 56100, Vorwahl 050.

 Information: APT, Piazza del Duomo, ℘ 56 04 64.

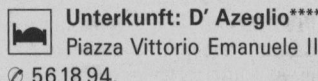 **Unterkunft: D' Azeglio****,** Piazza Vittorio Emanuele II, ℘ 56 18 94.

Jolly Hotel Cavalieri********, Piazza Stazione 2, ✆ 4 32 90.
Royal Victoria***, Via Lungarno Pacinotti 12, ✆ 50 21 30.
Leon Bianco**, Piazza Pozzetto 6, ✆ 4 50 03.
Gronchi*, Piazza Archivescovado 1, ✆ 56 18 23.
Jugendherberge: Ostello della Gioventù, Via Pietrasantina 15, ✆ 89 06 22.

 Restaurants: Da Bruno, Via Bianchi 12, ✆ 56 08 18; beliebtes Restaurant gleich hinter der Stadtmauer nahe dem Domplatz; toscanisch-italienische Spezialitäten.
La Mescita, Via Cavalca 2, ✆ 5 44 94; am Marktplatz der lebhaften Piazza delle Vettovaglie, Trattoria in Cotto-Gewölben des 15. Jahrhunderts, früher nur Weinausschank; echttoscanische Küche und eine gute Käseauswahl zu toscanischen und Piemonteser Weinen.
Sergio, Lungarno Pacinotti 1, ✆ 58 05 80; michelin-besterntes Restaurant am vornehmen Arno-Ufer; Meeresspezialitäten.

 Aktivitäten: Bogenschießen: Compagnia Arcieri Pisani, Via Don Bosco 26, ✆ 55 32 32.
Kajakfahren: Società Canottieri Arno, Via da Padule 2.
Radsport: MTB CRAL (CNR), Via San Apollinare 2.
Segeln und Surfen: s. Marina di Pisa.

Pistoia (PT)
PLZ 51100, Vorwahl 0573.

Information: APT, Palazzo dei Vescovi, Piazza del Duomo, ✆ 2 16 22.

 Unterkunft: Milano***, Viale Pacinotti 10/12, ✆ 97 57 00.
Patria***, Via Crispi 8, ✆ 2 51 87.
Il Boschetti**, Viale Adua 467, ✆ 40 13 36.

Restaurants: La Casa degli Amici, Via Bonellina 111, ✆ 38 03 05.
Il Castagno di Pier Angelo, Piteccio (10 km nordwestlich), Località Castagno (3 km westlich), ✆ 4 22 14; ländliche Enoteca in den Pistoieser Hügeln, mit warmer Küche eines hervorragenden Kochs (Pier Angelo); auch Verkauf von Selbstgemachtem.
La Limonaia, Via di Gello 9a, ✆ 40 04 53; am Stadtrand Richtung Modena; zur Trattoria umgebaute Orangerie aus dem 19. Jahrhundert, mit toscanischen Spezialitäten.

Pitigliano (GR)
PLZ 58017, Vorwahl 0564.

 Unterkunft: Guastini**, Piazza Petruccioli, ✆ 61 60 65.

Poppi (AR)
PLZ 52014, Vorwahl 0575.

Information: APT Arezzo, Badia Prataglia, ✆ 55 90 54.

 Unterkunft: Parc Hotel***, Località Ponte, Via Roma 214, ✆ 52 99 94.
Casentino**, Piazza della Repubblica 6/Piazza del Castello, ✆ 52 90 90; freundliches kleines Hotel gegenüber dem Castello Guidi; mit gutem Restaurant.
Jugendherberge: Ostello Casa Nova, Badia Prataglia, ✆ 55 90 20.

Restaurant: Casentino, s. Unterkunft; angenehmes, ländliches Restaurant im ehemaligen Pferdestall des Castello, mit guter Casentino-Küche.

Port' Ercole (GR)
PLZ 58018, Vorwahl 0564.

 Unterkunft: Il Pelicano**,** Strada Panoramica (4,5 km südwestlich), ℘ 83 38 01; Luxushotel aus mehreren Steinhäuschen, in Hanglage inmitten eines Olivenhains mit beheiztem Pool, kleine Badebucht, 31 Zimmer und 4 Appartements (ein Relais & Chateaux-Hotel).
Villa Portuso**,** 1 km nördlich, ℘ 83 41 81; im Grünen gelegenes Hotel, mit beheiztem Pool; angeschlossen ist ein bekanntes Restaurant (Taitù).
Don Pedro*,** ℘ 83 39 14; freundliches Hotel mit Blick auf den Hafen.

Porto Santo Stefano (GR)
PLZ 58019, Vorwahl 0564.

Information: APT, Corso Umberto 55a, ℘ 81 42 08.

Unterkunft: Vittoria*,** Strada del Sole 65, ℘ 81 85 80; freundliches Hotel mit Blick auf die Küste.
La Lucciola,** Via Panoramica 245, ℘ 81 29 76.

Restaurants: Armando, Via Marconi 1/3, ℘ 81 25 68.
La Bussola, Piazza Facchinetti 11, ℘ 81 42 25.

Prato (PO)
PLZ 50049, Vorwahl 0574.

 Information: APT, Via Cairoli 48, ℘ 2 41 12.

 Unterkunft: Art Hotel Museo**,** Viale della Repubblica, ℘ 57 87.
Palace**,** Via Pier della Francesca/Viale della Repubblica, ℘ 56 71.
Flora*,** Via Cairoli 31, ℘ 3 35 21 und 2 00 21.
San Marco*,** Piazza San Marco, ℘ 2 13 21.
Stella d' Italia,** Piazza Duomo 8, ℘ 2 79 10.

Restaurants: Il Piraña, Via Tobia Bertini/Via Valentini 110, ℘ 2 57 46; michelin-besterntes luxuriöses Restaurant mit Meeresfrüchte-Spezialitäten; Chianti- und Montecarlo-Weine.
Logli, Località Filettole (2 km), ℘ 2 30 10; frühere Osteria in terrassenförmig angelegtem Olivenhain, hat sich zu einem feinen Ausflugsrestaurant entwickelt; klassische toscanische Gerichte wie *Ribollita* und Kutteln sowie *Bistecca Fiorentina*; nicht ganz billig.
Tonino, Piazza il Mercatale 161, ℘ 2 12 66.
Villa Santa Cristina, Via Poggio Secco 58, ℘ 59 59 51; in einem Gebäude aus dem 17. Jahrhundert, Garten-Service im Sommer; auch 23 Zimmer, Pool.

Einkaufen: Biscottificio Antonio Mattei, Via Ricasoli 20/22; seit 1858 werden hier die berühmten *Cantucci di Prato* (Mandelgebäck, auch *Biscotti* genannt) hergestellt sowie andere Kekse und Torten.

Punta Ala (GR)

PLZ 58040, Vorwahl 0564.

 Unterkunft: Cala del Porto**,** 𝜙 92 24 55; das Hotel direkt am Yachthafen mit nur 35 Zimmern und 5 Appartements; begrünte Terrasse, Pool.
Gallia Palace Hotel**,** 𝜙 92 20 22; luxuriöses Hotel (ein Relais & Chateaux-Hotel) in einem ausladenden Park mit beheiztem Pool und Tennisanlage.
Golf Hotel**,** 𝜙 922026; das absolute, luxuriöse Golfhotel mit direktem Platzanschluß, großer Garten mit Pool, Hallenbad, Tennis.
Piccolo Hotel Alleluja**,**
𝜙 92 20 50; nur 38 luxuriöse Zimmer im ›intimsten‹ der vier Hotels von Punta Ala inmitten eines schattigen Parks.

 Camping: Puntala Camping,
𝜙 92 22 94; naturbelassener, alter Pinienwald mit individuellen Stellplätzen im dichten Unterholz, langer und breiter Sandstrand, nur durch eine bewachsene Düne vom Platz getrennt; ein besonders schöner Campingplatz mit guter Infrastruktur und straffer Führung.

 Aktivitäten: Golf: Golfplatz Punta Ala, 𝜙 92 21 21.
Segeln und Surfen: Yacht Club, Localitá Porto, 𝜙 92 11 17 und 92 22 52.

Radda in Chianti (SI)

PLZ 53017, Vorwahl 0577.

Unterkunft: Fattoria Vignale**,** 𝜙 73 83 00; luxuriöse, wunderschöne Herberge (nur 25 Zimmer) im Palazzo eines alten

Landgutes direkt an der Hauptstraße von Radda; Schweizer Leitung; ohne Restaurant.

Restaurants: Vignale, schräg gegenüber des o. g. Hotels; ländlich-feines, inzwischen mit einem Michelin-Stern versehenes Restaurant (früher ›Petroio‹) mit Chianti-Spezialitäten.
Le Vigne, Località Le Vigne, 𝜙 73 86 40; rustikale, aber gepflegte Trattoria in einem umgebauten Landhaus; traditionelle toscanische Küche mit Wildschwein, *Bistecca Fiorentina* und hausgemachtem Käse; große Weinauswahl, auch offene Chianti-Weine.

Radicófani (SI)

PLZ 53040, Vorwahl 0577.

Restaurant: La Palazzina, Località Le Vigne, 𝜙 79 07 60; wunderschönes, stilvolles kleines Restaurant mit toscanischer Küche, gekocht wird nach alten ›bürgerlichen‹ Rezepten zu vernünftigen Preisen; in einer Villa des 18. Jahrhunderts über dem eigenen Landgut; mit 10 geschmackvollen, individuellen Zimmern.

Rosignano Marittimo (LI)

s. Castiglioncello

San Casciano Val di Pesa (FI)

PLZ 50026, Vorwahl 055.

Unterkunft: Villa Poggio ai Grilli**,** Via San Pietro di Sotto 10, 𝜙 82 01 36.
L' Antica Posta*,** Piazza Zannoni 1/3, 𝜙 82 01 16.

San Gimignano (SI)

PLZ 53037, Vorwahl 0577.

 Information: Pro Loco, Piazza Duomo 1, ✆ 94 00 08.

 Unterkunft: Relais Santa Chiara**,** Via Matteotti 15, ✆ 94 07 01; in Panoramalage, 0,5 km nördlich des historischen Stadtkerns, mit Pool.
Belsoggiorno*,** Via San Giovanni 91, ✆ 94 03 75; in einem schön restaurierten Palazzo des 14. Jahrhunderts im historischen Zentrum, von der Rückseite herrlicher Talblick; 18 Zimmer und 2 Appartements, gutes Restaurant.
La Cisterna*,** Piazza della Cisterna 24, ✆ 94 03 28; relativ großes Hotel (47 Zimmer) direkt am Brunnenplatz in einem historischen Gebäude, schöner Saal aus dem 15. Jahrhundert; von der Rückseite Blick ins Tal; mit Restaurant Le Terrazze.
Leon Bianco*,** Piazza della Cisterna 13, ✆ 94 12 94; nettes Hotel (25 Zimmer) gegenüber dem Cisterna, ohne Restaurant.
Pescille*,** Località Pescille, ✆ 94 01 86; schön gelegenes Hotel (33 Zimmer) mit einer Sammlung von Landwirtschaftsgeräten, herrlicher Blick auf San Gimignano und das Umland; Pool; bekannt-gutes Restaurant ›I 5 Gigli‹.

 Restaurants: Osteria delle Catene, Via Mainardi 18, ✆ 94 19 66; erstklassige Trattoria mit *Vernaccia di San Gimignano* und anderen lokalen Weinen traditionelle, saisonbedingte toscanische Gerichte aus Fisch, Lamm, Schwein und Chiana-Rind sowie im Herbst Pilze; alles etwas leichter zubereitet.

Weitere gute Restaurants jeweils in den Hotels Belsoggiorno, La Cisterna und Pescille (s. o.).

San Giuliano Terme (PI)

PLZ 56017, Vorwahl 050.

 Unterkunft: Villa di Corliano*,** Località Rigoli, Via Statale Abetone 50, ✆ 81 81 93; in einer historischen Villa des 16. Jahrhunderts mit Fresken des 17. Jahrhunderts, nur 18 Zimmer, ohne Restaurant, umgeben von einem herrlichen Park; für Ruhesuchende und Genießer.

Restaurant: Catino, Via Panoramica 26a, Molina di Qu, ✆ 85 02 21; Bauernhof mit kleinem Restaurant, ländliche Spezialitäten und gute Weine; spezielle Abende für Weinproben mit passenden Gerichten; Verkauf der eigenen Produkte wie Marmelade, Honig und Öl.

San Miniato al Tedesco (PI)

PLZ 56027, Vorwahl 0571.

Information: Comune, Piazza del Popolo 5, ✆ 41 87 39.

Unterkunft: Miravalle*,** Piazza Castello 3, ✆ 41 80 75; auf der riesigen Terrasse des Burg- und Domplatzes gelegen (nur 18 Zimmer); mit Blick über das Tal und die neuere Stadt.

Restaurant: Omero, San Miniato Basso, Piazza della Pace 4, ✆ 40 05 20; die 200 Jahre alte Osteria ist aus dem historischen Stadtkern in die Unterstadt gezogen und verwöhnt dort ihre Gäste weiterhin mit ländlicher toscanischer Küche und gutem Fleisch vom Grill; im Winter gibt's weiße und schwarze Trüffel (im November findet in San Miniato ein gut besuchter Trüffelmarkt statt).

San Piero a Sieve (FI)

PLZ 50037, Vorwahl 055.

 **Unterkunft/Restaurant: La Felicina****, Piazza Colonna 14, ℘ 84 80 16; sehr freundlich geführtes, kleines Familienhotel (nur 10 Zimmer) mit eingebautem Medici-Turm zwischen Sieve-Fluß und Ortszentrum; echt-toscanische Küche.

San Quirico d' Orcia (SI)

PLZ 53027, Vorwahl 0577.

 Information: Pro Loco/Ufficio Turistico, Via Dante Alighieri 31, ℘ 89 72 11.

 Unterkunft: Posta-Marcucci****, Località Bagno Vignoni, ℘ 88 71 12; modernes Hotel (46 Zimmer) mit Garten und Thermalwasser-Pool in Panoramalage.
Le Terme***, Località Bagno Vignoni, Via Sorgenti 13, ℘ 88 71 50; traditionelles Hotel im päpstlichen Renaissancepalast mitten in Bagno Vignoni, direkt am historischen Thermalbecken mit Thermalabteilung und guter toscanischer Küche.

 Restaurant: Osteria del Leone, Località Bagno Vignoni, Via dei Mulini 3, ℘ 88 73 00; ländliche Osteria mit Spezialitäten und Weinen aus mehreren Gebieten der Toscana – bodenständig, gut und relativ preiswert.

San Vincenzo (LI)

PLZ 57027, Vorwahl 0565.

 Information: APT, Via Beatrice Alliata 2, ℘ 70 15 33.

 Unterkunft: Park Hotel I Lecci****, Via della Principessa 116 (1,7 km südlich), ℘ 70 41 11; luxuriöses Hotel in einem Park über dem Meer mit Pool und Tennisplatz.
Lo Scoglietto***, Via del Corallo 7, ℘ 70 16 14; kleineres Hotel (31 Zimmer) mit Meerblick und schattigem Garten.
Riva degli Etruschi***, Via della Principessa 120, (2,5 km südlich), ℘ 70 23 51; kleine Villen in einem ausgedehnten Pinienwald, direkt am langen Sandstrand.

 Restaurants: Gambero Rosso, Piazza della Vittoria 13, ℘ 70 10 21; michelin-besterntes Restaurant mit Spezialitäten aus dem Meer und einer hervorragenden italienischen Weinauswahl.
Il Delfino, Via Cristoforo Colombo 15, ℘ 70 11 79; gutes, preiswertes Restaurant in schöner Lage; nur Mai bis September geöffnet.

Sansepolcro (AR)

PLZ 52037, Vorwahl 0575.

Unterkunft: La Balestra****, Via dei Montefeltro 29, ℘ 73 51 51; modernes, freundliches Hotel außerhalb der Stadtmauer mit gutem Restaurant.
Fiorentino***, Via Luca Pacioli 60, ℘ 74 03 50.

Restaurants: Al Coccio, Via Aggiunti 83, ☎ 74 14 68; nahe der Porta Romana, im ältesten und volkstümlichen Viertel nahe der Fortezza Medicea; kleine Trattoria mit einfacher, familiärer Küche, je nach Jahreszeit täglich gegrilltes Fleisch und Schafskäse: Hauswein von den Aretiner Hügeln.

Da Ventura, Via Aggiunti 30, ☎ 74 25 60; gehobene Trattoria mit verfeinerten lokalen Spezialitäten und hausgemachten Würsten; hervorragende Pasta-Gerichte und *Bistecca* vom Chiana-Rind; 7 Fremdenzimmer.

Saturnia (GR)

PLZ 58050, Vorwahl 0564.

Unterkunft: Terme di Saturnia**,** Saturnia Terme (3 km südöstlich), ☎ 60 10 61; herrlich gelegenes Kur- und Freizeithotel direkt am Thermalpool in einem ausladenden, teils schattigen Garten; große Gesellschaftsräume, schöne Zimmer und 4 Appartements; zum Schwimmen, Tennisspielen etc. sind auch Tagesgäste in der Anlage willkommen.

Siena (SI)

PLZ ab 53100, Vorwahl 0577.

Information: APT, Via di Città 43, ☎ 4 22 09 und Piazza del Campo 56, ☎ 28 05 51.

Unterkunft: Certosa di Maggiano**,** Via Certosa 82, ☎ 28 81 80; in den Mauern einer Klosteranlage aus dem 14. Jahrhundert, außerhalb des Zentrums, geschmackvoll eingerichtet, luxuriös (ein Relais & Chateaux-Hotel), in einem ausladenden Garten mit Pool und Terrassen-Service, nur 6 Zimmer und 9 Appartements.

Jolly Hotel Excelsior**,** Piazza La Lizza 1, ☎ 28 84 48; großzügiges, funktionelles Stadthotel an der Fortezza Medicea, also ganz zentrumsnah.

Park Hotel Siena**,** Via di Marciano 18, ☎ 4 48 03; ein großartiges Haus in den Mauern des 15. Jahrhunderts außerhalb des Zentrums, schöner Park mit Pool und Tennisanlage.

Villa Scacciapensieri**,** Via di Scacciapensieri 10, ☎ 4 14 41; in einer schönen Villa auf einem Hügel mit herrlichem Blick auf die Stadt, liebevoll eingerichtete 26 Zimmer und 2 Appartements; großer angelegter Garten mit Pool, Service im Sommer auch im Freien; familiär, mit hervorragender Küche; auch das Restaurant ist empfehlenswert.

Athena*,** Via Mascagni 82, ☎ 28 63 13; ein relativ modernes Stadthotel in zentraler Lage, freundlich, ohne Restaurant.

Chiusarelli*,** Via Curtatone 15, ☎ 28 05 62; typisches, zentral gelegenes Hotel in historischen Mauern.

Pensione Palazzo Ravizza*,** Pian dei Mantelli 34, ☎ 28 04 62; in einem Stadtpalast aus dem 17. Jahrhundert mit Garten, stilecht eingerichtet, 28 Zimmer.

Continentale,** Via Banchi di Sopra 85, ☎ 4 14 51; zentrales Stadthotel in Campo-Nähe.

Jugendherberge: Ostello Guido Riccio, Località Stellino, Via Fiorentina, ☎ 5 22 12 und 5 61 72.

Pilgerheim: Casa del Pellegrino, Via Camporegio 31, ☎ 4 41 77.

Restaurants: Al Marsili, Via del Castoro 3, ☎ 4 71 54; Sienas feinste Adresse in den schönen Backsteingewölben eines Stadtpalastes des 15. Jahrhunderts; Weinkeller in einem etruskischen Grab; zentral gelegen zwischen Campo und Domplatz.

Osteria Le Logge, Via del Porrione 33a, ✆ 4 80 13; wahrscheinlich die beste Küche Sienas (toscanisch), in den Räumen einer alten Osteria mit viel Geschmack eingerichtet; hervorragende Weinauswahl des aus Montalcino stammenden Wirtes.

Medio Evo, Via dei Rossi 40, ✆ 28 03 15; kleineres, zentrales Restaurant mit toscanischen Spezialitäten in einem Palast aus dem 11. Jahrhundert.

Mercato, Piazza del Mercato 6, ✆ 28 08 94; familienbetriebene Trattoria im besten Sinne, direkt am Marktplatz hinter dem Rathaus; toscanisch-sienesische Gerichte, einfach und relativ preiswert.

Nello La Taverna, Via del Porrione 28, ✆ 28 90 43; beliebtes, zentrales Restaurant mit Wild- und Pilzspezialitäten in schöner Trattoria-Atmosphäre.

Aktivitäten: Bogenschießen: Compagnia Arcieri Senesi, Via Nenni 4, ✆ 22 02 42.
Radsport: Federazione Ciclistica Italiana, Via Cassia Nord 32, ✆ 5 25 05.
Lega Ciclismo UISP, Via Vallerozzi 77, ✆ 4 75 22.

Sinalunga (SI)
PLZ 53048, Vorwahl 0577.

Unterkunft/Restaurant: Locanda Dell' Amorosa**,** Località L' Amorosa (2 km südlich), ✆ 67 94 97; nur 11 Zimmer und 4 Appartements, zauberhaft gelegenes, ehemaliges Landgut auf einem kleinen Hügel über Sinalunga, mit herrlichem Panorama; das Restaurant gilt bereits seit Jahren als ›Institution‹.

Sovana (GR)
PLZ 58010, Vorwahl 0564.

Unterkunft/Restaurants: Taverna Etrusca*,** Piazza del Pretorio 16, ✆ 61 61 83; kleines Hotel (nur 8 Zimmer) im Zentrum zwischen Rathaus und Dom; mit gutem Restaurant.

Scilla*, Via del Duomo 5, ✆ 61 61 81; Pension mit bekannt-gutem Restaurant im Zentrum des Städtchens; beliebtes Quartier bei Wanderern zu den etruskischen Gräbern der Umgebung; die Pension bietet auch geführte Wanderungen an.

Tirrenia (PI)
PLZ 56018, Vorwahl 050.

Information: Ufficio Informazioni Turistiche, Largo Belvedere (nur im Sommer), ✆ 3 25 10.

Unterkunft: Grand Hotel Continental**,** Largo Belvedere 26, ✆ 3 70 31; großzügiges und einziges Hotel des Ortes mit direktem Strandanschluß *(bagno);* Parkhaus, Strand-Restaurant.

Grand Hotel Golf**,** Via dell' Edera 29, ✆ 3 75 45; Golfhotel mit 18 Appartements in einem Park mit Pool und Tennisplatz.

Il Gabbiano*,** Via della Bigattiera 14, ✆ 3 22 23; kleineres, freundliches Hotel (16 Zimmer) ohne Restaurant.

Camping: Saint Michael, Via della Bigattiera, ℘ 3 31 03; nur Juni bis September geöffnet; ebenes Wiesen- und Sandgelände mit alten Laub- und Nadelbäumen am Rande einer Villensiedlung.

 Restaurant: Dante e Ivana, Via del Tirreno 207c, ℘ 3 25 49; nur 30 Plätze kleines, beliebtes Spezialitätenrestaurant mit gehobenen Preisen.

 Aktivitäten: Golf: Cosmopolitan (18 Loch), ℘ 3 30 85.

Uzzano Castello (PT)
PLZ 51010, Vorwahl 0572.

 Restaurant: Bigiano, Via Bardelli 5, ℘ 47 63 41; typisches toscanisches Restaurant im mittelalterlichen Ort mit Panorama-Terrasse; abends Pizza vom Holzofen; feine Grappa-Auswahl.

Viareggio (LU)
PLZ 55049, Vorwahl 0584.

 Information: APT Versilia, Viale Carducci 10, ℘ 96 22 33.

 Unterkunft: Astor**,** Viale Carducci 54, ℘ 5 03 01; vielleicht das ›beste Haus am Platze‹, direkt an der Meerespromenade gelegen.
Excelsior**,** Viale Carducci 88, ℘ 5 07 26; traditionsreiches Hotel an der Meerespromenade.
Palace Hotel**,** Via Flavio Gioia 2, ℘ 4 61 34; mit dem guten Restaurant Il Cancello.

Principe di Piemonte*,** Piazza Puccini 1, ℘ 5 01 22; traditionsreiches Hotel im Liberty-Stil.
Dei Gigli,** Via Giusti 13, ℘ 5 01 45; mit bekannt-gutem Restaurant.

 Restaurants: Il Patriarca, Viale Carducci 79, ℘ 5 31 26; ein *in*-Restaurant der Spitzenklasse an der Meerespromenade.
La Darsena, Via Virgilio 172, ℘ 39 27 85; tagsüber preiswerte, begehrte Trattoria nach alter Tradition, wie es sie im feinen Viareggio sonst nicht mehr gibt, abends eleganter dekoriert, mit besserem Service und daher teurer; fangfrischer Fisch und Meeresfrüchte, ob als Antipasti di Mare, Spaghetti mit Meeresfrüchten oder frittiert.
L' Oca Bianca, Via Coppino 409, ℘ 38 83 18; Top-Restaurant südlich des Hafens.
Margherita, Lungomare Margherita 30, ℘ 96 25 53; wunderschönes Ambiente auf der Meerseite der Hauptpromenade.
Romano, Via Mazzini 120, ℘ 3 13 82; Luxusrestaurant mitten in der Stadt; Spezialitäten aus dem Meer, Weine aus der Toscana (Chianti und *Montecarlo Bianco*).

Vinci (FI)
PLZ 50059, Vorwahl 0571.

 Information: im Museum.

 Unterkunft: Alexandra*,** Via dei Martiri 38 (südlich des historischen Zentrums), ℘ 5 62 27; freundliches Hotel mit moderner Dependance und ordentlichem

Restaurant/Pizzeria, für Durchreisende geeignet.

Volterra (PI)
PLZ 56048, Vorwahl 0588.

 Information: Pro Loco, Via Turazza, ✆ 8 61 50.

 Unterkunft: San Lino****, Via San Lino 26, ✆ 8 52 50. **Nazionale***,** Via dei Marchesi 11, ✆ 8 62 84.

🍴 **Restaurants: Da Badò,** Borgo San Lazzero 9, ✆ 8 64 77; preiswerte, bei den Volterranern sehr beliebte Trattoria (nur mittags geöffnet), mit den typischen Gerichten aus Volterra wie *Crostini* mit Pilzsoße, *Pappardelle* mit Hasenragout, Kaninchenbraten oder *Cinghiale in Umido*. **Osteria dei Poeti,** Via Matteotti 55/57, ✆ 8 60 29; ordentliches, von Touristen gerne besuchtes Restaurant im Altstadtkern.

Reiseinformationen von A bis Z

Anreise ...

... mit dem Flugzeug

Ganzjährig angeflogen werden die Flughäfen von Florenz und Pisa; von Pisa Schnellzugverbindung nach Florenz sowie jeweils Flughafenbus. An beiden Flughäfen befinden sich die Büros der **Autovermietungen,** aber während der Hauptsaison (Ostern, Frühjahr und Spätsommer) Wagen unbedingt rechtzeitig reservieren!

... mit der Bahn

Gute Bahnverbindungen nach Florenz und zu den anderen größeren Städten. Massa, Carrara, Pisa, Livorno, Grosseto, Arezzo und Florenz liegen an den Haupteisenbahnlinien: Genua/Ligurien – Rom beziehungsweise Mailand – Bologna – Florenz – Rom.

Die Eisenbahnverbindungen innerhalb der Toscana sind zwar nicht überwältigend, aber immerhin:
– entlang der Küste von La Spezia/Ligurien, die Versilia südwärts, über Pisa, Livorno, Cécina nach Grosseto und weiter Richtung Rom;
– von Pisa über Empoli nach Florenz;
– von Pisa über Empoli nach Siena und weiter in die Valdichiana;
– Florenz – Arezzo – Castiglion Fiorentino – Cortona – Chiusi und weiter Richtung Orvieto/Umbrien beziehungsweise Rom;
– von Siena über Buonconvento auf die Hauptstrecke nach Grosseto;
– sehr wichtig: Viareggio – Lucca – Montecatini – Pistoia – Prato – Florenz.

... mit dem Bus

Fast jeder toscanische Ort ist mit dem Autobus erreichbar, meist mit mehreren (halbstaatlichen) Unternehmen. Besonders dicht sind die Verbindungen innerhalb einer Provinz von der Provinzhauptstadt aus und zwischen den Provinzhauptstädten generell, speziell von Florenz aus. Für Überlandfahrten müssen die Fahrscheine vor Antritt der Reise gekauft werden: bei den Busgesellschaften, in manchen Tabakläden und an Zeitungskiosken.

... mit dem Auto

Gültiger nationaler Führerschein und die üblichen Kfz-Papiere genügen, wobei die ›Grüne Versicherungskarte‹ im Falle eines Unfalls immer nützlich ist, wenn auch nicht vorgeschrieben.

Die üblichen Autorouten nach Florenz: aus Deutschland und Österreich über Innsbruck und den Brenner nach Verona und Bologna, aus der Schweiz über den St. Gotthard nach Mailand, Parma und Bologna, von dort die tunnelreiche A 1 nach Florenz. Immer auf ausgezeichneten, wenn auch gebührenpflichtigen Autobahnen durch Italien (und zum Teil auch durch Österreich: Europa-Brücke/Brenner).

Wer Zeit hat, sollte die reizvolleren Nebenstrecken wählen. Tips von West nach Ost:
– Von Parma statt über die Autobahn A 15 über die serpentinenreiche Bergstraße S.S. 62 durch die Lunigiana Richtung La Spezia/Ligurien: Der Passo della Cisa (1039 m) an der

toscanisch-emilianischen Grenze ist kein Problem. Bei Santo Stefano di Magra stößt die S.S. 62 auf die S.S. 1 Via Aurelia, die entlang der toscanischen Küste bis nach Rom führt.

– Von Reggio nell' Emilia/Emilia Romagna auf der schmalen, landschaftlich wunderschönen S.S. 63 über den Passo del Cerreto (1261 m) in die Toscana: etwas für Leute, die gerne Auto fahren. Über Fivizzano, wo eine großartige toscanische Folkloregruppe zu Hause ist, auf die S.S. 62 zu oder Richtung Carrara auf der S.P. 446. Wer Zeit hat, wählt (bei schönem Wetter) die S.P. vor Fivizzano nach Südosten Richtung Castelnuovo di Garfagnana und genießt gleich die mit Kastanienbäumen übersäte Garfagnana auf der Weiterfahrt nach Bagni di Lucca. Den Serchio entlang geht es bis Lucca, wo man auf die Autobahn A 11 Firenze – Mare stößt.

– Von Modena/Emilia Romagna über die ebenfalls kurvenreiche S.S. 12 durch eine der schönsten emilianischen Landschaften (Käseproduktion!) nach Abetone (1388 m): der beliebteste Wintersportort der Toscana mit Skilift bis 1892 m Höhe; von hier stammen die besten Steinpilze *(Funghi Porcini)* der Region, die man auch getrocknet kaufen kann. An der Kreuzung La Lima kann man sich für die Weiterfahrt auf der S.S. 12 nach Bagni di Lucca oder für die S.S. 65 weiter östlich Richtung Pistoia entscheiden.

– Ebenfalls nach Pistoia führt die geradezu harmlose S.S. 64 von Bologna über den Kurort Porretta Terme/Emilia Romagna in nur 349 m Höhe. Den 932 m hohen Passo di Porretta erreicht man durch einen Tunnel und eine aussichtsreiche Serpentinenstraße.

– Schön, aber schmal ist die parallel zur A 1 Bologna – Florenz im Westen führende S.P. 325 entlang des Bisenzio-Flusses nach Prato zur A 11 Firenze – Mare.

– Wiederum parallel zur A 1 (aber im Osten davon) führt die S.S. 65 von Bologna nach Florenz. Der Passo di Raticosa an der Regionalgrenze ist 968 m hoch, der folgende Passo di Futa 903 m. Auf dieser Strecke erreicht man Florenz über das Mugello.

– Von der A 14 oder S.S. 9 Bologna – Rimini fährt man in Forli auf die S.S. 67 Richtung Florenz. Nur am Passo del Muraglione in 907 m Höhe nahe der Regionalgrenze ist die Strecke sehr serpentinenreich, sonst bequem zu fahren. Ab Dicomano folgt man dem Lauf des Sieve-Flusses bis Pontassieve und hat keine 20 km mehr bis Florenz zurückzulegen.

– Fährt man schließlich weiter durch die Emilia Romagna Richtung Rimini, stößt man noch vor Cesena auf die fast fertig als vierspurige (kostenlose) Superstrada ausgebaute S.S. 71, die in den Nordostzipfel der Toscana, ins Casentino und weiter über Sansepolcro durch Umbrien (Città di Castello) nach Chiusi führt.

Reisen zu den toscanischen Inseln

Während der hochsommerlichen Saison ist unbedingt eine Vorausbuchung der Fährplätze trotz Buchungsgebühren zu empfehlen (Auskünfte bei den ENIT-Büros). Als einzige toscanische Insel kann **Elba** im Sommer sogar international mit kleinen Maschinen angeflogen werden (ab München und Zürich). Sonst sind die größeren, frei zugänglichen Inseln mit der Fähre zu erreichen.

Die private Fährlinie NAV.AR.MA Lines (auch in Reisebüros z. B. über SEETOURS zu buchen) mit Hauptsitz in **Portoferraio/Elba** verbindet die Insel ganzjährig mit Piombino auf dem Festland gegenüber, in der Hauptsaison bis zu 18mal pro Tag, außerhalb der Saison werktags bis zu 8mal. Überfahrt: ca. 1 Stunde. Die Fahrpreise sind relativ niedrig, Fahrräder, Hunde (nur mit Maulkorb) und Katzen fahren kostenlos mit.

Die halbstaatliche Fährlinie TO.RE.MAR mit Sitz in Livorno verbindet Livorno mit den Inseln: Gorgona (1½ Stunden Fahrzeit), Capraia (2½ Stunden direkt, über Gorgona 3 Stunden und 20 Minuten), Elba (Portoferraio direkt 3 Stunden, über die kleineren Inseln knapp 5 Stunden). Piombino – Portoferraio (1 Stunde Fahrzeit, über Cavo 20 Minuten länger); Piombino – Rio Marina – Porto Azzuro – Pianosa (rund 3 Stunden Fahrzeit), nur zwischen Porto Azzuro/ Elba und der Insel Pianosa knapp 1½ Stunden.

Zur Insel **Giglio** gelangt man (Autos sind nicht gerne gesehen) von Porto Santo Stefano aus in 55 Minuten, im Sommer 8 mal hin und zurück.

Die TO.RE.MAR setzt auch Tragflügelboote ein: zwischen Portoferraio, Cavo und Piombino (Fahrzeit insgesamt 30 bis 40 Minuten). Die Kosten für die Überfahrt mit dem Tragflügelboot sind etwa doppelt so hoch wie mit der Fähre.

Eine wöchentliche Busverbindung zwischen München und Elba (inklusive Fähre und Hoteltransfer) unterhält während der Saison INS-Reisen, Heidemannstraße 220, 80939 München, ✆ 089-32 30 40 (mit und ohne Hotelbuchung).

Das eigene Boot im Gepäck

Robinson-Ferien von Bucht zu Bucht, insbesondere im Toscanischen Archipel, sind eine großartige Urlaubsvariante. Bei Schlauchbooten sind keine Formalitäten nötig, für Motorboote über drei Steuer-PS besteht Haftpflichtversicherungszwang. Die ›Blaue Karte‹ gibt es bei der Heimat-Versicherungsgesellschaft (in Italien zwar auch, aber umständlicher).

Apotheken

Apotheken (italienisch *Farmacia*) sind meistens genauso häufig vertreten wie nördlich der Alpen. Die Auswahl an Medikamenten entspricht dem internationalen Standard, die Preise liegen inzwischen nur noch geringfügig darunter.

Ärztliche Versorgung

In Italien gibt es relativ viele deutschsprechende Ärzte, deren Anschrift man normalerweise im Hotel erfährt. Die großen Hotels, insbesondere in den Kurorten, haben eigene Vertragsärzte (und Masseure). Der medizinische Standard entspricht in der Toscana dem mitteleuropäischen.

Deutsche und Österreicher, die einer gesetzlichen Krankenversicherung angehören, brauchen von ihrer Kasse nur eine Anspruchsbescheinigung, die in Italien bei Bedarf der INAM vorgelegt werden muß. Sie ist in allen größeren Orten vertreten. Schweizer Staatsbürger werden von vornherein wie Privatpatienten behandelt, sie müssen die Arztrechnung gleich zahlen und können sie dann mit ihrer Kasse zu Hause verrechnen.

Für alle Fälle ist allen Pflichtversicherten zu empfehlen, wenigstens für die Reisedauer eine Auslands-Krankenversicherung abzuschließen, damit sie im Bedarfsfall als Privatpatienten zu einem Arzt ihrer Wahl gehen können. **Rettungsdienst:** italienweit 113 (Polizei).

Auskunft/ Informationsstellen

Ausführliches Informations- und meistens auch gutes Kartenmaterial gibt es im deutschsprachigen Raum bei den Büros des Staatlichen Italienischen Fremdenverkehrsamtes ENIT.

In Deutschland:

Kaiserstraße 65
60329 Frankfurt a. M.
℘ 0 69–23 71 09 und 23 74 30

Berliner Allee 26
40212 Düsseldorf
℘ 02 11–13 22 32

Goethestraße 20
80336 München
℘ 0 89–53 03 69 und 53 03 60

In Österreich:

Kärntnerring 4
1010 Wien
℘ 01–5 05 43 74 und 55 16 39

In der Schweiz:

Uraniastraße 32
8001 Zürich
℘ 01–2 11 36 33 und 2 11 36 34

In der Toscana:

Für die gesamte Region Toscana: Regione Toscana Turismo e Comercio, Via di Novoli 26, I-50100 Firenze, ℘ 0039–55–43 86 80.

Für die einzelnen touristischen Gebiete, nicht immer mit den Provinzen identisch, sind die 1989 neu geschaffenen APT (Azienda di Promozione Turistica) zuständig. (Die Kürzel der zehn Provinzen sind für die Zuordnung der APT-Sitze wichtig, s. S. 338).

APT 1 **Versilia:** Viale Giuseppe Carducci 10, 55049 Viareggio (LU), ℘ 05 84-4 88 81

APT 2 **Toscanischer Archipel:** Calata Italia 26, 57037 Portoferraio/Elba (LI) ℘ 05 65-9 14 6 71

APT 3 **Montecatini Terme, Val di Nievole:** Viale Verdi 66, 51016 Montecatini Terme (PT), ℘ 05 72-7 82 00 und 77 22 44

APT 4 **Chianciano Terme, Valdichiana:** Via Giuseppe Sabatini 7, 53042 Chianciano Terme (SI), ℘ 05 78-6 35 38

APT 5 **Florenz mit Provinz:** Via Alessandro Manzoni 16, 50121 Firenze, ℘ 0 55-2 33 20; für die Stadt allein: Azienda Autonoma di Turismo AAT, Via de' Tornabuoni 15, 50100 Firenze, ℘ 0 55-2 16 5 44

APT 6 **Grosseto und Provinz:** Via Monterosa 206, 58100 Grosseto, ℘ 05 64-45 45 10

APT 7 **Livorno und Provinz:** Piazza Cavour 6, 57100 Livorno, ℘ 05 86-89 81 11; Informationsbüro am Hafen, ℘ 89 53 20

APT 8 **Massa und Carrara mit Provinz:** Via Alessandro Vespucci 26, 54037 Marina di Massa (MS), ℘ 05 85-24 00 46 (auch für die Nord-Versilia)

APT 9 **Pisa und Provinz:** Via Croce 26, 56125 Pisa, ✆ 0 50-4 00 96; Informationsbüro Piazza del Duomo, ✆ 56 04 64

APT 10 **Siena und Provinz:** Via di Città 43, 53100 Siena, ✆ 05 77-4 22 09 und 28 06 06; Informationsbüro am Campo

APT 11 **Arezzo und Provinz:** Piazza Risorgimento 116, 52100 Arezzo, ✆ 05 75-2 39 52

APT 12 **Abetone/Pistoia/Pistoieser Berge:** Via Marconi 16, 51028 San Marcello Pistoiese (PT), ✆ 05 73-63 01 45

APT 13 **Lucca und Provinz:** Piazza Guidiccioni 2, 55100 Lucca, ✆ 05 83-49 12 05

APT 14 **Prato und Provinz:** Via Luigi Muzzi 51, 50047 Prato, ✆ 05 74-3 51 41

APT 15 **Amiata-Gebiet:** Via Mentana 97, 53021 Abbadia San Salvatore (SI), ✆ 05 77-77 86 08

Die kleineren Orte verfügen über eigene Touristenbüros, meist an Hauptplätzen oder bei den wichtigsten Sehenswürdigkeiten, unter der Bezeichnung *Pro Loco* oder *Informazioni* zu finden.

Autofahren

Ob das eigene Auto oder ein Leihwagen – leider ist es immer noch ein trauriges Kapitel: Vor Diebstahl ist man auch in der Toscana nicht sicher, speziell in den touristischen Zentren (große Städte, Strandorte)

Die Autobahngebühren sind saftig, aber die Strecken hervorragend ausgebaut: A 15 Parma – La Spezia – Carrara – Pisa – Livorno, A 11 Viareggio – Lucca – Florenz (Firenze –

Mare), A 1 Bologna – Florenz – Montepulciano – Chiusi, A 12 Viareggio – Lucca.

Für die Autobahngebühren empfiehlt sich die **Viacard** (für 50 000 oder 90 000 Lire), mit der man spezielle Autobahnausfahrten benutzen darf, man spart also nicht nur Wartezeit, sondern auch das lästige Suchen nach dem passenden Kleingeld. Die Magnetkarten gibt es an den Grenzübergängen, bei den Automobilclubs sowie bei einigen Banken zu kaufen.

Durch die Toscana führen weiterhin gebührenfreie *Superstrade,* autobahnähnliche, vierspurige Straßen: zwischen Florenz und Siena, zwischen Florenz und Pisa südlich der Autobahn Firenze – Mare mit Anbindung an Livorno (also Livorno – Florenz), zwischen Livorno und Grosseto, zwischen Arezzo, Sinalunga und Lago Trasimeno Richtung Perugia, ein Stück der Via Aurelia entlang der Versilia parallel zur Autobahn A 15 sowie die Via Aurelia von Grosseto nach Rom.

Der italienische **Automobilclub** ACI (vertreten an allen wichtigen Stellen und in den Provinzhauptstädten) steht auch den Mitgliedern eines ausländischen Automobilclubs kostenlos zur Verfügung; der Straßenhilfsdienst ist italienweit unter der Rufnummer **116** erreichbar.

Das **Tankstellennetz** ist dicht, allerdings werden die Öffnungszeiten ziemlich strikt eingehalten: mittags zwischen 12.30/13 und 15.30/16 und ab 19/20 Uhr geschlossen! Man findet aber immer häufiger Tankstellen mit 24-Stunden-Service (meist per Automaten, die mit 10 000-Lire-Scheinen gefüttert werden müssen). Bleifreies Benzin ist inzwischen auch in Italien kein Problem mehr; Normal-Benzin ist nicht zu empfehlen, man

tankt am besten gleich Super; Diesel
ist preiswerter als Benzin.

Italiener sind Meister in Sachen
Autoreparatur, an jeder Tankstelle
können auch kleinere Schäden behoben werden.

Diebstahl

In den größeren Städten und touristischen Zentren den Wagen niemals auf
unbewachten Parkplätzen stehen lassen. Keine Wertgegenstände oder für
den Reisenden wichtige Dinge unbe-
aufsichtigt zurücklassen. Bewachte
Garagen nützen nur etwas, wenn sie –
was selten der Fall ist – versichert
sind. Hotelgaragen, zwar meist teuer,
sind am sichersten, weil sich kein
Hotelier einen Gast verärgern möchte
und deshalb die nötige Vorsorge trifft.

In Florenz und an anderen touristischen Brennpunkten ist man vor
Handtaschendiebstahl nicht sicher, vor
allem nach Einbrechen der Dunkelheit.
Also lieber nicht allzuviel Bares mit
sich führen und auch Ausweispapiere
besser im Hotelsafe aufbewahren.

Diplomatische Vertretungen

Italienische Botschaft ...

... in Deutschland:
Karl-Finkelnburg-Straße 49–51,
53173 Bonn,
℘ 02 28–82 20.

... in Österreich:
Metternichgasse 13,
1030 Wien,
℘ 01–7 12 51 21-3.

... in der Schweiz:
Elfengasse 14,
3006 Bern,
℘ 031–3 52 41 51-5.

Konsularische Vertretung ...

... in Florenz:
Honorarkonsulat der Bundesrepublik
Deutschland, Lungarno Vespucci 30,
℘ 0 55-29 47 22;
Konsulat der Republik Österreich, Via
dei Servi 9, ℘ 0 55-2 38 20 14;
Schweizerisches Konsulat, Piazzale
Galileo 5, ℘ 0 55-22 24 34.

... in Livorno:
Honorarkonsulat der Bundesrepublik
Deutschland, Piazza della Vittoria 56,
℘ 05 86-89 00 08.

Einkaufen

Traditionelle Mitbringsel sind kunst-
handwerkliche Artikel und hochwer-
tige Mode, Antiquitäten und Schmuck,
Alabaster- und Kunstschmiedearbeiten,
Lebensmittel wie Pecorino, Wild-
schweinschinken und -würste,
Olivenöl, Wein und Grappa.

Einreise- und
Zollbestimmungen

Für die Einreise von Bundesdeutschen,
Österreichern und Schweizern nach
Italien genügt der gültige Personalaus-
weis, zum Fahren der nationale Führerschein.

Zollkontrollen sind selten, im Zuge
der Liberalisierung dürften sie innerhalb der EU bald überhaupt keine
Rolle mehr spielen. Generell können
Gegenstände des persönlichen

Bedarfs in unbegrenzter Menge sowohl ein- als auch ausgeführt werden. In Italien gekaufte Gegenstände sind offiziell bis zu einem Warenwert von 1235 DM zollfrei. Anders bei Antiquitäten: Sie darf man eigentlich nur mit einer Sondergenehmigung der Kunstkammer ausführen.

Elektrizität, Maße und Gewichte

Generell gelten 220 Volt Wechselstrom, doch der Phantasie italienischer Steckdosen und Systeme sind keine Grenzen gesetzt: Die deutschen Schukostecker passen selten, man braucht Zwischenstecker, die man aber in jedem Elektro- oder Haushaltswarengeschäft erhält.

Die Maße sind die gleichen wie nördlich der Alpen, folgen also dem metrischen System. Mit einer Ausnahme: 100 g werden als *un etto* bezeichnet, 200/300 g heißen dementsprechend *due/tre etti;* den Begriff ›Pfund‹ für 500 g kennt man hier nicht, man bestellt ein halbes Kilo, also *mezzo chilo.*

Essen und Trinken

In den Ferienhotels an der Küste und in den Kurorten hat man die Eßzeiten an den mitteleuropäischen Standard angelehnt, es wird also relativ früh gegessen (auf den entsprechenden Anschlag im Hotel achten). Nicht so in den typisch toscanisch beziehungsweise italienisch gebliebenen Hotels und Restaurants:

Frühstück *(piccola colazione)* gibt es da kaum beziehungsweise nur auf besonderen Wunsch, ist meistens extra zu zahlen und ungerechtfertigt teuer. Die Italiener gehen nämlich um die Ecke in die nächste Bar, trinken einen Espresso, Caffè oder Cappuccino und essen dazu höchstens ein süßes Gebäck, das sie sich meistens selber von der Theke holen.

Mittagessen *(colazione* oder *pranzo)* wird zwischen 13 und 15 Uhr serviert. Üblich ist ein Vorspeisenbuffet (Antipasto) mit *Crostini* oder *Bruschetta,* danach als *primo piatto* eine Gemüsesuppe *(Minestra)* oder Pasta (eigentlich nicht typisch toscanisch, aber internationalisiert), gefolgt vom *secondo,* dem Hauptgang aus Fisch oder Fleisch, die Beilage *(contorno)* dazu ist normalerweise gesondert zu bestellen.

Formaggio (Käse) und darauf *frutta,* (Obst) und/oder *dolci* (Süßspeisen) folgen. Zum Abschluß wird ein Caffè getrunken, nach Geschmack mit einem Digestivo wie Grappa veredelt. *(caffè corretto).*

Das Abendessen *(cena)* unterscheidet sich kaum vom Mittagessen, es fällt vielleicht noch opulenter aus. – Wichtig: die Tischreservierung!

Kleiner Restaurantführer

Generell gilt in der Toscana: Die einfachsten Restaurants können die besten sein, meistens liegen sie irgendwo abseits in der Stadt oder gar in den Bergen, auf dem flachen Land etc. Man verläßt sich am besten auf Empfehlungen. Fast jeder Toscaner ist ein Feinschmecker, und wenn man ihm klar machen kann, was man besonders mag, dürfte eigentlich nichts schief gehen.

Nachfolgend ein paar Anhaltspunkte zu den Restaurantarten:

Ristorante ist ein richtiges Restaurant im mitteleuropäischen Sinne.

Trattoria nennt man ein einfaches, familiengeführtes Gasthaus mit für die Region typischen Speisen, auf dem Lande wie in der Stadt. Es ist allerdings inzwischen Mode, auch feinste Restaurants als Trattorien zu bezeichnen, wenn sie diesen Charakter betonen wollen. Ein Blick auf die Speisenkarte, die draußen vor dem Eingang aushängen sollte, gibt Sicherheit. Schon die Höhe des *coperto* (Gedeck) verrät die Preislage des Lokals.

Tavola calda bedeutet, hier gibt es warme, vorbereitete Gerichte, auch im Stehen und zum Mitnehmen – eine Art Schnellimbiß, aber mit toscanischen beziehungsweise italienischen Spezialitäten.

Rosticceria ist ebenfalls eine Art Schnellimbiß, ursprünglich wurden hier Hähnchen, Würste, Rindfleisch etc. vom Holzfeuerrost angeboten, heute sind Rosticcerie teilweise zu einer teuer-feinen Einrichtung umgewandelt.

Pizzeria dürfte weltweit die bekannteste italienische Restaurantvariante sein, mit einer großen Pizza-Auswahl, aber auch immer mehr mit einer größeren Speisenkarte.

Osteria ist eine aussterbende Spezies unter den italienischen Lokalen, zumindest wenn man die klassische Osteria meint: ein Weinlokal, in das man das eigene Essen mitbringt. Inzwischen sind richtige Edel-Osterien eröffnet worden, die sich dem gemütlichen Charakter dieser Lokalart verpflichtet fühlen. Sie kommen in allen Preislagen wieder in Mode, vor allem seit der heiß geliebten Welle des *slow food,* des langsamen, genießerischen Essens im Gegensatz zum weltweiten

fast food. Mit dem dickleibigen Führer »Osterie d' Italia« (s. Lesetips S. 382) reist man genau richtig, wenn man die echte toscanische Küche kennenlernen und genießen möchte.

Bar heißt der Stehausschank für Espresso/Caffè, Säfte und alkoholische Getränke sowie *pannini* (belegte Brötchen) und Süßigkeiten. Erst zahlt man an der Kasse, was man sich an der Theke geben lassen will, und verzehrt es im Stehen oder an einem der meist wenigen Tischchen (mit Preisaufschlag, der in touristischen Zentren saftig ausfallen kann). In vielen Bars kann man sich ein belegtes Brötchen oder Brot auch nach Wunsch zubereiten lassen: In der Vitrine liegen Käse und Wurst, Schinken, Tomaten und sauer Eingelegtes zur Auswahl.

Coperto muß sein

Anfänger in Sachen Italienreisen werden sich vielleicht über das *coperto* wundern: Frische Tischdecke, Stoffserviette und reichlich Brot haben aber ihren Preis! Das *coperto* dient als Maßstab für die Kategorie des Restaurants: je einfacher, desto niedriger – und umgekehrt.

Die Empfehlung

In vielen typischen und ländlichen Restaurants mit *cucina casalinga,* nach Hausfrauenart, erhalten italienische Gäste erst gar keine Speisekarte. Wirt oder Wirtin erklären die Spezialitäten des Tages, welche Variationsmöglichkeiten es gibt und welche Weine dazu passen. Das ist die beste Art, die toscanische Küche kennenzulernen. Über den Preis spricht man nicht, weil die Stammgäste wissen, was man in etwa zahlt.

In guten beziehungsweise beson- ders beliebten Restaurants und Tratto- rien ist es unbedingt notwendig, zumindest für das Abendessen einen Tisch zu reservieren (dabei hilft die Hotelrezeption).

Ruhetage beachten! Viele Restau- rants schließen montags, wenn sie am Wochenende geöffnet haben; bei Geschäftsleuten und Angestellten beliebte Restaurants schließen dage- gen am Wochenende.

Wichtig: Nach jeder Mahlzeit eine Quittung ausstellen lassen, da die Steuerpolizei berechtigt ist, auch nach Verlassen des Lokals danach zu fra- gen. Kann man nichts vorlegen, macht man sich ebenso wie der Wirt straf- bar und muß mit Schwierigkeiten rechnen, die zumindest teuer werden können.

Fotografieren

Filmmaterial ist in Italien und damit auch in der Toscana teurer als in der Bundesrepublik, ein genügender Vor- rat an Filmen ist also empfehlenswert. Man hat allerdings kaum Schwierig- keiten, irgendeine Filmsorte zu bekom- men.

Fotografieren ist in manchen Museen, allerdings nur ohne Blitz, möglich, ebenso in den Sakralbauten. Wobei es eine Selbstverständlichkeit sein müßte, daß man während der Gottesdienste in den Kirchen weder herumgeht noch fotografiert. Da die wichtigsten Sehenswürdigkeiten in den Kirchen meistens relativ dunkel stehen, lassen sie sich häufig (durch Münzeinwurf) für kurze Zeit beleuch- ten. Die Suche nach dem Lichtauto- maten lohnt sich für Kenner immer!

Geld und Banken

Die italienische Währung ist die Lira, 1000 Lire (LIT) entsprechen ca. 1 Mark, 0,90 Schweizer Franken und ca. 7 österreichischen Schilling. In Ita- lien zu wechseln, ist meistens lohnen- der als im Ausland. Hotels, Restau- rants und Geschäfte akzeptieren im allgemeinen Eurocheques und vor allem Kreditkarten. Mit der Eurocard kann man an vielen Geldautomaten mit Hilfe des privaten Codes wie zu Hause Geld abheben, und immer häufiger auch mit anderen Kredit- karten.

Mit Rückzahlungskarten der Bun- despost (rechtzeitig beantragen) kön- nen Inhaber von Postsparbüchern bei italienischen Postämtern Geld abhe- ben. Öffnungszeiten der Banken und Postämter s. S. 377.

Karten

Bei den ENIT-Büros erhält man kostenlos recht ordentliches Karten- material, in der Toscana vor Ort von den einzelnen Provinzen und Gemein- den auch gute Detailkarten bezie- hungsweise Stadtpläne (nicht ganz aktuell wegen der neuen Superstrade, aber übersichtlich: »Toscana« im Maß- stab 1 : 280 000).

Wer eine Gesamtübersicht für die Toscana-Reise haben möchte, kann sich auch vorweg mit Kartenmaterial eindecken: z. B. mit der übersichtli- chen »Eurocart Toscana – Emilia Romagna – Marken – Umbrien – Lazio«, RV Verlag, 1 : 300 000 oder »Toscana«, Kümmerly + Frey, 1 : 200 000 sowie »Toscana«, Touring Club Italiano TCI, 1 : 200 000.

Kinder

Die Toscana ist kein ausgesprochenes Kinder-Reiseland. Es sei denn, man reist an die Küste oder mietet sich ein Ferienhaus auf dem Lande. Einige wenige Urlaubszentren haben sich auf Familienferien spezialisiert, vor allem an der Riviera degli Etruschi (im Süden der toscanischen Küste); diese Anlagen werden auch über Reiseveranstalter angeboten.

Öffentliche Verkehrsmittel

Die Toscana ist mit öffentlichen Verkehrsmitteln hervorragend erschlossen, wenn es um die historischen Zentren beziehungsweise die Provinzmetropolen geht – weniger in den rein ländlichen Gebieten, für die zu bereisen man besser einen Wagen benutzt – oder ein Fahrrad!

Die Innenstädte sind mit Linienbussen gut erschlossen, aber es lohnt sich praktisch in keiner toscanischen Stadt, auch in Florenz kaum, sie zu benutzen: Meist sind sie voll besetzt und die Entfernungen außerdem gering.

Die Taxikosten liegen niedriger als nördlich der Alpen.

Öffnungszeiten

Banken öffnen im Normalfall Montag bis Freitag ca. 8.30–13.30 und 14.45–15.45 Uhr, in touristischen Zentren auch länger und z. T. auch samstags; Wechselstuben haben den ganzen Tag geöffnet.

Postämter sind Montag bis Freitag 8.25–14, samstags bis 12 Uhr, Hauptpostämter teilweise ganztags geöffnet.

Geschäfte und Apotheken bleiben Montag bis Freitag 8.30–12.30 und 15.30/16–19/20 Uhr, auch samstags nachmittags häufig geöffnet, sonntags nur in touristischen Zentren während der Saison. Viele Geschäfte schließen dafür am Montag, z. T. nur vormittags (z. B. in Florenz). Apotheken haben natürlich abwechselnd einen Notdienst, der an jeder *farmacia* angeschlagen wird.

Polizei

Die italienische Polizei ist generell sehr hilfsbereit. Dabei sind die staatlichen *carabinieri* meist strenger als die häufig sehr freundliche *polizia comunale* der Gemeinden und die *polizia stradale,* die Straßenpolizei. Außerdem gibt es in den touristischen Zentren eine spezielle Touristenpolizei, mehrsprachig und sehr ortskundig: Sie helfen bei der Parkplatzsuche, mit Angaben von Öffnungszeiten etc.

Notruf: Polizei 112, Rettungsdienst 113, Autohilfsdienst des ACI 116.
Deutschsprachiger Notrufdienst in Rom: ✆ 06-4 95 47 30.

Post

Briefmarken gibt es auf den Postämtern und in den Tabacchi, den Tabakläden.

Reisezeit

Für Strandferien ist die beste Reisezeit der Sommer, für Kulturreisen Frühjahr und Herbst, wobei in der Zeit zwischen Ostern und Ende September

z. B. in Florenz Massenansammlungen in und vor den Museen garantiert sind, man also bei echtem Kunst-Hunger tatsächlich den Winter als beste Reisezeit einplanen sollte. Dieser kann in den Städten am Arno generell recht mild ausfallen, also auch in Prato und Pistoia, Lucca und Pisa. Die Sommer sind in der Ebene schwül und heiß mit Durchschnittstemperaturen von 25 °C, die Winter in den Bergen recht kühl mit knapp 5 °C. Im Gebiet von Abetone im Norden und am Monte Amiata im Süden der Toscana kann man im Winter sogar Skilaufen.

Sport/Urlaubsaktivitäten

Angeln im Meer ist ohne Genehmigung möglich, in Flüssen, Bächen (besonders gut in der Garfagnana und der Maremma) und Seen nur mit Erlaubnis der zuständigen Verwaltung (im Fremdenverkehrsbüro erfragen).

Golfplätze haben ein eigenes Publikum in die Toscana gebracht. Der erste, berühmteste, ist noch immer der Golfplatz Ugolino südlich von Florenz mit einem herrlich alten Baumbestand. Austragungsort internationaler Wettbewerbe wurde aber mehr der Golfplatz von Punta Ala mit den Edelherbergen ringsum. Montecatini Terme ist auf seinen Golfplatz nahe Monsummano Terme besonders stolz, weitere Plätze in Tirrenia und Forte dei Marmi.

Jagen können auch Touristen, wenn sie vom Konsulat ihres Wohnortes einen Jagdschein vorweisen. Der Schein wird von der Grenzpolizei abgestempelt und gilt als Jagderlaubnis wie zur Einführung eines Jagdgewehrs mit Patronen. Dann muß noch die entsprechende Provinzialverwal-

tung die Jagd genehmigen. – Etwas zu viel Aufwand für die eigentlich uninteressanten Jagdgründe, auch weil die Toscaner selber wie die meisten Italiener dieser Leidenschaft im Übermaß frönen.

Motorbootsport ist insbesondere möglich von Marina di Carrara aus, von Marina di Massa, Viareggio, Punta Ala (der größte Yachthafen der toscanischen Küste) und auf Elba.

Pferderennbahnen befinden sich in Florenz, Grosseto, Livorno, Montecatini Terme und Pisa.

Radfahren in der Toscana lohnt vor allem in den sanften Hügellandschaften und erst recht in den Flußebenen. Inzwischen kann man sogar in Florenz ein Fahrrad mieten, um damit die Stadt zu erkunden (z. B. an der Piazza della Repubblica).

Reitmöglichkeiten bieten immer mehr ländliche Betriebe (Agriturismo), speziell in Follónica, Livorno, Marina di Massa, Orbetello, Pisa und Viareggio, aber auch die Reitclubs von Florenz und Umgebung.

Segeln kann man entlang der gesamten toscanischen Küste (auch Segelschulen), insbesondere an der Versilia und der Riviera degli Etruschi sowie auf den Inseln, speziell auf Elba.

Tauchschulen gibt es in Livorno, Castiglioncello, Piombino und in Rio Marina/Elba. Unterwassersport ist generell ohne Lizenz erlaubt und besonders schön an den Felsenküsten der Inseln und in Abschnitten der Riviera degli Etruschi.

Tennisplätze besitzt jede größere Stadt und jeder Kur- oder Erholungsort. Gäste sind in den Clubs meist willkommen, am ehesten aber auf hoteleigenen Plätzen. Besonders viele Tennisplätze findet man an der Versilia und auf Elba.

Wandern/Bergsteigen: Der Club Alpino Italiano CAI sowie die örtlichen Wandervereine haben in den letzten Jahren ein recht ordentliches Wandernetz ausgeschildert. *Trekking in Toscana* ist richtig in Mode gekommen und wird mit Hilfe von Wanderblättern propagiert (in den einzelnen Fremdenverkehrsämtern nachfragen). Am besten erschlossen sind folgende Gebiete: das Monte-Amiata-Massiv, der Tosco-Emilianische Apennin zwischen der Emilia Romagna und der Toscana, die Garfagnana und immer mehr das Chianti.

Wintersport: mit relativer Sicherheit in Abetone in der nördlichen Garfagnana, in Cutigliano und Maresca, Campo Cécina in den Apuanischen Alpen und im Gebiet des Monte Amiata.

Telefonieren

Die staatliche Telefongesellschaft SIP hat in den letzten Jahren in allen wichtigen Orten Telefonzentralen und zahlreiche Telefonzellen im Zentrum eingerichtet, so daß man nicht mehr auf die Suche nach dem Telefonamt gehen muß. Allerdings: Aus Sicherheitsgründen (weil die Zellen so oft ausgeplündert wurden) findet man fast nur noch Kartentelefone. Telefonkarten gibt es bei der SIP, auch an Automaten, und an vielen Zeitungskiosken für 10 000 und 20 000 Lire zu kaufen.

Von den Hotels ist Telefonieren – je nach Kategorie – mit hohen Zuschlägen verbunden.

Die Vorwahl von Italien nach Deutschland ist 0049, nach Österreich 0043, in die Schweiz 0041.

Trinkgeld

Italiener sind generell großzügiger mit Trinkgeld; 10–15 % Aufschlag auf den Rechnungsbetrag im Restaurant, wenn man zufrieden ist, 1000–2000 Lire für ein Gepäckstück im Hotel, 10 000 Lire für das Zimmermädchen pro Person und Woche, bei längeren Hotelaufenthalten auch für das Restaurantpersonal – und für die Rezeption, dann, wenn sie Sonderwünsche erfüllt hat.

Taxifahrer entlohnt man nach dem Taxameter und rundet die Summe auf, beim Friseur schlägt man etwa 10 % drauf.

Unterkunft

Hotels

Die Hotellerie der Toscana ist auf hohem Standard sehr ausgewogen, man bekommt, mit wenigen Ausnahmen, in den wichtigsten touristischen Städten in jeder Kategorie etwas. In den ›Ausnahmen‹ aber muß man meistens sehr tief in die Tasche greifen. Lohnend sind die Angebote der Reiseveranstalter/Städtereisen, die z. T. überraschend günstige Angebote für Übernachtung inklusive Anreise (Flug, Bahn oder Bus) haben.

Ein Doppelzimmer kostet für zwei Personen (ohne Frühstück) im Fünf-Sterne-Hotel ab 500 000 Lire, im Vier-Sterne-Hotel ab 300 000 Lire, im Drei-Sterne-Hotel ab 140 000 Lire, im Zwei-Sterne-Hotel ab 80 000 Lire, im Ein-Stern-Hotel beziehungsweise in einer einfachen Pension ab 50 000 Lire.

Ein Tip: Die großen Kurorte wie Montecatini Terme und Chianciano Terme eignen sich hervorragend als

Standorte für Ausflugsfahrten in die toscanische Umgebung, weil deren gepflegte Hotellerie eine große Spannbreite in allen Kategorien und außerdem mehr Ruhe bietet als die Touristenzentren.

Interessante Vereinigungen der **gehobenen Hotellerie** mit Häusern in der Toscana:

The Leading Hotels of the world mit Häusern in Florenz (Regency und Villa Medici), Montecatini Terme (Grandhotel e La Pace). Auskunft und Katalog/Hotelprospekt für den deutschsprachigen Raum: Berliner Straße 44, 60311 Frankfurt a. M., ☏ 0 69–2 99 87 70. Kostenloser Buchungsservice in Deutschland 01 30–85 21 10, Österreich 06 60–52 84, Schweiz 155–11 23.

Relais & Chateaux mit Häusern in Florenz/Fiesole (Villa San Michele, Regency, Helvetia & Bristol und das 3-Michelin-Sterne-Restaurant Enoteca), bei Massa (Il Bottaccio di Montignoso), Lucca (Principessa Elisa), bei Castelnuovo Berardegna (Relais Borgo San Felice), Punta Ala (Gallia Palace), Port' Ercole (Il Pelicano) und Siena (Certosa di Maggiano). Auskunft (vorerst noch keine Buchung) und Hotelprospekte im Fürstenhof Celle, Hannoversche Straße 55/56, D-29221 Celle, ☏ 0 51 41–21 71 21.

Best Western Privathotels mit Dreibis Fünf-Sterne-Hotels in Florenz (Croce di Malta, Kraft, Rivoli, Vivahotel Capitol, Vivahotel Fleming, Vivahotel Laurus), Forte dei Marmi (Raffaelli Park Hotel), Montecatini Terme (Cappelli – Croce di Savoia) und bei Monteriggioni/Siena (Residence San Luigi). Kostenloser Buchungsservice in Deutschland 01 30–44 55, Österreich 06 60–51 94, der Schweiz 155–23 44.

Ferienhäuser und -wohnungen

Keine andere italienische Region hat eine solche Fülle an Ferienwohnungen und vor allem -häusern in ländlichen Gebieten anzubieten wie die Toscana. Man hat die Qual der Wahl zwischen Burgen und Schlössern, kleinen und großen, jedenfalls umgebauten Bauernhäusern, häufig unter dem Stichwort ›Agriturismo‹ zu finden, mit allem oder nur wenig Komfort, mit Pool und Park oder nur Wiesen ringsum. Was man wissen sollte: Selten ist ein schattiger Platz (Pergola z. B.) am Haus vorhanden, weil die meisten Anwesen unter mehr oder weniger strengem Denkmalschutz stehen und beim Umbau keine allzu großen Änderungen vorgenommen werden dürfen. Und nicht immer gibt es im Wohnbereich wirklich bequeme Couches, weil die Toscaner selber lieber länger am großen Eßtisch mit ihren Gästen sitzen bleiben.

Der neueste Trend geht zu Ferienwohnungen in den historischen Zentren der toscanischen Kulturmetropolen, also in Florenz und Siena, in Lucca und Pisa etc. Dafür muß man allerdings besonders tief in die Tasche greifen, hat aber nirgendwo besser die Chance, der besuchten Stadt tief ins Herz zu schauen.

Wie auch immer: Anbieter, ob private oder offizielle, schießen wie Pilze aus dem Boden. Gut beraten ist, wer bei einem eingeführten Spezialisten (s. u.) bucht, auch bei den Großen der Branche wie der TUI. Wer darauf hofft, im letzten Augenblick noch ein Ferienhaus in der Toscana zu bekommen, dürfte meistens enttäuscht werden: Nur wer rechtzeitig bucht, kann das ihm wirklich genehme Haus bekommen.

Der größte Anbieter auf dem europäischen Markt ist die in der Toscana ansässige Schweizer Firma **Cuendet,** I-53030 Strove/Monteriggioni (SI), ☏ 0039–577–301012; in Deutschland von mehreren Büros vertreten. Eine besonders kompetente Cuendet-Agentur (mit erweitertem Elba-Programm) ist die Reiseagentur Brigitte Klos, Friedrich-Stoltze-Straße 13a, D-61462 Königstein/Taunus, ☏ 06174–23732 und 23778.

Ein exklusives Ferienhausprogramm hat auch der toscanische Veranstalter **Solemar** aus Florenz, neuerdings mit kleinem Tourenprogramm, u.a. mit Malkursen, in Deutschland durch eine eigene Agentur vertreten: Touriex, Schwindstraße 1, D-80798 München, ☏ 089–525097.

Camping

In der Toscana gibt es zahlreiche Campingplätze, zum Teil herrlich gelegen, in jeder erdenklichen Komfort- und Ausstattungsklasse, auch mit Pools und anderen Freizeiteinrichtungen (s. Adressen und Tips von Ort zu Ort). Die richtige Empfehlung für den eigenen Geschmack findet man am einfachsten im aktuellen **ADAC-Campingführer Süd-Europa.** Ein komplettes Campingverzeichnis seiner Mitglieder verschickt auf Anfrage die Federazione Italiana del Campeggio, Via Vittorio Emanuele 11, I-50041 Calenzano, ☏ 0039–55–882391. Für die Hochsaison ist Vorausbuchung unbedingt zu empfehlen.

Jugendherbergen

Sie heißen in Italien *Ostelli* oder *Alberghi per la Gioventù* und nehmen vorrangig Wanderer unter 30 Jahren auf. Auch hier ist für die Hochsaison unbedingt Vorbuchung nötig, und länger als drei Nächte kann man bei voller Belegung nur selten bleiben. Wichtig: Ohne den Jugendherbergsausweis des Heimatlandes geht nichts! Jugendherbergen gibt es in der Toscana (s. auch Empfehlungen unter Adressen und Tips von Ort zu Ort) in Abetone, Arezzo, Cortona, Florenz, Lucca, Marina di Massa, Tirrenia (Calambrone), Siena und Tavernelle Val di Pesa.

Zeitungen, Zeitschriften und Fernsehen

Alle großen deutschsprachigen Tageszeitungen und Illustrierten findet man zumindest während der Saison an den Brennpunkten des Tourismus, normalerweise aktuell vom Tage. Nachsenden ist nicht angebracht. Über Satelliten empfangen viele Hotels deutsche TV-Sender.

Lesetips

Aigner, Claudia/Henkel, Karl: Reisetaschenbuch Toscana. Köln 1995.

Bödefeld, Gerda/Hinz, Berthold: Die
Villen der Toscana und ihre Gärten.
Köln 1991.

Braunfels, Wolfgang: Kleine italienische Kunstgeschichte. Köln 1984.

Falassi, Alessandro: Pan che canti.
Cucina ricca e povera del Chianti.
Castellina in Chianti.

Gröteke, Friedhelm: Etruskerland.
Geschichte, Kultur, Kunst. Studien-
führer zu den Grabungsstätten und
Museen. Stuttgart 1973.

Heilmann, My: Florenz und die Medici.
Köln 1968.

Keller, Harald: Die Kunstlandschaften
Italiens. München 1965 (vergriffen).

Osterie d' Italia. Italiens schönste
Gasthäuser. München, jährlich
aktuell, ins Deutsche übersetzt.

Piper, Ernst: Der Aufstand der Ciompi.
Berlin 1978.

Piper, Ernst: Savonarola. Berlin 1979.

Sauer-Kaulbach, Liselotte: Die ländliche Toscana. Köln 1991.

Sprachführer Italienisch, Polyglott.

Zimmermanns, Klaus: Toscana. Das
Hügelland und die historischen
Stadtzentren. Köln 1994.

Zimmermanns, Klaus: Florenz. Ein
europäisches Zentrum der Kunst.
Köln 1994.

Erläuterung der Fachbegriffe (Glossar)

Abbazia Abtei, Kloster

Amphitheater Antikes Theater mit
ringsum geschlossenen Sitzreihen
um eine elipsenförmige Arena, in
der vornehmlich sportliche Veranstaltungen, Tier- und Gladiatoren-
kämpfe ausgetragen wurden

Apsis Meist halbrunder, mit einer
Halbkuppel überdeckter Raum, der
sich zu einem Hauptraum hin öffnet; in der christlichen Baukunst
überwiegend der östliche Abschluß
einer Kirche

Arco (ital.) Bogen, auch Stadttor

Attika Niedriges Geschoß oder brü-
stungsartige Aufmauerung über
dem Hauptgesims eines Gebäudes

Balustrade Ein aus kleinen, gedrun-
genen Stützen (Balustern) gebilde-
tes Geländer an Treppen, Balkonen
oder als Dachabschluß

Baptisterium Taufkirche

Belvedere (ital. ›schöne Aussicht‹)
1. Aussichtsplattform auf dem
Dach oder im Dachgeschoß des
Wohngebäudes 2. Meist höher

angelegter Aussichtspunkt in Parks bzw. Bezeichnung schön gelegener Gartenpaläste oder Lustschlösser

Bifore Zweibogiges Fenster

Borgo Nicht befestigte Ortschaft (im Gegensatz zu *castello*), auch Vorstadt

Campanile Freistehender Glockenturm

Camposanto Monumental-Friedhof

Casatorre (ital.) Turmhaus, charakteristische Form des mittelalterlichen städtischen Feudalpalastes

Castello Befestigte Ortschaft; nicht zu verwechseln mit *fortezza* oder *rocca* (Festung, Zwingburg)

Castrum Standlager römischer Truppen; rechtwinklig angelegt und von einem Wall umgeben

Chor Eigentlich der für den Chorgesang oder das Chorgebet der Geistlichen bestimmte Raumteil, zunächst vor dem eigentlichen Hochaltarraum gelegen, später jedoch oft identisch mit diesem. Daher bezeichnet »Chor« gewöhnlich auch den erhöhten Altarraum (Presbyterium, Sanktuarium), der meist als Raumteil des Kirchengebäudes ausgesondert ist und im Außenbau hervortritt

Collegiata (ital.) s. Kollegiatskirche

Custode (lat. Wächter, Aufseher) Beamteter wissenschaftlicher Mitarbeiter an Museen

Dom (lat. *domus* = Haus) Bischofskirche, Kathedrale. Im Italienischen bezeichnet *duomo* auch die Hauptkirche eines Ortes ohne Bischofssitz

Fortezza (ital.) Festung

Fresko Wandmalerei, bei der mit Kalkwasser angerührte Farbe auf den noch feuchten Putz aufgetragen wird; besonders haltbar, weil sich Farben und Verputz unauflös-

lich miteinander verbinden. Im Gegensatz dazu: Seccomalerei auf trockenem Putz

Fries Waagerechte Mauerstreifen mit ornamentalen oder figürlichen Darstellungen als Schmuck, Gliederung oder Abschluß einer Wand

Galerie Langer, gedeckter, nach einer Seite offener Gang: 1. Laufgang mit offenen Bogenstellungen an einer Fassade 2. Laufgang über den Seitenschiffen in Kirchen

Ghibellinen Anhänger des Kaisers, benannt nach dem Staufer Friedrich II., dem »Waiblinger«

Graffito (ital. *graffiare* = kratzen) Putztechnik, bei der verschiedenfarbige Putzschichten übereinander aufgetragen werden. Dort, wo die hellere, noch feuchte Oberschicht abgekratzt wird, tritt die dunklere Unterschicht als ›Zeichnung‹ hervor

Guelfen In den mittelalterlichen Machtkämpfen zwischen Kaiser und Papst bezeichnete man im 13. und 14. Jh. als Guelfen oder Welfen die Anhänger des Papstes, ursprünglich des Welfen Otto IV. (dem Papst Innozenz II. die Kaiserkrone verliehen hatte)

Inkrustation Einlegearbeit aus verschiedenen Steinsorten

Joch Gewölbeabschnitt

Kanneluren Senkrechte Auskehlungen eines Säulenschaftes

Kollegiatskirche Kirche, der ein Kapitel (Stiftsherren, Kanoniker), nicht aber auch noch ein Bischof vorsteht

Kreuzgang Um den rechteckigen Innenhof eines Klosters angelegter überdachter Umgang

Krypta (griech. *kryptein* = verbergen) Unterirdischer Kirchenraum, der sich aus Grab- und Reliquienkapellen entwickelte

Lisene Gemauerter vertikaler Zierst-
reifen zur Gliederung einer Wand.
Im Unterschied zu Pilastern hat die
Lisene keine Basis und kein Kapitell. Sie kann beliebig verlängert
werden

Loggia Gewölbte, offene Bogenhalle

Maschio Hauptturm einer Festung

Nekropole (griech. ›Totenstadt‹) Größere Begräbnisstätte

Oratorium 1. Privatkapelle in oder
an einer Kirche 2. Gegen den
Hauptraum abgeschlossene Empore
im Chor für geistliche oder weltliche Würdenträger

Palazzo Pubblico Kommunalpalast,
Sitz der Regierung eines Stadtstaa-
tes oder der Verwaltung einer
Gemeinde

Palio (ital.) Besticktes oder bemal-
tes Tuch, das man bei volkstümlichen Festen dem Sieger reicht

Palladio-Motiv Von Palladio entwik-
kelte Komposition in der Spätrenaissance: Verbindung eines mittleren, breiteren Bogens mit zwei
schmäleren Seitenöffnungen, die
von einem Gebälk abgeschlossen
sind

Piano nobile (ital.) Hauptgeschoß
der Stadtpaläste und Villen

Pietà Plastische Darstellung Mariens
mit dem toten Christus auf ihrem
Schoß

Pieve (lat. *plebs* = Volk, Gemeinde)
Ursprünglich Bezeichnung für eine
Gemeinde, später für die größere,
dem Bischof unterstellte Pfarrkirche
auf dem Lande mit Taufstelle, Friedhof, oft auch einer Priesterschule

Pilaster Flache Wandvorlage mit
Basis und Kapitell

Podestà (ital.) Seit dem Mittelalter
Stadtoberhaupt, dessen Amt mit
vielen Rechten ausgestattet war

Predella Unterer Teil des Altares

Protorenaissance Vorrenaissance,
Bezeichnung für den vor dem Ein-
setzen der eigentlichen Renaissance erfolgten engeren Anschluß
bestimmter italienischer Bauwerke
an antike Form. Ein gutes Beispiel
für den Stil der Florentiner Protorenaissance ist die Kirche San
Miniato al Monte

Refektorium Speisesaal des Klosters

Retabel (lat. *tabula* = Tafel) Ursprünglich eine Tafel über dem
Altar (d. h. dem Tisch für das Meß-
opfer), die sich zum Diptychon,
Triptychon oder Polyptychon entwik-
kelte

Rocca Festung auf dem Gipfel eines
Berges oder der Kuppe eines
Hügels

Rosette Stilisiertes, blütenförmiges
Ornament; im gotischen Kirchenbau kreisrundes, mit Maßwerk
gefülltes Fenster

Rustika Roh behauene, bossierte
Steine

Scavi Ausgrabungen

Sinopie Originalgroßer Entwurf oder
vorbereitende Zeichnung für ein
Fresko auf dem Grundputz. Man
verwandte dazu Kohle und rote
Erdpigmente *(sinopia,* nach der Herkunft aus der Stadt Sinope am
Schwarzen Meer)

Stele Aufrechtstehender, meist relie-
fierter und mit einer Inschrift verse-
hener Gedenk- bzw. Grabstein

Stiftskirche s. Kollegiatskirche

Travertin Ein in den Abruzzen
gebrochener, poröser Tuffstein
(Kalkstein) von gelblichem Ton, vielfach als Werk- und Baustein verwendet

Vestibül Vorhalle eines Hauses

Ziborium Altarüberbau in Form
eines Baldachins

Abbildungsnachweis

Aigner, Gottfried (München)   S. 12,
40, 41, 44/45 oben, 47, 51, 56/57,
63, 65, 69, 70, 72, 74, 80, 83, 86,
87, 88, 92, 94, 100, 105, 107,
118/119, 120, 121, 130 oben, 131,
136, 140, 145, 151, 152, 157, 163,
164, 169, 174/175, 178, 191, 203,
204, 206, 212/213, 220/221, 242,
247, 253, 254, 264, 265, 266,
279, 280, 281, 314, 326, 330, 331

Altmann, Sabine (Düsseldorf)
S. 143, 328

Archiv DuMont Buchverlag (Köln)
S. 124, 130 oben

Archiv für Kunst und Geschichte
(Berlin)   S. 18, 23, 24, 27, 28/29,
32/33, 34, 139, 201, 270/271, 283

Henke, Georg (Bremen)   S. 14/15,
39, 68, 75, 148, 154/155, 179, 185,
225, 275, 320

Holzbach, Renata (Paris)   Titelbild,
S. 52/53, 54, 62, 66/67, 71, 78/79
oben, 84, 171, 196/197, 205, 239,
243, 244, 262/263, 292, 296,
205, 312, 327, Rückseite

Kainrath, Peter (Leichlingen)   S. 50,
316

laif/Franz Marc Frei (Köln)   S. 48/49,
137, 218/219

Ligges, Wulf (Flaurling, Österreich)
Umschlagklappe

Mante, Harald (Dortmund)   S. 9, 144,
184, 256/257, 274

Mertz, Peter (Innsbruck)   S. 16, 42,
98/99, 129, 186, 192/193, 208/
209, 210, 228/229, 248/249
unten, 284/285, 310/311, 332/333

Poblete, José (Oberursel)   S. 44/45
unten, 91, 101, 112, 114, 122, 123,
127, 130 unten, 138, 172, 176/177,
181, 187, 194, 216/217, 224, 226,
227, 230/231, 236, 241, 248/249
oben, 250/251, 261, 272, 301

Preuß, Werner (Köln)   S. 195

Richner, Werner (Saarlouis)
S. 158/159, 324/325

Schmitz-Normann, Rüdiger (Köln)
S. 11

Simoncini, Dante (Montecatini, Italien)   S. 109

Thiele, Klaus (Warburg)   S. 298, 307

Thomas, Martin (Aachen)   S. 78/79
unten, 95, 289, 294/295, 315, 319

Karten und Pläne: DuMont Buchverlag (Köln) und artic (Karlsruhe)

Register

Orte

Abbadia a Isola   307 f.
Abbadia San Salvatore   255
Abbazia di Farneta   264 f.
Abbazia di Monte Oliveto Maggiore
  242
Abetone   338
Albarese   192
Anghiari   279 ff., 338
Ansedonia   17, 194, 195
Antignano   184
Apuanische Alpen   16, 149, 150 ff.
Arcidosso   228 f.
Ardenza   184
Arezzo   11, 17, 18, 19, 43, 46, 266,
  267 ff., 275, 282, 338 ff.
– Archäologisches Museum   s.
  Museo Archeologico
– Caffè dei Costanti   270
– Casa Petrarca   273
– Casa Vasari   273 f.
– Dom San Donato   273
– Fortezza Medicea   273
– Loggia del Vasari   35, 272, 273
– Museo Archeologico   17, 267,
  269
– Museo Statale d' Arte Medioevale
  e Moderna   273
– Palazzo Bruni-Giocchi   273
– Palazzo Comunale   273
– Palazzo del Tribunale   272
– Palazzo della Fraternità dei Laici
  272
– Palazzo delle Logge   272
– Palazzo Pretorio   273
– Piazza Grande   271 ff.
– Römisches Amphitheater   269
– San Domenico   22
– San Francesco   30, **269 f.**, 273,
  274
– Santa Maria della Pieve   270 f.,
  272
– Stadtbibliothek   273
– Stadtpark (Prato)   273
Arni   150
Arno   13, 37, 75, **76 f.**, 165, 175 f.,
  179, 277
Artimino   106
Asciano   241

Badia a Coltibuono   329
Bagni di Lucca   147 f., 340
Bagni di Petriolo   246 f.
Bagno Vignoni   245, 247
Barabischio   321
Barga   148 f., 340
Bibbiena   275, **277,** 340
Biodola   202
Bolgheri   185
Borghetto   259
Borgo a Buggiano   126
Borgo San Lorenzo   96, 341
Borgo Sansepolcro   46, **282,** 283,
  363 f.
Bruna (Fluß)   190
Buggiano   126
Buggiano Castello   126
Buonconvento   242

Calambrone   181
Calamita (Halbinsel/Elba)   204
Camaiore   157, 341
Camáldoli   278
Campaldino   267, 275
Capolíveri   204, 345
Capraia (Insel)   211
Caprese Michelangelo   279, 341
Carrara   10, 41, 152, **153 f.,** 341
Cascate del Molino (Schwefeltherme)
  220 f.
Cascina   41

Register

Register

387

Register

Personen

Register

DUMONT

RICHTIG REISEN

»Den äußerst attraktiven Mittelweg zwischen kunsthistorisch orientiertem Sightseeing und touristischem Freilauf geht die inzwischen sehr umfangreich gewordene, blendend bebilderte Reihe ›Richtig Reisen‹. Die Bücher haben fast schon Bildbandqualität, sind nicht nur zum Nachschlagen, sondern auch zum Durchlesen konzipiert. Meist vorbildlich der Versuch, auch jenseits der ›Drei-Sterne-Attraktionen‹ auf versteckte Sehenswürdigkeiten hinzuweisen, die zum eigenständigen Entdecken abseits der ausgetrampelten Touristenpfade anregen.«

Abendzeitung, München

»Zum einen bieten die Bände der Reihe ›Richtig Reisen‹. dem Leser eine vorzügliche Einstimmung, zum anderen eignen sie sich in hohem Maß als Wegweiser, die den Touristen auf der Reise selbst begleiten.«

Neue Zürcher Zeitung

Weitere Informationen über die Titel der Reihe DUMONT Richtig Reisen erhalten Sie bei Ihrem Buchhändler oder beim DUMONT Buchverlag • Postfach 10 10 45 • 50450 Köln.

Umschlagvorderseite: Blick auf die Piazza della Cisterna in San Gimignano
Umschlaginnenklappe: Landschaft bei Certaldo
Umschlagrückseite: Festumzug der Contrada dell' Aquila in Siena

Über die Autorin: Nana Claudia Nenzel, geboren 1944, studierte in Frankfurt am Main Germanistik und Kunstgeschichte. Zahlreiche Studienreisen führten sie vor allem nach Italien. Sie lebt in München als selbständige Journalistin und Reisebuchautorin mit Schwerpunkt Italien. Im DuMont Buchverlag veröffentlichte sie in der Reihe ›Richtig Reisen‹ auch die Bände Oberitalien und Ischia, Capri, Procida, in der Reihe ›Reisetaschenbuch‹ den Band Umbrien.

Fremde Kulturen kennenlernen und gastfreundlichen Menschen begegnen – wie sehr genießen wir das auf Reisen. Zu Hause bei uns jedoch wird mancher Ausländer von einer kleinen Minderheit beschimpft, bedroht und sogar mißhandelt. Alle, die in fremden Ländern Gastrecht genossen haben, tragen hier besondere Verantwortung. Deshalb: Lassen Sie uns gemeinsam für die Würde des Menschen einstehen.

Verlagsleitung und Mitarbeiter des DuMont Buchverlages

Die Deutsche Bibliothek – CIP-Einheitsaufnahme

Nenzel, Nana Claudia:
Toscana / Nana Claudia Nenzel. – Köln:
DuMont, 1995
  (Richtig reisen)
  ISBN 3-7701-3477-X

© 1995 DuMont Buchverlag
Alle Rechte vorbehalten
Satz: Fotosatz Harten, Köln
Druck: Rasch, Bramsche
Buchbinderische Verarbeitung: Bramscher Buchbinder Betriebe

Printed in Germany   ISBN 3-7701-3477-X